JESUS E JOHN WAYNE

Tradução
ELISSAMAI BAULEO

JESUS E JOHN WAYNE

COMO O EVANGELHO FOI COOPTADO
POR MOVIMENTOS CULTURAIS
E POLÍTICOS

KRISTIN KOBES DU MEZ

Título original: *Jesus and John Wayne: how white evangelicals corrupted a faith and fractured a nation*
Copyright ©2021, de Kristin Kobes Du Mez
Edição original por Liveright Publishing Corporation,
uma divisão de W. W. Norton & Company Inc. Todos os direitos reservados.

Copyright da tradução ©2022, de Vida Melhor Editora LTDA.
Todos os direitos desta publicação são reservados por Vida Melhor Editora LTDA.

As citações bíblicas são da *Nova Versão Internacional* (NVI),
da Bíblica, Inc., a menos que seja especificada outra versão da Bíblia Sagrada.

Os pontos de vista desta obra são de responsabilidade de seus autores e colaboradores diretos, não refletindo necessariamente a posição da Thomas Nelson Brasil, da HarperCollins Christian Publishing ou de sua equipe editorial.

Publisher	*Samuel Coto*
Editor	*André Lodos Tangerino*
Preparação	*Shirley Lima*
Revisão	*Gabriel Braz e Gabriel Ortiz*
Indexação	*Bruno Echebeste Saadi*
Diagramação	*Sonia Peticov*
Adaptação da capa	*Rafael Brum*

Dados Internacionais de Catalogação na Publicação (CIP)
(BENITEZ Catalogação Ass. Editorial, MS, Brasil)

D102j Du Mez, Kristin Kobes
1.ed.   Jesus e John Wayne : como o evangelho foi cooptado por movimentos culturais e políticos / Kristin Kobes Du Mez; tradução Elissamai Bauleo. – 1.ed. – Rio de Janeiro : Thomas Nelson Brasil, 2022.
320 p.; 15,5 x 23 cm.

Título original : Jesus and John Wayne: how white evangelicals corrupted a faith and fractured a nation.
ISBN 978-65-56893-11-2

1. Cristianismo e cultura – Estados Unidos. 2. Estados Unidos – História da igreja – Século 21. 3. Evangelicalismo – Estados Unidos. 4. Trump, Donald, 1946-. I. Bauleo, Elissamai. II. Título.

07-2022/40   CDD: 277.3083

Índice para catálogo sistemático

1. Estados Unidos: Cristianismo e cultura   277.3083

Bibliotecária responsável: Aline Graziele Benitez CRB-1/3129

Thomas Nelson Brasil é uma marca licenciada à Vida Melhor Editora LTDA.
Todos os direitos reservados à Vida Melhor Editora LTDA.
Rua da Quitanda, 86, sala 218 — Centro
Rio de Janeiro — RJ — CEP 20091-005
Tel.: (21) 3175-1030
www.thomasnelson.com.br

Este vai para o Jack.

SUMÁRIO

Agradecimentos — 9
Prefácio à edição brasileira — 13
Prefácio — 19
Introdução — 25

CAPÍTULO · 1 PREPARE-SE — 37
CAPÍTULO · 2 JOHN WAYNE VAI SALVAR SUA PELE — 53
CAPÍTULO · 3 A DÁDIVA DE DEUS PARA O HOMEM — 76
CAPÍTULO · 4 DISCIPLINA E ORDEM — 88
CAPÍTULO · 5 ESCRAVOS E SOLDADOS — 100
CAPÍTULO · 6 MIRANDO A JUGULAR — 113
CAPÍTULO · 7 O MAIOR HERÓI AMERICANO — 126
CAPÍTULO · 8 GUERRA PELA ALMA — 139
CAPÍTULO · 9 GUERREIROS DÓCEIS — 153
CAPÍTULO · 10 CHEGA DE SER UM CRISTÃO "LEGAL"! — 173
CAPÍTULO · 11 OUSADIA SANTA — 185
CAPÍTULO · 12 PEREGRINO CAMUFLADO — 200
CAPÍTULO · 13 A RAZÃO PELA QUAL QUEREMOS MATÁ-LOS — 211
CAPÍTULO · 14 OS "CARAS" ESPIRITUAIS — 223
CAPÍTULO · 15 UM NOVO SUMO SACERDOTE — 237
CAPÍTULO · 16 EVANGÉLICOS CARTA BRANCA: UMA HISTÓRIA — 255

Conclusão — 274
Notas — 282
Índice remissivo — 312

AGRADECIMENTOS

MAIS DE QUINZE anos atrás, meus alunos me apresentaram ao material que está no cerne desta história. Nos anos seguintes, amigos, companheiros professores, membros de igrejas, conhecidos e cada vez mais pessoas completamente desconhecidas compartilharam suas experiências comigo e me ajudaram a compreender melhor todo o quadro.

Sou profundamente grata aos muitos parceiros de diálogo ao longo do caminho que me disseram o que eu precisava saber, para onde eu precisava olhar, com quem precisava falar e no que eu estava errada. Essas pessoas incluem: Tim Gloege, David Henreckson, Daniel Rück, Tami Parks, Josh Drake, Jessica Ann Hughes, Kate VanNoord Kooyman, Kris Van Engen, Amy Sullivan, Kevin den Dulk, Scott Culpepper, David Hollinger, Michael Lackey, Neil Carlson, Dale Williams, Kerry Pimblott, T. Ashton Reynolds, Nate Pyle, Mark Mulder, Sarah Walsh, John Hawthorne, Darren Dochuk, John Haas, Bill Svelmoe, Tommy Kidd, Christy Lubbers Berghoef, James Schaap, Heath Carter, Joel Carpenter, George Marsden, Michael Hamilton, Patricia Bouma, Kevin Timpe, Debra Rienstra, Tim Ellens, Joe Stubenrauch, Sonya Jongsma Knauss, Dan Knauss, Jamie Skillen, Mark Bjellend, Daniel José Camacho, James Vanden Bosch, Janine Giordano Drake, Christina Edmondsen, Mika Edmondsen, John Turner, Melissa Borja, Jonathan Hiskes, Janel Kragt Bakker, Brandon Blakeslee, Caleb Lagerway, Paul Verhoef, John Contant, Anne Contant, Sarah Van Timmeren, Corrie Bakker, Jenna Hunt, Karin DeLapp, Nevada DeLapp, Garrett Strpko, Ruth Everhart, Diana Butler Bass, Rich Muow, Wes Granberg-Michaelson, Don Jacobson, Danae Jacobson, Gail Bederman, Lauren Kerby, Lisa Cockrel, Sally Steenland, Doug Koopman, David Malone, Greg Jones, Jemar Tisby, Fred Appel, David Bratt, Malcom Foley, David Swartz, Jared Burkholder, Devin Manzullo-Homas, Karie Cross Riddle, Will Katerberg, James Bratt, Bruce Berglund, Bob Schoone-Jongen, Frans van Liere, Kate van Liere, Eric Washington, Bill Van Vugt, Bert de Vries, Doug Howard, Karin Maag, Steve Staggs, Nick Cunigan, Darrel Rohl, Dan Miller, Dale VanKely and David Diephouse. Também sou grata a todos que contribuíram com este projeto e que preferem permanecer no anonimato, incluindo aqueles que me confiaram suas histórias. Obrigada.

Sou profundamente grata aos estudiosos e observadores-participantes que leram todo ou apenas parte deste manuscrito: Elesha Coffman, George Marsden,

Daniel Silliman, James Bratt, Will Katerberg, Lauren Turek, Greg Jones, Devin Manzullo-Thomas, Nevada DeLapp, Doug Koopman, David Malone, David Henreckson, Josh Parks e Darren Dochuk. Agradeço especialmente a Tim Gloege, por sua dedicação na leitura dos primeiros esboços deste livro e por me animar em momentos-chave ao longo do caminho. Agradeço também a Alan Bean, Hunter Hampton e Daniel Silliman, por sua generosidade erudita. Esta obra sempre foi parte de um diálogo acadêmico mais amplo, de modo que tem sido um privilégio para mim colaborar com colegas, críticos e coconspiradores tão brilhantes.

Ao longo deste projeto, fui beneficiária da ajuda rápida e competente de bibliotecários e arquivistas, incluindo David Malone, da Calvin University, e a equipe da Heckman Library; Melissa Nykanen, de Coleções Especiais e Arquivos da Pepperdine University; Katherine Graber e Keith Call, do Billy Graham Center Archives da Wheaton College; e Bill Lindsay, da Hamblen Music Company.

Sem o apoio generoso do Louisville Institute e seu investimento em bolsas de estudo a serviço da igreja e da sociedade, este livro não poderia ter sido escrito; agradeço de forma especial a Don Richter, por apoiar de coração este trabalho. A Calvin Universtiy também forneceu apoio essencial às pesquisas. O Calvin Research Fellowship, o Civitas Program, o McGregor Scholars Program, o Calvin Center for Christian Scholarship, assim como o deão responsável por pesquisas e bolsas de estudo e o escritório da diretoria acadêmica facilitaram este trabalho de uma forma indispensável. Sou especialmente grata a Cheryl Brandsen, Matt Walhout e Susan Felch, por seu apoio na conclusão deste projeto. Agradeço também a Todd Buchta e Beth Dykstra, pela ajuda na obtenção de apoio adicional; a Jenna Hunt, pela assistência especializada; e a John Hwang, por trabalhar para garantir que esta pesquisa encontre um público maior.

De um modo generoso, a Calvin University me permitiu trabalhar com uma equipe excepcional de assistentes de pesquisa. Austin Hakes me auxiliou no início deste estudo com seu grande interesse e dedicação e, ao longo do caminho, Kate Guichelaar e Isaac LaGrand me ofereceram conhecimento e assistência adicionais. Mais recentemente, Josh Parks, Kathryn Post e Kelly Looman entraram na equipe, dedicando incontáveis horas à leitura de romances ruins, coletando missivas perturbadoras na Internet e mergulhando em pistas sem saber em que direção levariam, sempre com cuidado meticuloso, percepção aguçada e sagacidade brilhante. Sua camaradagem trouxe luz a um estudo sombrio. Este livro não existiria sem vocês três, mas vocês já sabem disso.

As oportunidades de apresentar esta pesquisa em uma variedade de ambientes públicos enriqueceram e expandiram o projeto. O "Religious Literacy

AGRADECIMENTOS

Project" e a "Professions Initiative", desenvolvidos pela Harvard Divinity School, proporcionaram um ambiente notável para conversas interdisciplinares, gerando-me novas amizades e parcerias intelectuais; sou especialmente grata pela orientação e o incentivo oferecidos por Stephen Prothero e David Hempton. Também tive a honra de retornar ao seminário CORAH da Universidade de Notre Dame e à conferência "Enduring Trends and New Directions", para participar de discussões dinâmicas a respeito dos temas abordados neste livro; agradecimentos especiais a Jonathan Riddle e Darten Douchuk pelos convites. Também sou grata por participar da "Geneva Lecture Series", evento produzido pela Universidade de Iowa, e a Tom Wolthuis e Dawn Wolthuis, por sua generosa hospitalidade, bem como ao "Festival of Faith and Writing", da Calvin University, à série "Just Citizenship" e ao "Henry Institute for the Study of Christianity and Politics", pelas oportunidades adicionais de compartilhar as posições demonstradas nesta pesquisa. As palestras em igrejas locais, na National Women's Studies Association, na American Historical Association, na "Conference on Faith and History" e na American Society of Church History também me proporcionaram espaço para debates esclarecedores. Em cada um desses locais, eu me beneficiei de um envolvimento atencioso do público; sou especialmente grata aos muitos homens evangélicos brancos que responderam com tanto interesse e investimento neste projeto.

Algumas incursões anteriores nesta pesquisa apareceram impressas, provocando mais conversas construtivas. Sou grata a Marie Griffith e Tiffany Stanley, do John C. Danforht Center on Religious and Politics, por publicar minha exploração inicial sobre masculinidade evangélica e militarismo em *Religion & Politics*. Sou grata também a Wendy McDowell, ao *Harvard Divinity Bulletin*, a Bob Smietana e ao Religion News Service, por publicarem mais iterações deste trabalho.

Nos últimos anos, tive o privilégio de fazer parte de um grupo maravilhoso de historiadores que escrevem no *Anxious Bench* do website Patheos. Agradeço especialmente a Chris Gehrz por liderar a equipe, e a Beth Allison Barr por me trazer a bordo e por ser tanto amiga como cúmplice. Também parece apropriado oferecer uma palavra de agradecimento aos muitos jornalistas religiosos cujas reportagens cuidadosas se revelaram essenciais para minha própria pesquisa e cujo trabalho, sem dúvida, se mostrará indispensável a futuros historiadores.

Ao longo deste projeto, beneficiei-me imensamente da orientação de meu agente Giles Anderson, que orientou a escrita deste livro desde o início e garantiu que ele acabasse nas mãos certas. Foi uma honra trabalhar com a equipe Liveright, a começar por Katie Adams, uma das primeiras entusiastas deste projeto e alguém que lhe deu forma, e Robert Weil, que cuidou dele ao longo do caminho. Também agradeço ao meu editor, Dan Gerstle, que tem a incrível capacidade de estar certo a respeito de tudo. Obrigada também a Gina Iaquinta, pela eficiente e alegre assistência na produção, a Nancy Palmquist, por editar com tanto cuidado, e a Peter Miller, Jessica R. Friedman, Haley Bracken e todos aqueles que trabalharam para trazer este livro ao mundo.

Minha família, de perto e de longe, me apoiou de maneiras que é difícil expressar em palavras, principalmente me fornecendo um lembrete diário de que existem coisas mais importantes que a política e que o amor vai além de divisões políticas. Os primeiros estágios de escrita deste livro coincidiram com a doença de minha mãe, diagnosticada com esclerose lateral amiotrófica; embora ela não tenha vivido para ver sua conclusão, continua sendo parte de quem eu sou e do que faço.

Quando este livro passou a cancelar férias em família e tempo com meus filhos, seus tios e tias, primos e avós intervieram em meu favor, levando-os para acampar, pescar, viajar e comer *donuts*. Ações desse tipo fizeram toda a diferença. Meus filhos, por sua vez, também contribuíram, cada qual à sua maneira. Zak garantiu que meus longos períodos de escrita fossem preenchidos com o tipo certo de distração na forma de peixes variados, uma calopsita, algumas galinhas e, inesperadamente, também dois galos. Eva, que tem sido uma apoiadora entusiástica de todos os meus esforços acadêmicos, contribuiu em um artigo inicial sobre este tópico ao compartilhar sua *expertise* sobre a casa de Sonserina. Por muito tempo, ela também cuidou das coisas em nossa casa para que eu pudesse escrever. Eu não poderia ter terminado este livro sem a sua ajuda, Eva — e, claro, também sem a ajuda de Lulu, que fez interrupções bem-vindas em intervalos regulares para pedir abraços, sorrisos e petiscos.

Finalmente, sou grata a Jack, meu parceiro de diálogos mais sofrido, alguém que nunca deixou de apoiar este projeto, que acreditou na necessidade da escrita deste livro, mesmo quando eu tinha minhas próprias dúvidas. Jack interveio para oferecer assistência técnica, ajudou-me na obtenção de imagens para publicação e cuidou das crianças por semanas a fio nos estágios finais deste projeto. Obrigada.

Embora provavelmente seja desnecessário dizer, vou dizê-lo mesmo assim: a análise e as conclusões encontradas nestas páginas não representam necessariamente as opiniões de muitos que contribuíram para este projeto e forneceram apoio essencial ao longo do caminho, incluindo amigos, familiares e meu local de trabalho. Sou grata pela graça que tantos demonstraram e pelo investimento mútuo que compartilhamos ao nos engajar em conversas respeitosas sobre assuntos que realmente importam.

PREFÁCIO À EDIÇÃO BRASILEIRA

RONILSO PACHECO*

A APRESENTAÇÃO de um livro como *Jesus e John Wayne* é daquelas tarefas que impõem um desafio duplo. De um lado, você precisa montar um panorama: é necessário permitir que o leitor sobrevoe o livro para de certa forma conhecer o terreno que seus olhos percorrerão e onde pousarão. De outro, em um livro como o que você tem em mãos, é também preciso contribuir para a "virada de chave", a decodificação de uma obra que dialoga diretamente com a realidade de um país que não o seu e, principalmente, faz diagnósticos poderosos sobre o que adoece a religião, a cultura e a democracia desse país, ao mesmo tempo que esse contexto similar, ou mesmo idêntico, torna o conteúdo desta obra fundamental também em seu país. É a partir dessa dupla compreensão que assumi a responsabilidade de chamar sua atenção para a obra de Kristin Kobes Du Mez. E, incapaz de dar conta da poderosa força do livro para o público brasileiro, quero deixar você ciente de apenas três notas fundamentais para a leitura.

A primeira é que a figura de John Wayne talvez faça pouco sentido para alguns leitores. Mas apenas de longe. Mesmo que você não seja um fã de filmes antigos e, principalmente, dos de faroeste, entenderá rapidamente o que John Wayne significa. Elemento importante na leitura deste livro, e em seu diálogo com as realidades estadunidenses, é o fato de que o que está materialmente compreendido nos Estados Unidos, onde se encontram sua história e seu chão, pode falar melhor ao Brasil pelos símbolos. Na escrita e na pesquisa de Du Mez, o público brasileiro compreenderá, por "parábolas", o que esta obra tem a dizer e por que é tão crucial hoje.

Assim, para nós, brasileiros, John Wayne será sobretudo um símbolo. Mesmo que, em toda a sua vida, você jamais tenha assistido a um único filme com Wayne, não terá dificuldades em entender, pela leitura de Du Mez, quanto ele simboliza da realidade brasileira, desse patriarcado cristão másculo, autoritário, "cabeça" incontestável, que não reserva nenhum outro papel às mulheres senão a

---

*Teólogo pela PUC-Rio, mestre em Religião e Sociedade pelo Union Theological Seminary em Nova York. Pesquisador Assistente em Filosofia Política na Universidade de Oklahoma. É autor de *Teologia Negra: o sopro antirracista do Espírito*.

obediência. Nos púlpitos à la John Wayne, as mulheres não pregam; elas cantam, cuidam de crianças e das obras sociais. A ordenação pastoral exige autoridade, e isso uma mulher não pode ter. No concílio nos moldes de John Wayne, mulheres não se assentam, nem têm voz. Decidir os rumos de uma congregação é para machos. Interpretar a Bíblia também. Em muitos seminários de John Wayne, as mulheres sequer podem estudar. Na cultura de John Wayne, resta aos indígenas ou conversão, ou morte a tiros. E, na tradição cristã de John Wayne, negros não importam, e sua religiosidade é bestial, demoníaca e atrasada.

John Wayne simboliza a anuência cada vez mais comum de muitos evangélicos para com as operações policiais nas periferias de cidades como Rio de Janeiro, São Paulo e Salvador. É a legitimação da autoridade policial como "autoridade ungida por Deus", para matar "vagabundos" que desrespeitam a lei. Os muitos indígenas que os personagens *cowboy* de Wayne mataram em dezenas de filmes estão presentes simbolicamente nos corpos abandonados em lamaçais, nos "suspeitos" abatidos com sinais de execução e nas muitas crianças vítimas dos disparos perversos de uma polícia que não respeita o território dos pobres. Tudo isso com as felicitações e, acredite, orações de gratidão de muitas vozes de lideranças evangélicas que, no Brasil, indistintamente equiparam policiais à mão de Deus e ignoram o apelo de Jesus aos pacificadores, justificando o direito ao acesso às armas como forma de defender a própria "liberdade".

John Wayne simboliza o homem viril que encanta e subjuga as mulheres. A figura do "macho como Deus o criou", para o qual não resta outro lugar a quem se assumir LGBTQIA+, a não ser a não existência. Não há gays ou homens "efeminados" nos filmes de Wayne. É um recado de que não há lugar para esse tipo de gente na história, seja qual for o roteiro. Também não pode haver feministas, apenas mulheres que se derretem diante de um homem viril, com arma na mão para protegê-las e exigir-lhes submissão e sexo. Não é à toa que em *The Total Woman* [*A mulher total*], sucesso de 1973, a escritora evangélica e antifeminista Marabel Morgan explicava, segundo citação da própria Du Mez, que, "ao satisfazer sexualmente o marido, a esposa desempenhava papel crítico na sustentação do ego masculino, o que, por sua vez, o impulsionava à liderança" (p. 103).

Uma segunda nota necessária é que você pode estranhar o que Du Mez trata como *white evangelicals*. Isso é normal em um país como o Brasil, que ainda está tentando entender o que é "branquitude", com os privilégios que ela segue mantendo para si em um ambiente profundamente racista e desigual, além do mal que ela causa ao todo da sociedade. É comum no Brasil a ideia de que o debate sobre supremacia branca nos Estados Unidos não seja relevante a um país que se crê tão diverso racialmente. Por isso, é possível que soe estranho ler um livro

PREFÁCIO À EDIÇÃO BRASILEIRA

tão contundente sobre o mal causado, nos Estados Unidos, pelos chamados "evangélicos brancos".

Na realidade, mesmo que qualquer outra expressão fosse empregada para designar esses evangélicos comprometidos com uma presença pública destrutiva e fracionadora do país, ela se referiria aos mesmos evangélicos brancos. Continuaria sendo o mesmo grupo que examinou a Bíblia no século 18 e conseguiu fazer as mais apaixonantes exegeses para justificar a escravidão de pessoas negras. Foi o caso de George Whitefield, pastor e pregador dos mais proeminentes do chamado Grande Despertamento do século 18, que chegou a chamar a abolição de "tolice", e foi também o caso do presbiteriano Robert Dabney, um dos mais influentes teólogos e pastores calvinistas, celebrado até mesmo no Brasil como educador cristão fundamental, que defendeu até o fim a necessidade e a "bênção" para os Estados Unidos de manter a escravidão. Continuaria sendo o mesmo grupo que legitimou a fundação de uma organização terrorista como a Ku-Kux-Klan, enquanto fugia dos Estados Unidos, após a derrota confederada na Guerra de Secessão, para um país como o Brasil, onde era possível fundar igrejas e, óbvio, ainda ter escravos. Continuaria sendo o grupo que, no século 20, celebrava a segregação racial, a qual considerava uma maneira pela qual o próprio Deus organizara socialmente os Estados Unidos, ao mesmo tempo que combatiam os ensinos científicos na academia e perseguiam qualquer um que considerasse razoável a teoria da evolução. Esse grupo era indiscutivelmente evangélico e branco.

Por tudo isso, quando você iniciar a leitura, tenha em mente que os "evangélicos brancos" que protagonizam essa deturpação do evangelho no livro não se relacionam à realidade brasileira pela identificação epidérmica, da cor da pele, mas pela ideologia teológico-política que carregam. Com isso, quero dizer que o que une o movimento de extrema direita dos evangélicos brancos dos Estados Unidos aos evangélicos ultraconservadores do Brasil — aqueles contra, por exemplo, as políticas de ações afirmativas e o ensino da teoria crítica racial, e estes contra as cotas e o ensino da cultura e da religiosidade africana nas escolas brasileiras — não é que esses evangélicos brasileiros também sejam todos majoritariamente brancos, mas, sim, a mesma construção e aprendizado teológico-políticos da noção de privilégio, da superioridade pelo mérito, bem como a ideia de que o cristianismo deve ser pilar da sociedade, e, por isso, seus valores devem orientar o ensino das escolas, sendo a cultura e a religiosidade tidas por inferiores, quando não a própria expressão do mal, o que implica que nossas crianças devem ficar longe delas.

Mesmo nos Estados Unidos, "evangélicos brancos" não diz respeito a todos os evangélicos que são brancos. Até porque, obviamente, há evangélicos brancos e progressistas, e há evangélicos brancos conservadores que agem com generosidade e respeito diante dos que creem, pensam e se portam diferentemente deles. "Evangélicos brancos" é uma expressão e um conceito que se refere aos que, entre outras coisas, insistem nesse excepcionalismo americano, querem a concentração de poder e o reconhecimento de um lugar privilegiado para o cristianismo na sociedade, odeiam as relações afetivas inter-raciais, são hostis às políticas de abertura a imigrantes de países pobres (africanos, asiáticos, oriundos do Oriente Médio, latinos e caribenhos — ou seja, todos menos os da Europa), ignoram os efeitos do período escravocrata e compreendem Deus como patriarca forte e guerreiro poderoso. Ou, como diz a própria Du Mez, para esse grupo "as 'boas-novas' do evangelho cristão tornaram-se inquestionavelmente ligadas a um firme compromisso com a autoridade patriarcal, a diferenciação de gêneros e o nacionalismo cristão". Então, sim, os "evangélicos brancos" e sua teologia política corrompem a fé cristã e fraturam (e fracionam) um país.

A terceira e última nota a que gostaria de chamar sua atenção é que você, ao ler a descrição da autora de como esse cristianismo ultraconservador e fundamentalista fraturou os Estados Unidos, não caia na tentação de relegar o livro a uma narrativa localizada. Lembre-se de que o Brasil é um país que, neste momento, está igualmente fraturado. A conclusão de Du Mez, segundo a qual, em vez de darem a outra face, muitos evangélicos resolveram defender sua fé, seguros de que os fins justificam os meios e de que teriam substituído "o Jesus dos evangelhos por um Cristo-guerreiro vingativo" (p. 27), é fruto de uma observação que definitivamente não está restrita à realidade dos Estados Unidos. Há tempos, dar a outra face não é alternativa para muitos grupos evangélicos, e a misericórdia e a ideia de dar nova chance deixaram de ser princípios do evangelho para se transformarem numa forma de privilégio. Sendo privilégio, não servem para todas e todos, pois nem todo o mundo é digno dele.

No Brasil ou nos Estados Unidos, a fé cristã e a mensagem do evangelho estão profundamente afetadas no imaginário público por imagens e atos que forçam, cada vez mais, uma falsa coerência natural entre movimentos que se mostram dispostos a solapar a democracia, se ela continuar servindo a todas e a todos indistintamente, e aquilo a que Jesus se referia quando falava de "verdade", "liberdade" e "vida".

Nos Estados Unidos, o 6 de Janeiro de 2021 mostrou que todos os limites dessa falsa coerência natural podem ser ultrapassados, pondo em risco um país inteiro. No primeiro momento, observadores internacionais e locais, diante da brutalidade dos terroristas de sangue estadunidense, ficaram estarrecidos com a ousadia daqueles que ignoraram completamente o fato de estarem diante de um dos prédios mais seguros e vigiados do mundo. Nos momentos seguintes, nos dias que se passaram, o estarrecimento tornou-se ainda maior, quando passou a ser conhecido o lugar que a "fé cristã" ocupava entre os invasores do Capitólio. Estarrecedor como todos os símbolos mais fortes do cristianismo — das cruzes às bandeiras, da Bíblia às orações —, foram acionados pela mentalidade do nacionalismo cristão durante a invasão.

No Brasil, o 7 de Setembro de 2021 mostrou, semelhantemente, que essa falsa coerência natural é capaz de forjar a construção de uma ideia de defesa de valores e de ordem no país, ao mesmo tempo que fomenta a ruptura e o escracho público do poder, cuja responsabilidade é proteger a Constituição de apreensões e interpretações que fraturem a equidade, a diversidade e a justiça no país. Tão estarrecedor quanto os nacionalistas cristãos no 6 de Janeiro, no ataque ao Capitólio, é o fato de que, no Brasil, atos que tinham a nítida intenção de afrontar o Supremo Tribunal Federal, pôr em xeque a legitimidade das eleições e distribuir saudosismos da ditadura militar foram convocados e enaltecidos no interior de muitas igrejas. Como quem faz apelo chamando à conversão, pastores e pastoras alinhados ao ultraconservadorismo transformam púlpitos em plataforma, com sermões que davam conta de chamar o rebanho para uma luta do "bem contra o mal".

Definitivamente, não haveria *Jesus e John Wayne* sem a eleição de Donald Trump em 2016, e muito provavelmente não haveria a urgência de sua publicação em português sem a eleição de Jair Bolsonaro em 2018. É com o apoio quase incondicional dos evangélicos brancos a Trump que Du Mez abre seu livro como quem expõe a ponta do iceberg, que é o status da história hoje, para mergulhar o leitor nas profundezas da trajetória de um amálgama que mostra origens e raízes desde a primeira metade do século 20. Também parecia surpreendente o apoio quase incondicional dos evangélicos conservadores a um candidato cuja história é marcada por diversas declarações públicas reconhecidamente machistas e homofóbicas, e com um famigerado apreço pela ditadura militar e pelos métodos de tortura nela utilizados, chegando a elogiar em cadeia nacional um torturador e seu método contra uma presidenta no passado.

Du Mez também nos lembra, porém, que "o apoio evangélico a Trump não se tratava apenas de uma aberração ou de uma escolha meramente pragmática" (p. 27). O apoio dessa liderança evangélica a Bolsonaro aqui no Brasil também não. Aliás, a presença de um grupo calvinista no governo, que até então se havia mantido distante de endosso político tão ativo, dando as mãos às já conhecidas figuras pentecostais e neopentecostais fundamentalistas em torno do poder, não trouxe nada de exatamente novo. Esse grupo, na realidade, como também a autora nos alerta, referindo-se ao endosso evangélico a Trump, votou em Bolsonaro e se uniu ao bolsonarismo não apesar de suas crenças, mas por causa delas.

Em conclusão, vale perceber que a fratura à qual Du Mez se refere não é apenas de um país, mas de uma tradição. No Brasil e nos Estados Unidos, esse cristianismo evangélico político desfigurou consideravelmente tudo o que a tradição cristã, entendida aqui como o legado de Jesus, deveria preservar. Pense na demasiada centralidade do templo, das igrejas como instituição para ostentação de poder, influência e privilégio na sociedade — tudo isso em contraposição a um Jesus que amava o povo e as ruas, cujos maiores registros de vida pública não foram no templo, mas principalmente entre os mais pobres. Pense na constelação de "superpastores", ricos, esbanjando fortunas incalculáveis, dotados de bens e propriedades, em contraposição a um Jesus que viveu com o suficiente e ainda dividia o que tinha.

Pense numa liderança evangélica que ama o poder, ama ser bajulada por chefes do Executivo, sejam municipais, estaduais ou federais, ama ser servida nos próprios interesses, negócios e valores, em contraposição a um Jesus que disse que aquele que quisesse ser o maior no Reino dos céus deveria ser o que mais servisse aos outros. Pense nas metáforas do Reino dos fundamentalistas, que usam a imagem da força, do país mais poderoso, do império mais forte, da autoridade, de estar "acima de tudo e de todos", da imposição, em contraposição a um Jesus que se referia ao Reino usando a imagem de grãos de mostarda e como algo pertencente às crianças.

Por tudo isso, o livro de Du Mez é urgente e necessário no Brasil. Nossa similaridade com o contexto da história evangélica dos Estados Unidos não é casual, mas pensada e construída. São dezesseis capítulos que funcionam como o melhor panorama possível de como o conservadorismo evangélico da maior potência econômica e militar do planeta chegou aonde chegou. Do "John Wayne salvador" (cap. 2) ao Trump "sumo sacerdote" (cap. 15), tudo é simultaneamente revelador, assustador e necessário. Por isso, este livro também exige, em especial para evangélicos e evangélicas no Brasil, coragem, disposição honesta, mente aberta e autocrítica. É preciso ter coragem para olhar seu grupo social e religioso e reconhecer onde os distanciamentos da mensagem do evangelho podem ter acontecido. Será preciso disposição honesta para percorrer dezesseis capítulos que expõem, não com alegria e satisfação, mas com dor e pesar, as violências que um tipo de cristianismo criou nas sociedades e democracias mundo afora, como no Brasil. Será necessário mente aberta para absorver com humildade anos, senão décadas, de um trabalho sincero de pesquisa que surge como denúncia profética pertinente. E será preciso, principalmente ao campo evangélico conservador, uma boa dose de autocrítica para não buscar subterfúgios e explicações que blindem esse "cristianismo nocivo" de ser denunciado e superado. Esta obra maravilhosa exige curiosidade e humildade.

PREFÁCIO

CERTO DIA, mais de vinte anos atrás, na universidade cristã onde ensino, dois alunos se aproximaram de mim e me puseram no caminho que levaria a este livro. Acabara de encerrar uma aula explicando como Theodore Roosevelt, o "presidente cowboy" dos Estados Unidos, incorporara uma robusta masculinidade branca, interligando a força masculina ao poderio estadunidense. Os alunos me disseram que eu precisava ler um livro. Tratava-se de *Wild At Heart: Discovering the Secret of a Man's Soul*, de John Eldredge.

Ao abrir o livro de Eldredge, entendi a razão pela qual meus alunos insistiam que eu o lesse. O livro começa com uma citação de Roosevelt: "O crédito pertence ao homem na arena, cujo rosto está manchado de poeira, suor e sangue, que luta corajosamente... [e cujo] lugar nunca será com aquelas almas frias e tímidas que nunca conheceram nem vitória nem derrota". Abaixo das palavras de Roosevelt havia uma citação do evangelho de Mateus: "O reino dos céus sofre violência, e homens violentos se apoderam dele". O próprio livro passou a esboçar uma perspectiva sobre masculinidade cristã que tinha notável semelhança com o ideal musculoso, até militarista, de Roosevelt. O Deus de Eldredge era um guerreiro, e os homens foram feitos à imagem desse deus guerreiro. Todo homem precisava de uma batalha para travar.

Publicado em 2001, *Wild at Heart* se tornou um pilar nas igrejas evangélicas e em campi de universidades cristãs. Pouco antes de os alunos me indicarem o livro de Eldredge, os Estados Unidos invadiram o Iraque. Enquanto observava evangélicos brancos apoiando a guerra com zelo sem precedentes, comecei a me perguntar como os ideais militantes da masculinidade cristã que permeavam a cultura popular evangélica poderiam contribuir para o militarismo evangélico no cenário global. Logo percebi que um ideal de guerreiro cristão alimentava a política de guerras culturais também no *front* doméstico. Se todo homem precisava de uma batalha para lutar, não faltavam inimigos.

Ao longo dos anos, observei essa masculinidade guerreira evangélica evoluir e se adaptar aos tempos de mudança. O pregador-celebridade Mark Driscoll inspirou uma geração de jovens evangélicos com sua pregação combativa e seus discursos misóginos. Igrejas receberam ministérios MMA e promoveram "retiros de guerreiros"; além disso, a relação entre evangélicos e militares dos Estados Unidos ficou ainda mais estreita. Em 2008, com a eleição de Barack Obama, a militância evangélica conservadora teve novas conquistas e chegou ainda mais longe. Enquanto isso, *Duck Dynasty* apresentou uma masculinidade cristã robusta, apesar de retrógrada, para um público que não se limitava ao rebanho evangélico.

No outono de 2016, evangélicos brancos entregaram a presidência a Donald Trump. Após pesquisas de boca de urna revelarem que 81% dos evangélicos brancos votaram em Trump, os observadores tiveram dificuldade de entender como pessoas de "valores familiares" poderiam ter votado em um homem cujas atitudes pareciam demonstrar a antítese desses valores. Contudo, com o tempo, percebi que os evangélicos não traíram seus valores: Trump incorporava uma masculinidade agressiva, cheia de testosterona, que muitos evangélicos conservadores equiparavam a uma autoridade divinamente atribuída para governar.

Os acontecimentos subsequentes o confirmaram. Longe de se tornar mais "presidencial", Trump continuou a desprezar normas democráticas e regras básicas de civilidade. Sua linguagem incendiária alimentou a polarização. Recusando-se a condenar a supremacia branca e a extrema direita, o então presidente atiçou as chamas do ressentimento racial e dos distúrbios sociais. Falou de "países de m...", demonizou mulçumanos, denegriu refugiados e imigrantes e atacou com ferocidade seus oponentes, tudo isso enquanto mimava líderes evangélicos conservadores — insistindo que cristãos brancos é que precisavam de proteção, uma proteção que só ele era capaz de oferecer. Em vez de atrair os bons anjos dos Estados Unidos, Trump despertou seus demônios. Em meio a tudo isso, a base evangélica branca de Trump continuou com seu apoio leal.[1]

Terminei *Jesus e John Wayne* no outono de 2019, mas o ano de 2020 revelaria até que ponto os evangélicos estariam dispostos a ir para apoiar seu candidato. Os que denunciaram a suposta corrupção de Hillary Clinton em 2016 não demoraram para descartar as amplas evidências de irregularidades que surgiriam durante as audiências de *impeachment* de Trump. Poucas semanas depois, a chegada da pandemia de coronavírus expôs as consequências mortais da devoção evangélica ao presidente.

Como lhe é característico, Trump recorreu a declarações bombásticas e as atitudes draconianas em face da COVID-19. Em vez de se fundamentar na ciência e apelar para o bem comum, Trump exortou os estadunidenses, em particular os cristãos estadunidenses, a resistir às diretrizes de saúde pública. Pediu aos cidadãos que agissem como guerreiros — não lutando contra o vírus, mas ignorando as recomendações de saúde pública para que a economia não fosse afetada. Como presidente, Trump relutou em ser visto usando máscara em público; zombou de Joe Biden por usar uma, e seus apoiadores compararam o uso de máscaras a falta de masculinidade.[2]

PREFÁCIO

Muitos líderes evangélicos conservadores seguiram o exemplo, ampliando a rejeição do presidente em relação às ameaças impostas pelo coronavírus e tratando a pandemia como uma "farsa", insistindo em seu direito de participar de cultos presenciais e desafiando diretrizes de saúde pública. Declarando "fé acima do medo", pastores conhecidos difamaram os "perdedores" e os "maricas" que usavam desinfetante para as mãos e desafiaram a masculinidade daqueles que cumpriam o distanciamento social e as normas do uso de máscaras. Em uma época na qual a maioria dos estadunidenses questionava o tratamento da pandemia por Trump, 77% dos evangélicos brancos expressavam confiança na atuação do presidente. O apoio inabalável dos evangélicos contribuiu para a profunda divisão partidária, frustrando uma resposta unificada a uma ameaça sem precedentes.[3]

A outra grande crise de 2020 foi, no mês de maio, centralizada no assassinato de George Floyd pela polícia, desencadeando um verão de protestos do Black Lives Matter [Vidas Negras Importam] por todo o país. Em resposta, o presidente Trump se declarou o "presidente da lei e da ordem" nos Estados Unidos. Denunciou "turbas violentas, incendiárias, saqueadoras, criminosas, desordeiras e esquerdistas", prometendo enviar militares para reprimir a violência. Fez com que manifestantes pacíficos fossem removidos à força das ruas do lado de fora da Casa Branca para abrir caminho para a St. John's Church, onde segurou uma Bíblia em uma foto desajeitadamente encenada. Tanto a foto quanto a retórica de lei e ordem de Trump apelavam para sua base evangélica branca. Mais do que qualquer outro grupo demográfico religioso, evangélicos brancos acreditam que a polícia trata brancos e negros de forma igualitária, e que os assassinatos policiais de homens negros são acontecimentos isolados. Nem a morte de George Floyd, nem os protestos do Black Lives Matter alteraram essa percepção.[4]

Semanas depois, o presidente voltou a incendiar sua base evangélica ao denunciar a "cultura do cancelamento" que ameaçava a história e os valores do país. Atacou manifestantes que removeram ou desfiguraram monumentos e denegriram heróis tradicionais dos Estados Unidos. "Eles acham que o povo estadunidense é fraco, covarde e submisso", criticou, mas os estadunidenses eram fortes e orgulhosos e não apoiariam esse "novo fascismo da extrema esquerda". Prometendo "preservar nosso amado estilo de vida estadunidense", Trump se recusou a permitir que os heróis dos Estados Unidos fossem transformados em vilões. Em vez disso, elogiou o heroísmo de homens como Theodore Roosevelt, Andrew Jackson, Buffalo Bill Cody e o general George Patton. Os evangélicos partilhavam da nostalgia de Trump por um heroísmo da masculinidade branca, por uma época em que o politicamente correto não impedia homens de fazer o que tinha de ser feito. Para Trump e seus apoiadores evangélicos, restaurar o poder patriarcal branco tornaria a fazer dos Estados Unidos uma grande nação.[5]

Próximo do fim do verão, dois dos mais proeminentes apoiadores evangélicos de Trump se viram no centro das atenções nacionais. Eric Metaxas foi alvo de manchetes quando, logo após deixar a Casa Branca ao lado da mulher, deu um soco em um manifestante; o fato ocorreu depois de o presidente ter se dirigido à Convenção Nacional Republicana. Trajando calças brancas, camisa cor-de-rosa brilhante, *blazer* escuro e mocassins de couro, o apresentador de rádio conservador e autor da série *Donald the Caveman* [Donald, o homem das cavernas] se mostrou uma figura não tão robusta ao correr para trás depois de dar um soco em um homem montado em uma bicicleta alugada. Metaxas não demonstrou nenhum arrependimento, culpando o manifestante por provocar o ataque.[6]

As molequices de Metaxas foram ofuscadas pelas de Jerry Falwell Jr. No início de agosto, Falwell postou uma foto sua no Instagram, na qual estava de braços dados com uma jovem que não era sua esposa, ambos com camisetas puxadas para cima, calças parcialmente abertas, e, no caso de Falwell, sua cueca claramente visível abaixo de sua barriga saliente. Uma de suas mãos se apoiava logo abaixo de um dos seios da mulher, enquanto a outra segurava uma bebida. Não era a primeira vez em que Falwell se envolvia em escândalos com fotografias comprometedoras, e não demorou para surgirem outros detalhes, desta vez relacionados às aventuras sexuais de sua esposa, Becki, com Giancarlo Granda, em um hotel da Flórida; o próprio Falwell teve um papel inegavelmente não convencional no encontro. O contraste entre o rígido código de conduta da Liberty University e o comportamento de seu presidente tornou-se impossível de ignorar, levando, assim, à renúncia de Falwell.[7]

Entretanto, o apoio evangélico a Donald Trump nunca foi um relacionamento *top-down*, e a fidelidade dos evangélicos de base nunca dependeu de palavras ou ações de líderes autodenominados. Em 3 de novembro de 2020, a resiliência do apoio evangélico branco ao presidente Trump era inconfundível. Quatro anos depois de os evangélicos ajudarem a instalar Donald Trump na Casa Branca, pesquisas com votos antecipados e de boca de urna revelaram que entre 76% e 81% dos eleitores evangélicos brancos e "nascidos de novo" votaram mais uma vez em Donald Trump.[8]

A HISTÓRIA deixa claro que isso não deve ser surpresa. O apoio evangélico a Trump não se tratou de uma aberração. Para muitos evangélicos brancos, os valores incorporados por Trump se alinhavam com uma militância no cerne de sua fé. Mesmo assim, ainda podemos encontrar no evangelicalismo aqueles que resistiram a essa militância, insistindo que sua fé os compele a acolher o estrangeiro e a amar o próximo. Essa linha divisória atravessa organizações, igrejas e famílias evangélicas, e a presidência de Trump demonstrou que interpretações contraditórias da fé cristã não podiam mais ser encobertas por trivialidades espirituais.

Essas tensões, porém, devem ser consideradas segundo as dinâmicas de poder que definem o movimento em geral. Muitos que expressaram seu horror com o que o evangelicalismo se tornou também reconheceram as pressões para se conformar. Pastores sabem que, ao decidirem se opor à política dominante do evangelicalismo branco conservador, podem perder o emprego. Líderes organizacionais sabem que, ao assumirem um posicionamento firme contra a corrupção de sua fé, correm o risco de uma perda potencialmente devastadora de doações ou de clientes. Evangélicos comuns temem alienar amigos e entes queridos.

Poucos dias após a publicação de *Jesus e John Wayne*, comecei a ouvir relatos de evangélicos que cresceram na tradição. Começando com dezenas de e-mails, não demorou para que chegassem às centenas de mensagens, sempre expressando alguma variação da mesma ideia: esta é a história da minha vida. As notas contêm histórias comoventes, detalhando experiências de infância, casamentos precoces, conflitos em igrejas e famílias e, em alguns casos, encontros angustiantes com as mais duras manifestações das estruturas autoritárias e abusivas que o livro traz à tona. Muitos leitores confessaram sua cumplicidade em perpetuar um sistema de crenças divisivo e obcecado pela masculinidade, relatando como consumiram e, em alguns casos, também ajudaram a produzir bens e serviços religiosos que cultivavam valores contrários a uma fé orientada pelo amor e pela graça.

A eleição de 2020 parece ter levado o evangelicalismo estadunidense ao seu ponto de ruptura. Quatro anos antes, o apoio evangélico a Trump provocou um êxodo silencioso das igrejas evangélicas. Dando continuidade a padrões já cimentados, os evangélicos mais jovens demonstraram seu desejo de abandonar a tradição; vinte anos atrás, menos da metade dos evangélicos brancos tinha mais de cinquenta anos, ao passo que, em 2018, esse número chegou a 62%. No entanto, o desencantamento não se limita à geração mais jovem. Ouvi histórias de aposentados, pastores, mães de meia-idade, que não apenas questionavam seu lugar no evangelicalismo, mas até sua identidade à luz do que o cristianismo evangélico se tornou. Mesmo assim, os desvios da tradição não devem ser vistos como uma sentença de morte para o evangelicalismo branco conservador. Aqueles que permanecem o fazem como parte de comunidades que estão se tornando cada vez mais monolíticas e potencialmente mais radicalizadas.[9]

Se a história nos ensina alguma coisa, é que o evangelicalismo branco militante prospera por meio de uma percepção de combate. Uma característica marcante da era Trump foi a capacidade do presidente de intensificar esse sentimento combativo, mesmo após seu governo conceder aos evangélicos brancos privilégios e poderes notáveis. Sem seu defensor na Casa Branca, a urgência e a militância daqueles que se enxergam como um remanescente perseguido mas fiel, dificilmente diminuirá.

Mas a história também nos ensina que nada é inevitável.

Horas depois de cruzar a marca dos 270 votos eleitorais para garantir sua vitória, o presidente eleito Joe Biden pediu aos estadunidenses que restaurassem "a alma dos Estados Unidos", unissem as forças da decência e defendessem a democracia. Era hora, insistiu, "de os anjos bons prevalecerem". Acima de tudo, Biden pediu por unidade, pelo fim da demonização que lança um cidadão contra o outro: "A Bíblia nos diz que para tudo há uma estação: um tempo para construir, um tempo para colher e um tempo para semear. Também há um tempo para curar. Este é o momento de cura dos Estados Unidos".[10]

Para que essa cura e restauração aconteçam, a militância no coração do evangelicalismo conservador branco deve ser confrontada. Compreender a história que nos trouxe até aqui é fundamental para esse processo e para traçarmos um novo rumo a ser seguido. O futuro da fé e da nação dependem disso.

INTRODUÇÃO

EM UM DIA penosamente frio de janeiro de 2016, Donald Trump pôs-se de pé no tablado de um pequeno auditório cristão de Iowa, regozijando-se de seu número de votos e das multidões que atraía nos comícios. Advertiu sobre os riscos representados por mulçumanos e imigrantes ilegais, e falou sobre a construção de um muro na fronteira, além de depreciar políticos americanos, chamando-os de estúpidos, fracos e patéticos. Afirmou que o cristianismo estava "sob ataque" e instou os cristãos a se unir para fazer valer seu poder. Trump prometeu liderar. Ele não tinha dúvida quanto à lealdade de seus seguidores: "Eu poderia me pôr de pé bem no meio da Quinta Avenida e atirar em alguém; mesmo assim, não perderia um eleitor sequer", declarou.[1]

Naquela manhã, o reverendo Robert Jeffress, pastor da Primeira Igreja Batista de Dallas, apresentou Trump. Como pastor, Jeffress não podia apoiar um candidato, mas deixou claro que não estaria lá se não acreditasse que Trump "seria um grande presidente". Jeffress não era uma voz isolada. Àquela altura, antes do início da Convenção Republicana de Iowa, em fevereiro, 42% dos evangélicos brancos apoiavam Trump — mais do que qualquer outro candidato. A razão, segundo Jeffress, era bem simples: os evangélicos "já não aguentavam mais o *status quo*". E estavam em busca de um líder capaz de "reverter a espiral negativa de morte da nação que tanto amamos".[2]

Na ocasião, eu não me encontrava em Iowa, mas assisti a esse espetáculo enquanto era transmitido on-line. Conhecia bem o cenário: a Dordt College, minha *alma mater*. A cidade era Sioux Center, minha terra natal. Cresci a poucos passos do *campus*, do outro lado de uma fazenda recém-transformada em pradaria. Frequentei a escola local, onde minha mãe foi minha professora de Educação Física. Meu pai, ministro ordenado, ensinava Teologia na universidade desde antes do meu nascimento. Na infância, frequentei, ano após ano, os cultos de Páscoa naquele auditório; como aluna universitária, sempre participei fielmente dos cultos na capela daquele mesmo espaço. Em pé naquele mesmo auditório no qual Trump agora se encontrava, eu liderara reuniões de oração, apresentara-me em "grupos de louvor cristão" e, durante o ensaio do coral, flertara com o homem que viria a se tornar meu marido. Casamo-nos em uma igreja na mesma rua. Embora eu tenha mudado de residência após a conclusão dos estudos, aquele espaço continuava estreitamente familiar para mim. Quando, porém, vi aquela multidão erguendo cartazes, rindo de insultos e replicando declarações de Trump com gritos afirmativos, perguntei-me quem eram aquelas pessoas. Eu não conseguia reconhecê-las.

Naquele dia, nem todos os presentes partilhavam o mesmo entusiasmo por Trump. Alguns estavam lá por curiosidade; outros, em protesto. Um pequeno grupo de cidadãos locais, incluindo alunos da universidade e da escola de pós-graduação cristã, permaneceu firme contra aquela maioria, segurando cartazes feitos à mão que proclamavam: "Amem o próximo" e "O perfeito amor lança fora todo medo". Mas esse número de pessoas era muito pequeno em comparação aos apoiadores de Trump. E, mais uma vez, em 8 de novembro de 2016, esse número foi ínfimo quando 82% dos eleitores do Condado de Sioux votaram em Trump — uma proporção próxima dos 81% dos evangélicos brancos que apoiaram Trump, segundo pesquisas de boca de urna. Essa participação, diga-se de passagem, provou-se crucial na vitória contra Hillary Clinton.[3]

Na época, parecia que a confiança de Trump na lealdade de seus seguidores não passava de fanfarronice; não tardou, porém, em assumir proporções proféticas. Seus apoiadores evangélicos permaneceram ao seu lado enquanto ele zombava dos opositores, incitava violência em manifestações e se vangloriava de sua "virilidade" em rede nacional. Então, surgiram as indiscrições sexuais de Trump. A princípio, foi o divórcio; depois, houve rumores de uma ou outra escapadela sexual; por fim, veio à tona o áudio do programa de televisão *Access Hollywood*, trazendo provas irrefutáveis de um candidato que falava, em termos obscenos, sobre sedução e agressão de mulheres.

Como conservadores, pessoas com "valores familiares", apoiavam um homem que desprezava cada princípio por eles acalentado? Como a autoproclamada "Maioria Moral" poderia aceitar um candidato que se divertia com vulgaridades? Como evangélicos, que haviam transformado o "WWJD" (What Would Jesus Do? [O que Jesus faria?]) em um fenômeno nacional, justificariam seu apoio a um homem cujo caráter parecia ser a antítese do salvador que reivindicavam emular?

Analistas e especialistas se empenhavam para dar uma explicação. Segundo eles, o povo evangélico torcia o nariz e apoiava Trump com certa relutância, procurando escolher o menor de dois males — e Hilary Clinton era o pior deles. Esse segmento cristão pensava puramente em termos transacionais, segundo o *modus operandi* do próprio Trump, votando no candidato republicano por sua promessa de estabelecer juízes para a Suprema Corte que não apoiariam a prática do aborto e assegurariam "liberdade religiosa" aos cristãos. Ou talvez as pesquisas tenham sido enganosas: ao confundirem "evangélicos nominais" com cristãos de boa índole, frequentadores de culto e pessoas fiéis à Bíblia, alguns especialistas medíocres atribuíam aos evangélicos má reputação.

INTRODUÇÃO

Todavia, o apoio evangélico a Trump não se tratava apenas de uma aberração ou de uma escolha meramente pragmática. Tratava-se, antes, do ápice evangélico de uma masculinidade militante, de uma ideologia que consagra a autoridade patriarcal e tolera demonstrações insensíveis de poder, no próprio país e fora dele. Quando Trump entra em cena, proclamando a si mesmo salvador, os evangélicos brancos e conservadores já haviam trocado uma fé que privilegia a humildade e eleva "o menor dos meus irmãos" por uma crença que ridiculariza a gentileza, relegando-a a uma província de covardes. Em vez de dar a outra face, escolheram defender sua fé e sua nação, confiantes em sua crença de que os fins justificam os meios. Após substituírem o Jesus dos evangelhos por um Cristo-guerreiro vingativo, não causa admiração que muitos tenham passado a pensar em Trump dessa maneira. Em 2016, diversos observadores ficaram perplexos com a aparente traição evangélica de seus próprios valores. Contudo, na realidade, os evangélicos não votaram a despeito de sua fé, mas justamente por causa dela.

Donald Trump não desencadeou essa reviravolta militante; seu surgimento foi o sintoma de uma condição havia muito presente. Dados de uma pesquisa realizada revelam os acentuados contornos da cosmovisão evangélica contemporânea. Mais do que qualquer outro grupo demográfico religioso dos Estados Unidos, os protestantes evangélicos brancos apoiam a guerra preventiva, toleram o uso de tortura e são favoráveis à pena de morte. São mais propensos do que os membros de outros grupos religiosos a possuir uma arma, a acreditar que os cidadãos devem ter permissão para o porte de armas na maioria dos lugares e a se sentir seguros com uma arma de fogo nas mãos. Os evangélicos brancos são mais avessos à reforma migratória e mais propensos a ter uma perspectiva negativa sobre os imigrantes do que qualquer outro grupo demográfico religioso; dois terços deles apoiam o muro de fronteira proposto por Trump. Sessenta e oito por cento dos protestantes evangélicos brancos — mais do que qualquer outro grupo demográfico — não consideram que os Estados Unidos têm alguma responsabilidade em aceitar refugiados. Mais da metade dos protestantes evangélicos brancos pensa que uma população estadunidense majoritariamente não branca corresponderia a um desenvolvimento negativo. Os evangélicos brancos são consideravelmente mais propensos a acreditar que o islamismo encoraja a violência, a se recusar a ver o Islã como "parte da sociedade convencional estadunidense" e a perceber um "conflito natural entre o Islã e a democracia". Ao mesmo tempo, os evangélicos brancos acreditam que, nos Estados Unidos, os cristãos estadunidense enfrentam mais discriminação do que os mulçumanos. Os evangélicos brancos são significativamente mais autoritários do que outros grupos religiosos, expressando confiança em seus líderes religiosos em níveis muito maiores do que os membros de outras crenças.[4]

Para os evangélicos, política nacional e política externa são duas faces da mesma moeda. O nacionalismo cristão — a crença de que os Estados Unidos são a nação escolhida por Deus e que, nessa condição, deve ser defendida — serve de um indicador poderoso da intolerância em relação aos imigrantes, às minorias raciais e aos não cristãos. Atrela-se à oposição aos direitos dos homossexuais e ao controle de armas, ao apoio a punições mais severas aos criminosos, às justificativas para o uso excessivo da força contra os estadunidenses negros nas situações de aplicação da lei e à ideologia de gênero tradicionalista. Os evangélicos brancos teceram essa colcha de retalhos temática, e o comprometimento nostálgico com uma masculinidade robusta, agressiva e militante serve como um fio que os interliga em um todo coerente. A liderança de um pai no lar está atrelada, de forma inextricável, à liderança heroica no cenário nacional — e o destino de uma nação depende de ambas.[5]

Em novembro de 2016, as linhas já estavam traçadas. Inúmeros evangélicos brancos partilhavam o nacionalismo, a islamofobia, o racismo e o nativismo de Trump. Admitiam sua "política reprovável": concordavam que manifestantes feridos recebiam o que era merecido, que seu país estaria em melhores condições ao se livrar das "maçãs podres" e que as pessoas em geral eram "sensíveis demais" sobre o que era dito na política. Atraídos pelo apelo popular, os evangélicos brancos demonstravam preferência pela rejeição ao meio-termo político, em prol de uma liderança forte e solitária e, quando necessário, pela quebra de regras. Tais disposições estavam presentes, independentemente de os evangélicos brancos se autodefinirem segundo a denominação, a tradição ou a crença e conduta.[6]

DE SUA PARTE, os evangélicos preferem autodefinir-se não por suas crenças políticas, mas segundo suas convicções teológicas — ou, mais precisamente, de acordo com quatro "distintivos evangélicos". Ser evangélico, segundo a Associação Nacional de Evangélicos, é defender a Bíblia como autoridade suprema, confessar a centralidade da expiação de Cristo, crer em uma experiência de conversão pautada no novo nascimento e trabalhar ativamente para espalhar a boa-nova e reformar, de modo adequado, a sociedade. Quando definido dessa maneira, o "evangelicalismo" se manifesta como um movimento radicalmente heterogêneo e global. Todavia, no que diz respeito a delinear os contornos do evangelicalismo estadunidense moderno, a primazia desses quatro distintivos é questionável.[7]

O povo evangélico reivindica defender a Bíblia como a maior autoridade da fé cristã; contudo, há mais de 31 mil versículos na Bíblia. Quais deles são considerados guias essenciais para uma prática cristã fiel, e quais deles são prontamente ignorados ou mal explicados? De modo semelhante, quando os evangélicos se autodefinem da perspectiva da expiação de Cristo ou como discípulos de um

Cristo ressurreto, que tipo de Jesus imaginam? Seu salvador é um guerreiro conquistador, um homem valente que elimina os adversários e faz guerra santa? Ou um cordeiro sacrificial, que oferece a si mesmo para a restauração de todas as coisas? A forma de alguém responder a essas perguntas determinará como vê o que significa seguir Jesus.

Na verdade, o significado de ser evangélico sempre depende do mundo além da fé. Nos anos recentes, os próprios líderes evangélicos chegaram a reconhecer (e, com frequência, lamentar) que uma definição de "cultura popular" tenha usurpado uma definição "devidamente histórica e teológica", de modo que, hoje, muitas pessoas se consideram "evangélicas" por assistirem ao canal Fox News, por se enxergarem como religiosas ou por votarem nos republicanos. Frustradas com essa confusão entre evangélicos "reais" e "presumidos", as elites evangélicas criticam especialistas e críticos de opinião por seu descuido em não distinguir uns dos outros. Contudo, o problema vai além de uma categorização flexível. Entre os evangélicos, elevados níveis de analfabetismo teológico significam que muitos deles têm perspectivas tradicionalmente definidas como heresia, pondo em dúvida a centralidade da teologia para o evangelicalismo em geral. Além disso, muitos daqueles que subscrevem esses elementos distintivos não se identificam, de fato, como evangélicos. Esse é especialmente o caso quando o assunto diz respeito a cristãos negros: apenas 25% dos afro-americanos que subscrevem os quatro distintivos identificam a si mesmos como evangélicos.[8]

Não se trata de um simples mal-entendido. Há muito tempo, os cristãos negros resistem a esse rótulo, pois, para eles, está claro que há mais no evangelicalismo do que declarações precisas de fé. Dados de pesquisa revelam que, em praticamente todas as questões sociais e políticas, os protestantes negros aplicam sua fé de maneiras que vão contra o evangelicalismo branco. As diferenças podem estar enraizadas não apenas na experiência, mas também na própria fé; na prática, "distintivos evangélicos" supostamente neutros acabam sendo cultural e racialmente específicos. Embora os evangélicos brancos apreciem enfatizar a existência de "evangélicos" negros para distanciar seu movimento de alegações de racismo e associações com políticas conservadoras, os próprios cristãos negros tentam chamar a atenção para o "problema da brancura" do evangelicalismo, bem como para a inabilidade ou a falta de vontade dos evangélicos brancos em confrontar esse problema. No rescaldo da eleição de 2016, ficou mais difícil ignorar o coro daqueles que denunciavam o problema da brancura no evangelicalismo. Para muitos cristãos negros, o evangelicalismo se transformara em uma "marca religiosa branca".[9]

Embora se mostre fundamental à identidade evangélica branca, o conceito de "raça" raramente atua como uma variável independente. Para os evangélicos brancos conservadores, a "boa-nova" do evangelho cristão se interligou, de modo inseparável, a um comprometimento ferrenho com a autoridade patriarcal, a diferença de gênero e o nacionalismo cristão — e todos esses elementos estão entrelaçados com a identidade racial branca. Hoje, muitos estadunidense que se declaram evangélicos se identificam com essa teologia operacional — aquela que é republicana em sua política e tradicionalista em seus valores. Essa fé do tipo "Deus e nação" é defendida por aqueles que frequentam igrejas regularmente, bem como por aqueles que não as frequentam. Cria afinidades que transcendem as diferenças denominacionais, regionais e socioeconômicas, ainda que divida os estadunidense — e os cristãos estadunidense — entre aqueles que abraçam, ou não, esses valores. Dessa maneira, o evangelicalismo branco conservador se tornou uma força polarizante na política e na sociedade estadunidense.

Parte do alcance tão expansivo do evangelicalismo branco se deve à cultura que ele criou, bem como à cultura propagada. Ao longo dos últimos cinquenta anos, os evangélicos produziram e consumiram uma grande quantidade de produtos religiosos: livros e revistas cristãs; MCC ("Música Cristã Contemporânea"); rádio e televisão cristãos; filmes; conferências ministeriais; blogues, camisetas e até mesmo decoração de casa. Muitos evangélicos que teriam dificuldade de articular até mesmo princípios básicos da teologia evangélica imergiram nessa cultura evangélica popular. Criaram filhos com a ajuda de *Focus on the Family*, programa de rádio de James Dobson, ou cresceram assistindo a desenhos como *Os VegeTais*; participaram de concertos de Amy Grant, Newsboys ou DC Talk; aprenderam sobre pureza antes de aprenderem sobre sexo (e têm um anel de prata para demonstrar isso); assistiram aos filmes *A Paixão de Cristo*, *Coragem de Viver* ou ao filme mais recente de Kirk Cameron e de seu grupo jovem; participaram de eventos promovidos pelos Promise Keepers* com gente da igreja e leram *Wild at Heart* [Coração selvagem] em pequenos grupos; aprenderam mais de Pat Robertson, John Piper, Joyce Meyer e da Gospel Coalition do que dos sermões pregados pelo pastor aos domingos.

A difusão da cultura consumidora evangélica se estende para além da órbita das igrejas evangélicas. O evangelicalismo cultural se infiltrou profundamente no cristianismo tradicional: atualmente, distinções entre evangélicos e membros de denominações como a Igreja Metodista Unida são mais obscurantistas do que reveladoras. (Minha própria formação na Igreja Cristã Reformada, uma pequena denominação fundada por imigrantes holandeses, pode servir-nos como estudo

---

*Promise Keepers é uma organização pareclesiástica cristã evangélica para homens, fundada nos Estados Unidos. (N. T.)

de caso: por algumas gerações, os membros se definiam em oposição ao cristianismo estadunidense, mas, por causa da influência exorbitante da cultura popular evangélica, boa parte da denominação é funcionalmente evangélica quanto a afinidades e crenças.) As fronteiras denominacionais são facilmente violadas pelo fluxo de *merchandising* religioso. De fato, qualquer um pode participar dessa cultura religiosa sem frequentar qualquer igreja.

Todavia, esse evangelicalismo cultural continua interligado ao "evangelicalismo de *establishment*". Organizações denominacionais e grupos paraeclesiásticos, pastores e teólogos, universidades e seminários, casas publicadoras e instituições de caridade — todos geram a maior parte do conteúdo religioso comercializado por uma imensa congregação de consumidores. Os líderes evangélicos conferem autoridade uns aos outros, promovem os livros uns dos outros, defendem uns aos outros nas redes sociais e apontam quais escritores, pastores e organizações são dignos de promoção — e quais devem ser evitados. Às vezes, a cultura popular evangélica pode subverter a autoridade da elite evangélica. Durante a campanha de Trump, muitos pastores se surpreenderam ao descobrir que tinham pouca influência sobre as pessoas que frequentavam suas igrejas. O que eles não percebiam é que estavam na contramão de um sistema muito mais poderoso de autoridade — uma cultura evangélica popular que refletia e reforçava uma ideologia convincente e uma cosmovisão coerente. Algumas palavras pregadas no domingo à noite pouco contribuíam para eles romperem com a dieta constante de produtos religiosos consumidos diariamente pelos evangélicos.[10]

Desse modo, em vez de buscarmos distinguir entre os evangélicos "reais" e os evangélicos "presumidos", é-nos mais útil pensar levando em conta os níveis nos quais os indivíduos participam dessa cultura evangélica de consumo. Há aqueles que raramente consomem mídia produzida fora desse universo; quando se trata de música, noticiário, livros e rádio, esses indivíduos habitam em um espaço consumidor separado e santificado. Também há muitos que participam em menor escala — ouvindo música "secular", assistindo aos lançamentos de Hollywood e lendo, de vez em quando, livros "não cristãos", mas ouvindo rádios de conteúdo cristão, entoando "músicas de louvor", comprando livros cristãos sobre a formação de filhos e devorando romances cristãos. Ainda assim, por partilharem uma cultura em comum, os indivíduos estabelecem ligações com outros consumidores de mentalidade semelhante, e tais afinidades formam a base de uma identidade cultural compartilhada.

Em todas as épocas, inúmeras crenças coexistiram e competiram por influência no âmbito do evangelicalismo. Ainda hoje, o arcabouço evangélico inclui calvinistas e pentecostais, "guerreiros da justiça social" e gurus do evangelho da prosperidade. Entretanto, nas últimas décadas, os conservadores consolidaram seu poder em meio a um movimento mais amplo. Oferecendo certezas em tempos de mudança social, prometendo segurança em face das ameaças globais — e, talvez ainda de forma mais crítica, afirmando a justiça cristã dos Estados Unidos e, por extensão, dos estadunidense cristãos e brancos —, os conservadores evangélicos foram bem-sucedidos em conquistar o coração e a mente de inúmeros cristãos estadunidenses. Eles alcançaram esse domínio não apenas pela elaboração de uma ideologia convincente, mas também por defender seu projeto de poder por meio de organizações estratégicas e alianças políticas; às vezes, por meio de demonstrações impiedosas de poder; e, de forma crítica, pelo domínio da produção e pela distribuição de uma cultura consumidora cristã.

Como o evangelicalismo em geral, a cultura popular evangélica abrange um amplo espectro de comprometimento religioso e político. A mesma loja que estoca livros do conselheiro financeiro conservador Dave Ramsey ou do ativista social Jim Wallis também acomoda manifestos feministas cristãos elaborados por Rachel Held Evans e Sarah Bessey, assim como defesas clássicas da "feminilidade tradicional", feitas por Elisabeth Elliot. No entanto, o poder do evangelicalismo branco é aparente tanto no tamanho de sua fatia de mercado como em sua influência sobre outros canais de distribuição religiosa. Como um movimento difuso, o evangelicalismo não tem estruturas claras de autoridade institucional, porém o próprio mercado evangélico ajuda a definir quem está dentro e quem se encontra do lado de fora do rebanho. Lojas cristãs da marca LifeWay — marca que já representou a maior cadeia de varejo cristão do país afiliada à Convenção Batista do Sul — exerceram abertamente esse poder. Quando Rachel Held Evans e Jen Hatmaker entraram em conflito com as ortodoxias conservadoras relacionadas a sexualidade e gênero, a LifeWay parou de promover seus livros. Entretanto, não deixou de estocar *The Deplorable's Guide to Making America Great Again* [O guia dos deploráveis sobre como tornar os Estados Unidos grandes outra vez] ("Vencer foi só o início [...] a mudança deve começar na Casa Branca, mas terminar na *sua* casa") e *The Dark Side of Islam* [O lado obscuro do Islã], de R. C. Sproul e Abdul Saleeb.

Os produtos consumidos pelos cristãos modelam a fé que professam. Hoje, o significado de alguém ser "evangélico conservador" diz mais respeito à cultura que à teologia. Tal fator se manifesta prontamente nos heróis que eles celebram. Evangélicos do *establishment* podem considerar Jonathan Edwards ou George Whitefield entre seus precursores mais proeminentes, mas a cultura evangélica popular está repleta de um conjunto bem diferente de heróis — homens como William Wallace (conforme trazido à vida por Mel Gibson), Teddy Roosevelt, os míticos caubóis estadunidense, os generais Douglas MacArthur e George S. Patton, e o soldado estadunidense comum. Ah, sim: e o ator John Wayne.

INTRODUÇÃO

Como a personificação, nas telas de televisão, do caubói heroico e do soldado estadunidense idealizado, e também como um ativista conservador na vida real, John Wayne se tornou um ícone da masculinidade estadunidense robusta para gerações de conservadores. Pat Buchanan imitou Wayne durante sua candidatura presidencial. Newt Gingrich classificou *Iwo Jima: o Portal da glória* como "o filme formativo da minha vida", e Oliver North ecoou *slogans* desse filme em sua campanha de 1994 para o Senado. Com o tempo, Wayne também emergiria como ícone da masculinidade cristã. Os evangélicos o admiravam (e ainda o admiram) por sua tenacidade e arrogância; ele protegia os fracos, e não permitia que nada se interpusesse em sua busca por justiça e ordem. Wayne não foi um cristão evangélico, apesar dos rumores regularmente circulados pelos próprios evangélicos. Não teve uma vida moral segundo os padrões da virtude tradicional cristã. Todavia, para muitos evangélicos, Wayne viria a simbolizar um conjunto diferente de virtudes — uma espécie de anseio nostálgico por uma nação mítica, "os Estados Unidos como um país cristão", um retorno aos papéis de gênero "tradicionais" e uma reafirmação da autoridade patriarcal (branca).[11]

Embora Wayne ocupe lugar proeminente no panteão dos heróis evangélicos, ele não passa de um dos muitos ícones robustos, e até mesmo implacáveis, de masculinidade que os evangélicos preencheram de significado religioso. Como Wayne, os heróis que melhor incorporam a masculinidade cristã militante foram aqueles desprovidos das virtudes tradicionais cristãs. Dessa maneira, a masculinidade militante interligou os conservadorismos religioso e secular, ajudando a assegurar uma aliança que culminou em profundas ramificações políticas. Para muitos evangélicos, esses heróis militantes viriam a definir não apenas a masculinidade cristã, mas também o próprio cristianismo.

A SABEDORIA convencional nos diz que fundamentalistas e evangélicos se afastaram do olhar público e do engajamento político após o Julgamento de Scopes (1925) ou com o fim da Lei Seca (1933) — quer pelo desejo de se concentrarem na salvação individual das almas, quer pelas várias combinações do que já dissemos —, apenas para reaparecer no cenário nacional na década de 1970, ressurgindo do nada. Conforme veremos, porém, as raízes de uma masculinidade evangélica militarizada e politizada remontam ao início da história dos Estados Unidos.

Antecedentes podem ser encontrados no evangelicalismo sulista do século 19 e no "cristianismo muscular" do século 20, mas foi nas décadas de 1940 e 1950 que uma poderosa mescla de "tradicionalismo de gênero" patriarcal, militarismo e nacionalismo cristão se aglutinou para formar a base de uma identidade evangélica revitalizada. Com Billy Graham na linha de frente, os evangélicos acreditavam ter um papel especial a desempenhar na manutenção dos Estados Unidos como uma nação cristã, na proteção dos fortes laços familiares e na segurança nacional. A declaração de um poder masculino atenderia a todos esses objetivos.

Por volta da década de 1960, o movimento pelos direitos civis, o feminismo e a Guerra do Vietnã levaram muitos estadunidense a questionar os valores "tradicionais" de todos os tipos. Normas sexuais e de gênero estavam sendo questionadas, os Estados Unidos não pareciam mais ser uma fonte inconteste do bem e Deus não parecia, de fato, estar do lado da nação. No entanto, os evangélicos se apegavam tenazmente à crença de que os Estados Unidos eram uma nação cristã, de que o exército era uma força voltada para o bem e de que a força da nação dependia de um lar patriarcal devidamente ordenado. O ressurgimento político evangélico da década de 1970 se aglutinou em torno de uma combinação poderosa de política de "valores familiares"; contudo, os valores familiares sempre estiveram atrelados a ideias de sexo, poder, raça e nação. O feminismo representava uma ameaça tanto para a masculinidade tradicional como para a segurança nacional, pois removia o homem de seu devido papel como provedor e protetor, abrindo as portas para que as mulheres se envolvessem no combate militar. De modo semelhante, o Vietnã correspondia não apenas a uma questão de segurança nacional, mas também a uma crise de masculinidade. Também os direitos civis desmantelavam tradições consagradas pelo tempo e desestabilizavam a ordem social. Representando o exagero do governo federal ou mesmo um projeto insidioso de poder comunista, a dessegregação também aumentava a suposta ameaça à masculinidade branca e ao poder do homem branco de policiar as fronteiras sociais e sexuais. A afirmação do patriarcado branco foi crucial para as novas políticas de "valores familiares" e, no final da década de 1970, a defesa do poder patriarcal surgiu como um distintivo evangélico.

Nessa época, o mercado consumidor evangélico já se tornara uma força que não podia mais ser ignorada; essa rede expansiva, porém, funcionava menos como um empreendimento de salvação de almas e mais como um meio pelo qual os evangélicos criavam e mantinham a própria identidade — uma identidade enraizada em "valores familiares" e repleta de senso cultural combativo. Livros, rádio e televisão cristãos ensinavam os evangélicos a cuidar dos filhos, a fazer sexo e a quem temer. Ademais, a mídia cristã promovia uma masculinidade evangélica distintiva. Encontrando consolo e coragem em símbolos de um passado mítico, os evangélicos buscavam a masculinidade robusta e heroica encarnada por caubóis, soldados e guerreiros como forma de conhecer o caminho adiante. Nas décadas seguintes, a masculinidade militante (e uma feminilidade doce e submissa) permaneceria entrincheirada no imaginário evangélico, modelando conexões do que consideravam bom e verdadeiro.

INTRODUÇÃO

Na década de 1980, os evangélicos conseguiram mobilizar-se de uma forma tão eficiente como força política partidária pelo fato de já participarem de uma identidade cultural implícita.[12]

A masculinidade evangélica militante andava de mãos dadas com uma cultura do medo, mas nem sempre era aparente o que vinha em primeiro lugar. Durante a Guerra Fria, a ameaça comunista parecia exigir uma resposta militar. Contudo, após a dissipação dessa ameaça, os evangélicos conservadores declararam prontamente uma nova guerra, uma guerra cultural, exigindo militância semelhante. Em 2001, quando terroristas atacaram os Estados Unidos, os evangélicos tinham uma guerra factual a travar — embora, mesmo então, a militância evangélica fosse incitada por relatos fraudulentos de ameaça islâmica, relatos promovidos pelos próprios evangélicos. Assim, a militância evangélica não pode ser apenas uma resposta a épocas temerosas: para os evangélicos brancos conservadores, a fé militante exigia um senso contínuo de ameaça.

Em 2008, a eleição de Barack Obama acentuou os temores evangélicos. Inicialmente, as guerras culturais pareciam perdidas, e o poder da direita cristã aparentemente chegara a um fim desprezível. No entanto, os evangélicos conservadores sempre se desenvolveram por meio um senso de combate, real ou imaginário, e dessa vez não seria diferente. Donald Trump surgiu em um momento no qual os evangélicos se sentiam cada vez mais sitiados e até mesmo perseguidos. Desde o conteúdo contraceptivo do *Affordable Care Act*, passando por leis relacionadas a banheiro público transgênero e mudanças culturais relativas ao casamento gay, o "gênero" era o fator que se encontrava no centro dessa aparente vulnerabilidade. O poderio dos Estados Unidos não era mais o mesmo, e quase dois terços dos evangélicos brancos temiam que uma nação outrora poderosa se houvesse transformado em um povo "suave e feminino demais".[13]

Os temores evangélicos eram reais. Entretanto, esses temores não correspondiam apenas a uma resposta natural a tempos de mudança. Por várias décadas, os líderes evangélicos trabalharam e incitaram esses temores; seu próprio poder dependia disso. Homens como James Dobson, Gill Gothard, Jerry Falwell, Tim LaHaye, Mark Driscoll, Franklin Graham e incontáveis outros expoentes menores evocavam um senso de perigo a fim de oferecer a seguidores temerosos sua própria versão de verdade e proteção. Gerações de evangélicos aprenderam a temer comunistas, liberais, humanistas seculares, "os homossexuais", as Nações Unidas, o governo, os mulçumanos e os imigrantes — e foram preparadas para responder a esses temores ao olhar para um homem forte capaz de resgatá-los do perigo, um homem que incorporava uma masculinidade dada por Deus, impulsionada pela testosterona. Como Robert Jeffress expressa de modo tão eloquente nos meses anteriores à eleição de 2016: "Quero o filho da... você sabe o quê...

mais malvado e durão que eu possa encontrar para presidente; e acho que essa é a posição de muitos evangélicos".[14]

AO LONGO DE dois mil anos de história cristã — e em meio à própria história do evangelicalismo —, há amplos precedentes de sexismo, racismo, xenofobia, violência e desígnios imperiais. Contudo, também há expressões de fé cristã — e do cristianismo evangélico — que trouxeram ruptura ao *status quo* e desafiaram sistemas de privilégio e poder. As Escrituras cristãs contêm histórias de um Deus guerreiro violento, mas também de um salvador que convoca seus seguidores a cuidar do "menor dos meus irmãos". A Bíblia termina com uma batalha sangrenta, mas também convoca os cristãos a agirem com amor e paciência, bondade, gentileza e autocontrole. Assim, o evangelicalismo branco contemporâneo dos Estados Unidos não é o resultado inevitável de um "literalismo bíblico", nem a única interpretação possível da fé cristã histórica; a própria história do cristianismo estadunidense é repleta de vozes de resistência e sinais de caminhos não trilhados. Antes, o evangelicalismo branco é um movimento histórico e cultural, forjado com o tempo por organizações e indivíduos dotados de diversas motivações: o desejo de discernir a vontade de Deus, de trazer ordem em tempos incertos e, para muitos, de estender seu próprio poder. A história a seguir fala de guerras e políticas presidenciais, de pregadores-empreendedores e de inovação teológica, de sucessos de bilheteria, manuais de sexo e livros de autoajuda. Não começa com Donald Trump, nem termina com ele.

CAPÍTULO · I

PREPARE-SE

O CAMINHO que culmina com John Wayne como um ícone da masculinidade cristã é repleto de um elenco colorido de personagens: inclui o presidente-caubói original, passa por um jogador de beisebol que se torna pregador e inclui um cantor-caubói e um jovem evangelista.

No início do século 20, os cristãos reconheciam que tinham um problema de masculinidade. Incapazes de chacoalhar a percepção de que o cristianismo tinha uma atitude menos masculina, muitos culpavam a própria fé, ou pelo menos a "feminização" do cristianismo vitoriano, que privilegiava a gentileza, o autocontrole e uma resposta emotiva à mensagem do evangelho. Contudo, havia pouco tempo a própria masculinidade estadunidense passara por mudanças significativas, contribuindo para esse senso de incômodo. Durante boa parte do século 19, quando a maioria dos homens ganhava a vida por meio do cultivo no campo ou abrindo pequenas empresas, a masculinidade parecia ser considerada o caminho certo. Nessa época, a masculinidade cristã exigia trabalho árduo e moderação; também exigia a capacidade de exibir sobriedade cavalheiresca. A abnegação, afinal, era uma virtude útil para os empresários empreendedores e os trabalhadores diligentes. Na década de 1890, porém, esse modelo de sobriedade viril começou a fraquejar.

Uma nova economia corporativa e de consumo significava que mais homens ganhavam a vida batendo cartões de ponto, e a autodisciplina não resultava mais nas mesmas recompensas. Para homens cuja força se tornara supérflua, que não mais se identificavam como produtores, sua própria masculinidade parecia questionável. Também havia outros fatores de ruptura. Imigrantes do sul e do leste da Europa começaram a chegar aos litorais do país, e "novas mulheres" começaram a ir para a faculdade, ingressar em carreiras profissionais, andar de bicicleta, usar calças compridas e ter menos bebês. Em resposta a todas essas mudanças, antigas ideias de masculinidade pareciam insuficientes. Além disso, os homens protestantes brancos, naturais dos Estados Unidos, começaram a afirmar um novo tipo de masculinidade — uma masculinidade mais dura e robusta. Nada menos que o destino da nação, ou até mesmo que o futuro da "civilização" cristã branca, parecia estar em jogo.[1]

Ninguém defendeu com maior gosto essa nova masculinidade estadunidense do que Theodore Roosevelt. Em sua juventude, Roosevelt fora ridicularizado por sua "voz aguda, calças apertadas e roupas extravagantes", zombado como "fraco" e "inadequado". Mas Roosevelt aspirava ao poder. Determinado a se reinventar, ele foi para o Oeste dos Estados Unidos, rebatizando a si mesmo como o "caubói das Dakotas". Nas fronteiras é que seria forjada uma nova masculinidade, por se tratar de um lugar no qual os homens (brancos) traziam ordem à selvageria, atuavam como protetores e provedores armados, usando a violência para alcançar um bem maior. Se o Velho Oeste podia moldar o "peculiar sr. Roosevelt" em um espécime masculino durão, talvez também fosse capaz de fazer o mesmo com a masculinidade estadunidense em geral; pelo menos foi nisso que se passou a acreditar. Contudo, havia uma falha nesse plano. Enquanto Roosevelt aprimorava sua masculinidade na fronteira ocidental, o mítico Velho Oeste estava desaparecendo. A robusta masculinidade estadunidense teria de ser forjada em outro lugar — nas novas fronteiras do império. A mudança para um cenário global foi perfeitamente encapsulada nos "Rough Riders" de Roosevelt, uma cavalaria voluntária que lutou na Guerra Hispano-Americana — uma guerra que o próprio Roosevelt ajudou a desencadear. Dessa forma, o novo imperialismo estadunidense foi enquadrado como um esforço conservador para restaurar a masculinidade estadunidense.[2]

Em 1901, quando Roosevelt se tornou presidente, a incorporação da masculinidade estadunidense heroica assumiu liderança incontestável na nação americana. Ao modelar uma masculinidade violenta e fantasiosa e, em seguida, injetar essa sensibilidade na política nacional, Roosevelt oferecia ao homem comum o senso de participação em uma causa maior. A hipermasculinidade de Roosevelt apelava a homens ansiosos sobre seu próprio status e o status da nação. Para muitos, essas ansiedades se tornariam inseparáveis.[3]

PARA OS CRISTÃOS estadunidenses, o desafio era reconciliar essa nova e agressiva masculinidade com a virtude tradicional cristã. Com sua ênfase em gentileza e moderação, o cristianismo vitoriano, de súbito, parecia ser insuficientemente masculino. Dificilmente se esperaria que homens viris e agressivos se sujeitassem a uma fé tão castradora, de modo que, na década de 1910, os homens cristãos começaram a "remasculinizar" o cristianismo estadunidense. Buscando compensar as "virtudes femininas" que haviam passado a dominar a fé, eles insistiam em que o cristianismo também era "essencialmente masculino, militante e guerreiro". Era hora de os homens tomarem a igreja de volta. Havia precedentes para tais ajustes na virtude cristã. No sul dos Estados Unidos, a masculinidade branca havia muito defendia um senso de domínio sobre as pessoas dependentes — mulheres, crianças e escravos. Os homens do sul mantinham vigilância constante sobre esses dependentes e, por extensão, sobre a ordem social em geral. Inicialmente, essa cultura sulista de maestria e honra parecia entrar em conflito com os impulsos igualitários do cristianismo evangélico. (Em Cristo, não há escravo nem livre, homem ou mulher, segundo o apóstolo Paulo.) No entanto, os evangélicos sulistas encontraram um meio de definir a masculinidade cristã de modo a santificar a agressão: com o propósito de manter a ordem e cumprir seu papel de protetores, há momentos em que os homens cristãos devem recorrer à violência. No início do século 20, então, uma masculinidade estadunidense robusta uniu os homens brancos do Norte e do Sul, transformando o cristianismo nos Estados Unidos.[4]

O ex-jogador profissional de beisebol Billy Sunday pregava esse novo "cristianismo muscular" com um zelo incomparável. Não querendo manter nenhuma relação com uma piedade afeminada e covarde, Sunday preferiu armar-se com "a velha espingarda do seu evangelho e com ipecacuanha, soro de leite, veneno, sal-gema e o que mais lhe caísse nas mãos" e sair por aí. Na primavera de 1917, com a entrada dos Estados Unidos na Primeira Guerra Mundial, a militância de Sunday foi além da metáfora. O pregador não tinha tempo para pacifistas ou trapaceiros ("vira-latas abandonados por Deus"), ou, aparentemente, para nuances de qualquer tipo: "Em dias como estes, todos são patriotas ou traidores, tanto do seu país como da causa de Jesus Cristo". Um evangelista em prol da guerra, Sunday era conhecido por dar pulos no púlpito acenando uma bandeira americana.[5]

A Grande Guerra trouxe à tona tensões crescentes em meio ao protestantismo estadunidense. Por um lado, um protestantismo respeitável, centralizado na igreja, havia muito situara a autoridade religiosa na igreja institucional e no clero ordenado. De vez em quando, porém, alguns movimentos evangélicos de avivamento varriam a nação. Esses avivamentos rompiam o *status quo* e, às vezes, derrubavam a hierarquia social, apenas para que a autoridade denominacional tradicional voltasse a se reafirmar. Entretanto, nos anos que se seguiram à Guerra Civil, uma nova e duradoura manifestação de avivamento evangélico assumiu a dianteira, perfeitamente adequada à cultura de consumo.

Tomando por empréstimo as modernas técnicas de publicidade, os inovadores evangélicos criaram uma fé genérica e não sectária que privilegiava uma "leitura bíblica simples e fácil" do indivíduo, defendendo o comprometimento com os "fundamentos" autênticos e não adulterados da fé. Rotulando essa abordagem inovadora de a "religião dos velhos tempos", a fé foi comercializada de forma direta aos consumidores. Por meio de *merchandising* religioso e com a ajuda de celebridades como o próprio Sunday, as tradicionais autoridades denominacionais foram efetivamente substituídas pela autoridade do mercado e pelo poder de escolha do consumidor. Os "fundamentalistas" que abraçavam esse avivamento impulsionado pelo mercado incluíam populistas e profissionais "respeitáveis" da classe média, e tensões e lutas internas entre essas facções caracterizariam o movimento no século seguinte. Foi somente pela identificação de inimigos em comum que os fundamentalistas foram capazes de moldar uma identidade poderosa (ainda que instável).[6]

Felizmente para eles, não era muito difícil encontrar inimigos. Os "modernistas" religiosos também queriam tornar sua fé relevante naqueles tempos de transição, porém rejeitavam a "leitura purista" da Bíblia — leitura que era defendida pelos fundamentalistas. Ao acusarem os fundamentalistas de substituir o "propagandismo" pelo devido estudo da Bíblia, os "modernistas" preferiam buscar a erudição da crítica histórica como forma de análise das complexidades das Escrituras. Esses protestantes liberais também tendiam a enfatizar as dimensões sociais e ambientais do cristianismo, em oposição ao foco mais individualista dos fundamentalistas no pecado pessoal e na conversão. Os fundamentalistas, por sua vez, acusavam os modernistas de estar abandonando a fé cristã histórica.[7]

Entretanto, os modernistas e os fundamentalistas concordavam em um ponto: a necessidade de masculinizar a fé. Os protestantes liberais insistiam em que seu próprio ativismo social exemplificava o exercício viril do cristianismo. Enquanto isso, os fundamentalistas asseguravam que uma defesa robusta da doutrina expressava coragem e convicção masculinas, ridicularizando a teologia liberal como um desperdício efeminado da virilidade vista no cristianismo verdadeiro.

Durante a Primeira Guerra Mundial, essas perspectivas concorrentes do cristianismo muscular foram arrebatadas por um militarismo frenético. Protestantes liberais abraçaram o conflito como uma guerra que poria fim a todas as guerras, como um meio de estenderem a democracia e o cristianismo ao mundo inteiro. Entre os fundamentalistas, a resposta era mais complicada que o aceno de bandeiras de Sunday sugeria. Para alguns, a falta de vontade de se caracterizarem os Estados Unidos como uma "nação cristã" restringia seu entusiasmo pela guerra. Uma nação cristã, de acordo com os editores do *The King's Business* — publicação mensal do Instituto Bíblico de Los Angeles —, seria a que "aceitava Cristo como seu Salvador e Senhor" em todos os aspectos de governança: na política, no comércio e nas relações internacionais. Mas "tal nação não existe na face da terra, nunca existiu e nunca existirá, até que o nosso Senhor retorne". Por essa razão, o patriotismo não era uma virtude; a lealdade de um cristão pertencia ao reino de Deus, e não à nação. Em um movimento que soaria quase incompreensível nos dias de hoje, os protestantes liberais atacaram essa ambivalência, denunciando a fé "antiamericana" dos conservadores e rotulando sua falta de patriotismo como uma ameaça à segurança nacional. A resposta dos fundamentalistas foi atacar as origens alemãs da teologia histórico-crítica dos liberais e reforçar seu próprio patriotismo.[8]

Com o fim da guerra, não havia patriotismo suficiente para obscurecer o fato de que ela fora travada a um custo muito elevado — e com pouco ganho aparente. O modelo de masculinidade de Roosevelt era falho: ao que tudo indicava, a guerra apresentara aos estadunidenses os horrores de "mitos relacionados a sangue e fogo, mutilação e cegueira, tornando-se verdade". Para os internacionalistas protestantes liberais, a desilusão foi particularmente marcante. Sherwood Eddy, um dos principais defensores protestantes liberais da guerra, expressou consternação diante de seu ativismo pró-guerra: "Eu cria que se tratava de uma guerra para acabar com as guerras, para proteger a feminilidade, destruir o militarismo e a autocracia, e criar um novo mundo 'destinado aos heróis'", confessou. A carnificina e os horrores da guerra puseram um fim em tudo isso.[9]

No rescaldo dessa desilusão, o modelo mais militante da masculinidade cristã perdeu boa parte de seu brilho. Em seu lugar, o ideal do homem de negócios cristão ressurgiu como o protótipo da masculinidade cristã. O livro *The Man Nobody Knows* [O homem que ninguém conhece] (1925), de Bruce Barton, exemplifica essa mudança. Barton, um executivo da área de publicidade, retrata Jesus como "o maior executivo de negócios do mundo"; todavia, o Jesus de Barton não é um fracote. Para não ser confundido com o "jovem pálido, com antebraços flácidos e expressão triste", da forma que é retratado nos murais de escola dominical em todo o país — o "de fraqueza física", o "amuado", "manso e humilde" homem de dores —, o Jesus de Barton é um "vencedor", um homem forte, "magnético", o tipo capaz de "inspirar grande entusiasmo e construir grandes organizações". A ideia de força permaneceu vital, mas a agressão e a violência deram lugar à eficiência e ao magnetismo.[10]

Entretanto, muitos fundamentalistas retiveram mais do que meros vestígios da ex-militância. Como pré-milenaristas, os fundamentalistas ficaram menos preocupados com os horrores da guerra, pois não eram tão ingênuos a ponto de esperar que uma guerra fosse acabar com todas as guerras antes do retorno de Cristo. Além do mais, sua propensão a profecias apocalípticas dava-lhes a estrutura necessária para compreender o resultado da guerra sem sucumbir à desilusão e ao desespero. De fato, após se livrarem de sua ambivalência, os fundamentalistas emergiram da guerra mais patrióticos, combativos e rabugentos do que nunca — e mais convencidos da necessidade de defender suas verdades fundamentais. Tendo atribuído a barbárie alemã dos tempos de guerra às influências da teologia liberal e da teoria evolucionária, eles decidiram proteger o cristianismo e a cultura estadunidense contra esses mesmos riscos. Em um nível mais prático, como os fundamentalistas se mostraram incapazes de tomar ou manter o controle das principais denominações e seminários nos anos do pós-guerra, a combatividade parecia totalmente apropriada — até mesmo um distintivo de honra.[11]

Ao afirmar essa masculinidade militante na era pós-guerra, porém, os fundamentalistas se viram cada vez mais fora de sintonia com o cristianismo estadunidense convencional e com a cultura estadunidense em geral. Autores como Sinclair Lewis e H. L. Mencken criaram o hábito de ridicularizar o cristianismo muscular retrógrado dos fundamentalistas como mais uma prova de serem relíquias de um passado remoto. Esse desdém cultural só serviu para acentuar a percepção dos fundamentalistas de si mesmos como um remanescente fiel e combatido. Após falharem em sua tentativa de obter o controle das estruturas denominacionais existentes, os fundamentalistas abriram caminho para as suas próprias estruturas, criando uma vibrante variedade de escolas bíblicas, igrejas, organizações missionárias, editoras e outras associações religiosas. Contudo, eles se irritavam com seu status marginal e, na década de 1940, decidiram que já era hora de se reengajar em escala nacional. Em vez do erro da formação de "esquadrões ou pelotões", os fundamentalistas resolveram unir-se "como um exército poderoso".[12]

Com o propósito de lançar uma ofensiva, um grupo de líderes fundamentalistas se reuniu, em 1942, para formar a National Association of Evangelicals [Associação Nacional de Evangélicos] (NAE, na sigla em inglês). Sua escolha da palavra "evangélico" foi estratégica. Cientes de seu problema de imagem, os fundamentalistas sabiam que precisavam de um novo *brand* para seu movimento. O fato de alguns dos fundamentalistas mais atuantes terem iniciado sua própria organização (o American Council of Christian Churches [Conselho Americano de Igrejas Cristãs], sob a liderança do fundamentalista Carl McIntire) auxiliou nesse projeto, permitindo à NAE se distanciar dos elementos mais reacionários; foi nessa ocasião que o termo "evangélico" começou a conotar uma alternativa mais esperançosa em relação ao fundamentalismo militante e separatista, o qual se tornara objeto de ridículo. No entanto, os evangélicos nunca abandonaram sua postura combativa; e, mesmo trabalhando para trazer uma nova respeitabilidade à sua "religião dos velhos tempos", os fundamentalistas lutaram para definir os contornos dessa fé. As afinidades eram profundas, e nem sempre era possível distinguir esses contornos; com o tempo, porém, os fundamentalistas injetaram sua militância de volta ao movimento evangélico em geral.

Em 1942, no discurso de abertura da primeira reunião da NAE, o reverendo Harold John Ockenga alertou seus companheiros "lobos solitários" quanto às nuvens ameaçadoras que se aproximavam no horizonte, as quais "pressagiavam aniquilação" — a menos que o grupo decidisse "correr em bando". Durante décadas, o evangelicalismo "sofreu apenas uma série de derrotas", mas era chegada a hora de inaugurar "uma nova era no cristianismo evangélico". Como "filhos da luz", eles podiam aprender uma ou outra coisa com os "filhos do mundo", com os soviéticos e os nazistas. Nos assuntos relacionados à Igreja e ao Estado, as táticas defensivas se haviam provado catastróficas. Os evangélicos deveriam unir-se e assumir a ofensiva, antes que fosse tarde demais.[13]

Quão pequeno era esse remanescente? Quando alguns representantes se reuniram no ano seguinte, os relatórios estimavam que a NAE correspondia a cerca de dois milhões de membros, com base na afiliação denominacional — uma fração dos sessenta a setenta milhões de cristãos representados pelo mais liberal Conselho Federal das Igrejas. Mas o movimento evangélico nunca foi limitado por afiliação denominacional, e sua influência estava em ascensão.[14]

O caminho adiante estava claro, e não seria por meio de estruturas denominacionais. Para evangelizar a nação, os evangélicos precisavam de revistas que alcançassem milhões, além de acesso a emissoras para a transmissão nacional de rádios. Precisavam de organizações voltadas a missões, universidades evangélicas e seminários bíblicos. Eles já dispunham dos recursos e do poderio intelectual: o que faltava era uma rede que desse suporte e ampliasse esses esforços individuais.[15]

COM A CHEGADA dos esforços evangélicos de *rebranding*, um belo e jovem ministro da Carolina do Norte desempenharia o protagonismo. Mais do que qualquer outra coisa, a celebridade de Billy Graham conferiu coesão ao universo desconectado do evangelicalismo estadunidense — tanto que, certa vez, o historiador George Marsden brincou que a definição mais simples de "evangélico" poderia ser "qualquer pessoa que goste de Billy Graham". Um ex-vendedor da Fuller Brush, Graham tornou-se a face do novo evangelicalismo — e essa face era atraente e masculina, fatos que raramente passavam despercebidos. De acordo com seu biógrafo, "por cerca de sessenta anos, praticamente todos os artigos de jornal sobre Graham comentaram sua aparência". Com um metro e oitenta de altura, Graham era "o Homem Americano", com "genes escoceses e aparência nórdica", "rosto anguloso, olhos azuis e queixo quadrado".[16]

Para não correr risco, Graham se esforçava para incrementar suas credenciais masculinas. Praticava corrida, fazia levantamento de pesos e mantinha um rigoroso regime de exercícios; antes de sua conversão, Graham sempre "pensara em religião como algo um tanto 'afeminado'", algo que se encaixava melhor em "pessoas idosas e mulheres, mas não no verdadeiro 'macho', alguém com virilidade nas veias". Assim, de acordo com sua própria narrativa de conversão, empregava metáforas atléticas e militares para tornar perfeitamente claro que sua fé não entrava em conflito com sua masculinidade. Jesus não era afeminado, mas um "atleta estelar", alguém que podia "tornar-se o herói da sua vida". A vida cristã era uma "guerra total", e Jesus, "nosso Grande Comandante". O Jesus de Graham era "homem em todos os aspectos", o homem mais fisicamente poderoso que já viveu.[17] No interesse de ganhar almas, e para o sucesso de sua própria carreira, cabia a Graham provar que o cristianismo era totalmente compatível com virilidade e masculinidade. A Segunda Guerra Mundial oferecia o contexto ideal para ele apresentar seu argumento.

Entre fundamentalistas e evangélicos, qualquer ambivalência persistente em relação à guerra se dissipou diante do ataque a Pearl Harbor. A nova guerra correspondia a uma batalha indiscutível entre o bem e o mal, e dessa vez eles não dariam ensejo para receber o rótulo de antipatriotas. Entre os estadunidenses em geral, a guerra reabilitou um modelo mais militante — e militarista — de masculinidade, e os fundamentalistas e evangélicos recém-rotulados, muitos dos quais nunca abandonaram inteiramente o antigo cristianismo muscular, entraram nessa briga.

Billy Graham, falando em um comício da Juventude para Cristo em Grand Rapids, Michigan, em setembro de 1947. *Cortesia de Billy Graham Archives, Wheaton College, Wheaton, Illinois.*

De modo revelador, no que se referia às táticas de guerra total empregadas pelos militares dos Estados Unidos, eram os protestantes liberais — ainda castigados pela Primeira Guerra Mundial — que expressavam reserva. Ockenga, por outro lado, defendia o bombardeio das cidades alemãs nas páginas do *New York Times*. Os evangélicos apreciavam essa inversão de papéis, e seu patriotismo e seu militarismo recém-descobertos os ajudariam a superar a reputação de extremistas ou seu status marginal.[18]

Mesmo apoiando a guerra contra o totalitarismo, muitos evangélicos ainda alimentavam dúvidas em relação ao exército estadunidense. Na década de 1940 e no início da década de 1950, a maior parte dos evangélicos via o exército como um lugar de corrupção moral para os jovens. Ao contrário de alguns mitos que surgiram posteriormente sobre "a boa guerra" e "a maior das gerações", o exército era conhecido como uma instituição em que a embriaguez, a vulgaridade, os jogos de apostas e as doenças sexuais eram abundantes. (Em 1945, quando o presidente Truman propôs um treinamento militar universal para homens a partir dos 18 anos, as igrejas evangélicas resistiram, preocupadas com o que aconteceria com homens "removidos das influências do lar e da igreja" e "sujeitos às tentações pelas quais os campos de treinamento militar são infamemente conhecidos".)[19]

Não sendo uma fonte de virtudes, o exército se tornou, para os evangélicos, um campo de missão, pronto para a colheita. Por meio de organizações como os Navegantes, a Associação Cristã de Oficiais, os Centros Militares Cristãos no Exterior e a Comunhão Militar Cristã,* os evangélicos se mobilizaram para abordar as deficiências morais dos soldados da nação. Os militares, que tinham suas próprias razões para se preocupar com a disciplina e a vitalidade moral de suas tropas, acolheram o trabalho das organizações evangélicas. Foi o início de um relacionamento longo e mutuamente benéfico.[20]

Graham iniciou sua prática como revivalista durante a Segunda Guerra Mundial. Como o primeiro evangelista pago pela Juventude para Cristo, Graham trabalhou tanto para evangelizar os jovens da nação como para formar cidadãos cristãos heroicos, capazes de promover o cristianismo e a democracia nos Estados Unidos e no exterior. Comícios organizados pela Juventude para Cristo apresentavam hinos patrióticos, destacamentos de soldados e testemunhos de veteranos, e Graham pregava, com uma paixão ímpar, um evangelho de nacionalismo cristão heroico. No final da guerra, o pregador emergiria como uma das estrelas em ascensão do evangelicalismo.[21]

---

*Navigators, Officers' Christian Fellowship, Overseas Christian Servicemen's Centers e Christian Military Fellowship, respectivamente. (N. T.)

No outono de 1949, entretanto, o futuro de Graham parecia incerto. Alimentando dúvidas acerca da autoridade da Bíblia, o evangelista começou a questionar se Deus não o estava chamando para trilhar um caminho diferente. Certa noite, em uma fase particularmente crítica e incerta de sua vida, Graham, com a Bíblia aberta diante de si, resolveu pôr de lado suas dificuldades intelectuais e se entregar completamente à autoridade da Palavra de Deus. Posteriormente, ele se lembraria de como acordara com um senso renovado de propósito enquanto se preparava para sua próxima visita a Los Angeles, revigorado diante da perspectiva de que "algo incomum aconteceria" naquela cidade. O que ocorreu em seguida pareceu realmente algo milagroso. Dois fatores contribuíram para o sucesso inusitado da visita de Graham a Los Angeles: a ameaça iminente de aniquilação nuclear e a conversão de um caubói famoso. O Senhor havia trabalhado por caminhos misteriosos.[22]

Dois dias antes da abertura do culto de avivamento de Graham, o presidente Truman anunciou que a Rússia fora bem-sucedida em seu teste de uma bomba atômica. De uma hora para outra, a destruição iminente parecia uma possibilidade real, o que se encaixava à perfeição na mensagem do evangelista. Com um chamado urgente ao arrependimento, Graham pôs os habitantes de Los Angeles de joelhos: "O comunismo é uma religião inspirada, direcionada e motivada pelo próprio Diabo, que declarou guerra contra o Deus Todo-poderoso", esbravejou. Nessa guerra, estava claro que os Estados Unidos estavam do lado de Deus, mas já era tempo de os estadunidenses começarem a agir de acordo com essa realidade. A cidade de Los Angeles era a terceira na lista dos alvos soviéticos, advertiu Graham, não por causa de sua importância estratégica, mas por sua reputação como "cidade da impiedade e do pecado" — uma cidade assolada por crimes, bebedices, imoralidade sexual desenfreada e dissolução de casamentos. Como um evangelista voltado aos jovens estadunidenses, Graham não se esquivara de abordar a moralidade sexual frouxa da geração mais jovem; contudo, nos Estados Unidos da Guerra Fria, os riscos repentinamente pareciam ser maiores. Para que a nação continuasse grande, era necessário que também os cidadãos dessa nação buscassem o bem. Uma nação forte era virtuosa: a moralidade sexual era uma questão de importância nacional.[23]

Para Graham, a estabilidade no lar era a chave tanto para a moralidade como para a segurança: "Uma nação só é tão forte quanto os seus lares". De acordo com a cosmovisão evangélica, Satanás e os comunistas estavam unidos em um esforço para destruir os lares estadunidenses; para Graham, uma família devidamente ordenada era uma família patriarcal. Como Graham cria que Deus amaldiçoara a mulher a ficar debaixo do governo do homem, também cria que as esposas deveriam submeter-se à autoridade dos maridos. Graham reconhecia que isso soaria chocante para algumas "esposas ditatoriais", e não hesitou em oferecer à esposa cristã algumas dicas úteis: quando o marido chegar em casa do trabalho, corra e beije-o: "Dê-lhe amor a qualquer custo. Cultive a modéstia e a delicadeza da juventude. Mostre-se atraente". Mantenha a casa limpa e não "fique resmungando e reclamando o tempo todo". O pregador também tinha conselhos para os homens. O homem era o "representante de Deus" — o cabeça espiritual do lar, "o protetor" e "provedor do lar". Os maridos também tinham de se lembrar de dar às esposas uma caixa de chocolates de vez em quando ou, então, uma orquídea. Ou talvez rosas.[24]

Nem todos os evangélicos dos dias de Graham abraçaram esses ensinamentos patriarcais. Alguns criam que a expiação de Cristo anulara qualquer "maldição" colocada sobre Eva no livro de Gênesis, abrindo caminho para papéis de gênero igualitários; em fins do século 19 e início do século 20, os evangélicos dessa tradição se tornaram defensores ferrenhos dos direitos da mulher. A interpretação patriarcal de Graham refletia tendências mais reacionárias do fundamentalismo do início do século 20. No entanto, ele acrescentava uma variante, ao atrelar os papéis de gênero patriarcais a um nacionalismo cristão em ascensão.

No fim da década de 1940, não havia nada de peculiar sobre as instruções de Graham a maridos e mulheres. Nos Estados Unidos, muitos outros estadunidenses celebravam os papéis "tradicionais" de gênero durante a Guerra Fria. A ameaça comunista posicionava homens e mulheres de maneiras distintas: os homens sustentavam materialmente suas famílias e defendiam a nação, enquanto as mulheres eram consideradas vulneráveis e carentes de proteção. Dessa maneira, a masculinidade da Guerra Fria estava, em última análise, atrelada ao militarismo, a ponto de ambos parecerem inseparáveis. Assim, no outono de 1949, a mensagem de Graham ressoou para o rebanho evangélico e para além dele. Apesar disso, foi somente após a conversão de um dos mais famosos caubóis da cidade que o avivamento de Graham se estabeleceria, posicionando o evangelista no caminho de se tornar uma das figuras mais influentes do século 20.[25]

Quando Graham chegou a Los Angeles, o pouco conhecido pregador de 33 anos chamou a atenção de Stuart Hamblen, o "cantor caubói" beberrão. Um dos maiores sucessos de Hamblen, ("I Won't Go Hunting, Jake, But I'll Go Chasin' Women"), fora lançado naquele ano. Filho pródigo de um ministro metodista, Hamblen também era um campeão de rodeios que se interessava por filmes de faroeste, normalmente fazendo o papel de vilão. Hamblen entrou em imediata sintonia com Graham, em virtude da criação sulista partilhada por ambos, de modo que concordou em promover o avivamento de Graham em seu show de rádio dedicado à música *country*. Após aparecer nos cultos de Graham, o caubói-celebridade abraçou a religião. A conversão de Hamblen desencadeou uma série de conversões de celebridades, eletrizando a cidade. À medida que a notícia ia se espalhando, a mídia nacional sintonizava com o que estava acontecendo e, por sua vez, ajudava a "inflar Graham", dando ao seu ministério a cobertura de uma verdadeira celebridade.[26]

A ideia de um caubói-celebridade no coração de Los Angeles ajudar a propagar o evangelicalismo pós-guerra como um movimento religioso e cultural não é tão esquisita quanto parece. Em meados do século 20, milhões de evangélicos do Sul migraram para a Califórnia e para outras localidades do Cinturão do Sol. Atraídos pelo trabalho abundante oferecido pela florescente indústria de defesa durante a Guerra Fria, esses evangélicos trouxeram consigo sua fé distintiva — moldada por uma postura combativa e pela certeza das verdades "inerrantes" da Bíblia, mas também marcada pela ânsia de experimentar novas formas de comunicar suas crenças intransigentes. Tudo isso se desenrolou à sombra de Hollywood, o coração da cultura das celebridades estadunidenses e o cadinho da produção de mitos.[27]

O mito do caubói americano ressoava poderosamente entre os evangélicos do Cinturão do Sol. Por ser um modelo de individualismo robusto que se encaixava no individualismo inerente ao próprio evangelicalismo, o caubói incorporava uma noção quintessencialmente americana de liberdade, combinada com uma aura de autoridade justa. Significando uma era anterior da masculinidade estadunidense, época em que homens heroicos (brancos) impunham a ordem, protegiam os vulneráveis e exerciam seu poder sem pedir desculpas, o mito do caubói americano estava tingido de nostalgia desde o início. Meio século depois, essa nostalgia seria canalizada para uma nova e poderosa identidade religiosa e cultural, uma identidade canalizada para fins políticos.

Como um cristão que passara pela experiência de conversão, Hamblen pôs de lado suas práticas de bebida, fumo e apostas, mas não sua carreira como cantor de música *country*. A pedido de seu amigo e companheiro caubói-celebridade John Wayne, Hamblen compôs uma música sobre sua conversão: "It is No Secret (What God Can Do)", e apresentou um misto de canções religiosas e música *country* em seu programa de rádio, *The Cowboy Church of the Air*. As canções religiosas de Hamblen se concentravam no lado mais sombrio da história cristã, principalmente na ira de Deus: a masculinidade áspera e até mesmo imprudente de suas baladas *country* andava de mãos dadas com sua conversão ao cristianismo. Ao desviar o foco da linha entre o sagrado e o secular, Hamblen foi, em muitos aspectos, precursor de uma nova era do evangelicalismo.[28]

Hamblen não estava sozinho ao construir a ponte entre religião e indústria tradicional do entretenimento. Durante os anos pós-guerra, o sul da Califórnia se tornou um foco vibrante de música local, onde os batistas do sul e os pentecostais

punham de lado suas distinções denominacionais para cantar, juntos, os sucessos mais recentes. Talvez Pat Boone tenha sido a maior celebridade caubói religiosa-
-secular: com raízes na Igreja de Cristo e uma linhagem que remontava a Daniel Boone, o cantor se tornaria um dos maiores nomes da música pop de todos os tempos. Perdendo apenas para Elvis Presley em sua época, Pat Boone era o orgulho e a alegria dos evangélicos pós-guerra.[29]

Boone não era um avivalista, mas se enquadrava nos esforços evangélicos pós-
-guerra de expandir seu alcance e atingir multidões por meio da mídia moderna. Seguindo o plano de Ockenga, e tendo Graham como sua estrela-guia, os evangélicos começaram a modelar um império midiático vibrante, juntamente com uma rede nacional de instituições e organizações paraeclesiásticas que floresceram para além de estruturas denominacionais. O próprio Graham publicou dezenas de livros e, em 1956, ajudou a fundar a *Christianity Today*, revista-estandarte do evangelicalismo americano. Quase setecentas estações levavam seu programa de rádio pela nação e pelo mundo. Ele ajudou a catapultar os evangelistas Robert Schuller e James Robison, e manifestou apoio a outras organizações e instituições evangélicas, incluindo a Wheaton College, o Fuller Seminary, o National Religious Broadcasters, a NAE, a Campus Crusade for Christ, Young Life e a Fellowship of Christian Athletes. Tudo isso representava apenas uma fração da infraestrutura evangélica emergente que passaria a apoiar uma vibrante cultura consumidora religiosa. Auxiliados por uma economia pós-guerra em expansão, os evangélicos levariam a cabo a visão de Ockenga.[30]

Os livros evangélicos começaram, então, a sair das prensas, prontos para serem distribuídos em todo o país por intermédio da recém-fundada Christian Booksellers Association (CBA). No início do século, algumas editoras religiosas comercializavam seus produtos principalmente entre líderes de igrejas, uma prática moldada, em grande parte, por problemas de distribuição. Durante boa parte da história dos Estados Unidos, as livrarias só eram lucrativas nos grandes centros urbanos; com o propósito de atingir outros consumidores, as editoras trabalhavam por meio de sistemas de distribuição denominacional, recorrendo à venda porta a porta ou pelos correios. No entanto, tudo isso mudou com a criação da CBA. Em uma economia em expansão, impulsionada pelo crédito prontamente disponível, bastavam um empréstimo e um catálogo da CBA para que alguém abrisse uma livraria cristã. Em 1950, quando a CBA se organizou, havia cerca de 270 lojas afiliadas; em meados da década de 1960, 725; no final da década de 1970, havia cerca de três mil estabelecimentos espalhados nas cidades grandes e pequenas de todo o país.[31]

A CBA resolveu o problema de distribuição, mas também mudou o mercado — e a indústria editorial que alimentava esse mercado. Com um mercado cristão mais amplo substituindo os canais denominacionais de distribuição, autores e editoras precisavam dar menos ênfase a certos distintivos teológicos, oferecendo, assim, livros destinados a uma classe ampla de leitores evangélicos. Livros sobre o "viver cristão" alcançaram esse objetivo sem ofender as sensibilidades denominacionais. Ao lado da música, da televisão e da rádio cristãs, a indústria editorial cristã ajudou a criar uma identidade baseada em um *ethos* evangélico mais genérico. Foi nesse universo que algumas celebridades evangélicas — cantores, atores e autores, pastores populares e avivalistas — desempenharam papel relevante na formação de valores culturais que os evangélicos viriam a cultivar.[32]

NÃO NOS SURPREENDE que homens como Graham, Hamblen e Boone tenham alcançado status de celebridades em meio ao florescimento dessa cultura evangélica. O mais curioso, porém, é o fato de John Wayne também tê-lo feito. Ao contrário de Hamblen, Wayne não teve a experiência de novo nascimento. Ao contrário de Boone, Wayne dificilmente poderia ser chamado de garoto-propaganda dos "valores familiares". Três vezes casado e duas vezes divorciado, Wayne também teve vários casos extraconjugais infames, além de ser fumante inveterado e beberrão. Entretanto, apesar de suas arestas não muito definidas, Wayne conquistaria o coração e a imaginação dos evangélicos estadunidenses. A afinidade não se baseava em teologia, mas em um ideal masculino compartilhado.[33]

John Wayne e Joanne Dru no set de filmagens de *Rio Vermelho*, por volta de 1948, em Los Angeles, California. *Monterey Productions/United Artists. Alamy Stock Photo.*

PREPARE-SE

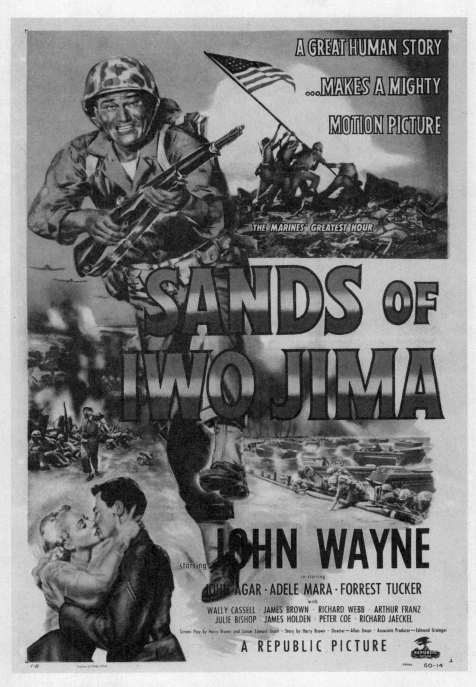

Pôster original do filme *Iwo Jima: O Portal da Glória*, 1949. PictureLux/The Hollywood Archive. Alamy Stock Photo.

Wayne se tornou uma das maiores estrelas de Hollywood ao incorporar — na verdade, ao definir — o caubói-soldado heroico que cativava as audiências no início da Guerra Fria. O sucesso de Wayne veio em 1948, quando as tensões da Guerra Fria já eclipsavam qualquer sensação de paz no período pós-guerra. Naquele ano, Wayne estrelou dois *westerns*: *Rio Vermelho*, no qual interpretou o papel de um criador de gado cujos interesses amorosos haviam sido massacrados pelos índios, e *Forte Apache*, no qual interpretou um capitão da Guerra Civil que passou a subjugar os apaches na fronteira ocidental. Como reminiscência dos dias de Theodore Roosevelt, os estadunidenses da Guerra Fria, mais uma vez, se viram trocando o isolacionismo por um novo imperialismo — dessa vez expandindo o livre mercado interno e externo. Combinando nacionalismo ressurgente com excepcionalismo moral, os estadunidenses dividiram o mundo em mocinhos e bandidos, e os filmes de faroeste ofereceram um conto moral perfeitamente adequado àquele momento, com o herói musculoso recorrendo à violência no papel de salvador.[34]

No ano seguinte, Wayne atuou como o sargento Stryker em *Iwo Jima*, papel baseado no personagem que interpretara em *Rio Vermelho*. Dessa maneira, o sargento Stryker interpretado por Wayne, bem como o próprio Wayne, combinavam a mitologia do caubói americano com a do soldado empenhado em lutar por liberdade. Na realidade, Wayne nunca serviu o exército. Com o advento da Segunda Guerra Mundial, o ator relutou em colocar em risco sua carreira cinematográfica em ascensão para se alistar. (Quando ainda era um ator desconhecido, Wayne participara de um "tour de inspeção" do Pacífico patrocinado pela OSS,* porém suas contribuições aos esforços da guerra foram mínimas.) Mesmo assim, o sargento Stryker, interpretado por Wayne, firmou-se como um símbolo da resiliência americana, e frases utilizadas no filme pelo ator — "Prepare-se!" e "Armado e pronto!"** — entraram para o léxico do conservadorismo estadunidense. Com o tempo, o próprio Wayne incorporaria a masculinidade heroica, a qual passaria a servir de pedra de toque para a autêntica masculinidade cristã.[35]

---

*"Office of Strategic Services" — Escritório de Serviços Estratégicos. (N. T.)
**Expressões idiomáticas usadas no contexto do preparo para a ação: literalmente, "Saddle up!" [Sele o cavalo!] e "Lock and load!" [Trave e carregue (a arma)!], respectivamente. Os imperativos querem dizer algo como "Prepare-se!" e "Vamos lá!". (N. T.)

CAPÍTULO • 2

JOHN WAYNE VAI SALVAR SUA PELE

BILLY GRAHAM foi registrado como democrata a vida inteira. Para nós, essa informação pode soar como surpresa, dada a estreita aliança entre os evangélicos brancos e o Partido Republicano que definiu o cenário político estadunidense nas décadas recentes; em meados do século 20, porém, seria difícil encontrar um batista da Carolina do Norte que não se identificasse como democrata. O partidarismo evangélico contemporâneo só pode ser compreendido da perspectiva de um realinhamento mais amplo, o qual transformou a política partidária da década de 1950 até a década de 1980 — realinhamento que os próprios evangélicos ajudaram a formar. No cerne desse realinhamento, havia alguns posicionamentos em relação aos direitos civis, à Guerra do Vietnã e aos "valores familiares". Para os conservadores, a defesa do patriarcado branco emergiu como um fio condutor de todas essas questões; para os evangélicos conservadores, a defesa do patriarcado branco se deslocaria para o cerne de sua identidade cultural e política.

Os problemas de Graham com o Partido Democrata começaram cedo. Logo após o sucesso de sua visita a Los Angeles, Graham decidiu aproveitar ao máximo seu recém-adquirido status de celebridade, solicitando uma reunião com o presidente Truman. Essa, porém, não era a primeira vez que ele solicitava uma reunião com o presidente e, no verão de 1950, o evangelista finalmente tinha influência suficiente. Graham, contudo, reconhece que fez "papel de bobo"; segundo ele, parte do problema pode ter sido seu traje. Ainda na fase de se vestir de forma chamativa, Graham chegou à Casa Branca usando um terno "verde-pistache", meias cor de ferrugem, sapatos de camurça brancos e gravata pintada à mão. Mas o problema mais sério seria o comportamento do evangelista. Ele falou sobre seu notável sucesso em Los Angeles e nas empreitadas seguintes, questionou o presidente de forma deselegante sobre sua "formação e suas tendências religiosas" e, então, disse a Truman que sua Regra de Ouro do cristianismo não era suficiente: o que Truman precisava era de uma fé pessoal em Cristo e em sua morte na cruz. O presidente lhe informou que seu tempo se esgotara. Graham insistiu em encerrar com uma oração, a qual se estendeu por vários minutos além do tempo previsto. O erro mais flagrante de Graham, no entanto, ocorreu quando ele deixou o Salão Oval. Ao deparar com os jornalistas que cobriam a Casa Branca, Graham contou alegremente toda a sua conversa com o presidente antes de reencenar sua oração, posando de joelhos no gramado da Casa Branca. Truman nunca mais voltou a convidá-lo.[1]

Mas as dificuldades de Graham com Truman se estenderam para além desse encontro constrangedor. Graham criticou a recusa "covarde" da administração Truman em atender ao conselho do general MacArthur sobre a Coreia, lamentando que o país se tivesse conformado com uma "guerra sem entusiasmo" quando a força militar total dos Estados Unidos era requisitada. Com o fim do mandato de Truman, Graham passou a sinalizar aos republicanos no sentido de que poderiam conquistar o voto evangélico ao se alinhar às perspectivas evangélicas sobre moralidade e política externa. Ansioso por trazer um novo ocupante para a Casa Branca, Graham se encarregou de escrever uma carta pedindo a Dwight D. Eisenhower para que entrasse na corrida presidencial. Eisenhower não era uma figura particularmente religiosa, mas Graham estava convencido de que esse herói da guerra reunia a "honestidade, a integridade e o poder espiritual" necessários para liderar a nação. Quando Eisenhower decidiu concorrer, pediu a Graham que o ajudasse a mobilizar apoio religioso. Graham desempenhou bem seu papel — e não decepcionou. Apesar da lealdade democrata dos evangélicos do Sul, 60% dos evangélicos votaram nacionalmente em Eisenhower, ajudando-o a alcançar vitória decisiva contra Adlai Stevenson, em 1952.[2]

Como presidente, Eisenhower manteve um relacionamento próximo com Graham e seus apoiadores evangélicos. Ele pediu a Graham que ajudasse a selecionar versículos da Bíblia para seu discurso inaugural, mantendo também, em sua cabeceira, ao lado da cama, a Bíblia comentada e de capa de couro que Graham lhe dera. Eisenhower começou a abrir as reuniões de gabinete com uma oração e, em 1953, participou do primeiro National Prayer Breakfast [Café da Manhã Nacional de Oração], um evento anual, organizado, com o auxílio de Graham, por membros do grupo "The Fellowship" [A Fraternidade], um grupo discreto e sigiloso que exerce muito poder ao conectar líderes religiosos, políticos e empresários para a promoção de interesses mútuos. Em 1954, o Congresso acrescentou as palavras "uma nação sob o governo de Deus" ao Pledge of Allegiance [Juramento de Fidelidade] e, no ano seguinte, Eisenhower assinou a lei que adicionava as palavras "Em Deus confiamos" à moeda nacional. Para os evangélicos, que criam que os Estados Unidos constituíam uma nação cristã, a década de 1950 ofereceu muitas evidências circunstanciais. Como os defensores autoproclamados mais barulhentos dos Estados Unidos como nação cristã, os evangélicos aumentaram seu próprio poder cultural e político.[3]

Eisenhower e Graham estavam unidos na convicção de que o cristianismo poderia ajudar os Estados Unidos a enfrentarem a Guerra Fria. Desde cedo, Eisenhower reconheceu a natureza religiosa do conflito e, em uma época na qual a religiosidade estadunidense estava mais em alta do que nunca, ele sabia que o aspecto religioso seria a chave para a mobilização de apoio. Ao idealizar a Guerra Fria como uma crise moral, Graham se fez útil a Eisenhower — e aos demais presidentes que atuaram durante a Guerra Fria. Os evangélicos não eram os únicos que tinham interesse em apoiar a política da Guerra Fria: autoridades governamentais, líderes empresariais, educadores e a mídia nacional também desempenharam papel relevante. Mas os evangélicos aumentaram o tom. O comunismo constituía "o maior inimigo que jamais conhecemos", e apenas o cristianismo evangélico forneceria os recursos espirituais para combatê-lo.[4]

A defesa da nação cristã estadunidense exigia mais do que apenas recursos espirituais. Eisenhower presidiu a vasta expansão do complexo militar-industrial dos Estados Unidos e, em seu discurso de despedida, tornou explícita a conexão: um exército forte manteria os estadunidenses livres para adorar seu Deus. Ao mesmo tempo, Eisenhower fazia uma retrospectiva de sua presidência com certa inquietação, advertindo para os riscos de sua mobilização. Poucos conservadores evangélicos pareciam compartilhar sua preocupação. Ainda em 1952, a NAE se juntara a outros grupos para denunciar a militarização da nação em tempos de paz; no entanto, no final da década, a fusão entre "Deus e país", além da crescente dependência do poderio militar para a proteção de ambos, significava que o nacionalismo cristão e o próprio evangelicalismo partiriam para uma inclinação decididamente militarista.[5]

Nesse ponto, os evangélicos viram sua sorte aumentar. Sem sombra de dúvida, eles conseguiram desenvolver o projeto de poder que Ockenga colocara diante deles, graças aos auspiciosos consensos da Guerra Fria, à economia em expansão e aos seus próprios esforços para transformar ações dispersas em um poderoso movimento nacional. Na memória recente, os evangélicos haviam sido condenados ao ostracismo, relegados às margens da cultura e da política americanas. Na década de 1950, porém, os *baby boomers* estavam a todo vapor, e a família "tradicional" parecia florescer. (O núcleo familiar, estruturado em torno de um chefe de família e provedor masculino, não passava de uma invenção recente, tendo surgido na década de 1920 e atingido seu ápice nas décadas de 1950 e 1960; antes dessa época, famílias multigeracionais, que dependiam de múltiplos colaboradores para a economia familiar, eram a norma.) Também na década de 1950, estadunidenses de todos os tipos estavam reinvestindo em religião. Igrejas surgiam em novos bairros de todo o país, e as escolas dominicais fervilhavam pela nação. A política da Guerra Fria também unia os estadunidenses, transpondo linhas partidárias. Para sua satisfação, os evangélicos se encontravam seguros em meio à corrente política e cultural. Seriam necessárias ainda mais duas décadas para a formação da direita religiosa, mas as peças já estavam se encaixando. No fim da década, os evangélicos se haviam tornado participantes ativos da política nacional, com acesso garantido aos escalões mais altos do poder. Ademais, passaram a ver um presidente republicano como um aliado de sua causa.[6]

Confiantes de que Deus estava do seu lado, os evangélicos se sentiam à vontade em um mundo definido por certezas geradas durante a Guerra Fria. Contudo, as duas décadas ameaçariam minar as esperanças evangélicas da nação, bem como seu lugar nela. O movimento pelos direitos civis, o Vietnã e o feminismo desafiariam os dogmas reinantes e, para os evangélicos, que haviam encontrado um senso de segurança e importância nos Estados Unidos, por afirmarem os papéis "tradicionais" de gênero, uma forte defesa nacional e a confiança no poderio militar americano, o senso de perda seria imenso. Eles não cairiam sem antes lutar.

Em diversos aspectos, cada uma dessas rupturas desafiou a autoridade do homem branco. Nas décadas de 1960 e 1970, então, os evangélicos seriam atraídos a uma masculinidade nostálgica e robusta, ao mesmo tempo que buscavam restabelecer a autoridade patriarcal branca em suas muitas formas. Com o tempo, a defesa do patriarcado e o crescimento ascendente da masculinidade militante viriam a definir tanto a essência como o conjunto de valores evangélicos culturais e políticos.

AOS ESTADUNIDENSES brancos dispostos a ouvir, o movimento pelos direitos civis argumentava que os Estados Unidos nunca haviam sido um país de liberdade e justiça para todos. A resposta dos evangélicos aos direitos civis foi variada, particularmente nos estágios iniciais do movimento. É fácil esquecermos, mas alguns evangélicos — especialmente aqueles que constituiriam a "esquerda evangélica" — eram apoiadores eloquentes dos direitos civis. Outros, em especial os fundamentalistas e sulistas, opositores ferrenhos. Logo após a Guerra Civil, a "Causa Perdida" dos Confederados se misturara à teologia cristã para produzir uma variação distintamente sulista da religião civil, aquela que elevava Robert E. Lee como seu patrono. Nessa tradição, pastores fundamentalistas como W. A. Criswell, da Primeira Igreja Batista de Dallas (futuro lar de Robert Jeffress), fizeram campanha contra a integração, como "uma negação de tudo aquilo em que cremos". Para esses opositores, o ativismo dos direitos civis era um sinal de ruptura e desordem; muitos denunciavam Martin Luther King Jr. como um agitador comunista.[7]

A maior parte dos evangélicos do Norte estava mais ou menos entre as duas posições. Como Graham, muitos eram apoiadores cautelosos nos anos iniciais do movimento dos direitos civis. No início da década de 1950, Graham começou a integrar suas cruzadas, indo tão longe a ponto de remover pessoalmente as cordas que separavam os assentos entre brancos e negros. Em 1954, elogiou a decisão judicial do caso *Brown v. Conselho de Educação*, a qual acabou com a segregação nas escolas. Em 1957, convidou King para orar em sua cruzada de Nova York. Todavia, Graham estava ciente de que não deveria mover-se rápido demais, de modo que instou a Suprema Corte a agir com cautela para reprimir "extremistas de ambos os lados". Esse apoio cauteloso também se refletiu em resposta institucional. Em 1951, a NAE apoiou "oportunidades iguais" para pessoas de todas as raças. A *Christianity Today* publicou artigos defendendo os direitos civis, embora também tenha publicado outros sugerindo que os cristãos não tinham a obrigação de apoiar a integração.[8]

Após a aprovação da Civil Rights Act [Lei dos Direitos Civis] de 1964, essas diferenças em meio à comunidade evangélica começaram a diminuir. O apoio explícito à segregação começou a cair entre os fundamentalistas mais vigorosos, assim como aconteceu com a maioria dos segregacionistas em geral. Ao mesmo tempo, os apoiadores mais moderados dos direitos civis começaram a diminuir seu entusiasmo por ações adicionais. Graham, por exemplo, retirou seu apoio quando os ativistas começaram a se envolver em desobediência civil e a exigir maior intervenção do governo. Muitos evangélicos seguiram sua liderança, concluindo que não era papel do governo interferir em assuntos de justiça racial: apenas Jesus poderia mudar o coração humano. Também muitos evangélicos consideravam difícil aceitar que o pecado do racismo tinha raízes profundas na história da nação; aceitar isso soava antipatriótico. Após haver abraçado a ideia dos Estados Unidos como uma "nação cristã", era difícil aceitar uma crítica da nação tão fundamental quanto aquela propagada no movimento pelos direitos civis.[9]

Entender essa ambivalência em relação aos direitos civis em meio ao evangelicalismo branco nos serve de chave para compreendermos o papel que a raça exerceria na política evangélica em geral. Ao retrocederem em seu apoio pelos direitos civis, evangélicos como Graham acabariam dando cobertura a sentimentos mais extremistas da insurgente direita religiosa. Hoje, alguns historiadores posicionam a "raça" na própria essência da política evangélica, remetendo ao fato de que a oposição evangélica à integração conduzida pelo governo precederia o ativismo antiaborto que viria a ocorrer anos depois. Outros, entretanto, incluindo a vasta maioria de evangélicos, preferem apontar para a importância dos valores morais e "familiares". Em muitos aspectos, porém, trata-se de uma falsa dicotomia. Para os evangélicos, os valores familiares estavam profundamente arraigados à política racial, e ambos estavam conectados com a compreensão evangélica do papel da nação no cenário global.[10]

Na sequência do veredicto do caso Brown, por exemplo, muitos sulistas recorreram a instituições privadas de ensino para manter a segregação; quando, em 1970, o status de isenção de impostos dessas "academias de segregação" foi revogado, os evangélicos defenderam seu direito a contar com escolas "só para brancos", com base na autoridade dos pais para tomar decisões sobre a educação de seus filhos, destituída dos "excessos" do governo. Posteriormente, o "traslado forçado" ofenderia essas mesmas sensibilidades, no norte e no sul do país. Embora defesas flagrantes de segregação e desigualdade racial fossem raras, muitos evangélicos e fundamentalistas do sul, que insistiam em suas perspectivas irredutíveis de "raça", encontrariam uma causa em comum com os evangélicos mais "tolerantes" em questões como políticas de bem-estar social e de "lei e ordem", as quais viriam a portar nítidas conotações raciais.[11]

Dessa maneira, o evangelicalismo que obteve respeitabilidade e proeminência nos Estados Unidos durante a Guerra Fria não pode ser separado de suas raízes sulistas. Ideais evangélicos de masculinidade que se manifestaram nesse período refletiam essa influência de formação. Alguns apoiadores da masculinidade cristã elogiaram generais da Confederação e defenderam a instituição da escravidão; apesar disso, para muitos, o subtexto racial era mais sutil. De qualquer maneira, porém, o cristão heroico era um homem branco — e, muitas vezes, um homem branco cuja ação era de defesa contra a ameaça de homens não brancos e estrangeiros.

A CONEXÃO entre poder masculino branco, política de valores familiares e defesa militante dos Estados Unidos como nação cristã estava em clara exibição no início da década de 1960 no sul da Califórnia, centro do ressurgimento político-evangélico. Em 1961, a Pepperdine College, foco do evangelicalismo do Cinturão do Sol, popular entre os doadores conservadores e as celebridades cristãs, realizou um "Fórum da Liberdade". Com a então recente eleição do democrata católico romano John F. Kennedy, o clima era mais de urgência que de triunfalismo. O catolicismo de Kennedy era motivo de séria preocupação, particularmente entre os fundamentalistas, e a controvérsia de que Kennedy era, em parte, condescendente com o comunismo — embora o democrata tenha aumentado em 14% os gastos militares durante os seus primeiros nove meses no cargo — também era motivo de preocupação. No fórum, mil e quinhentos homens de negócios e educadores debateram diversas ideias, incluindo a proibição por lei do Partido Comunista, a recusa de um assento à China Vermelha nas Nações Unidas, o Corpo da Paz do presidente Kennedy e elogios ao grupo extremista John Birch Society. O destaque do evento foi um almoço televisionado com Barry Goldwater.[12]

Goldwater parecia o antídoto perfeito para Kennedy; os evangélicos conservadores se sentiam atraídos por seu estilo duro e explosivo, assim como pelo "conservadorismo caubói" que ele incorporava. Para seu pôster de campanha ao Senado de 1958, Goldwater trazia um rifle nas mãos, jaqueta e chapéu de caubói; e, nas aparições públicas, o político gostava de conjurar a aura do caubói heroico e solitário, lutando contra todas as probabilidades, recusando-se a fazer concessões. Como orador principal do Fórum da Liberdade, Goldwater fez menção ao seu próprio herói, Theodore Roosevelt — "o presidente caubói por excelência dos Estados Unidos". Como Roosevelt, Goldwater alertou contra a "paz a qualquer preço", conclamando uma defesa fortalecida e a coragem dos cidadãos. Goldwater não era conhecido por suas convicções religiosas, mas a questão não era essa; sua mensagem era aquela que os evangélicos do Cinturão do Sol queriam ouvir.[13]

Quatro meses depois, os evangélicos da região voltaram a se reunir, dessa vez em Anaheim. A ocasião foi um evento organizado pela Escola Anticomunista do Sul da Califórnia, um "programa de treinamento do cidadão", liderado por Fred Schwarz. Schwarz, médico australiano e fundador da Cruzada Anticomunista Cristã, se estabelecera, havia pouco tempo, no sul da Califórnia. No encerramento dos cinco dias de evento, dezesseis mil jovens e seus pais cantaram o hino nacional estadunidense, juraram fidelidade à bandeira e ouviram palestrantes famosos. Em primeiro lugar, falou Marion Miller, dona de casa que se tornara famosa por lutar pela educação anticomunista nas escolas públicas e por se infiltrar na esquerda de Los Angeles como informante do FBI. O próximo foi Ronald Reagan. Ainda um democrata na época, Reagan alertou sobre os planos desonestos dos comunistas de se concentrar na "natureza rebelde" dos adolescentes, levando-os a pensar que seu "patriotismo é oco". Roy Rogers, Dale Evans e John Wayne seguiram logo atrás de Reagan. Mas foi a estrela pop Pat Boone quem roubou o show naquela noite, fechando com um discurso improvisado do qual Reagan se lembraria anos depois: "Prefeririria ver minhas quatro meninas serem mortas como meninas que têm fé em Deus a deixá-las morrer, daqui a alguns anos, como comunistas ateias, sem fé e sem alma", declarou Boone. A audiência foi ao delírio, embora a esposa de Pat não tenha ficado nem um pouco emocionada.¹⁴

Propaganda do Fórum da Liberdade de Pepperdine, destacando a programação com Barry Goldwater, 1961. [Tradução: Vozes de homens fortes... Este é o som da liberdade...]
Dos arquivos do fórum da liberdade da Pepperdine College.

Naquele mesmo ano, pastores fundamentalistas figuravam entre aqueles que rejeitavam o presidente Kennedy ao desafiar a União Soviética "não a uma corrida armamentista, mas a uma corrida pela paz", posicionando-se também ao lado de homens como o general Edwin Walker, que fora advertido pelo Departamento de Defesa por suas tentativas de doutrinar as tropas com material anticomunista de direita, fornecido pelo evangelista fundamentalista Billy James Hargis. Walker renunciou ao cargo para não se sujeitar mais ao "poder de homenzinhos", conforme explicou, ao passo que Goldwater se juntou ao senador Strom Thurmond e a outros republicanos para a convocação de audiências no Senado sobre o "amordaçamento" dos militares. À luz desses acontecimentos, Kennedy fez um discurso no Hollywood Palladium, em novembro de 1961, repreendendo os "indivíduos à margem da nossa sociedade", facilmente cortejados por um "*slogan* atraente ou por um bode expiatório conveniente", alertando contra "as vozes dissonantes do extremismo" — ou seja, contra aqueles que bradavam "por um 'homem a cavalo', por não confiarem no povo". A resposta de Thurmond foi denunciar os "diplomatas mesquinhos".¹⁵

O General Walker pode ter renunciado, mas não se foi em silêncio. Posteriormente, Walker seria preso por "incitar rebelião" entre os segregacionistas, quando policiais federais tentavam acabar com a segregação na Universidade do Mississipi, e, em 1963, juntou-se a Hargis para liderar as "cruzadas de crise" anticomunistas, insistindo em sua acusação de que o governo era brando com o comunismo e dificultava o trabalho do exército. O pastor Bob Wells, da Igreja

Batista Central de Los Angeles, sediou boa parte dessas cruzadas. Wells achava crucial que os estadunidenses, "não fossem enganados com toda essa conversa de paz e segurança", pois o desarmamento colocaria em risco tanto a soberania estadunidense como o cristianismo. Para os muitos membros da congregação de Wells, cuja subsistência estava atrelada à indústria de defesa, o desarmamento era problemático também por outras razões.[16]

Wells era figura-chave na comunidade evangélica do sul da Califórnia. Para contrapor as aparentes falhas das escolas públicas, ele fundou uma escola básica cristã e a primeira escola cristã de ensino médio do condado de Orange, Heritage High. Dedicado ao ensino do "americanismo cristão", o conselho escolar selecionava livros didáticos nos quais Deus e o cristianismo fossem bem representados na história dos Estados Unidos. (Aliás, eles caçoavam da falta de atenção que certo livro didático popular dispensava ao general Douglas MacArthur, a quem dedicava "míseras 26 palavras".) O departamento de teatro da escola encenava musicais celebrando os valores do patriotismo, da colonização proporcionada pela expansão territorial e da democracia. Neles, os meninos agiam como os "protetores valentes" da nação. Uma das peças, *God of Our Fathers* [Deus de nossos antepassados], continha palavras inspiradoras de Abraham Lincoln, Robert E. Lee e do general MacArthur. Desde o time de futebol americano New England Patriots até os carros alegóricos da escola, adornados com estudantes vestidos de soldados da União, dos Confederados e da Segunda Guerra Mundial, todos hasteando a bandeira em Iwo Jima, a escola estava imersa em um passado mítico, combativo.[17]

Quando, em 1964, Goldwater concorreu à presidência, Wells organizou uma mesa promovendo a campanha de Goldwater no gramado da frente da igreja. Antes das primárias da Califórnia, alguns membros de sua igreja viajaram juntos para o parque temático Knott's Berry Farm, com o propósito de participar de um comício do presidenciável em que estariam presentes John Wayne, Ronald Reagan e o próprio Goldwater. De propriedade do empresário conservador Walker Knott, o parque de diversões era o local perfeito: contendo uma cidade-fantasma do Velho Oeste, um tour patriótico celebrando os Pais Fundadores dos Estados Unidos e um Centro de Liberdade abastecido com panfletos sobre a livre-iniciativa, tratava-se de um mundo de fantasias que eles esperavam tornar realidade.[18]

A política externa truculenta e agressiva de Goldwater andava de mãos dadas com sua mística de caubói. Lá estava um homem que não tinha medo de atirar primeiro. Goldwater recomendara a retirada dos Estados Unidos da ONU e parecia aberto à possibilidade de provocar uma guerra nuclear. Os opositores o rotulavam de belicista e extremista, ao que Goldwater, celebremente, retrucou: "O extremismo em defesa da liberdade não é ruim. Por outro lado, a moderação na busca por justiça não é uma virtude!". Poucos dias antes da eleição, Reagan, que recentemente se filiara ao Partido Republicano, fez um discurso televisionado a favor de Goldwater. Atrelados por seu anticomunismo ardente e por seu conservadorismo caubói, Reagan defendeu a proposta de "paz por meio da força" defendida por Goldwater e denunciou aqueles que buscavam paz utópica sem vitória, apoiadores do "apaziguamento" cujo pensamento era que o inimigo poderia "abandonar os maus caminhos e aprender a nos amar". Os estadunidenses tinham um "encontro marcado com o destino": ou preservariam para os filhos a "esperança definitiva do ser humano na terra" — ou seja, a nação americana — ou mergulhariam em "mil anos de escuridão".[19]

O aval de Reagan não foi o bastante: Goldwater venceu apenas no Arizona e em cinco estados do Sul, perdendo para Lyndon Johnson em uma das derrotas mais avassaladoras da história presidencial estadunidense. Embora fundamentalistas e evangélicos do Cinturão do Sol tenham sido atraídos pela política de Goldwater, a maioria dos evangélicos do Norte acabou votando em Johnson, ainda que sem muito entusiasmo. Johnson sabia que o voto evangélico estava em jogo e trabalhou arduamente para manter Billy Graham ao seu lado. Os dois haviam iniciado uma amizade, e Graham apoiava a política de Johnson no Vietnã e sua abordagem à legislação relacionada aos direitos civis, embora se tenha recusado a apoiar a Civil Rights Act [Lei dos Direitos Civis] de 1964. Mesmo assim, o apoio de Graham foi silencioso. Na verdade, ele próprio cogitara, por um tempo muito breve, a possibilidade de concorrer à presidência. Ao final, porém, a maioria dos evangélicos de fora do Cinturão do Sol considerou a postura de Goldwater muito radical. Apesar disso, a derrota de Goldwater mascarou um realinhamento político que já estava a caminho. Embora, em 1964, Graham se tenha mostrado relutante em apoiar Goldwater, o pregador reivindicava haver recebido "mais de um milhão de telegramas" instando-o a fazê-lo. Quatro anos depois, a escolha seria mais fácil.[20]

Em 1968, Richard Nixon sabia que os evangélicos conservadores talvez tivessem a chave para sua vitória. Um quacre decadente, Nixon não era um homem particularmente religioso, mas entendia que o anticomunismo no exterior, assim como os "valores morais" e a política "da lei e da ordem" em casa, poderiam atrair esse bloco de votação coalescente. Também sabia que um homem em especial — Billy Graham — poderia ajudá-lo a conquistar esse componente crucial de sua "maioria silenciosa". Quando, em 1960, Nixon concorreu contra Kennedy, Graham chegara perto de apoiá-lo. O evangelista enviara um artigo para a revista *Life* elogiando Nixon, mas, ao repensar o assunto, pediu para que o artigo não fosse publicado. Quando Nixon perdeu a eleição, Graham se sentiu torturado por essa decisão. Portanto, dessa vez, Graham estava pronto para abandonar o disfarce de neutralidade.[21]

"Não há estadunidense que eu admire mais do que Richard Nixon", proclamou Graham em uma de suas cruzadas naquele ano. Embora alguns batistas e metodistas rurais do Sul tivessem sido atraídos pelo candidato segregacionista George Wallace, a maioria dos evangélicos preferiu Nixon, escolha mais viável e respeitável. No fim da década de 1960, até mesmo líderes fundamentalistas como Billy James Hargis e John R. Rice acharam melhor se distanciar do racismo aberto de um homem como Wallace, e a "estratégia sulista" de Nixon ajudou a atrair ex-segregacionistas para o Partido Republicano. Com as administrações democratas supervisionando os esforços de dessegregação exigidos pelo governo federal e com Johnson aprovando a Civil Rights Act [Lei dos Direitos Civis], a defesa dos "direitos dos Estados", elaborada pelo Partido Republicano, atraiu os brancos do sul. Um movimento de direitos civis cada vez mais militante (e o motim de Watts de 1965, que eclodiu no próprio quintal dos evangélicos do sul da Califórnia) aumentou o fascínio da política da "lei e ordem" em todo o país, assim como as crescentes perturbações causadas pelo movimento antiguerra e o surgimento de uma contracultura desenfreada. Nixon ganhou ao apelar à sua suposta Maioria Silenciosa, capitalizando o realinhamento político sinalizado por Goldwater, o qual viria a modelar o próximo meio século de política americana. Os evangélicos brancos formavam uma parte significativa de sua maioria silenciosa: 69% votaram em Nixon.[22]

Com a ajuda de Graham, Nixon trabalhou para se identificar com o cristianismo do novo nascimento. A fé de Nixon foi influenciada por uma ideologia quacre ocidental semelhante ao fundamentalismo, ala que não deve ser confundida com o pacifismo quacre oriental; mas ainda havia uma distância a ser percorrida. Já na década de 1950, Graham treinara Nixon sobre como apelar aos evangélicos, redigindo um discurso para o presidenciável entregar ao público cristão, mencionando os ensinamentos do "novo nascimento" encontrados na doutrina quacre e relatando uma infância marcada pela leitura da Bíblia e pela oração. Em um artigo de 1962, escrito para a revista *Decision*, de Graham — e também escrito a pedido de Graham —, Nixon descreveu seu comprometimento pessoal com "Cristo e o serviço cristão", em resposta a um culto de avivamento liderado por Paul Rader, evangelista de Chicago. Uma vez na Casa Branca, Nixon continuou a solidificar essa aliança estratégica. Instituiu os cultos das manhãs de domingo na sala de eventos e encarregou o conselheiro especial Charles Colson de escolher a dedo convidados politicamente vantajosos. Nixon conhecia a linguagem dos evangélicos e a forma de apelar aos seus valores por meio de símbolos e espetáculos. Essa "política cerimonial" esteve em plena exibição no "Honor America Day", em 4 de julho de 1970, evento organizado com a ajuda de Graham e realizado nos degraus do Lincoln Memorial; o evento tinha o objetivo de reforçar o projeto de poder de Nixon. Pat Boone foi o mestre de cerimônias. Vestido de vermelho, branco e azul, Boone lamentou que o "patriotismo" se tivesse transformado em uma palavra ruim. O país não era ruim, insistiu: "Tivemos alguns problemas, mas começamos a nos unir sob o governo de Deus". Graham concordou. Era hora de acenar essa bandeira com orgulho.[23]

As conexões entre o Nixon da Casa Branca e os cristãos conservadores iam além de cerimônias e espetáculos. Quando Nixon foi criticado por bombardear secretamente o Camboja, Colson aproveitou a Convenção Batista do Sul para aprovar uma resolução endossando a política externa do presidente. Graham também trabalhou para promover a agenda de política externa do presidente — incluindo a escalada da guerra no Vietnã —, ao falar de patriotismo e unidade. A campanha de reeleição de Nixon levou Graham a aumentar seu apoio.[24]

Billy Graham e Richard Nixon na cruzada de Graham, na cidadde de Nova York, em 20 de julho de 1958. *Alpha Historica. Alamy Stock Photo.*

Filho de um ministro evangélico, o adversário de Nixon, George McGovern, fora ex-candidato ao ministério pastoral; tratava-se de um candidato profundamente religioso. Apesar de ter servido como piloto na Segunda Guerra Mundial, McGovern se opunha à Guerra do Vietnã, propunha grandes cortes nos gastos militares e anistia aos que haviam escapado do serviço militar. Em seu discurso de agradecimento, o presidenciável fez uma crítica profética à nação e à sua cultura de militarismo. Prometeu acabar com os bombardeios na Indochina no dia de sua posse e, noventa dias depois, trazer cada soldado estadunidense de volta para casa: "Não haverá mais crianças asiáticas correndo, incendiadas, para fora de escolas bombardeadas", e não haverá mais estadunidenses enviados para morrer, "tentando dar sustentação a uma ditadura militar corrupta no exterior". McGovern instou os estadunidenses a viver com mais fé e menos medo.

Contrariando aqueles que diziam: "América: ame-a ou deixe-a", rogou aos estadunidenses que trabalhassem para mudar sua nação para melhor, "a fim de que possamos amá-la ainda mais". Um pequeno grupo de evangélicos de McGovern se uniu ao candidato democrata, mas eles constituíam uma pequena minoria. Evangélicos poderosos como Graham e Ockenga apoiaram publicamente Nixon e, ao falar na Wheaton College, McGovern foi recebido com vaias retumbantes.[25]

O apoio evangélico a Nixon foi a público na "Explo' 72", evento organizado pela Campus Crusade. De olho na reeleição, Nixon buscava meios de alcançar a juventude evangélica. Instado por Graham, o auxiliar de Nixon (e ministro batista ordenado) Wallace Henley contatou Bill Bright, líder da Campus Crusade, para convencê-lo a integrar uma estratégia midiática com o objetivo de promover a causa conservadora. Por "estratégia midiática", Henley queria "fazer coisas como colunas de notícias sindicadas, desenvolver segmentos de rádio e televisão destinados aos evangélicos, e realizar a promoção de alguns dos grandes nomes em programas de entrevistas cristãos". As possibilidades eram imensas.[26]

Sincronizado com as eleições, o evento atraiu oitenta mil jovens evangélicos ao estádio Cotton Bowl, em Dallas. Em uma época na qual os *hippies* ocupavam as ruas para protestar contra a guerra, jovens evangélicos comemoravam o Dia da Bandeira, aplaudindo o desfile de mais de cinco mil militares, saudando a bandeira dos Estados Unidos e aplaudindo a bandeira sul-vietnamita. Essas demonstrações abertas de patriotismo incomodaram alguns evangélicos: Jim Wallis e outros membros da People's Christian Coalition [Coalizão cristã do povo] desenrolaram uma faixa lamentando os "trezentos soldados mortos esta semana no Vietnã". O evangelista afro-americano Tom Skinner disse que não via problema no Dia da Bandeira, "mas associar Deus a isso é uma má notícia". Contudo, a maioria dos presentes partilhava os valores conservadores dos organizadores; apenas um em cinco favorecia McGovern em vez de Nixon. Também apoiavam penas mais radicais para o porte de maconha e sentiam que a atitude dos estadunidenses em relação a sexo era "permissiva demais". O evento culminou com um festival de música cristã de oito horas, um "Woodstock cristão", do qual participaram entre cem mil e duzentos mil estudantes e no qual se apresentaram o "roqueiro justo" Larry Norman, os recém-convertidos Johnny Cash e Kris Kristofferson, além de outros músicos cristãos. Há muito os evangélicos rejeitavam o *rock and roll*, associando o estilo musical à cultura de drogas e à rebelião juvenil; ao oferecer, porém, uma versão cristã da música popular, a Explo' 72 ajudou a pavimentar o caminho para o que se tornaria uma próspera indústria da música cristã contemporânea. Como sugeria a estratégia de Henley, o mundo em expansão da cultura popular evangélica oferecia um canal ideal para a propagação e o reforço da política conservadora.[27]

Nixon venceu a reeleição sem nenhum problema, captando 84% dos votos evangélicos. A aliança entre o Partido Republicano e os cristãos evangélicos parecia segura. Mas as coisas não aconteceram exatamente como se esperava. Posteriormente, seria revelado que a Explo' 72 ocorreu durante a semana da invasão do Complexo Watergate. Com a revelação e a divulgação das notícias do escândalo e da extensão da corrupção de Nixon (e do papel de Colson no encobrimento dos fatos), Graham se arrependeu de sua incursão imoderada na política partidária. Foi uma lição que a maioria dos demais evangélicos se recusou a aprender.[28]

A ESQUERDA antiguerra, embora menosprezada pelos evangélicos, era, na verdade, animada pela fé religiosa — pelo menos em parte. Muitos ministros condenavam veementemente os crimes de guerra estadunidenses e questionavam a moralidade tanto da guerra como dos soldados. Expressavam indignação contra o uso de napalm, a prática de bombardeios indiscriminados, as operações de busca e destruição e a escalada de baixas civis, assim como não hesitavam em expor a brutalidade dos soldados estadunidenses e as violações das regras internacionais de guerra. Também criticavam os capelães militares por falharem em seu papel profético, por pregarem uma "religião militar" e por servirem essencialmente como "agentes de doutrinação em nome dos militares".[29]

Os evangélicos conservadores viam as coisas de um modo diferente. A maioria não só apoiava a guerra do Vietnã, como também tinha os próprios militares em elevada (e muitas vezes acrítica) estima. Após terem passado duas décadas trabalhando para doutrinar valores morais e religiosos nas Forças Armadas, eles não tinham nada além de elogios às tropas estadunidenses. Graham, por exemplo, que visitara as tropas na Coreia e no Vietnã, falava com admiração de homens "durões e ríspidos" com quem deparou, homens que derramavam lágrimas viris ao caminharem até o altar para receber Cristo. Os fundamentalistas estavam entre os apoiadores mais entusiasmados da guerra — uma guerra para impedir que "o comunismo ateu, com seus assassinatos, torturas e perseguições, viesse a se apoderar das terras que clamam por nossa ajuda". Segundo o líder fundamentalista Carl McIntire, "a Bíblia infalível [...] dá aos homens o direito de participar desses conflitos" e o conhecimento de que Deus estava do lado dos soldados estadunidenses; os cristãos abatidos em batalha seriam recebidos "nos mais altos céus". McIntire criticou apelos "para se encolher e recuar" e denunciou a "política de dupla perda" dos Estados Unidos como um "pecado contra a retidão, a herança de nossa nação, contra as mães e esposas de homens que se sacrificaram por oportunismo político".[30]

Quando notícias das atrocidades estadunidenses começaram a se infiltrar nas linhas de combate domésticas, os evangélicos conservadores minimizaram a violência e defenderam equivalência moral. Em um editorial do *Christianity Today* de 1967, apoiando a intensificação dos bombardeios no norte do Vietnã, Carl Henry empregou uma linguagem higienizada, descartando qualquer "dano civil" como "lamentável", mas também como algo incomparável aos danos infligidos pelos comunistas. Para o pastor batista Jerry Falwell, o soldado estadunidense no Vietnã continuava a ser "um testemunho vivo" do cristianismo e do "patriotismo à moda antiga". Defensor do "americanismo", o soldado era um "campeão de Cristo".[31]

Confrontados com evidências inegáveis da brutalidade estadunidense, os evangélicos sempre podiam recorrer ao conceito da depravação humana. Com o pecado à espreita em cada coração humano, a violência era inevitável; somente Jesus era a resposta. Quando o jovem tenente do exército William Calley foi julgado por seu papel no assassinato de cerca de quinhentos homens, mulheres e crianças vietnamitas — no que viria a ser conhecido como o massacre de My Lai —, Billy Graham observou que nunca ouvira "falar de uma guerra em que pessoas inocentes não são mortas". Também contou sobre as "histórias horríveis" que escutara de missionários sobre "assassinatos sádicos cometidos por combatentes vietnamitas", lembrando aos estadunidenses que mulheres e crianças vietnamitas escondiam armadilhas que mutilavam os soldados estadunidenses. Sua reflexão moral nas páginas do *New York Times* foi incrivelmente trivial: "Todos já tivemos nosso My Lai, de uma forma ou de outra. Talvez não tenhamos ferido com armas, mas machucamos os outros com palavras impensadas, gestos arrogantes e ações egoístas".[32]

Em 1969, Graham enviou uma carta de treze páginas ao presidente Nixon — a qual só veio a se tornar pública vinte anos depois — oferecendo uma série de cenários políticos, alguns dos quais claramente abandonavam a teoria cristã da guerra justa e a Convenção de Genebra. Não está claro o efeito que a carta de Graham surtiu na estratégia de Nixon, mas a voz do evangelista certamente não foi moderada. Ainda que Graham se tornasse cada vez mais ambivalente a respeito da guerra, permanecia inabalável em seu apoio a Nixon. Enquanto isso, os evangélicos conservadores continuavam a celebrar o soldado estadunidense, procurando soldados que retornassem para liderar também na frente doméstica. Em uma época em que as igrejas evangélicas precisavam escolher um lado e se posicionar, quem melhor para liderar uma nação — e suas igrejas — do que homens que "haviam vivenciado a preocupação nacional pelas selvas do Vietnã?".[33]

A Guerra do Vietnã foi crucial para a formação de uma identidade evangélica emergente. Para muitos estadunidenses que atingiram a maioridade nas décadas de 1960 e 1970, o Vietnã demoliu os mitos de grandeza e bondade estadunidenses. O poderio do país passou a ser visto com alguma suspeita, se não com repulsa, e um antimilitarismo generalizado se alastrou. Para os evangélicos, no entanto, a lição era diametralmente oposta: era justamente a ausência do poder estadunidense que conduzia àquela catástrofe. O apoio evangélico à guerra parecia crescer em relação direta com o aumento das dúvidas do restante do público. Após a Ofensiva do Tet, no verão de 1968, uma pesquisa revelou apoio ao bombardeio contínuo e ao aumento na intervenção militar dos Estados Unidos "entre 97% de batistas do Sul, 91% de fundamentalistas independentes e 70% de luteranos do Sínodo de Missouri; apenas 2% dos batistas e 3% dos fundamentalistas eram favoráveis a uma retirada negociada". Cientes de seu status de *outlier*, muitos evangélicos se consideravam remanescentes fiéis, a maior esperança dos Estados Unidos. Com o destino da nação em jogo, os evangélicos conservadores "assumiram o papel de militantes da igreja".[34]

A guerra foi um divisor de águas para os cristãos evangélicos em geral. À medida que o poder estabelecido do protestantismo tradicional ia erodindo, com sua crítica às políticas governamentais, os evangélicos aumentavam sua influência, apoiando as políticas de Johnson e Nixon. Além disso, ao falar positivamente da guerra e dos homens que a lutavam, os evangélicos caíam nas graças e cresciam em status em meio às Forças Armadas. Essa parceria foi reconhecida cerimonialmente em 1972, quando a Academia Militar de West Point conferiu o Prêmio Sylvanus Thayer — um prêmio destinado ao cidadão que exibe os ideais de "Dever, Honra e País" — a Billy Graham.[35]

Ainda assim, persistia, em meio ao evangelicalismo, um pequeno contingente de críticos ferrenhos, incluindo figuras nacionais como o Senador Mark Hatfield, o qual, juntamente com McGovern, clamara por uma retirada completa das tropas estadunidenses no Vietnã. Em 1973, líderes evangélicos progressistas emitiram a "Chicago Declaration of Evangelical Social Concern (1973)" [Declaração de Chicago sobre a Preocupação Social Evangélica]. Como membros da emergente direita religiosa, esses líderes viam a política como uma expressão de sua fé; contudo, em quase todos os pontos, divergiam de seus irmãos conservadores. O grupo denunciava o racismo e pedia aos cristãos que defendessem os direitos dos pobres e oprimidos. Confessando que os cristãos haviam "encorajado homens a uma dominação arrogante e mulheres a uma passividade irresponsável", os líderes progressistas clamavam por "submissão mútua e discipulado ativo". Ademais, desafiavam "a confiança errônea da nação no poderio econômico e militar — uma confiança arrogante que promove patologia nacional de guerra e violência, vitimizando pessoas nas esferas doméstica e internacional". Entretanto, a esquerda evangélica, que acabaria como um grupo relativamente marginal em meio ao movimento mais amplo, falhou em convencer a maioria dos evangélicos de que sua fé exigia crítica ao patriarcalismo e ao poderio estadunidense, e não a aceitação de ambos.[36]

A esquerda evangélica e a direita cristã enveredariam por trajetórias divergentes, construindo suas próprias redes e alianças. Uma herança evangélica comum e comprometimentos teológicos compartilhados diminuíram em importância quando o nacionalismo, o militarismo e o "tradicionalismo" de gênero cristãos vieram a definir a identidade conservadora evangélica e a ditar os aliados ideológicos. Os evangélicos conservadores descobririam que tinham mais em comum com os conservadores católicos romanos, os mórmons e os membros da Maioria Silenciosa que não eram particularmente religiosos. Elementos de conflitos de classe também ajudaram a definir essas coalizões emergentes. Enquanto os filhos de operários davam a vida no Vietnã, os filhos da elite protestavam contra a guerra nos *campi* universitários de todo o país. Nas primeiras décadas do século 20, os protestantes conservadores tendiam a ficar atrás, economicamente, de outros estadunidenses brancos; graças, porém, a uma próspera economia pós-guerra, um número crescente de evangélicos migrava para a classe média. Ainda assim, muitos estavam apenas a uma geração de distância de circunstâncias mais humildes e, nas décadas de 1960 e 1970, quando o patriotismo assumiu uma dimensão populista, os evangélicos conservadores foram atraídos pelos valores da classe trabalhadora branca. Para esses novos aliados, as celebrações nostálgicas de uma masculinidade robusta viriam a simbolizar uma identidade compartilhada e um projeto de poder político.[37]

A GUERRA DO VIETNÃ foi uma crise de política externa, assim como uma crise doméstica. Os jovens se esquivavam do alistamento, fugindo ao dever de proteger os interesses estadunidenses em face do comunismo global. Protestos antiguerra zombavam das autoridades, aconselhando sua geração a fazer amor, e não guerra. Ostentando cabelos compridos e camisas floridas, rapazes e moças dessa geração pareciam quase indistinguíveis — ao menos de acordo com os críticos conservadores. O fracasso dos soldados estadunidenses em derrotar um inimigo desorganizado testemunhou os sérios problemas atrelados à masculinidade estadunidense, e nenhum grupo sentiu essa crise de forma mais aguda que os evangélicos.[38]

Para os evangélicos, o problema da masculinidade estadunidense era essencialmente religioso — e podia ser devidamente tratado no âmbito da família cristã. Jack Hyles, pastor fundamentalista de uma megaigreja, defendeu essa posição em seu livro *How to Rear Children* [Como educar filhos], publicado em 1972. Filho de um pai ausente e alcoólatra, Hyles cresceu no Texas e serviu na 82ª Divisão Aerotransportada durante a Segunda Guerra Mundial, até ingressar, posteriormente, no ministério cristão. Em 1959, "o magro e carismático pregador da Bíblia, com sotaque sulista e alguns ternos baratos", apareceu em Hammond,

Indiana, e assumiu a liderança da Primeira Igreja Batista da cidade. Não tardou para que transformasse a igreja em uma das maiores igrejas batistas fundamentalistas independentes do país, ostentando uma frequência de mais de vinte mil pessoas e abrigando "a maior escola dominical do mundo".[39]

O livro de Hyles incluía uma seção sobre "Como fazer de um menino um homem". Os meninos tinham de ser instruídos a se tornarem vencedores: "É assim que se fazem homens como o general MacArthur. É assim que formamos homens como Billy Sunday". Ensinar meninos a serem bons perdedores nos deixou com uma geração de jovens indisposta a lutar por seu país, permitindo que "a nação mais forte do mundo se curvasse vergonhosamente diante de uma pequena nação como o Vietnã do Norte". Cabia aos pais cristãos criar uma nova geração de homens; para que isso acontecesse, contudo, eles deveriam levar seus filhos para "brincar com outros meninos e com brinquedos de meninos", com "armas e carrinhos, bolas de beisebol, de basquete e de futebol". Meninos que se envolvem em "atividades femininas", alertava o pastor, muitas vezes acabam virando "homossexuais". Um garoto deve ser ensinado a lutar, a "ser suficientemente durão" para defender seu lar e aqueles a quem ama. Hyles comprou para seu filho um par de luvas de boxe quando o menino tinha apenas cinco anos de idade; aos 13, uma carabina de pressão; aos 15, uma calibre 22. Quando um garoto na vizinhança insultou a filha de Hyles, o pastor encorajou seu filho a "dar-lhe uma boa lição" e foi embora, enquanto o filho batia no menino até sangrar. Tamanha violência era santificada: "Deus tenha misericórdia desta geração de joelhos fracos, uma geração que não defende nada, não luta por nada e não morre por nada".[40]

Hyles prefigurava um estilo de masculinidade militante que outros pastores evangélicos viriam a aperfeiçoar. Conhecido por suas explosões de raiva e por um temperamento desagradável, Hyles tinha "tendência a controle com mãos de ferro" sobre seu império religioso em ascensão. Instituiu um código de vestimenta — homens usavam paletós, gravatas e cabelos curtos; mulheres, saias abaixo do joelho — e ordenou que as mulheres "ficassem em completa e total submissão a seus maridos e à liderança masculina". Enquanto os meninos deveriam ser treinados como líderes, as meninas tinham de ser treinadas para exercer a submissão, obedecendo "imediatamente, sem questionamentos ou discussões"; ao imporem a submissão, os pais estariam fazendo aos futuros genros "um grande favor". Hyles também defendia o castigo corporal de crianças, até mesmo de bebês. (Palmadas deviam durar "no mínimo quinze minutos" e, se necessário, "deixar marcas".) Os pais de sua igreja levavam seu conselho a sério: uma mulher se recorda de ter recebido mais de trezentas chibatadas com um cinto de couro, e Hyles ensinava os pais da menina a evitar a prisão depois que as autoridades fossem notificadas.

Nosso "homem natural" pode rebelar-se contra tal punição, explicava Hyles, mas as crianças devem aprender a obedecer ou acabarão no inferno.[41]

Enquanto líderes religiosos como Hyles defendiam a aplicação militante da autoridade patriarcal, outros conservadores também abraçavam a perspectiva nostálgica de uma masculinidade agressiva e até mesmo violenta. Dessa maneira, uma masculinidade militante atrelava o conservadorismo religioso ao secular. Com o tempo, seria difícil distinguir ambos. À medida que a masculinidade estadunidense, de caráter vigoroso, era imbuída, cada vez mais, das virtudes de Deus e do patriotismo, modelos outrora seculares vieram a exemplificar o ideal de masculinidade cristã. Essa fusão entre religioso e secular pode ser vista no status reverente que John Wayne desfrutava entre os conservadores estadunidenses nas décadas de 1960 e 1970.

Se um evangélico podia ser definido como alguém que gostava de Billy Graham, um conservador podia, por volta da década de 1970, ser definido como qualquer um que amasse John Wayne. Wayne era mais que apenas uma estrela de cinema. Já na década de 1940, a masculinidade de Wayne fora interligada ao seu ativismo conservador. Em 1944, o ator ajudara a criar a organização anticomunista Motion Picture Alliance for the Preservation of American Ideals (MPA) [Aliança Cinematográfica para a Preservação dos Ideais Americanos] e, em 1949, tornara-se seu presidente. Wayne era um famigerado apoiador do Comitê de Atividades Antiamericanas e, em 1952, produziu e estrelou em *Uma Aventura Perigosa*, filme propagandista no qual interpreta um investigador do comitê. Em 1960, apoiara Nixon e criticara Kennedy e, em 1964, participara de um anúncio de campanha em que ridicularizava o apaziguamento e celebrava a "moral elevada" de uma "nação americana livre". Em 1968, ele fez um discurso entusiástico e patriótico na Convenção Nacional Republicana. Quando Nixon queria explicar seus próprios pontos de vista sobre "lei e ordem", remetia ao filme *Chisum: Uma Lenda Americana* como modelo, um conto sangrento de justiça de fronteira no qual Wayne alcança a ordem — e a vingança — pelo uso da violência.[42]

Muitos filmes de Wayne eram politicamente orientados — fato particularmente verdadeiro em relação aos filmes que ele dirigiu. *O Álamo* (1960) foi inspirado no ativismo de Wayne durante a Guerra Fria, em fins da década de 1940: o sacrifício de Davy Crockett pela causa da liberdade oferecia um modelo heroico para os Estados Unidos durante a Guerra Fria. Mas *Os Boinas Verdes* (1968) — a única grande película em apoio à Guerra do Vietnã que foi filmada durante os anos de guerra — foi a maior contribuição direta ao militarismo da Guerra Fria. Um sucesso comercial, *Os Boinas Verdes* oferecia aos fãs um substituto realista da guerra, perpetuando o mito da grandeza estadunidense. Para os conservadores, o fato de ambos os filmes terem sido "fortemente criticados e vilipendiados, descartados como películas com temas de direita e fracassos artísticos", era outro ponto a seu favor, mais uma confirmação de que as elites culturais desdenhavam dessa masculinidade heroica. Como os heróis que Wayne interpretara na tela, a percepção de que os conservadores estavam sendo combatidos só aumentou ainda mais sua determinação.[43]

John Wayne, estrelando como coronel Mike Kirby em *Os boinas verdes*, 1968.
TCD. Prod. DB. Alamy Stock Photo.

As guerras míticas fabricadas por Wayne tinham repercussões deveras reais. Conforme posteriormente se recordaria um homem da classe trabalhadora e veterano de guerra, ele fora ao Vietnã para "matar comunistas por Jesus Cristo e por John Wayne". Foi *Iwo Jima* que inspirou Ron Kovic a se voluntariar para os fuzileiros navais durante a Guerra do Vietnã, o que lhe custaria a mobilidade das pernas e o levaria a se desencantar com a guerra, segundo seu relato em suas memórias intituladas *Born on the Fourth of July* [Nascido em 4 de julho]. Também fora das telas, Wayne trabalhou para recrutar jovens em prol da guerra, ridicularizando como "delicados" aqueles que não se alistavam. Um crítico classificou Wayne como "o homem mais importante dos Estados Unidos, dado o papel que seus filmes haviam desempenhado na condução do envolvimento estadunidense no Vietnã".[44]

No entanto, os heróis de guerra que Wayne interpretava não preparavam os recrutas para as realidades da guerra em si. Na tela, o bem triunfava sobre o mal, e as linhas entre os dois eram claramente traçadas. A guerra era o lugar no qual os meninos se tornavam homens, e os homens, heróis — onde os Estados Unidos eram uma força do bem e onde os fins estadunidenses justificavam quaisquer meios. Uma vez enviados para o exterior, porém, os novos recrutas aprendiam que a guerra real estava muito aquém desse ideal. Confiantes em uma falsa narrativa de heroísmo bélico, muitos homens ficavam assombrados com a sensação de que, de alguma forma, haviam falhado em corresponder à altura. Quanto a transformar meninos em homens, Kovic refletiu amargamente sobre o fato de a guerra lhe haver roubado a masculinidade: "Entreguei meu pênis morto em troca de John Wayne". O próprio John Wayne garantira um adiamento para evitar servir em uma guerra cujas linhas reais entre o bem e o mal não estavam claramente demarcadas.[45]

Para veteranos como Kovic, a desconexão entre expectativa e realidade levava à desilusão. Muitos conservadores, no entanto, continuaram a se apegar intensamente ao papel dos militares na definição da masculinidade estadunidense e na preservação da grandeza nacional. Aqueles cuja inspiração era a bravata de Wayne passaram a enxergar a vida em geral como uma guerra, e a aspereza, como uma virtude. Isso teve repercussão em níveis pessoal e global. De fato, muitos críticos vieram a caracterizar a política externa do país nas décadas de 1960 e 1970 como afligida pela "síndrome de John Wayne".[46]

Por meio de seus filmes e de sua política, Wayne se estabeleceu como a personificação de uma masculinidade estadunidense robusta. A compreensão do homem e do mito — e não está claro onde um começa e o outro termina — é a chave para assimilarmos seu legado duradouro. Para começar, a masculinidade de Wayne era assumidamente imperialista. Todos os grandes sucessos de Wayne incluem homens brancos valentes que lutam (e, em geral, subjugam) populações de cor: japoneses, nativos americanos ou mexicanos. Como Teddy Roosevelt, a masculinidade robusta de Wayne se concretizava por meio da violência, além de se tratar de um ideal masculino tipicamente branco. Seus fãs não deixaram de notar isso. Em 1977, por ocasião do septuagésimo aniversário de Wayne, um artigo do jornal conservador *Human Events* tentou explicar o fascínio exercido pelo ator. O retrato racializado de Wayne é revelador: Wayne era uma "raça tipicamente americana", um "celta alto", originário de "pioneiros escoceses, irlandeses e ingleses". Em *Rastros de Ódio*, Wayne interpreta um personagem assumidamente racista; em outros filmes, as políticas raciais são mais sutis. Suas próprias opiniões sobre raça eram convencionais entre os conservadores, mas, ainda assim, chocantes. Em uma entrevista de 1971 concedida à revista *Playboy*, Wayne é particularmente duro em sua avaliação dos "negros" — ou dos "de cor, ou seja lá por que nome queiram chamar a si mesmos: eles certamente não são brancos":

Entre muitos negros, existe certo ressentimento justo por trás das dissidências, e possivelmente com razão. Mas não podemos de repente nos prostrar e entregar tudo à liderança dos negros. Acredito na supremacia branca até que os negros sejam educados a ponto de poderem assumir responsabilidades. Não acredito na concessão de autoridade e em posições de liderança e julgamento a pessoas irresponsáveis.

No que diz respeito à representação afro-americana em seus próprios filmes, Wayne assegurou que dera aos "negros sua devida posição" — apresentara um "escravo negro em *O Álamo*" e dera "o número correto de papéis aos negros em *Os Boinas Verdes*". Sua perspectiva em relação aos nativos americanos não era menos iluminada: "Não sinto que tenhamos feito nada de errado ao tomar esse grande país [dos nativos americanos] [...]. Nosso suposto 'roubo' deste país foi uma questão de sobrevivência". Pessoas precisavam de terras, "e os índios tentavam, de forma egoísta, ter tudo só para eles".[47]

Tampouco Wayne sentia a necessidade de se desculpar pelas ações dos estadunidenses no exterior. O ator minimizava o "suposto massacre de My Lai" e, em vez disso, destacava as atrocidades cometidas contra "o nosso povo" pelos vietcongues. Com todas as coisas terríveis acontecendo em todo o mundo, Wayne não via razões para que "um pequeno incidente no exército dos Estados Unidos" causasse tamanho alvoroço. Além disso, ele se orgulhava muito da inspiração que os militares extraíam de sua interpretação do sargento Stryker em *Iwo Jima*. O próprio general MacArthur confidenciou a Wayne que ele representava "o soldado estadunidense melhor que o próprio soldado estadunidense".[48]

Dentro e fora das telas, Wayne resumia o ideal de uma masculinidade antiquada e retrógrada, a qual era cada vez mais compreendida em termos politizados. Ferrenho defensor da "lei e da ordem", Wayne não tinha tempo para "covardes que cospem na cara de policiais", para "repórteres sentimentais" ou para pessoas que defendem criminosos sem pensar nas vítimas inocentes. Wayne era igualmente desdenhoso em relação aos estudantes que faziam manifestações: "Parece que não há mais respeito por autoridade hoje em dia", opinou. Nas palavras do cronista do *Human Events*: "Como homem, Wayne é odiado e desprezado pelos 'liberais', que se fazem de santos, e por todo um conjunto de hipócritas estadunidenses", porém o Duque era "alguém de primeira linha para os fãs da liberdade, pessoas que se empolgam com a energia desse grandalhão".[49]

Parte do *appeal* de Wayne — se não todo o seu *appeal* — residia justamente em sua grosseria, e isso se tornaria um padrão entre os heróis evangélicos, tanto religiosos como seculares. Wayne defendia o uso de palavrões e a violência dramatizada nas telas ("Todos os nossos contos de fadas têm algum tipo de violência: o cavaleiro do bem que cavalga para matar o dragão"). Havia também lugar para sexo nos filmes, mas apenas sexo heterossexual; para Wayne, filmes como *Perdidos na Noite* eram inúteis, "uma história sobre dois homossexuais", mas, "quando o assunto é a relação entre um homem e uma mulher", o ator estava "terrivelmente feliz com a existência de uma coisa chamada 'sexo'": "o sexo foi algo extra que Deus nos deu", e ele não via o porquê de não ser retratado em filmes de uma forma "belamente ousada". Para ele, "o sexo saudável e sensual" era uma coisa maravilhosa.[50]

Para muitos conservadores, incluindo os evangélicos, Wayne personificava "um tom de vida" a ser recuperado se o país desejasse reverter seu curso "da pirueta masoquista desta era sem orgulho". Modelava uma masculinidade estadunidense heroica que unia o bem contra o mal; orgulhava-se das cores vermelha, branca e azul; não tinha medo de sujar as mãos. O fato de Wayne nunca ter lutado por seu país, de haver abandonado uma série de casamentos desfeitos e de colecionar alegações de abuso — nada disso parecia importar. Wayne podia ser falho quanto a virtudes tradicionais, porém se destacava ao incorporar um conjunto diferente de virtudes. Em momentos de instabilidade social, Wayne modelava a força, a agressão e a violência redentora masculinas.[51]

O MEDO JAZIA na essência da política estadunidense pós-guerra — medo de que o comunismo ímpio e a imoralidade desenfreada deixassem os cidadãos indefesos. O que mudou na década de 1960 foi a percepção dos evangélicos em relação ao seu próprio poder. No fim da Segunda Guerra Mundial e no início da década de 1960, os evangélicos se tornaram cada vez mais confiantes de que tinham um papel providencial a desempenhar no fortalecimento das defesas estadunidenses e na preservação da fidelidade nacional. Entretanto, os acontecimentos de 1960 e a percepção de que a cultura em geral parecia zombar do que eles tinham a oferecer prejudicavam sua confiança recém-adquirida. Entre os evangélicos, persistiria uma retórica do medo, embora ela fosse direcionada não só a ameaças externas, mas também internas. Instrumental aos seus esforços de reivindicar poder, essa retórica de medo continuaria a impulsionar o papel do protetor masculino heroico. Virtudes mais sensíveis podem ter o seu lugar; contudo, em tempos de perigo, a nação demandava um poder mais implacável. Nas palavras do erudito batista Alan Bean: "O mantra tácito do evangelicalismo do pós-guerra era simples: Jesus pode salvar sua alma, mas John Wayne vai salvar sua pele".[52]

CAPÍTULO · 3

A DÁDIVA DE DEUS PARA O HOMEM

POR VOLTA DE 1970, o casamento de Marabel Morgan estava arruinado. Segundo seu próprio relato, ela havia se transformado em "uma chata e carrancuda", e seu casamento se tornara uma espécie de "guerra fria" — até que ela elaborou uma estratégia para diminuir a tensão. A fonte dos problemas conjugais femininos, descobriu ela, não residia no machismo, na desigualdade dos sexos ou no potencial inexplorado das mulheres. O problema estava na resistência mal-humorada do sexo feminino ao seu devido papel. Para alcançar a felicidade conjugal, a esposa tinha de se dedicar inteiramente ao marido e lhe dar a devida honra. Morgan começou a compartilhar sua solução com outras mulheres em uma série de cursos intitulados "Mulher Total". Quinze dólares lhe proporcionavam quatro sessões de duas horas e as ferramentas pelas quais seu casamento mudaria. A demanda foi elevada. Em 1973, Morgan publicou seu conselho em um livro, *The Total Woman* [A mulher total]. A Fleming Revell, uma editora evangélica bastante popular, imprimiu uma tiragem inicial de cinco mil exemplares; porém, ao final do primeiro ano, mais de quinhentas mil cópias haviam sido vendidas, elevando o exemplar à categoria de livro de não ficção mais vendido de 1974. Com o tempo, as donas de casa estadunidenses consumiriam mais de dez milhões de cópias. Morgan alcançou o status de celebridade no evangelicalismo nacional, e seu livro se transformou em uma expressão icônica da feminilidade evangélica conservadora.[1]

Morgan oferecia dicas práticas que ajudariam a mulher a "se tornar o brilho do sol" em seus lares, conselho que incluía administração do tempo, planejamento mais eficiente de refeições (prepare as saladas para o jantar logo após o café) e perda de peso. O mais importante, porém, era o conselho para que as mulheres simplesmente parassem de incomodar seus maridos. Se, de alguma forma, os exemplos que Morgan cita no livro refletiam o estado dos casamentos estadunidenses, as coisas realmente se encontravam em um estado lamentável. Mulheres e homens viviam com um ressentimento silencioso e latente. O casamento era penoso, e o sexo, superficial ou inexistente. Donas de casa viviam com medo constante de que seus maridos se envolvessem com suas secretárias — e, para dizer a verdade, quem poderia culpá-los por isso? A solução de Morgan era simples: trate seu marido como rei, reverencie-o e supra todas as suas necessidades. O conselho era particularmente importante no caso das mulheres que trabalhavam, uma vez que "a masculinidade de um homem pode ser ameaçada por seu salário". A esposa tinha de deixar claro para o marido que ele era seu herói, e seu trabalho era remendar o "ego estraçalhado" de seu marido todos os dias, admirando suas qualidades masculinas — seus músculos ou seus bigodes.[2]

O conselho de Morgan tinha um fundamento religioso: "O remédio bíblico para o conflito conjugal" era a submissão de esposas aos maridos. Era plano de Deus que a mulher se colocasse sob o governo do marido. Todavia, Morgan extraía a maior parte de seu ensinamento de sua própria experiência, particularmente em questões relacionadas à intimidade, tópico sobre o qual tinha muito a dizer. Para começar, era importante que as mulheres mantivessem seu "apelo sedutor", "parecessem e cheirassem bem", fossem "femininas, macias e palpáveis", não "ríspidas, despenteadas ou exaustas" — pelo menos se desejassem que seus maridos se alegrassem em voltar para casa. Mas aquilo era só o início. Para manter o interesse do marido, Morgan acreditava no poder de fantasias no quarto (ou na cozinha, na sala ou na rede do quintal), de modo que, quando o marido abrisse a porta de casa, era como se estivesse "abrindo um pacote surpresa". Um dia, um "pote de sexo fumegante"; no outro, uma "beleza americana totalmente renovada", uma fada, uma pirata, "uma vaqueira ou uma garota de programa". (Ao contrário da crença popular, Morgan nunca recomendou que as mulheres ficassem nuas, envoltas apenas em plástico PVC. Ela não tinha certeza de onde esse rumor havia começado, embora admitisse ser "uma ótima ideia".)[3]

A maioria dos "deveres de casa" de Morgan para os leitores e participantes de seminários envolvia sexo. A esposa tinha de amar seu marido "incondicionalmente", o que significava estar sexualmente disponível. Afinal, a Bíblia recomenda: "Não se recusem um ao outro" e "que os seios de sua esposa sempre o fartem de prazer".* Deus entendia as mulheres e "sabia que elas provavelmente usariam o troféu valioso do sexo para manipular os homens". Por isso Deus alertou contra o racionamento sexual. Morgan atribuía às mulheres a tarefa de se colocarem à disposição dos maridos todas as noites: "Seja a sedutora, não a seduzida", oferecendo várias dicas específicas de como as esposas conseguiriam apimentar a vida sexual. No entanto, a autora também tinha uma palavra de cautela: antes de abrir a porta, tenha certeza de que a pessoa do outro lado é seu marido, especialmente se você estiver trajando algo ousado. (Uma dona de casa de Fort Lauderdale, vestindo um "traje cigano", consistindo em "pedras, pulseiras e pele nua", acabou deparando com um leitor de medidores boquiaberto.) A Mulher Total de Morgan não era "apenas uma boa dona de casa", mas também uma "edificadora amorosa de lares". Não era "apenas uma parceira sexual submissa", mas também uma "amante abrasadora". Isso enfraquecia ou rebaixava as mulheres? Morgan achava que não. Na verdade, ela prometia às mulheres um retorno considerável em seu investimento: "Se você for mesquinha na cama, ele será mesquinho com você". Dê a ele o que ele quer, e ele lhe retribuirá o favor. E, pelo termo "favor", Morgan queria dizer presentes tangíveis, como uma geladeira nova, um novo guarda-roupas ou até mesmo um cruzeiro nas Bahamas![4]

Ao darem aos maridos o que eles queriam, as esposas podiam transformar o casamento "de uma competição de resistência" em algo agradável — além de manter os homens em casa, o que era bom para as mulheres e para os filhos, especialmente os meninos. Se um pai estivesse ausente, o menino poderia começar a se identificar demais com sua mãe e "desenvolver qualidades femininas em um nível subconsciente", abrindo as portas para a homossexualidade. A grande amiga de Morgan, Anita Bryant, foi uma das primeiras mulheres a participar do curso "Mulher Total". Bryant, cantora popular, vencedora de concursos de beleza e, por algum tempo, defensora dos sucos de laranja da Flórida, baseou seu próprio livro, *Bless This House* [Abençoa esta casa], nos ensinamentos de Morgan. Em seguida, tornou-se porta-voz do ativismo evangélico antigay. No âmbito do próprio evangelicalismo, esse ativismo é normalmente descrito como uma expressão de oposição à relação entre pessoas do mesmo sexo, desencadeada pelo movimento em prol dos direitos dos homossexuais das décadas de 1960 e 1970, mas a virulência com que os cristãos conservadores se opunham aos direitos dos homossexuais estava enraizada na importância cultural e política que eles davam, havia décadas, à reafirmação dos papéis distintos de gênero. O relacionamento entre pessoas do mesmo sexo desafiava as suposições mais fundamentais da cosmovisão evangélica.[5]

---

*1Coríntios 7:5; Provérbios 5:19, respectivamente. (N. T.)

Morgan se tornou um fenômeno nacional mesmo antes da publicação de seu livro. Em 1972, doze esposas de jogadores do Miami Dolphins participaram de um de seus seminários "Mulher Total". Na temporada seguinte, os Dolphins ganharam todos os jogos, o que resultou no primeiro time não derrotado na história da NFL. Não que Morgan levasse o crédito pela sequência de vitórias do time, mas e se, de fato, havia alguma correlação entre o desempenho dos jogadores e o papel das esposas em casa? Para confirmar, diversos outros times pediram à autora que ministrasse suas palestras às esposas de outros jogadores. Hoje, quando o livro *The Total Woman* [A mulher total] é lembrado, muitas vezes é descartado como um exemplo deveras marginal e risível da reação conservadora contra o feminismo. Em meio aos (e além dos) círculos evangélicos, porém, a mensagem de Morgan não era assim tão marginal. Em parte, alcançou um grande público por conseguir tirar vantagem da nova rede de distribuição da indústria editorial cristã. Vendido por meio da Christian Booksellers Association, seu livro alcançou as livrarias cristãs de todo o país, totalizando milhões de cópias, por falar das necessidades e dos desejos das mulheres cristãs conservadoras de classe média, mas também por lhes estar disponível.[6]

The Total Woman oferecia aos cristãos um modelo de feminilidade, mas também apresentava, ao longo do caminho, um modelo de masculinidade. Ser homem era ter um ego frágil e uma libido vigorosa. Os homens tinham o direito de liderar, governar e ter suas necessidades satisfeitas — todas as suas necessidades, segundo melhor lhes parecesse. A versão de Morgan sobre feminilidade se baseia nessa perspectiva de masculinidade. Não é difícil ver que parte dessa equação apelava aos homens, mas a audiência primária de Morgan eram as mulheres. O que atraiu milhões de mulheres à leitura de *The Total Woman*?

A mensagem de Morgan apelava às mulheres que investiam na defesa da "feminilidade tradicional", em oposição ao desafio feminista. Em 1963, o livro de Betty Friedan, *The Feminine Mystique* [A mística feminina], convidara uma geração de mulheres a examinar "o problema que não tem nome", levando muitas donas de casa a reconsiderarem sua vida limitada. Contudo, para muitas mulheres presas a casamentos insatisfatórios e levando uma vida medíocre, o currículo desse livro oferecia um paradigma mais viável de esperanças e mudanças. Não se tratava, em hipótese alguma, de uma solução fácil. Para uma esposa cheia de ressentimentos, as exigências impostas pelo programa de Morgan eram muito elevadas. Tornar-se sexualmente disponível ao marido sete noites consecutivas, elogiar seu bigode, ligar para ele no trabalho para dizer quanto desejava seu corpo — nada disso era fácil para muitas mulheres. Todavia, milhares, se não milhões, de mulheres consideravam esse um caminho mais fácil do que aquele oferecido pela "libertação" feminina. Para muitas donas de casa, as novas oportunidades oferecidas pelo feminismo não eram, na verdade, oportunidades: para aquelas que tinham poucas habilidades empregatícias e nenhum meio ou desejo de escapar dos limites de seus lares, o feminismo parecia denegrir a identidade da mulher e ameaçar sua já precária existência. Era melhor jogar com as cartas que já lhes haviam sido distribuídas.

Entretanto, as mulheres que optavam pela "feminilidade tradicional" nem sempre faziam isso por desejarem trilhar um caminho mais fácil; muitas acreditavam que esse era um caminho *melhor*. Considere Elisabeth Elliot, viúva de Jim Elliot — um dos cinco missionários que, em 1956, foram mortos com lanças ao tentarem se aproximar da tribo huaorani, do Equador. Em 1976, ela publicou *Let Me Be a Woman* [Deixe-me ser mulher], um livro de conselhos à sua filha. A voz materna de Elliot contrasta com a prosa mais animada de Morgan, mas ambas as mensagens são compatíveis.

Deus criou homem e mulher como opostos complementares, explica Elliot: "A mulher é totalmente outra, totalmente diferente, a dádiva plena de Deus para o homem". Deus deu aos maridos sua "posição hierárquica" e o "impulso viril de dominação", ambos necessários para seu dever de governar. Em contrapartida, a abnegação jaz no cerne da feminilidade cristã; casamento e maternidade exigem "autoentrega, sacrifício, sofrimento". Todavia, o marido deve amar a esposa, e essa é a base do cavalheirismo: amor e submissão estão intimamente entrelaçados.[7]

A própria noção de hierarquia vem da Bíblia, argumenta Elliot. Em suma, a igualdade não é um "ideal cristão". Uma ordem hierárquica de submissão e governo descende "da natureza do próprio Deus". Deus, o Pai, exerce "justa e legítima autoridade"; o Filho exibe uma "submissão voluntária e jubilosa". No Deus trinitário, então, há "elementos de governo, submissão e união". Contudo, em razão do ódio atrelado à autoridade, "o modelo divino se perdeu".[8]

Nenhum homem cumpre perfeitamente seu papel, segundo Elliot lembra à sua filha: "Você se casa com um pecador" e "ama, aceita e perdoa esse pecador". A mulher também deve aceitar o fato de se casar com um *homem*: "Talvez ele seja maior, tenha o tom de voz mais elevado, seja mais durão, mais faminto e mais sujo" do que o esperado. Mas Elliot assegura à sua filha que a mulher real deseja um homem real, e que homens reais desejam mulheres reais: "Quanto mais feminina você for, mais masculino seu marido será".[9]

Como Morgan, Elliot se tornou uma celebridade em meio à subcultura evangélica. Embora seja improvável que os milhões de mulheres que leram suas obras o fizeram explicitamente como um ato político, muitas evangélicas desenvolveriam alianças partidárias ferozes em alinhamento com as identidades de gênero defendidas por Morgan e Elliot. Motivadas à defesa da feminilidade e da masculinidade "tradicionais", as mulheres evangélicas desempenhariam papel crítico no ativismo de base que deu origem à direita religiosa.

AQUELA QUE MAIS claramente transformaria a esfera pessoal em esfera política para a maioria das mulheres evangélicas não era, ela própria, evangélica. Phyllis Schlafly era católica romana, mas sua popularidade entre as mulheres evangélicas refletia a formação de novas alianças entre as mulheres conservadoras, alianças que ela mesma ajudara a consolidar. Uma mulher de pequena estatura e que nunca deixou de exibir incrível elegância, Schlafly se estabeleceu como "a queridinha da Maioria Silenciosa". Sua própria aparência evocava um passado nostálgico: seus cabelos penteados para cima, ternos femininos e colar de pérolas permaneceram praticamente inalterados ao longo de seus cinquenta anos sob o escrutínio público.[10]

Embora Schlafly tenha obtido notoriedade por defender a feminilidade "tradicional", sua própria vida dificilmente poderia ser descrita como tradicional. Após a obtenção de um mestrado em Ciências Políticas pela Radcliffe, Schlafly trabalhou por algum tempo na American Enterprise Association, precursora da American Enterprise Institute.* Então, retornou a St. Louis para coordenar a campanha de um candidato republicano ao Congresso, embarcando no que chamaria de seu "hobby vitalício" da política. Segundo insistia, sua principal vocação era ser esposa do rico advogado Fred Schlafly e mãe de seis filhos. Em 1952, Schlafly concorreu a uma vaga no Congresso. Fazendo campanha com o slogan "Lugar de mulher é em casa", venceu as primárias republicanas, mas perdeu nas eleições gerais. Sem se deixar abater, Schlafly alcançou posições mais altas na hierarquia do partido e, em 1962, começou a apresentar um programa de rádio de quinze minutos sobre segurança nacional. Anticomunista fervorosa, Schlafly tinha conexões com a extrema-direita; Robert Welch, fundador da John Birch Society, certa vez a chamou de "um de nossos membros mais leais", embora Schlafly sempre tenha negado participar da organização. Em 1964, ela estourou no cenário nacional com a publicação de *A Choice Not an Echo* [Uma escolha, não um eco], pequeno livro que promovia a campanha de Goldwater. Conforme insistia, Goldwater era o líder pelo qual os Estados Unidos ansiavam; ele resolveria os problemas domésticos e venceria os comunistas no exterior. O livro foi uma sensação, vendendo cerca de 3,5 milhões de cópias e ajudando Goldwater a assegurar a indicação.[11]

---

*Associação Empresarial Americana e Instituto Empresarial Americano, respectivamente. (N. T.)

Ao longo da década seguinte, Schlafly continuou a escrever sobre política externa e começou a publicar um boletim mensal: *The Phyllis Schlafly Report*. Inicialmente, Schlafly se concentrou na oposição ao comunismo, na manutenção do arsenal nuclear dos Estados Unidos e na defesa dos direitos dos estados e da economia do *laissez-faire*. Em 1970, lançou outra candidatura fracassada ao Congresso. Para Schlafly, o ponto mais alto da campanha foi o anúncio de rádio que John Wayne gravou a seu pedido. Dois anos depois, uma amiga pediu para que ela se posicionasse sobre a Equal Rights Amendment (ERA) [Emenda de Direitos Iguais], mas ela não se interessou. A emenda não dizia respeito a Schlafly; ela a considerava algo "entre o inócuo e o levemente inútil". Originalmente proposto na década de 1920, o texto da emenda era simples: "A igualdade de direitos perante a lei não será negada ou reduzida pelos Estados Unidos ou por qualquer Estado em razão do gênero". Com o ressurgimento do feminismo na década de 1960, o interesse pela emenda foi reavivado e, em 1972, a emenda foi aprovada pela Câmara e pelo Senado, sendo enviada aos estados para ratificação. Ao deparar com críticas conservadoras em relação às possíveis implicações da emenda, Schlafly rapidamente mudou de ideia.[12]

Em seu boletim informativo de fevereiro de 1972, Schlafly destacou seus problemas em relação a essa emenda. Para começar, ela insistia que a própria noção da opressão da mulher era ridícula. De todas as pessoas que já tinham vivido, nenhuma usufruía maiores privilégios do que a mulher estadunidense. Além disso, nenhuma legislação poderia apagar o fato de que homens e mulheres são diferentes: mulheres têm filhos; homens, não. Aqueles que não gostam disso devem levar sua reclamação a Deus. À luz dessa diferença divinamente estabelecida, as sociedades "judaico-cristãs" desenvolveram leis e costumes exigindo que os homens levassem a cabo suas responsabilidades relativas à proteção e à provisão da mulher. Assim, o direito da mulher — o direito de ter bebês e de ser protegida — era alcançado por meio da estrutura familiar e assegurava o cavalheirismo do homem. Tragicamente, "os fanáticos dos 'direitos iguais'" ameaçavam desfazer tudo isso. De repente, "mulheres agressivas" andavam por toda a parte "tagarelando" sobre quão maltratadas eram, equiparando o casamento à escravidão e sugerindo que o trabalho do lar era "servil e degradante, e que — longe de nós tal pensamento! — as mulheres sofriam discriminação". Aquela era a "fraude do século".[13]

"Não se deixe enganar", advertia Schlafly. Oportunidades de trabalho, salários iguais para os mesmos cargos — tudo isso não passava de "um chá adocicado que cobre o veneno mortal mascarado de 'liberdade feminina'". Aqueles que lutavam em prol da liberdade da mulher estavam fazendo guerra contra o casamento, contra os filhos e contra a família, promovendo sexo desenfreado, "'creches' estatais' para bebês em vez de lares" e "abortos em vez de famílias". O que as feministas não conseguiam entender, argumentava Schlafly, é que as mulheres *gostavam* de ser donas de casa e edificadoras de lares. Ademais, o emprego de mulheres em escritórios e em linhas de montagem dificilmente era algo a ser cobiçado: "A maioria das mulheres preferiria acariciar um bebê a uma máquina de escrever ou um maquinário industrial". Sua mensagem ressoava não só entre as mulheres religiosas, mas também entre as mulheres da classe trabalhadora para as quais o mercado de trabalho oferecia tarefas indignas e baixos salários.[14]

Embora tardia em seu posicionamento sobre a emenda, Schlafly já se preocupava com a questão do aborto em 1972, um ano antes do caso *Roe contra Wade*, em parte por ser católica romana. Os católicos romanos tinham uma longa história de condenação ao aborto, mesmo quando a vida das mulheres estava em risco. Alguns pastores fundamentalistas concordavam, embora não estivessem ávidos por cooperar com os católicos romanos sobre a questão. Mas a maioria dos evangélicos estava longe de uma convicção sobre o tema. A Bíblia não oferecia um conselho específico sobre o assunto. Muitos evangélicos desaprovavam o "aborto sob demanda", mas não no caso de estupro ou incesto, nas hipóteses em que anomalias fetais estavam presentes ou quando a vida da mulher corria risco. Em 1968, a *Christianity Today* avaliou a questão do aborto terapêutico — tratava-se de uma bênção ou de um ato de homicídio? A revista não deu uma resposta definitiva. Já em 1971, a Convenção Batista do Sul aprovou uma resolução urgindo aos Estados que expandissem o acesso ao aborto. No entanto, com a liberalização das leis de aborto, e com os apoiadores do tema passando a abordar a questão do ponto e vista de a mulher controlar sua reprodução, os evangélicos começaram a reconsiderar sua posição. Em 1973, *Roe contra Wade* — e a crescente impopularidade do tema do aborto incitado pelo caso — deu ímpeto ao assunto, mas, mesmo então, a mobilização evangélica não foi imediata. Apenas com o tempo, quando o aborto começou a ser estreitamente ligado ao feminismo e à revolução sexual, os evangélicos começaram a lidar com o assunto não como uma escolha moral difícil, mas como um assalto ao papel divinamente estabelecido da mulher, bem como à própria nação cristã estadunidense.[15]

Como Billy Graham e outras referências evangélicas, Schlafly se movia fluidamente entre as questões familiares e as de segurança nacional. Ela igualava a igualdade de gênero ao comunismo (na Rússia, uma mulher era "obrigada a colocar seu filho em uma creche ou um jardim de infância controlado pelo Estado", e os abortos estavam "disponíveis a qualquer um que pedisse") e temia que a emenda favorável aos direitos iguais forçasse as mulheres ao serviço militar. Schlafly não podia imaginar "por que uma mulher seria capaz de apoiar uma proposta tão ridícula e antiamericana como essa".[16]

Schlafly também argumentava que a emenda tornaria a mulher mais vulnerável à exploração sexual. Tal argumento deixava perplexas as feministas. Afinal, eram *elas* que trabalhavam para criminalizar a violência contra a mulher. Contudo, Schlafly ajudou a convencer as mulheres conservadoras que eram as feministas que as estavam violando, forçando-as a desempenhar papéis que elas não queriam e expondo-as ao perigo ao privá-las — e ao privar suas filhas — da proteção masculina.

Para os opositores, a emenda assumiu uma qualidade simbólica, abrangendo uma ameaça moral e existencial à mulher e à nação. Qualquer refutação cuidadosa ou explicação que os defensores da emenda ofereciam caíam por terra entre os antirratificacionistas, levando as feministas a ridicularizar o "apocalipse histórico" das mulheres conservadoras. Todavia, seus oponentes se baseavam em uma cosmovisão coerente — uma cosmovisão cuidadosamente elaborada por ativistas como Schlafly. Mulheres conservadoras de toda a nação se levantaram para defender seu lugar no mundo e proteger seu estilo de vida, o qual dependia da diferença entre os gêneros — sob a provisão e a proteção que Deus lhes ordenara.[17]

Em 1977, Schlafly publicou *The Power of the Positive Woman* [O poder da mulher positiva]. (Quatro anos depois, o livro foi republicado como *The Power of the Christian Woman* [O poder da mulher cristã] para apelar a um segmento de mercado cristão emergente; o texto foi praticamente inalterado, exceto pelo fato de o termo "cristã" substituir, de modo intermitente, o termo "positiva" e pelos eventuais versículos bíblicos acrescentados.) As mulheres não precisavam da intromissão do governo federal para florescer, assegurava Schlafly: "A Mulher Positiva começa com o pressuposto de que o mundo é uma ostra [...]. Ela entende que homens e mulheres são diferentes, que essas mesmas diferenças fornecem a chave para seu sucesso como pessoa e para sua satisfação como mulher".[18]

O impressionante é ver em que medida o livro de Schlafly é devotado a um projeto de poder político. Dado o "hobby vitalício" da escritora, isso não é surpreendente, revelando que o antifeminismo cristão conservador da década de 1970 estava intimamente atrelado a um quadro mais amplo de questões políticas: ao anticomunismo, ao nacionalismo e ao militarismo cristãos, entre outros. Por exemplo: Schlafly concluiu seu livro com sua "visão para os Estados Unidos". Em primeiro lugar, "a Mulher Positiva parte do conhecimento de que os Estados Unidos são a maior nação da terra e que é seu dever contribuir para manter essa nação em tal patamar". Tal mulher deve opor-se ao governo burocrático e ao socialismo debilitante (com seu "objetivo destrutivo de igualdade"), a fim de proteger a família estadunidense e a grandeza do empreendimento privado, além de ser patriota e defensora da "civilização judaico-cristã", apoiando legisladores que fazem o mesmo. A Mulher Positiva também deve trabalhar para manter o exército forte. Mulheres não devem pensar que problemas de defesa militar são complexos ou controversos demais. Cabe à mulher ajudar a salvar o país — o país de *Deus*.[19]

Schlafly não tinha muito a dizer sobre raça, pelo menos não explicitamente. Mas, em um tempo no qual a política racial encontrava expressão em uma lista de questões adjacentes, seus pontos de vista eram suficientemente claros. Não precisamos ressaltar, obviamente, que eles normalmente estavam em desarmonia com os pontos de vista dos ativistas sociais; Schlafly defendia a educação privada e buscava manter o governo federal longe da interferência da escolha parental. Tampouco precisamos dizer que os pais brancos eram o tipo de pai que Schlafly tinha em mente. (Posteriormente, Schlafly se oporia à imigração e promoveria escolas com ensino exclusivo em inglês.) Numa época em que a temática racial era cada vez mais discutida por meio da linguagem codificada, suas ideias eram adotadas pelas mesmas comunidades que se opunham aos direitos civis. Na verdade, a emenda de direitos iguais foi a primeira questão em torno da qual os conservadores se reuniram depois de perderem a batalha jurídica pela segregação. Conforme uma personalidade política observou na época, os conservadores não falavam em dessegregação o tempo todo, porém "fervilhavam por dentro", e essa raiva poderia explodir na forma de oposição apaixonada à "igualdade de direitos" consagrada na emenda.[20]

A própria linguagem empregada pelos críticos da emenda pelos direitos iguais espelhava a forma de falar dos segregacionistas. Eles não falavam do compartilhamento "forçado" do transporte público, mas de mulheres "forçadas"; também haviam cunhado o termo "dessexagregação". As ansiedades raciais também vieram à tona na retórica em torno da "questão do vaso sanitário". Escolas e equipamentos públicos haviam sido integrados havia pouco tempo, e agora a emenda ameaçava transformar os banheiros públicos em espaços unissex. Isso era intolerável. Uma mulher branca da Carolina do Norte escreveu ao seu senador para explicar o que estava em jogo: "Teremos de usar os mesmos banheiros que homens negros e brancos". Certo legislador estadual também estabeleceu a conexão claramente: "Minha mulher não vai usar o banheiro com algum outro cara grande e preto!".[21]

Essa mistura de racismo com aparente vulnerabilidade sexual de mulheres brancas tinha uma longa história no Sul, ainda que a evidência histórica demonstrasse, de forma irrefutável, que as mulheres negras eram as que tinham de temer a agressão sexual por parte dos homens brancos, não o contrário. Mas, com o movimento pelos direitos civis acabando com a separação legalizada de raças, os temores de como as pessoas brancas podiam ser atacadas por indivíduos de cor atingiram um nível febril. Essa retórica contra a emenda pelos direitos iguais, focalizada na vulnerabilidade das mulheres e expressa em termos racistas, não é de todo surpreendente. Havia muito os homens brancos se posicionavam como protetores da feminilidade branca, uma tradição que cultivava a aparente bravura masculina e que poderia facilmente se traduzir em agressão racial. A fixação na oposição a banheiros unissex pegou muitas feministas de surpresa, mas o assunto remeteu a ansiedades sociais mais profundas que esse novo movimento por "direitos iguais" explorava. Também prefigurou o furor da direita do nosso tempo, em particular da direita evangélica, sobre pessoas transgênero e a utilização de banheiros públicos.[22]

MULHER SAGAZ e brilhante, Schlafly enfurecia as feministas. Ao falar em público, ela gostava de começar agradecendo ao seu marido por permitir que ela o fizesse apenas para provocar a resposta de quaisquer "liberaloides femininas" que porventura estivessem presentes. Betty Friedan a ridicularizava como "Amélia", "traidora de seu sexo". As feministas queimavam publicamente sua efígie, por assim dizer. Mas Schlafly permanecia imperturbável. (Certa vez, ela recebeu uma ameaça de morte durante um jantar em Houston; em resposta, apenas sorriu e pediu que se acrescentasse leite ao seu café.) Schlafly atribuía a frustração das feministas à fragilidade dos argumentos que formulavam: "Elas estão perdendo, então agem de forma irracional e louca". Opositores a consideravam irracional, mas o fato é que Schlafly desenvolvera uma ideologia bem estruturada e praticamente impermeável à crítica. Quando adversários a acusavam de hipocrisia — afinal, ela não era propriamente uma "mulher tradicional" —, Schlafly virava a crítica de ponta-cabeça. Olhem para ela! Schlafly era a prova de que as mulheres já eram livres para fazer o que bem quisessem, sem a ajuda de uma emenda de direitos iguais.[23]

De forma quase exclusiva, Schlafly sabotou a ratificação da emenda de direitos iguais. Ao fazê-lo, também ajudou a colocar a pauta de gênero no cerne de uma identidade política evangélica emergente. Para os apoiadores de Schlafly, a emenda consistia em uma questão religiosa. Conforme explicado por um dos funcionários de seu movimento "STOP ERA": "Phyllis é uma líder religiosa — hoje, talvez a mais poderosa do país. Afinal, são as mulheres que geralmente mantêm a fé da família, e são elas que apoiam Phyllis". O movimento para barrar a emenda era uma "guerra religiosa", razão pela qual os opositores à nova lei estavam ganhando. Da mesma forma que Marabel Morgan e Elisabeth Elliot haviam ajudado a unificar as mulheres cristãs brancas em torno de uma identidade nacional compartilhada, Schlafly convertera essas mulheres em ativistas políticas. Falando diretamente às donas de casa comuns de todo o país, Schlafly dotou a vida cotidiana dessas mulheres de significado religioso e nacional, unindo católicas romanas, evangélicas e mórmons, mulheres de classe média e trabalhadora — mulheres da Maioria Silenciosa —, em torno de uma causa comum.[24]

É difícil exagerarmos a importância de Schlafly na unificação das forças da direita religiosa. Anos antes de James Dobson ou Jerry Falwell entrarem na arena política, Phyllis Schlafly ajudou a unificar os cristãos brancos em torno de uma perspectiva rigorosa e profundamente conservadora de família e nação. Embora sua estrela tenha deixado de brilhar no final do século, não foi por sua influência haver diminuído. Nessa época, suas ideias já haviam definido o Partido Republicano, bem como uma boa parcela do evangelicalismo estadunidense. Se Schlafly parecia supérflua, era apenas porque o que ela dizia se tornara a língua franca entre os conservadores estadunidenses.[25]

CAPÍTULO · 4

DISCIPLINA E ORDEM

O EVANGELICALISMO do pós-guerra consistia em um conjunto de tradições diversas e de mercados sobrepostos. Celebridades como Billy Graham, Marabel Morgan e Anita Bryant representavam a ala nacional mais focalizada e culturalmente engajada do evangelicalismo moderno; em meio ao movimento mais amplo, porém, havia uma vertente mais reclusa e fundamentalista, a qual permanecia, em grande medida, invisível ao público em geral. Entretanto, quando o assunto era autoridade masculina, as duas vertentes encontravam um denominador comum. Na década de 1970, essa convergência era ilustrada por duas figuras. Uma se tornaria um líder evangélico amplamente reconhecido, alguém que deteria um poder imenso, em termos nacionais, por quase cinquenta anos. O outro permaneceria desconhecido do lado de fora do evangelicalismo. Juntos, eles facilitariam a aliança de evangélicos separatistas e "respeitáveis" em torno da asserção do poder patriarcal, uma aliança cujo resultado formaria as bases de uma identidade cultural e política em comum.

BILL GOTHARD é um nome desconhecido para aqueles que não pertencem aos círculos evangélicos conservadores; dentro desse círculo, é provável que seu nome provoque reações conflitantes, incluindo não poucas denúncias diretas. Gothard começou em 1961, com a fundação da Campus Teams, organização que visava resolver os problemas da "juventude rebelde". Inspirado pela pesquisa que havia realizado para sua dissertação de mestrado em educação cristã na Wheaton College, Gothard buscou aplicar os princípios cristãos para resolver conflitos entre pais e adolescentes. Mais tarde, Gothard alterou o nome da organização para Institute in Basic Youth Conflicts,* com o propósito de refletir seu foco. (Mais tarde, Gothard mudaria novamente o nome da instituição para Institute in Basic Life Principles** [IBPL], atribuindo-lhe um caráter mais genérico.) O conselho oferecido por Gothard aos pais cristãos que vivenciavam os difíceis anos da criação de filhos adolescentes, uma tarefa ainda mais desafiadora em virtude da revolução cultural da década de 1960, tinha como foco a devida administração de uma autoridade divinamente ordenada.

Dessa maneira, a filosofia de Gothard se baseava nos ensinos reconstrucionistas de Rousas John Rushdoony. Figura um tanto obscura, porém influente no evangelicalismo conservador, Rushdoony ganhou destaque nas décadas de 1960 e 1970, ao defender a estrita adesão à autoridade da "lei bíblica". Segundo quaisquer métricas, Rushdoony era um extremista. Acreditava que os Estados Unidos eram uma nação fundada sob a égide do cristianismo, mas também que as noções iluministas relacionadas à igualdade eram perigosas e erradas, e que a democracia era contrária às estruturas governamentais instituídas por Deus. Segundo insistia, a Guerra Civil não foi uma batalha pela escravidão, mas uma guerra religiosa na qual o Sul defendeu a civilização cristã. Em sua opinião, a escravidão fora voluntária, bem como algo benéfico para os escravos. Rushdoony se opunha ao casamento inter-racial, via desfavoravelmente a educação de afro-americanos e de mulheres, desaprovava o sufrágio feminino e as mulheres falando em público. Alguns de seus escritos beiravam o antissemitismo. Rushdoony acreditava que a desordem da sociedade moderna poderia ser remediada com a instituição da lei do Antigo Testamento e que, no cerne desse projeto, jazia a afirmação da autoridade hierárquica. Para Rushdoony e seus devotos, a liberdade não era encontrada na autonomia individual, mas na devida submissão à autoridade; também acreditava que as autoridades ordenadas por Deus em cada esfera da vida — família, igreja e governo — deveriam funcionar sem interferência externa. As igrejas deveriam estar livres da interferência do governo, e a família, sob a autoridade do patriarca, também deveria ser protegida da intervenção do Estado. As escolas públicas também representavam ameaça direta à autoridade da família, usurpando o papel dos pais na inculcação dos valores. Por essa razão, Rushdoony e seus seguidores promoviam escolas cristãs e, o que era ainda mais preferível, o ensino domiciliar.[1]

Como Rushdoony, Gothard acreditava que a maioria dos problemas poderia ser resolvida pela submissão às autoridades competentes em cada esfera da vida.

---

*Instituto para a Mediação de Conflitos Básicos da Juventude. (N. T.)
**Instituto para o Ensino de Princípios Básicos da Vida. (N. T.)

Com vistas a esse ideal, Gothard defendia a ideia de uma "cadeia de comando" divinamente ordenada, semelhante àquela encontrada no exército. Na família, o pai era a autoridade máxima; a esposa devia submissão total ao marido, exigindo aprovação até mesmo para as mínimas decisões no âmbito doméstico, ao passo que os filhos deviam obediência absoluta aos pais, em ações e disposições. A igreja também fazia parte do funcionamento adequado da sociedade, de modo que os líderes das igrejas tinham de exercer autoridade absoluta e divinamente estabelecida sobre seus membros. Também o governo administrava uma autoridade divinamente sancionada, com os líderes nacionais exercendo autoridade sobre os funcionários locais, os quais, por sua vez, exerciam autoridade sobre os cidadãos. A devida autoridade também estruturava as empresas: o empregador exercia autoridade divina sobre seus funcionários. Dessa forma, os defensores da "lei bíblica" combinavam os papéis de gênero "tradicionais" com o capitalismo livre e desenfreado. Era uma combinação feita no céu.

Para Gothard, aqueles em posição de autoridade eram representantes de Deus e dignos de obediência absoluta. Em seu universo moral, a noção de direitos pessoais interferia na estrutura hierárquica de autoridade, contrariando o propósito de Deus e apenas provocando ira e ressentimento. Os mansos herdariam a terra; a solução para os maltratados não residia em alterar as circunstâncias, mas em se submeter totalmente às autoridades impostas sobre eles. Tanto para Gothard como para Rushdoony, essa ordem encontrava expressão no governo autoritário de homens. Homens que renunciavam ao seu dever de impor ordem abdicavam de sua masculinidade, permitindo que as mulheres usurpassem esse poder; assim, Rushdoony aguardava ansiosamente o dia em que "mulheres antes independentes e feministas" seriam humilhadas e "buscariam a proteção e a segurança dos homens".[2]

A fim de ajudar famílias a atravessarem os conflitos, Gothard oferecia regras extensivas e inflexíveis. O namoro era proibido; em vez disso, o flerte era organizado e supervisionado pelos pais. As moças eram ordenadas a evitar as "armadilhas do olhar" — qualquer coisa que chamasse atenção para seu corpo, como blusas com decote abaixo da clavícula e saias acima do tornozelo. A domesticidade era tida como a maior vocação das mulheres, e o ensino superior era desencorajado para o sexo feminino. Quando conflitos familiares se mostravam insolúveis, o instituto de Gothard se oferecia para institucionalizar os filhos até que suas atitudes e seus comportamentos fossem retificados. Em submissão à autoridade de Gothard, os pais confiavam seus filhos problemáticos às instituições da IBPL, algumas vezes por meses a fio.[3]

As medidas draconianas de vigilância e disciplina que Gothard introduziu no IBPL, o sistema fechado de autoridade e a submissão forçada de mulheres e filhos criaram um clima propício ao abuso. Em 1980, surgiram notícias de que o irmão de Gothard, vice-presidente do IBPL, se envolvera em casos com sete das secretárias do instituto. O escândalo alcançou quinze pessoas, e ficou claro que Gothard sabia dessas improbidades havia anos, mas que silenciara testemunhas e encobrira o abuso. De fato, em 1976, Gothard introduzira um novo ensino baseado em Mateus 18, exigindo que os funcionários prometessem que nunca "emitiriam um relatório ruim, mas apenas diriam coisas boas sobre as outras pessoas". Só mais tarde toda a extensão do abuso seria revelada.[4]

Gothard também contava com críticos no evangelicalismo conservador, os quais levantavam a objeção de que sua "cadeia de comando" substituía o papel de Cristo com mediadores humanos, opunham-se às suas tendências legalistas e autoritárias e destacavam que o próprio Gothard não se submetia a autoridade alguma. Alguns o acusavam de ser o líder de uma seita. Entretanto, para seus seguidores, tais críticas apenas revelavam certa relutância na submissão às autoridades constituídas. Muitos evangélicos simpatizavam com a causa: Gothard e seus seguidores, aparentemente, tentavam viver fielmente em uma era cada vez mais hostil e secular. Ele podia ser perdoado por talvez ter levado as coisas um pouco longe demais.

Embora Gothard tenha sido pouco conhecido fora do evangelicalismo, exercia grande influência nos círculos conservadores. Em 1968, cerca de duas mil pessoas participaram dos seminários oferecidos por ele; em 1973, esse número havia crescido para duzentos mil. Como autor de um popular currículo de ensino doméstico, Gothard formou gerações de crianças em seus ensinos sobre a lei bíblica e a autoridade patriarcal. Com o aumento da popularidade do ensino domiciliar na década de 1980, muitas famílias que não se identificavam como reconstrucionistas cristãs passaram a adotar os preceitos essenciais dessa tradição. Dessa forma, os lares cristãos, as igrejas e a subcultura evangélica foram inundados por ensinos autoritários.[5]

Gothard não se envolveu diretamente na política, mas outros, influenciados por ideias defendidas por ele e por Rushdoony, sim. Howard Phillips, convertido ao evangelicalismo e elemento-chave por trás dos bastidores, deparou com as ideias de Rushdoony em meados da década de 1970, e logo se juntou a Rushdoony para combater o "'ataque da IRS'* às escolas cristãs". O filho de Phillip, Doug Phillips, posteriormente emergiria ao lado de Gothard como figura de destaque no movimento cristão do ensino domiciliar. Pat Robertson e James Kennedy contaram com a participação de Rushdoony em suas transmissões,

---

*Receita Federal Americana. (N. T.)

ajudando-o a mesclar as tradições carismáticas e do evangelho da prosperidade a ensinos inspirados no reconstrucionismo, e a obra de Rushdoony foi citada por docentes da faculdade de direito da Oral Roberts University, na CBN/Regent University (fundada por Pat Robertson) e na Liberty University (fundada por Jerry Falwell). Francis Schaeffer, John W. (Wayne) Whitehead e Tim LaHaye também estavam entre os que foram influenciados pelo reconstrucionismo. Rushdoony é normalmente considerado um "parente distante" da direita religiosa, e o próprio Gothard não era visto de um modo muito diferente. Todavia, uma geração depois, ideias antes consideradas radicais ressoavam amplamente, defendidas por jovens guerreiros culturais que ocupavam posições de poder.[6]

EM 1970, um até então desconhecido psicólogo chamado James Dobson publicou um pequeno livro, *Dare to Discipline* [Ouse disciplinar]. O assunto do livro era algo aparentemente simples: como disciplinar os filhos. Dobson decidiu escrevê-lo após ver jovens atribulados demais, jovens que haviam vivido na década de 1960, passando pelas portas de sua clínica. Crendo que seus problemas podiam ser traçados até o rompimento da ordem social — revolução sexual, divórcio e desintegração da família —, Dobson começou a distribuir conselhos parentais com base em "valores judaico-cristãos" a igrejas e Associações de Pais Educadores (na sigla em inglês, PTA),* conselhos que posteriormente viria a publicar em seu livro. Repudiando a abordagem permissiva atrelada à educação de filhos defendida pelo recém-aposentado e amplamente celebrado dr. Benjamin Spock, Dobson encorajava os pais a imporem sua autoridade aos filhos desobedientes. O espancamento era uma boa maneira de fazê-lo, e Dobson oferecia instruções detalhadas. Aconselhava a usar um cinto ou um fio e manter o instrumento de disciplina à vista como forma de lembrete de que a insubordinação traz consequências. Dobson deixava claro que não era necessário "levar a criação à submissão pelo espancamento", mas infligir um pouco de dor fazia parte do processo.[7]

A autoridade de Dobson se baseava em seu treinamento como psicólogo, mas sua fé evangélica sustentava suas ideias em relação à criação de filhos. Enquanto o dr. Spock promovia uma abordagem à paternidade baseada no acolhimento, aconselhando os pais a confiarem em seus instintos e tratarem seus filhos com carinho e mansidão, Dobson via as crianças como criaturas naturalmente pecadoras, inclinadas a desafiar e se rebelar. Talvez ele tenha sido inspirado por sua própria infância, na crença de que crianças aparentemente inocentes deveriam ser severamente disciplinadas para mantê-las no caminho certo.[8]

---

*Parent Teacher Association [Associação de Pais Educadores]. (N. T.)

Filho de três gerações de ministros na igreja evangélica Nazarene, "Jimmy" foi uma criança difícil. Nascido na Louisiana, passara boa parte de sua juventude com parentes em Oklahoma, Texas e Arkansas, enquanto seus pais viajavam como evangelistas itinerantes. Quando Dobson tinha sete anos, sua mãe decidiu que seu filho rebelde precisava de um lar adequado. Construindo uma casa fora da cidade de Oklahoma, passou a devotar toda a sua atenção ao filho. "Ela sempre o deixava dizer o que quisesse", fazendo perguntas, mas nunca dando a própria opinião, lembraria, posteriormente, a esposa de Dobson. Dobson se tornaria especialista em distribuir opiniões.[9]

Durante a adolescência, Jimmy, mais uma vez, entrou em uma fase rebelde, levando seu pai a cancelar quatro anos de cultos de avivamento pré-agendados e retornar para casa. Parece que seu sacrifício valeu a pena: por meio de esportes, caçadas e trabalhos na garagem, pai e filho desenvolveram um vínculo de proximidade. Quando chegou a época de ir para a universidade, Dobson se inscreveu na Pasadena College, um pequeno centro universitário da denominação nazarena, no sul da Califórnia. Lá, conheceu sua futura esposa, Shirley. Em seu primeiro encontro, o inteligente e carismático capitão de tênis — o "grande homem do *campus*" — levou a bela e morena rainha do baile para o culto de domingo. Em vez de seguir o trajeto de ganhar almas, seguindo a tendência da família, Dobson se fascinou com a disciplina da psicologia e, após sua graduação, em 1958, foi em busca de um doutorado em psicologia na University of Southern California. Esperando evitar o alistamento militar, Dobson correu para se juntar à Guarda Nacional. Serviu por seis meses, seguidos por cinco anos de serviço como reserva. Após terminar a graduação, Dobson se juntou à equipe do Hospital Infantil de Los Angeles e, em pouco tempo, tornou-se professor de pediatria da Escola de Medicina da USC. Foi então que Dobson começou a diagnosticar os problemas da geração mais jovem, em cuja raiz estava a rejeição da autoridade.[10]

Dare to Discipline [*Ouse disciplinar*] não era um livro politicamente carregado, porém abordava o então momento político. A disciplina era necessária a fim de contra-atacar a "'subcultura jovem', que se deteriorava gradativamente", e de impor autoridade contra uma geração de "jovens revolucionários cujo desejo é queimar e destruir aquilo que o *establishment* controla". Esses "jovens militantes" subestimavam "a função vital da autoridade em uma civilização", contendia Dobson. "O respeito pela liderança é a cola que mantém unida a organização social. Sem liderança, há caos, violência e insegurança para todos." A permissividade parental era a última coisa de que os filhos precisavam nessas épocas turbulentas. Para evidências ainda mais concretas, o próprio dr. Spock servia de exemplo: ao se aposentar, deixou de ser um conselheiro sobre como educar filhos e passou a ativista político. Em 1967 — e, novamente, em 1968 —, foi preso por protestar contra a guerra e por auxiliar e ser cúmplice de opositores à lei.[11]

Dare to Discipline não era apenas um guia sobre a criação de filhos. Por causa do levante social da década de 1960, o comportamento da juventude estadunidense se elevara a um nível de preocupação nacional. A reafirmação de uma estrutura familiar autoritária preservaria a ordem, a disciplina e a segurança — não apenas da família, mas também da nação. A uma geração de pais perplexos por quão drasticamente as coisas haviam mudado desde a sua própria juventude, o livro oferecia respostas definitivas. Vendeu rapidamente dois milhões de cópias, consagrando Dobson como uma voz confiável na subcultura evangélica emergente.[12]

Em 1973, Dobson se demitiu da American Psychological Association,* após ela remover a homossexualidade de sua lista de distúrbios mentais. Três anos depois, o psicólogo conseguiu um ano sabático da USC e do Hospital Infantil, e nunca mais voltou. Recorreu ao rádio para divulgar suas ideias. Seu primeiro programa, com a duração de quinze minutos nos fins de semana, foi financiado por um editor cristão que havia distribuído seus primeiros escritos. Enquanto isso, seus seminários "Focus on the Family" [Foco na família] atraíam milhares de participantes, e Dobson começou a palestrar em todo o país. Entretanto, tendo ele mesmo dois filhos, Dobson temia cometer os erros cometidos por seu pai ausente, de modo que decidiu aposentar-se do circuito de palestras — mas não antes de concordar em gravar uma de suas últimas conferências. Produzida por uma editora cristã e comercializada em igrejas evangélicas, sua série de vídeos de sete partes era compatível com os primeiros videocassetes. Um segmento da série abordando pais distantes, *Where's Dad?* [Onde está o papai?], foi separado para compor um especial televisivo de uma hora, e Dobson enviou um representante por todo o país para solicitar doações de empresários evangélicos com o propósito de financiar sua exibição nos mercados locais. Esse modelo de distribuição funcionou espetacularmente bem. No início da década de 1980, cerca de cem milhões de pessoas em todo o mundo haviam assistido ao especial. Dobson fundou o "Focus on the Family" em 1977, uma organização paraeclesiástica dedicada a defender a instituição da família; em meados da década de 1980, seu programa diário de meia hora era transmitido em quase oitocentas estações do país.[13]

Dare to Discipline tinha pouco a dizer sobre papéis sociais de gênero, mas os livros seguintes de Dobson compensaram essa omissão. Com o passar da década, tornou-se claro para Dobson que a preservação dos papéis sociais distintos

---

*Associação Americana de Psicologia. (N. T.)

relacionados ao gênero era crítica para que o caos social fosse desfeito. O foco de Dobson no gênero pode ser, em parte, explicado por tendências mais amplas que minavam os papéis de gênero "tradicionais" na década de 1970. Os anos pós-guerra foram marcados por ganhos econômicos que possibilitaram muitos homens a servir como os únicos ganhadores de pão da família. A reestruturação econômica global, porém, com início na década de 1970, resultou no declínio de trabalhos de manufatura nos Estados Unidos e na estagnação do salário dos homens. A economia do ganha-pão sempre fora tanto mito como realidade, mas, por volta da década de 1970, tornava-se cada vez mais difícil alcançar esse ideal, mesmo entre os membros da classe média branca. Em 1950, 37% das mulheres tinham trabalho remunerado, mas esse número começou a aumentar de modo significativo na década de 1970. Atreladas, em parte, à independência econômica cada vez maior da mulher, as taxas de divórcio começaram a aumentar de forma dramática também na década de 1970. Tudo isso resultava em uma "crise" na família; e, para os evangélicos, gênero e autoridade, e não os padrões econômicos mundiais, estavam no cerne dessa crise.[14]

Além dos desafios econômicos mais amplos, inúmeros desenvolvimentos em nível nacional pareciam ameaçar a estabilidade de uma ordem de gênero divinamente estabelecida. Em 1971, o Congresso aprovou um projeto de lei bipartidário, o Comprehensive Child Development Bill [Projeto de Lei do Desenvolvimento Infantil], com o propósito de estabelecer um sistema nacional de creches como forma de auxiliar os pais que trabalhavam fora. Foi somente graças a Pat Buchanan, assessor católico romano e conservador da Casa Branca, pessoa que denunciou o plano como algo que traria "a sovietização das crianças americanas", que Nixon vetou o projeto. Os conservadores viram a legislação como um esquema socialista para a substituição dos pais pelo governo federal e como um ataque à maternidade estadunidense. Em 1972, no mesmo ano em que o Congresso aprovou, por maioria esmagadora, a emenda pelos direitos iguais, também aprovou o Título IX como parte da Education Amendments Act [Lei de Emendas à Educação], proibindo discriminação sexual nas escolas financiadas pelo governo federal. Em 1973, a Suprema Corte estabeleceu o direito constitucional das mulheres ao aborto no caso *Roe contra Wade*. Ao lado do crescente poder do movimento feminista, essa série de acontecimentos pareceu aos evangélicos um ataque coordenado aos papéis de gênero tradicionais ordenados por Deus.[15]

Em 1975, Dobson se responsabilizou por articular a "diferença crítica" entre homem e mulher. "Homem e mulher diferem em termos bioquímicos, anatômicos e emocionais", afirmou. "Na verdade, são únicos em cada célula de seu corpo". Dobson retratou a distinção em termos acentuados: os homens gostam de "caçar, pescar e caminhar pelas matas", enquanto as mulheres preferem "ficar em casa e esperar por eles". Os homens praticam esportes e as mulheres assistem, "bocejando", a esses esportes. Mas talvez a diferença mais profunda entre homens e mulheres, segundo Dobson, seja sua fonte de autoestima: "Os homens obtêm sua autoestima por serem *respeitados*; as mulheres se sentem dignas quando são *amadas*". Cinco anos depois, em seu livro *Straight Talk to Men and Their Wives* [Conversa franca com os homens e suas esposas], Dobson expandiu a abordagem ao tema. Ecoando Marabel Morgan, o psicólogo explicou que, por causa do ego frágil do homem e de sua "necessidade enorme de ser respeitado", juntamente com a vulnerabilidade da mulher e sua necessidade de ser amada, era "um erro mexer com o relacionamento do homem como protetor amável e da esposa como destinatária dessa proteção".[16]

Dobson defendia papéis identitários e de gênero não apenas para o bem dos casamentos, mas também para o bem da nação. "Não devemos abandonar o conceito bíblico de masculinidade e feminilidade nessa fase delicada da nossa história nacional", implorou Dobson. Escrevendo em 1975, o autor afirmou que o futuro da nação dependia, sem dúvida, de "como ela enxerga suas mulheres". Denunciou a "propaganda feminista" por trás das representações midiáticas da mulher como figuras austeras (embora lindas), "capazes de desmantelar qualquer homem vivo com golpes de caratê e voadoras nos dentes", que sabiam atirar com precisão mortal e jogar tênis, ou mesmo futebol americano, como profissionais. "Ah, sim, essa queridinha já conquistou *muita coisa*, sem dúvida", escreveu com certa repulsa velada. No final da década de 1970, porém, Dobson voltou sua atenção para os homens. O psicólogo culpava as feministas por questionarem "tudo o que é tradicionalmente masculino" e deturparem os "papéis de protetor e protegido, papéis consagrados pelo tempo". Ainda de forma mais perniciosa, depreciaram a liderança masculina como "liderança machista", deixando os homens confusos e a nação em perigo. A mídia também conspirava com as feministas para que retratassem o "homem macho" como um anacronismo. O retrato vergonhoso de homens em seriados de televisão populares fazia parte de um "ataque orquestrado contra a 'masculinidade'". Tudo isso deixa os homens confusos quanto ao seu papel: "O homem marchará para defender sua pátria em tempos de guerra ou sua esposa será a combatente em solo estrangeiro? Usará joias e sapatos de cetim ou carregará uma bolsa? De fato, existe alguma coisa que o destaque como diferente de sua contraparte feminina?".[17]

Partindo dos trabalhos do economista George Gilder, Dobson descreveu o que estava em jogo quando a sociedade abandonava "a beleza do plano divino". Um homem deveria apaixonar-se por uma mulher e, então, protegê-la e apoiá-la. Se milhões de famílias seguissem esse plano, a nação permaneceria forte e estável. Se os homens falhassem em seguir esse trajeto, a "ruína" seria inevitável.

Quando os homens não "concentram sua energia em apoio ao lar, então o uso de drogas, o alcoolismo, a intriga sexual e o comportamento agressivo podem ser esperados em toda a cultura". O que era necessário era um "chamado às armas", um retorno ao "papel masculino tradicional, conforme prescrito no Bom Livro". Dobson sabia que estava fora de sintonia com as tendências predominantes, mas não se desculpava. "Se isso é ser machista, machão, chauvinista e estereotipado, então eu sou alvo dessa acusação". E, com evidente prazer, acrescentou: "Por favor, encaminhe todas as mensagens de ódio à minha secretária, que tem um arquivo especial preparado para elas".[18]

Dobson desempenharia papel crítico na fomentação das forças da direita religiosa, mas sua capacidade de mobilizar os evangélicos estadunidenses com tanta eficácia residia precisamente no fato de ele não parecer fazê-lo — pelo menos não inicialmente. Seu estilo gentil contrastava fortemente com a abordagem do tipo "fogo e enxofre" de pregadores que dominavam os programas religiosos de rádio e televisão. Mesmo a aparência de Dobson sugeria um comportamento amigável e inofensivo. Com seu cabelo loiro, olhos azuis, sorriso gentil e figura esguia — e com seu endereço na Califórnia —, Dobson revestia seus ensinamentos patriarcais com um verniz moderno. No início, o psicólogo se esforçava para não parecer político. Sabia que sua autoridade consistia em dispensar conselhos domésticos, de modo que tomava o cuidado para não alienar os ouvintes com mensagens políticas estridentes, principalmente mulheres que sintonizavam para receber dicas práticas na criação de filhos. O psicólogo apenas oferecia ajuda a pais inseguros — e quais pais não enfrentam inseguranças quando o assunto é a criação de filhos?[19]

Dobson também era cuidadoso para não parecer usurpar o papel das igrejas locais. Antes, trabalhava em conjunto com elas, oferecendo boletins semanais, séries em vídeo e outros recursos para que as igrejas distribuíssem aos membros. Pastores e presbíteros, esposas residentes no campo e donas de casa suburbanas, todos passaram a integrar a família Focus. Diferenças doutrinárias que separavam a denominação dos nazarenos e dos batistas do Sul, evangélicos de fundamentalistas, faziam pouca diferença quando o assunto era o império cada vez maior de Dobson. A organização evitava abordar questões teológicas polêmicas, e sua participação não exigia experiência de conversão, declaração de fé ou reivindicações de exclusividade. Evangélicos de todas as estirpes se voltavam a Dobson em busca de conselhos, bem como protestantes tradicionais e católicos romanos. (Para os católicos romanos que buscavam conselho parental sobre a criação cristã de filhos, os padres celibatários tinham pouco a oferecer.) Dobson também alcançava pessoas que não frequentavam igrejas, incluindo "crentes, mas membros", os quais fugiam de qualquer afiliação institucional formal. Àqueles que acreditavam que o cristianismo significava um relacionamento com Jesus, a frequência à igreja não constituía necessariamente a marca principal da devoção religiosa. A incorporação da fé nas atividades diárias podia ser uma expressão mais autêntica da fé. Contudo, a despeito de toda a sua diversidade religiosa, a audiência de Dobson continuava predominantemente branca.[20]

Por meio de livros, *newsletters* e especialmente rádio, Dobson se tornou parte do lar e da vida de milhões de estadunidenses. Conforme descrito por um ouvinte fiel: "[Focus on the Family] esteve tão arraigado na estrutura do meu pensamento e das minhas crenças que, para mim, é difícil desarraigá-lo; foi algo que se tornou parte de nós". Na década de 1980, Dobson já estava recebendo centenas de milhares de cartas por ano, a maioria escrita por mulheres. Atento às necessidades de seus "constituintes", Dobson reuniu uma equipe de funcionários que oferecia conselhos sob medida e recomendava várias publicações da Focus on the Family. Sua organização distribuía conselhos gratuitamente, pedindo apenas "doações sugeridas". Dessa forma, Dobson acumulou seguidores leais, uma comunidade unida pelo consumo de seus conselhos, livremente dispensados. Então, entrou o dinheiro. Em 1987, Focus on the Family se tornara um "império completo de mídia evangélica", com um orçamento de cerca de 34 milhões de dólares; em 1995, o orçamento ultrapassara os 100 milhões.[21]

Em uma década da publicação de *Dare to Discipline* [Ouse disciplinar], Dobson se estabelecera como um mediador evangélico. Por volta do ano 2000, o show de rádio de Dobson era transmitido em cerca de duas mil estações, alcançando semanalmente de seis a dez milhões de ouvintes. Dobson acumulou uma lista de correspondências de mais de dois milhões de endereços, e sua organização lançou a própria editora, aproveitando ao máximo seu eficiente sistema de distribuição. Na época, Richard Land, da Convenção Batista do Sul, classificaria Dobson como "o líder evangélico mais influente dos Estados Unidos [...]. O que mais se aproximava de sua influência foi o que Billy Graham exerceu nas décadas de 1960 e 1970". O fato de um psicólogo infantil, e não de um pastor ou evangelista, superar, na opinião de Land, a influência de Billy Graham, testifica quanto a mudanças em meio ao próprio evangelicalismo. À medida que gênero e "valores familiares" iam se deslocando para o cerne da identidade evangélica, um homem que aconselhava sobre como ensinar tarefas às crianças, sobre como usar o penico e sobre a prática de sexo na adolescência alcançaria o *status* de celebridade, antes reservado a pastores e evangelistas.[22]

INICIALMENTE, Dobson negava a natureza política de seu trabalho, mas seus ensinos tinham claras implicações políticas. Quando, no início da década de 1980, Dobson começou a se envolver diretamente com política, levou consigo inúmeros e dedicados seguidores. Em 1988, uma pesquisa descobriu que 92% dos entrevistados do Focus on the Family votaram na eleição presidencial, 79% assinaram ou veicularam uma petição e 45% boicotaram uma empresa ou um produto. Mesmo após o início de seu engajamento no ativismo, a maioria dos recursos de sua organização continuou dedicada aos seus "ministérios de família"; no entanto, os conselhos domésticos de Dobson sempre estiveram atrelados a uma visão política mais ampla. O linguista cognitivo George Lakoff propôs que metáforas concorrentes relacionadas à família constituem um divisor fundamental da sociedade moderna. A moralidade é concebida por metáforas, e metáforas familiares jazem no cerne das cosmovisões políticas contemporâneas; enquanto os liberais favorecem um modelo parental estimulante, os conservadores adotam uma metáfora paternal estrita. No cerne da cosmovisão de Dobson — e de muitos evangélicos conservadores —, jaz a aplicação estrita da autoridade patriarcal.[23]

Tanto para Dobson como para Gothard, os problemas da família moderna, e da sociedade como um todo, poderiam remontar à erosão do poder patriarcal. Em meio às alas separatista e "respeitável" do evangelicalismo moderno, então, uma defesa partilhada do patriarcalismo contribuiu para a emergência de uma identidade cultural, bem como para um comprometimento crescente com o ativismo político. Com o tempo, essa aliança passaria a delimitar as fronteiras do próprio evangelicalismo.

CAPÍTULO · 5

ESCRAVOS E SOLDADOS

QUANDO OS EVANGÉLICOS começaram a se mobilizar como uma força política partidária, fizeram-no se juntando para defender os "valores familiares". Contudo, a política de valores familiares nunca foi sobre proteger o bem-estar das famílias em geral. Em termos fundamentais, os "valores familiares" evangélicos implicavam a reafirmação da autoridade patriarcal. Em seu nível mais básico, a política de valores familiares dizia respeito a sexo e poder.

Inspirados por homens como James Dobson e Bill Gothard, os evangélicos sustentaram a autoridade patriarcal de forma tanto pessoal como política. No lar, os pais disciplinam seus filhos, e os maridos exercem autoridade sobre suas esposas; no caso de maridos e esposas, essa autoridade poderia ser administrada da maneira mais íntima possível. Além do lar, o poder do patriarca garantia a segurança da nação. Nos rescaldos do Vietnã, tal segurança exigia um comprometimento renovado com o militarismo. Assim, a política de valores familiares envolvia a imposição da subordinação sexual e social da mulher no âmbito doméstico e a promoção do militarismo estadunidense no cenário nacional.

Phyllis Schlafly ajudou a estabelecer esse conjunto entrelaçado de prioridades, mas, por volta da década de 1970, os próprios evangélicos vieram a desempenhar papel crítico na definição de políticas de valores familiares. No início da década de 1980, Tim LaHaye, Beverly LaHaye e Jerry Falwell haviam se estabelecido como arquitetos da direita religiosa. Juntos, asseguraram que a imposição da autoridade patriarcal, em todas as suas facetas, ocuparia a essência da política evangélica nas décadas seguintes.

ESCRAVOS E SOLDADOS

TIM LAHAYE é mais conhecido hoje como coautor dos livros *Left Behind* [Deixados para trás], uma série ficcional baseada no arrebatamento, um cenário pré-milenarista do fim dos tempos no qual os cristãos são levados para o céu antes que diversos eventos apocalípticos se desenrolem na terra. Os romances de LaHaye estão repletos de modelos de sólida masculinidade e violência redentora. O herói é um homem chamado Rayford Steele, marido de Irene, a esposa fiel cujo trabalho para a Amway, de Richard DeVos, atesta seu caráter caridoso. Mas a libido de Rayford o atrai para uma comissária de bordo "linda de morrer"; quando sua esposa é arrebatada, ele e a comissária permanecem na terra. A série termina com um violento banho de sangue iniciado pelo próprio Cristo. O Cristo conquistador traz a paz pela espada, matando dezenas de milhares de soldados da oposição, os quais caem mortos, "esmagados e cortados como filés", com o sangue jorrando "da pele e das veias", e as entranhas irrompendo pelo chão. Com atos de violência sem precedentes, os inimigos de Cristo recebem o que merecem. Os livros *Left Behind* [Deixados para trás], de LaHaye, venderam mais de 65 milhões de cópias; uma pesquisa estima que um em cada cinco estadunidenses leu pelo menos um dos livros. Foi, no entanto, um arrebatamento de um tipo diferente que inspirou a escrita inicial de LaHaye.[1]

Em 1968, LaHaye publicou um guia para o casamento com um título curioso porém revelador: *How to Be Happy Though Married* [Como ser feliz, embora casado]. O livro promove "o homem como cabeça", noção baseada nos ensinos do Novo Testamento de que o "marido é o cabeça da mulher", aquele que tem autoridade sobre ela e é responsável por ela; para LaHaye, isso era particularmente relevante nos assuntos relacionados às finanças. Além de outros tópicos mais comuns, LaHaye incluiu um capítulo intitulado "Alegrias físicas", o qual continha um glossário terminológico de auxílio ("clitóris", "região da vulva", "glande do pênis", "áreas sexuais sensíveis") e dois gráficos detalhando as anatomias masculina e feminina. O livro foi publicado pela editora evangélica Tyndale House, dois anos antes do clássico feminista *Our Bodies, Ourselves* [Nós mesmos, nossos corpos], e, em 1973, já estava em sua décima sexta edição, com mais de trezentos mil cópias em impressão.[2]

O guia de sexo conjugal de LaHaye surgiu em uma época em que os evangélicos estavam cada vez mais preocupados com a ideia de sexo em geral. Em 1960, o FDA* aprovou a primeira pílula anticoncepcional. Em 1962, Helen Gurley Brown publicou *Sex and the Single Girl* [Sexo e a garota solteira]; dois anos depois, a revista

---

*U.S. Food and Drug Administration [Administração de Alimentos de Drogas dos Estados Unidos da América]. (N. R.)

Newsweek anunciava uma "nova moralidade", que exigia apenas um "relacionamento significativo" para a legitimação da intimidade sexual. Para os evangélicos conservadores, não havia nada de remotamente moral sobre essa nova moralidade e, com o aumento da lacuna da moralidade, também crescia a preocupação evangélica com o que estava sendo ensinado sobre sexo nas escolas públicas. Sem mais consenso sobre valores morais, quais valores seriam transmitidos aos filhos?[3]

Essa não era uma questão a ser menosprezada, e Billy James Hargis — pastor fundamentalista que ajudou a lançar o anticomunismo cristão nas décadas de 1950 e 1960 — assumiu a responsabilidade de salvaguardar a pureza sexual das crianças estadunidenses. Quando, em meados da década de 1960, Hargis voltou sua atenção ao sexo, não o fez à custa de seu anticomunismo. Como Graham, Hargis considerava a moralidade sexual um fator crítico para a defesa da nação contra o comunismo. Outros logo se juntaram à sua nova cruzada. Com panfletos nada sutis, como "A escola doméstica é o lugar apropriado para ensinar sexo?", alguns líderes cristãos conservadores soaram o alarme, e as batalhas sobre educação sexual eclodiram em quase todos os distritos escolares do país. Muitos dos cidadãos que travavam essa batalha eram os mesmos que lutavam contra o controle de armas e se inquietavam diante das perspectivas de namoro inter-racial em escolas dessegregadas. Organizações como a John Birch Society e a Ku Klux Klan se uniram a Hargis. A carreira de Hargis seria interrompida em 1976, quando a revista *Time* publicou uma exposição das indecências morais da cruzada. Algumas alegações vieram à tona após um estudante da universidade fundada por Hargis revelar à sua esposa, na lua de mel, que tivera relações sexuais com Hargis, apenas para descobrir que ela também tivera. Mas outros retomaram as cruzadas de Hargis, prosseguindo de onde ele havia parado.[4]

No ano da queda de Hargis, LaHaye e sua esposa, Beverly, foram coautores de um manual de sexo cristão mais detalhado, *The Act of Marriage* [*O ato conjugal*]. Os LaHayes também estavam preocupados com a moralidade sexual em transformação, mas, a exemplo de Marabel Morgan, não eram antissexo. Em vez disso, ofereciam um modelo diferente de liberação sexual — a liberdade de casais heterossexuais usufruírem livremente o sexo nos limites do casamento patriarcal. Inspirados, em parte, pelo livro *The Total Woman* [*A mulher total*], de Morgan, os LaHayes também aconselhavam as mulheres a se "limpar, pintar e arrumar" antes que o marido voltasse do trabalho; afinal, a visão de uma "esposa desarrumada" raramente inspirava amor.[5] Mas os LaHayes levaram o conselho de Morgan um passo adiante, situando o sexo de forma mais ampla, no contexto da estrutura da autoridade patriarcal: "Deus projetou o homem para ser o agressor, o provedor e o líder de sua família", explicaram, e esses papéis estavam diretamente atrelados ao impulso sexual de um homem. O homem não podia ter uma "liderança agressiva" sem seu desejo sexual agressivo, e as mulheres que se ressentissem desse ímpeto deveriam simplesmente aceitá-lo. Ao satisfazer sexualmente o marido, a esposa desempenhava papel crítico na sustentação do ego masculino, o que, por sua vez, o impulsionava à liderança. Se o marido é inseguro, sua esposa deve "fazer amor agressivo com ele... vestir-se de forma mais provocante e suar seu charme feminino para seduzi-lo", ajudando-o a "se recuperar". Os fracassos de uma mulher no quarto, advertiam os LaHayes, tinham consequências: "Poucos homens aceitam o fracasso do quarto sem agir de forma carnal, desagradável e insultante". Em outras palavras, se um homem não gostar de fazer amor com sua esposa, encontrará maneiras de tornar clara sua desaprovação. Era simplesmente assim que as coisas funcionavam.[6]

O problema é que muitas esposas cristãs *eram* um fracasso na cama. Nesse ponto, então, os LaHayes deparavam com um dilema: o que acontece quando você acredita que os homens têm apetites sexuais vorazes, e que sua própria habilidade de liderar a família e a nação está atrelada à satisfação desses apetites, mas as esposas foram ensinadas, desde a infância, que sua sexualidade deve ser restrita, controlada e suprimida? O que acontece quando boas esposas cristãs têm pouco conhecimento sexual e aparentemente pouco desejo? Quando estão repletas de culpa e carregadas de um senso exagerado de timidez? Obviamente, isso conduz a conflitos na cama, e os LaHayes ofereciam a solução.

Tim e Beverly trabalharam para convencer as mulheres cristãs tímidas de que não era pecado que seus maridos as vissem nuas, de que deveriam aprender a falar sobre sexo sem nenhum constrangimento e se educar sobre como fazer sexo de forma a satisfazer seus maridos. Em *The Act of Marriage*, ofereciam um vasto tratado sobre sexo. O livro era um guia de trezentas páginas que respondia praticamente a todas as perguntas imagináveis, normalmente com detalhes gráficos: *Como um homem pode adiar o orgasmo o suficiente para que a esposa fique excitada? E quanto à manipulação oral dos seios? O clitóris da mulher é sempre o lugar no qual ela deseja ser tocada pelo marido a fim de despertar sua tensão sexual? Algumas mulheres nascem frígidas? Está certo uma mulher cristã injetar silicone nos seios? Alguém pode ser curado de homossexualidade ou lesbianismo? É certo, para a mulher cristã, o uso de anticoncepcionais?* Traçando, de um lado, um curso entre repressão doentia de sexualidade e, do outro, os excessos da revolução sexual, os LaHayes ofereciam uma perspectiva da sexualidade seguramente confinada aos limites da autoridade patriarcal. Os homens podiam ter uma libido desenfreada desde que se satisfizessem nos limites do casamento. As mulheres precisavam conter-se até o casamento, quando, então, tinham o dever de atender às exigências dos maridos.[7]

Para os LaHayes, a subordinação da mulher era teológica, social e sexual: "A própria natureza do ato conjugal envolve entrega feminina". Com uma linguagem que reapareceria em inúmeros livros seguintes sobre masculinidade evangélica, os LaHayes asseguravam aos homens que as mulheres desejavam sua liderança masculina heroica, na cama e além dela: "Escondida no coração de cada menina (mesmo quando ela se torna adulta), está a imagem do príncipe encantado, em seu cavalo branco, vindo acordar a linda princesa com seu primeiro beijo de amor".[8]

Beverly e Tim desempenharia cada qual papel estratégico na direita cristã emergente. Na década de 1940, os dois se haviam conhecido como alunos da Bob Jones University (BJU), universidade que estaria no cerne dos debates relacionados à segregação e à educação cristã privada ao longo das décadas de 1970 e 1980. (A BJU só começou a admitir alunos afro-americanos em 1971 e, mesmo assim, com regras estritas contra namoro e casamento inter-racial, regras que persistiram nos registros até o ano 2000.) Tim servira como atirador de cauda na Segunda Guerra Mundial e, após a universidade, obtivera um doutorado em literatura da Liberty University. Na década de 1950, os LaHayes se juntaram à migração evangélica em direção ao sul da Califórnia, onde, então, formulariam as novas questões que viriam a definir o evangelicalismo estadunidense moderno.

Profundamente influenciada por Phyllis Schlafly, a própria Beverly emergiu como líder influente. Em 1976, publicou *The Spirit-Controlled Woman* [Mulheres controladas pelo Espírito], livro que venderia mais de oitocentos mil exemplares, e, em 1979, fundou a Concerned Women for America (CWA), organização evangélica dedicada a levar adiante o movimento pró-família e a causa antifeminista. Dentro de poucos anos, a CWA superou o Eagle Forum, organizado por Schlafly, quanto ao número de membros e de influência no evangelicalismo estadunidense. Ainda mais do que Dobson, Beverly LaHaye motivou seus seguidores a se envolverem com política: 98% dos membros da CWA votaram na eleição presidencial de 1988; 93% assinaram ou fizeram circular uma petição; 77% boicotaram uma empresa ou um produto; 74% pediram audiência com alguma autoridade pública; quase metade escreveu uma carta ao editor.[9]

Tim LaHaye era pastor e palestrante (inclusive da John Birch Society nas décadas de 1960 e 1970), autor de mais de 85 livros. Uma amostra de seus títulos de não ficção revela os contornos de sua cosmovisão: *The Unhappy Gays: What Everyone Should Know about Homosexuality* (1978) [Os gays infelizes: o que todo mundo precisa saber sobre homossexualidade], *The Battle for the Mind* (1980) [A batalha pela mente], *The Battle for the Family* (1981) [A batalha pela família], *The Battle for the Public Schools* (1982) [A batalha pelas escolas públicas], *Faith in Our Founding Fathers* (1987) [Fé nos pais fundadores] e *Raising Sexually Pure Kids* (1993) [Educando filhos sexualmente puros]. Nesses escritos, LaHaye denunciava "o aborto sob demanda, a legalização de direitos homossexuais [...] o poder expansivo do governo, a eliminação da punição capital, o desarmamento nacional, o aumento de impostos, a participação de mulheres na guerra, a aprovação da emenda por direitos iguais, aspectos exagerados da segregação, como, por exemplo, o uso desnecessário dos mesmos meios de transporte por negros e brancos". Para LaHaye, todas essas coisas eram facetas do mesmo projeto.[10]

LaHaye lutou para aguçar o senso cristão de combate. Advertiu quanto à mídia "liberal, humanista" corrompendo a nação, o que, segundo ele, era evidente na "doutrinação pornográfica mascarada como entretenimento televisivo" — em programas "antimorais" como *Um é Pouco, Dois é Bom, Três é Demais*, *Dallas* e *Saturday Night Live* —, mas também no noticiário televisionado e impresso. De modo mais incisivo, LaHaye responsabilizava as estações de notícias estadunidenses por sua cobertura parcial da Guerra do Vietnã, por constantemente "distorcer" reportagens "para fazer os Estados Unidos parecerem a nação agressora", levando uma geração a se desiludir com o próprio país. As revistas *Time* e *Newsweek* também não seriam confiáveis; como alternativa, ele recomendava publicações como a *Human Events* e a *Conservative Digest*. Mas o que a nação realmente precisava era de uma quarta rede de televisão, "comprometida com a divulgação de uma perspectiva conservadora das notícias", juntamente com uma agência de notícias conservadora e uma cadeia de jornais, fontes de notícias que defenderiam "os valores morais tradicionais, a igreja de Jesus Cristo, uma forte defesa nacional" e outros valores de viés conservador.[11]

Como muitos outros líderes da direita religiosa, LaHaye se inspirou no reconstrucionismo cristão. Citando Rushdoony e aqueles que por ele foram influenciados, LaHaye argumentava que os Estados Unidos haviam sido fundados como uma nação cristã, advogando em prol da autoridade bíblica nas esferas da família, da igreja e do governo. Todavia, a adoção de LaHaye do reconstrucionismo cristão é, em alguns aspectos, curiosa. Como a maioria dos fundamentalistas, LaHaye era pré-milenarista. E os pré-milenaristas tendiam a ver os Estados Unidos, como qualquer outra nação, destinados à destruição. Os reconstrucionistas, por outro lado, eram pós-milenaristas, acreditando que os cristãos precisavam estabelecer o Reino de Deus na terra ao levar todas as coisas à autoridade e ao domínio de Cristo, antes de seu retorno. O fato de LaHaye adotar o reconstrucionismo demonstra como as contradições teológicas podem ser atenuadas na prática. Ao adotar aspectos isolados dos ensinamentos reconstrucionistas, os pré-milenaristas haviam fechado uma lacuna de longa data em meio ao protestantismo conservador. Tais rixas empalideciam em comparação com o que eles tinham em comum: o desejo de reivindicar a cultura para Cristo pela reafirmação da autoridade patriarcal e da batalha contra uma cultura humanista invasora, de todas as formas.[12]

Além de ajudar a construir a filosofia da direita religiosa, LaHaye também foi instrumental na edificação de sua estrutura. Em 1981, LaHaye fundou o

Council for National Policy,* uma organização influente e discreta que serviu como incubadora de políticas conservadoras e ajudou a empurrar o Partido Republicano para a direita. LaHaye também desempenharia papel relevante na criação de várias outras organizações conservadoras na década de 1980. Ao gerar ideias e *network*, LaHaye se estabeleceria como um dos evangélicos mais influentes do fim do século 20, status partilhado com outro jogador-chave na ascensão da direita cristã: o reverendo Jerry Falwell.[13]

JERRY FALWELL ecoou e divulgou temas articulados por Schlafly, Dobson e os LaHayes. Esses líderes conectaram a masculinidade cristã a uma forte defesa nacional e defenderam o retorno da masculinidade do tipo "machista"; no entanto, foi Falwell quem claramente representou a mudança para uma militância e um militarismo mais explícitos.

Como Dobson, Falwell tivera um relacionamento atribulado com seu pai, alcoólatra que sucumbiu à cirrose quando Falwell ainda era adolescente. Falwell cresceu em Lynchburg, Virgínia, cidade que nunca se recuperou dos desafios econômicos que assolaram a região após o término da Guerra Civil. Sua mãe procurou educá-lo como um batista fiel, levando-o para a igreja e fazendo-o escutar o programa de rádio *The Old Fashioned Revival Hour*, apresentado por Charles Fuller, toda semana. Falwell era um atleta de destaque, capitão do time de futebol americano do ensino médio, mas também era excelente em matemática e foi orador da turma. Após "ter sido salvo" durante o ensino médio, decidiu inscrever-se em um seminário bíblico batista com o objetivo de treinar para o ministério. Ao retornar a Lynchburg, em 1956, fundou sua própria igreja batista fundamentalista. Naquele tempo, graças ao nascente complexo militar-industrial, novas fábricas surgiam por toda a região. Falwell já havia absorvido o anticomunismo em seus círculos batistas fundamentalistas; agora, porém, os interesses comerciais da cidade — e de sua nova igreja — estavam diretamente atrelados ao capitalismo da Guerra Fria.

Entre as pessoas que afluíam à igreja fundada por Falwell, a Thomas Road Baptist Church, encontrava-se um grande número de migrantes nacionais dos Apalaches. Tendo deixado a região rural dos Estados Unidos em busca de novas oportunidades, esses migrantes de "colarinho-azul" buscavam novas formas de comunidade e identidade. Traziam consigo uma cultura de militarismo (e talvez também uma suspeita dos "de fora") que alguns historiadores remontam às fronteiras escocesas e irlandesas, de onde suas famílias originalmente vieram.

---

*Conselho de Política Nacional. (N. T.)

Falwell elaborou um cristianismo que se adequava bem a esse contexto local: um cristianismo anticomunista, pró-segregação e impregnado de uma masculinidade militante. Então, ao construir um império religioso em Lynchburg, Falwell exportou essa fé politizada por todo o país, por meio de seu ministério de rádio e televisão.[14]

Em 1979, a pedido de Howard Phillips, Paul Weyrich e Richard Viguerie, veteranos da campanha de Goldwater, Falwell lançou a Moral Majority, organização política cujo propósito era treinar, mobilizar e "eletrizar" a direita religiosa; contudo, ele já vinha defendendo o nacionalismo cristão desde o início da década de 1970. Em 1976, ano do bicentenário dos Estados Unidos, Falwell organizou uma série de comícios com o tema "Eu Amo os Estados Unidos", apresentações coreografadas, de forma extremamente elaborada, nas escadarias dos capitólios de todo o país. No ano seguinte, apoiou Anita Bryant e Phyllis Schlafly em suas campanhas "pró-família", iniciando, então, sua própria campanha, cujo tema foi "Purificando os Estados Unidos". No final da década, ele retornou aos comícios "Eu Amo os Estados Unidos", provavelmente por ainda ter Bíblias do bicentenário para doar. Falwell adorava toda essa pompa patriótica. Um de seus grupos musicais, o *Sounds of Liberty*, era composto por mulheres que usavam "penteados ao estilo de 'As Panteras'", as quais pareciam "encaixar-se bem ao lado de seus pares masculinos e viris".[15]

Em 1980, Falwell publicou *Listen, America!* [Ouçam, Estados Unidos!], uma cartilha relacionada à política da direita religiosa. Sua audiência eram os sessenta milhões de pessoas que Gallup acabara de identificar como "cristãos nascidos de novo", além de outros sessenta milhões de "pró-moralistas religiosos" — em suma, sua Moral Majority. Com os números ao seu lado, era chegada a hora de recuperar o país de uma "minoria expressiva de homens e mulheres ímpios" que haviam levado os Estados Unidos "à beira da morte". Entretanto, as primeiras páginas de *Listen, America!* [Ouçam, Estados Unidos!] em nada dizem respeito aos Estados Unidos. Antes, o livro inicia com detalhes gráficos das atrocidades cometidas pelos "comunistas vietnamitas", apoiados pela Rússia, e pelos membros do Khmer Vermelho, apoiados pela China, no Camboja. Tal matança logo chegaria aos Estados Unidos, advertia Falwell, caso os estadunidenses não mantivessem o comunismo a distância e lutassem contra a "decadência moral" que destruía as liberdades estadunidenses. Os sinais dessa decadência eram abundantes: "abuso de auxílio governamental", "programas de transferência de renda", divórcio, aborto, homossexualidade, "humanismo secular" nas escolas públicas, creches financiadas pelo governo federal e a *Domestic Violence Prevention and Treatment Act* [Lei de Prevenção e Tratamento de Violência Doméstica]. A *Domestic Violence Act* [Lei de Violência Doméstica] era particularmente insidiosa, pois acabava com a "punição física como forma de criação de filhos" e "eliminava o marido como o 'cabeça da família'". Outro projeto de lei pendente no Senado (S. 1722) permitiria às mulheres processarem os maridos por estupro, afirmava Falwell. O Department of Health, Education and Welfare* foi alvo particular da ira conservadora. Criado em 1953, o departamento supervisionava a integração escolar, a revisão do currículo das escolas públicas e os gastos com assistência social, dinheiro que os conservadores acreditavam ser mais bem gasto em defesa nacional.[16]

Falwell oferecia algumas soluções à situação obscura da nação com base em: livre empreendimento (segundo "claramente esboçado no livro de Provérbios"), patriotismo, busca pelo auxílio de Deus, e não do governo, ações firmes contra o ERA [Emenda pelos Direitos Iguais], o feminismo e a "revolução homossexual". A defesa da família constituía o elemento principal da ideologia de Falwell. Deus criou famílias com um propósito: as famílias eram centrais à procriação e, devidamente estruturadas em volta da autoridade patriarcal, também eram o mecanismo de Deus para controlar e "subjugar" a terra. Mas a família estava em perigo. A proteção da família exigia reavivamento moral, mas, o que é ainda mais importante, um exército revitalizado. Conforme Falwell explicou: "O exemplo mais notável de deslealdade do governo está em suas obrigações familiares na área da defesa". Por causa do "desarmamento unilateral do governo, a uma destruição mutuamente assegurada e ao reconhecimento da superioridade militar soviética", os Estados Unidos falhavam em proteger suas famílias.[17]

Os cidadãos cristãos deveriam retificar essa situação. Para que os estadunidenses não fossem ludibriados por tradições de pacifismo cristão, Falwell insistia que o cristianismo sancionava a agressão militar. O livro de Romanos declarava nitidamente que Deus garantiu à autoridades governamentais "o direito de portar espada". Além do mais, "um líder político, como ministro de Deus, é um vingador, alguém levantado para executar a ira contra aqueles que praticam o mal". Assim, o governo dos Estados Unidos tinha todo o direito "de usar armamentos para executar ira contra aqueles que fazem o mal ao ferirem outras pessoas". Bons cidadãos se submetem aos governos e honram aqueles que têm autoridade sobre eles; já os oficiais do governo — ministros de Deus — trabalham em prol da segurança dos cidadãos, "representando um terror para os malfeitores dentro e fora da nação". Em última análise, a segurança dos Estados Unidos dependia dos homens de seu país: "Hoje, nos Estados Unidos, precisamos de uma liderança poderosa, dinâmica e piedosa".[18]

O ativismo político e excessivo de Falwell nas décadas de 1970 e 1980 marcaram uma inversão pessoal dramática. Na década de 1960, Falwell pregara *contra* o

---

*Departamento de Saúde, Educação e Bem-Estar. (N. T.)

engajamento político cristão. Cristãos tinham uma única tarefa: pregar a palavra de Deus de salvação por meio de Cristo. "Não somos ordenados a fazer guerra contra contrabandistas, lojas de bebidas, apostadores, assassinos, prostitutas, bandidos, pessoas e instituições preconceituosas ou contra qualquer outro mal existente como tal", argumentava. O ministério cristão é de transformação, não de reforma: "O evangelho não limpa o exterior, mas regenera o interior". O dever cívico do cristão era pagar impostos, votar e obedecer às leis da nação. Qualquer atividade política que fosse além disso distrairia os cristãos de seu único propósito, a saber: "Conhecer Cristo e torná-lo conhecido".[19]

Se essa retórica apolítica soa estranha quando proveniente do fundador da Moral Majority, considere que Falwell direcionava sua denúncia anterior de ativismo político cristão a "ministros e manifestantes" — em outras palavras, a pastores cristãos ativos no movimento pelos direitos civis. Como um filho do Sul, Falwell era segregacionista. Em vez de temer que o racismo trouxesse descrédito global à nação, Falwell insistia que a agitação dos direitos civis era inspirada por simpatizantes do comunismo. Na raiz do movimento, ele via o marxismo, e não uma tradição cristã em prol de justiça social. Falwell se aliou a esforços locais na resistência da integração escolar, mesmo quando isso significava desafiar a administração de Eisenhower, ambos os partidos nacionais e os próprios líderes de negócios de Lynchburg. Em 1967, também abriu sua própria universidade cristã, no mesmo ano em que o Estado ordenava a dessegregação imediata das escolas públicas. Falwell apenas mudou o tom em relação ao engajamento político quando considerou desnecessário preservar os direitos de segregacionistas e combater um ataque secularista. Por volta de 1980, Falwell repudiara seu ensino anterior como "falsa profecia". De fato, nesse tempo, Falwell defendia a desobediência civil — caso o Congresso decidisse incluir as mulheres no serviço militar.[20]

Ao mesmo tempo que Falwell batalhava pelos direitos das famílias (brancas) e pela defesa da nação, o pregador empregava uma linguagem militarista explícita. Em 1981, o jornalista Frances FitzGerald apresentou Falwell ao público estadunidense em um longo perfil no *New Yorker*. Falwell lutava uma "guerra santa", uma guerra em prol da resistência ao feminismo, do aborto sob demanda, da intervenção do governo na família, do abandono de Taiwan, da interferência da Receita Federal nas escolas cristãs, dos direitos das crianças e da "homossexualidade desenfreada" — precisamente as coisas que haviam corrompido a moral da nação e enfraquecido sua habilidade de resistir ao comunismo. Segundo Falwell, essa guerra era entre aqueles que amavam Jesus e aqueles que o odiavam, e aqueles que amavam Jesus deviam esperar a injúria por parte de outras pessoas.[21]

As metáforas militares estruturavam a compreensão de Falwell acerca do cristianismo. A igreja era um "exército equipado para a batalha", a escola dominical era um "esquadrão de ataque" e a rádio cristã, "a artilharia". Cristãos, "como escravos e soldados", não faziam perguntas. Como força de ocupação, precisavam avançar "com baionetas nas mãos" para trazerem o inimigo à submissão ao evangelho de Cristo. Segundo FitzGerald, o inimigo em questão era humano: qualquer indivíduo que não aceitasse o tipo de fundamentalismo defendido por Falwell. O militarismo de Falwell dava forma ao evangelho que ele pregava, bem como ao salvador na essência desse evangelho. Falwell não podia suportar descrições "efeminadas" de Cristo como um homem delicado, com "cabelos longos e uma vestimenta esvoaçante". Jesus "era um homem musculoso... Cristo era um *he-man*!".[22]

A retórica de Falwell remontava à militância fundamentalista anterior, mas ele a combinava com o militarismo da Guerra Fria e com a rígida reafirmação dos papéis de gênero patriarcais; para Falwell, um definia e reforçava o outro. A retórica de Falwell soava bem aos membros de sua congregação. A região circunvizinha de Lynchburg tinha uma forte herança militar e, na Thomas Road Baptist Church, o culto militar talvez fosse "a regra, não a exceção". Para os membros que se haviam deslocado dos Apalaches, o tipo de cristianismo militarista de Falwell se encaixava perfeitamente nas tradições de longa data relacionadas à honra e à violência masculinas. A militância de Falwell prometia proteção contra os inimigos domésticos e no exterior. Dessa maneira, sua autoridade dependia do fato de ele manter um senso de vulnerabilidade entre seus seguidores — algo alcançado por meio da fabricação constante de novos inimigos. Perigo, discriminação e menosprezo espreitavam a cada esquina; as forças malévolas se alinhavam contra os verdadeiros cristãos. É provável que os inimigos fossem estrangeiros. Ameaças de natureza espiritual e cultural exigiam um cristianismo militante; ameaças à nação exigiam um militarismo desenfreado.[23]

NO VERÃO DE 1980, um evento crucial reuniu Falwell, os LaHayes e outros arquitetos da direita religiosa de forma dramática. Ao que tudo indica, os conservadores não eram os únicos preocupados com o destino das famílias estadunidenses. Feministas, liberais, igrejas progressistas, ativistas afro-americanos e latinos, médicos, professores, acadêmicos e profissionais em geral — até mesmo a National Gay Task Force —, todos estavam interessados no fortalecimento e na proteção das famílias na década de 1970. Acreditando que conservadores e liberais poderiam unir-se em torno de uma causa comum, o presidente Carter organizou, na Casa Branca, uma conferência cujo tema era a família.* As coisas, porém, não saíram conforme o planejado.

---

*White House Conference on Families. (N. T.)

Muito antes da conferência, era impossível ignorar as diferenças patentes entre os grupos. A quem pertencia o direito de definir o significado de "família"? Os conservadores defendiam o modelo "tradicional": uma família arquetípica encabeçada por um provedor homem, branco e heterossexual. Os liberais propunham um modelo familiar mais flexível, um modelo que abrangesse pais solteiros e homens e mulheres gays. Os liberais também queriam que os governos dessem suporte financeiro às famílias. Os conservadores se opunham à "interferência" do governo e buscavam, antes, proteger as famílias da erosão moral.[24]

Quando o assunto era reunir forças de base populares, os conservadores estavam com a vantagem, pois vinham construindo redes e refinando posições políticas havia mais de uma década e sabiam o que estavam enfrentando. Assistência infantil com financiamento nacional, emenda de direitos iguais, *Roe v. Wade*, lei contra a violência doméstica, feminismo e direitos dos homossexuais — cada um desses focos de conflito mobilizou um movimento "pró-família" e ajustou os pontos de discussão cristãos e conservadores. Todavia, o ativismo de base tinha seus limites: após a seleção dos participantes feita pelos organizadores — mais de cem mil cidadãos envolvidos em diversas etapas do processo —, os conservadores começaram a reclamar, dizendo que não estavam devidamente representados. Apesar de alguns protestos posteriores de que o Focus on the Family não era uma organização política, o aberto engajamento político de Dobson pode ser evidenciado pelo fato de ele instar seus ouvintes a escreverem para a Casa Branca com o propósito de solicitar sua participação na conferência. Eles não decepcionaram: oitenta mil cartas foram enviadas à Casa Branca. Mesmo assim, Dobson recebeu apenas um convite para falar em um evento pré-conferência.[25]

Frustrados, os conservadores denunciaram o que viam como um esquema liberal para assumir o controle do diálogo. Furiosos com o fato de os organizadores da conferência haverem excluído questões propostas pelos conservadores de suas recomendações finais — entre elas a proibição do aborto, a defesa da oração nas escolas e a oposição aos direitos dos homossexuais —, os delegados conservadores, em protesto, saíram da conferência oficial. No mês seguinte, organizaram sua própria conferência em Long Beach, Califórnia, evento que uniu forças da direita religiosa pró-família. Dobson, Schlafly, Falwell e os LaHayes foram os palestrantes, reunindo as tropas. O momento foi estratégico. A apenas poucas semanas das eleições de 1980, eles estavam unidos em seus esforços para derrubar Carter.

Para os evangélicos, Carter fora uma decepção em todos os aspectos. Eles denunciaram a administração Carter por se aliar às feministas e por "conquistar o voto dos homossexuais". Para piorar as coisas, Carter protagonizou o que os conservadores consideravam o impressionante declínio da força estadunidense.

Em seu primeiro dia no cargo, Carter concedeu perdão aos desertores militares. Em sua administração, concordou em entregar o Canal do Panamá e assinou um acordo de controle de armas nucleares. Permitiu que os sandinistas se apoderassem da Nicarágua e permitiu a derrubada do xá iraniano. O sequestro de 52 reféns estadunidenses na embaixada dos Estados Unidos, em Teerã, foi um golpe especialmente humilhante. Além do mais, o presidente ainda estava atolado em uma "crise de confiança" e parecia incapaz de tirar os Estados Unidos da bagunça que ele próprio fizera. Como se tudo isso não bastasse, Carter usava cardigãs e sorria demais. Até a mídia nacional proclamou Carter como um "covarde", e esse rótulo pegou.[26]

Para os evangélicos estadunidenses que haviam posicionado o poder patriarcal na essência de sua identidade cultural e política, o fator da covardia de Carter era particularmente irritante; seu senso de traição era notório. Afinal, Carter devia ser um deles — evangélico nascido de novo, sulista, professor de escola dominical —, e eles haviam ajudado a elegê-lo com o propósito de que a firme posição moral da nação fosse restaurada após o escândalo de Watergate. Carter até servira, por um breve período, como membro da Marinha. No entanto, estava claro que o presidente não era um deles nas questões que mais lhes importavam. Para encontrar a liderança forte e masculina que o país exigia com tamanha urgência, seria necessário procurá-la em outro lugar.

CAPÍTULO · 6

MIRANDO A JUGULAR

EM AGOSTO DE 1980, apenas um mês após a Conferência Pró-Família de Long Beach, os líderes conservadores cristãos se juntaram novamente — dessa vez em Dallas, no encontro nacional da Religious Roundtable. Com bandeiras estadunidenses balançando e gritos de "Aleluia!" ressoando, os palestrantes advertiam quanto ao declínio moral da nação e à redução do poderio militar dos Estados Unidos. Idealizado pelo televangelista James Robison, o evento reuniu Falwell, Schlafly e os LaHayes, juntamente com Pat Robertson, D. James Kennedy e alguns conservadores proeminentes, incluindo o senador republicano Jesse Helms, Richard DeVos, cofundador da empresa Amway, e o técnico Tom Landry.[1]

Evangelista, Robison estava lá para converter sua audiência à política. "Não votar é um pecado contra o Deus todo-poderoso!", declarou. "Estou farto de ouvir falar sobre radicais, pervertidos, liberais, esquerdistas e comunistas que andam aparecendo! É hora de o povo de Deus se manifestar também, deixando de se esconder nas igrejas, e mudar os Estados Unidos!". Robison não estava conclamando apenas à participação política, mas também ao ativismo partidário. A salvação política podia ser encontrada no Partido Republicano. Após Robison ter animado a multidão, o convidado de honra assumiu seu lugar atrás do púlpito: "Eu sei que vocês não podem me apoiar", brincou o candidato republicano à presidência. "Mas eu apoio vocês e o programa elaborado por vocês." Em Ronald Reagan, a direita religiosa encontrara seu líder.[2]

Sim, é verdade que as credenciais religiosas de Reagan eram insuficientes. Embora criado como presbiteriano, sua frequência à igreja era esporádica. Havia também a questão de seu divórcio: "Reagan não era o melhor cristão a ter pisado na face da terra", reconheceu um líder da direita cristã, "mas realmente não tínhamos escolha". Seu histórico como governador da Califórnia também era misto. Reagan apoiara o ERA [Emenda pelos Direitos Iguais], legalizara o aborto terapêutico e se recusara a apoiar um referendo contra o direito homossexual. No entanto, por volta de 1980, Reagan já se tornara proficiente nos pontos mais contundentes para os conservadores. O presidenciável apoiava a oração e o ensino do criacionismo nas escolas públicas, posicionava-se contra o aborto e mudou de opinião sobre o ERA, chegando à conclusão de que a emenda depreciava as mães donas de casa e forçava as mulheres a irem ao combate durante uma guerra. (Ele nomeou Beverly LaHaye para o conselho consultivo de políticas familiares de sua campanha.) O que atraiu Reagan para o Partido Republicano foram as mesmas coisas que atraíram os evangélicos: uma mistura de anticomunismo, nacionalismo cristão e nostalgia de um passado estadunidense mítico. Na ocasião em que se dirigiu ao púlpito em Dallas, Reagan já era fluente na linguagem da direita cristã. Ecoando Goldwater, anos antes, prometeu a paz por meio da força. Rejeitando o "desespero e o pessimismo" de Carter, declarou que o estadunidense ainda poderia tornar aquela "cidade brilhante sobre o monte".[3]

Reagan não apenas falava a linguagem da direita, mas também se comportava como alguém convicto. Em contraste com Carter, Reagan emanava uma força firme, masculina. Recém-saído de seu rancho da Califórnia, Reagan se assemelhava a um verdadeiro caubói — e, graças a seus filmes, a um verdadeiro herói de guerra. Com o rosto corado, boas maneiras e um conservadorismo convicto, o presidenciável acabou perfeitamente escalado para seu papel de herói da direita religiosa.[4]

NA NOITE ANTERIOR à eleição de 1980, Reagan fez um último apelo aos eleitores em rede nacional. Pintou um quadro sombrio da época, falando de "motins e assassinatos", do Vietnã e "da reclusão e do desastre em Washington". Era hora de os americanos escolherem um caminho a seguir. Alguns estavam desistindo do sonho estadunidense, mas Reagan oferecia uma visão modelada em seu amigo John Wayne, "um símbolo de nosso próprio país". Wayne morrera no ano anterior, e as manchetes o haviam homenageado como "o último herói americano". Contudo, Reagan rejeitava esse epitáfio. Ele conhecia bem Wayne, "e ninguém ficaria mais irritado em ser chamado de 'o último herói americano'". Reagan era assertivo: "Wayne, o Duque, não acreditava que nosso país estava pronto para ser lançado na lata do lixo da história"; tampouco ele, Reagan, acreditava nisso. No dia seguinte, os estadunidenses escolheram o heroísmo. Wayne não viveu para ver seu velho amigo eleito presidente, mas, mesmo na morte, desempenhou seu papel.[5]

Reagan nunca foi uma estrela de cinema do calibre de Wayne, mas ambos eram semelhantes em diversos aspectos. Dentro e fora das telas, ambos combinavam mito e realidade. Ambos encenavam o herói de guerra e, entre os admiradores, essa ficção era normalmente confundida com fato. Ademais, ambos também simbolizavam uma rejeição antiquada das agitações sociais das décadas de 1960 e 1970. Um escritor da revista *American Cowboy* descreveu Wayne como "emblemático da masculinidade forte e silenciosa, da coragem e da honra em um mundo de covardias e indiferenças morais". Em uma sociedade cuja "corrida era em direção à permissividade", Wayne representava a autoridade. Em 1971, em uma entrevista à *Playboy*, Wayne denunciara essa cultura de permissividade em termos não ambíguos — embora, por "permissividade", quisesse apenas dizer "a prática da criação de filhos defendida pelo dr. Spock". Após 15 ou 20 anos, as consequências dessa atitude "vale-tudo" estavam evidentes por toda a parte, principalmente no comportamento de uma geração de *"hippies* que abandonavam a universidade". Reagan estava de pleno acordo.[6]

Reagan se especializou em desempenhar o papel do pai rígido, autoritário. Apenas um mês antes do tiroteio na Universidade de Kent, na primavera de 1970, sua resposta à agitação estudantil foi categórica: "Se for preciso um banho de sangue, que assim seja; chega de apaziguamento". Reagan concorreu como um candidato austero contra a criminalidade e, para os conservadores, a expressão "austero contra a criminalidade" geralmente conotava apenas um tipo: "crime de rua", ou a ameaça de homens negros. Violência doméstica, abuso sexual e abuso infantil não contavam. A tranquilidade doméstica podia ser estabelecida pela imposição da lei e da ordem. Não deveria surpreender-nos que um país no qual Wayne era a estrela de cinema favorita (seu favoritismo perdurou até 1995) também elegesse para seu presidente um homem como Reagan. Em particular, os homens brancos admiravam sua arrogância, sua confiança masculina à moda antiga e sua aparente disposição de exercer autoridade, mesmo que tal autoridade exigisse violência.[7]

Para os evangélicos conservadores, Reagan era um enviado do céu. Em face do "fator covarde" de Carter, Reagan projetava a liderança forte e masculina que, segundo se acreditava, o país tão desesperadamente precisava. (Era muito mais fácil creditar as deficiências de Carter a uma masculinidade deficiente do que culpar a política externa estadunidense praticada havia décadas.) A masculinidade irrefutável de Reagan também tranquilizava os conservadores conturbados pelo movimento em favor dos direitos homossexuais. Não passava despercebido aos conservadores que a própria masculinidade de Carter parecia duvidosa, ainda mais quando "o movimento sexual alcançou seu nível máximo de influência" sob a sua administração.[8]

Em 1980, uma eleição amplamente aclamada como o momento em que a direita cristã se firmava, os eleitores evangélicos ignoraram o candidato que compartilhava sua tradição de fé a favor daquele cujas imagem e retórica mais se alinhavam aos seus valores e aspirações. Guiados por pregadores como Robison, Falwell e LaHaye, 67% dos eleitores evangélicos brancos escolheram Reagan em vez de Carter; apenas quatro anos antes, Carter recebera 49% dos votos evangélicos e 56% dos votos dos batistas brancos. Embora os evangélicos brancos apoiassem Reagan em níveis mais elevados do que os demais evangélicos, provavelmente não foram o fator decisivo na eleição; a impopularidade generalizada de Carter, a economia estagnada e o drama da crise dos reféns no Irã possivelmente garantiriam a vitória de Reagan, mesmo sem a mobilização de pastores evangélicos e de ativistas de base. A direita cristã pode não ter alterado o resultado em favor da eleição de Reagan, mas conseguiu garantir a lealdade dos evangélicos ao Partido Republicano. De Reagan em diante, nenhum democrata voltaria a ganhar, nem de longe, a maioria do apoio evangélico branco. A lealdade dos evangélicos ao Partido Republicano continuaria a se fortalecer, e eles usariam sua influência eleitoral para ajudar a definir a agenda republicana na próxima geração.[9]

Reagan se beneficiou da estratégia sulista seguida por seus predecessores republicanos. Desde a década de 1950, os sulistas brancos estavam abandonando o Partido Democrata, e a assinatura de Johnson da Civil Rights Act [Lei dos Direitos Civis] acelerou esse processo. Como Nixon, Reagan sabia usar uma retórica racialmente codificada, como "direitos estaduais", "lei e ordem" e "uso misto forçado de transporte público" para apelar aos eleitores brancos. De fato, Reagan lançara sua campanha na Neshboa Country Fair, elogiando os direitos dos estados a poucos quilômetros de uma cidade do Mississippi onde, em 1964, três defensores dos direitos civis haviam sido assassinados, além de fazer campanha na Bob Jones University em uma época na qual ela constituía um ponto focal das instituições cristãs de ensino particular que lutavam contra as ordens de dessegregação. Já na década de 1980, então, o Partido Democrata se tornara o partido de liberais, afro-americanos e feministas, enquanto o Partido Republicano representava o partido de conservadores, tradicionalistas e segregacionistas.[10]

Os evangélicos brancos não apenas participaram desse realinhamento, mas também ajudaram a instigá-lo. Billy Graham ajudou na formulação e na implementação da estratégia relativa ao Sul, aconselhando os republicanos sobre como conquistar os evangélicos sulistas que, como ele, eram democratas desde o nascimento. Os pastores batistas do Sul também passaram para o Partido Republicano antes dos sulistas em geral. A mudança batista do Sul para o Partido Republicano coincidiu com um "ressurgimento conservador" na denominação. Tradicionalmente, os batistas apoiavam a separação entre Igreja e Estado, e defendiam um libertarianismo civil quando se tratava de questões sociais. Com seu poder garantido no Sul, os batistas conseguiram evitar amplamente os desafios do modernismo durante a década de 1920 e a resposta reacionária provocada pelo modernismo; na década de 1940, não viam motivo algum para ingressar na NAE [sigla em inglês para Associação Nacional de Evangélicos]. Tendo devotado menos energia na delineação de marcos teológicos, os batistas do Sul permitiam uma gama relativamente ampla de pontos de vista sobre questões teológicas e sociais. Assim, a Convenção Batista do Sul foi o lar de Billy Graham, W. A. Criswell, Jimmy Carter e Bill Clinton, entre outros.[11]

Sem dúvida, muitos batistas do Sul apoiavam a manutenção do *status quo*, incluindo o patriarcado e a supremacia branca. Pelo fim da década de 1960, quando a supremacia branca explícita não era mais tangível, a questão de gênero tornou-se ainda mais relevante. Até então, os batistas do Sul tinham diversos pontos de vista a respeito dos papéis dos gêneros. Alguns criam que a Bíblia proibia as mulheres de pregar e ensinar, enquanto outros apoiavam a liderança religiosa da mulher. A partir da década de 1960, porém, os fundamentalistas começaram a batalhar pelo controle da Convenção Batista do Sul, e a questão do gênero estava no cerne dessa luta.[12]

Em 1979, o senso de crise cultural dos conservadores batistas do Sul era intenso, de modo que decidiram assumir o controle da denominação. Paige Patterson, Paul Pressler, W. A. Criswell e outros pastores e leigos com inclinações semelhantes desenvolveram um esquema para a eleição de conservadores à presidência da Convenção Batista do Sul e para o controle de nomeações estratégicas de membros do comitê. Naquele ano, por meio de projetos cuidadosamente orquestrados, conseguiram eleger um deles à presidência da convenção de Houston. Os moderadores protestaram — maquinações políticas desse tipo não eram o jeito batista de fazer as coisas —, mas os conservadores não se desculparam: eles estavam "mirando a jugular". Um a um, os conservadores assumiram o controle dos seminários da denominação, expurgando as vozes moderadas. Os moderados denunciaram esse "autoritarismo louco por poder, uma ética de ganho a qualquer custo e o total desrespeito aos valores pessoais e à liberdade religiosa", porém obtiveram pouco sucesso.[13]

Relatos de batalhas travadas pelo controle da Convenção Batista do Sul estavam focados nas questões de inerrância bíblica; no entanto, a batalha sobre inerrância era, em parte, uma batalha indireta sobre as questões de gênero. Os conservadores estavam alarmados diante da liberação da mulher, do aborto e de mudanças de perspectiva sobre a sexualidade em geral, mas também tinham preocupações específicas quanto à Convenção. O "feminismo evangélico" fazia incursões nos círculos batistas do Sul, e um número cada vez maior de mulheres batistas começou a desafiar a liderança masculina e reivindicar posições de liderança: entre 1975 e 1985, o número de mulheres ordenadas na Convenção Batista do Sul cresceu de modo significativo. Essas mulheres insistiam em interpretar os textos bíblicos de forma contextual, atentas às condições de sua produção. Os conservadores, entretanto, insistiam em uma "hermenêutica populista", um método que privilegiava "a interpretação mais simples e direta da Escritura". Para os conservadores, não se tratava apenas do método certo, mas também do método masculino, retratando Paulo como alguém inabalado pelo politicamente correto. Paulo não tinha medo de proibir a autoridade feminina, e os homens viris tinham de fazer a mesma coisa. Os conservadores acusavam os liberais e moderados de tagarelice e de introduzirem uma complexidade desnecessária à interpretação bíblica, enquanto eles se mantinham firmes em sua rápida compreensão da verdade óbvia e literal das Escrituras.[14]

A questão da inerrância atraía os conservadores a uma causa comum. Entretanto, quando se descobriu que muitos batistas do Sul, incluindo líderes da denominação, careciam de qualquer proeza teológica real — de fato, eram funcionalmente ateológicos —, as preocupações relacionadas à inerrância deram lugar a um comprometimento recém-politizado com respeito à submissão feminina e a questões relativas às guerras culturais. Não foram apenas os homens batistas que ajudaram a realizar essa mudança de foco: influenciadas pelos escritos de Elisabeth Elliot, por sua participação nos fóruns Eagle e Concerned Women for America — promovidos, respectivamente, por Phyllis Schlafly e Beverly LaHaye —, as próprias mulheres batistas promoveram papéis identitários na CBS.[15]

Al Mohler, que supervisionou o expurgo de moderados do Southern Baptist Theological Seminary, ofereceu um vislumbre revelador desse processo: "O sr. e a sra. Batista podem não entender ou defender a questão da inerrância bíblica quando o assunto é detalhamento, linguagem e terminologia", reconheceu. "Contudo, se você acredita que o aborto deve ser legalizado, isso é tudo o que eles precisam saber…". A mesma coisa se dava com o "casamento homossexual". A inerrância bíblia era importante por causa de sua conexão com as questões culturais e políticas. Foi em seus esforços de fomentar a autoridade patriarcal que os batistas do Sul se uniram com os evangélicos por toda a ação, e as alianças os atraíram ao mundo evangélico mais amplo. Em uma geração, os batistas do Sul começaram a colocar sua identidade "evangélica" acima de sua identidade como batistas do Sul. O patriarcado estava na essência dessa nova perspectiva a respeito de si mesmos.[16]

OS EVANGÉLICOS não foram o elemento decisivo para a vitória de Reagan, embora acreditassem que sim; essa crença também era partilhada por muitos analistas. Por meio de conexões extensas e demonstrações públicas pomposas, os líderes evangélicos reuniram apoiadores de Reagan e do Partido Republicano. Alguns, como Pat Boone e Jerry Falwell, viajaram pelo país promovendo Reagan. Com a vitória avassaladora de Reagan, os evangélicos ficaram eufóricos. Falwell afirmou que a eleição de Reagan fora "um grande dia para a causa do conservadorismo e da moralidade durante minha vida adulta", e foi rápido em reivindicar o crédito: "Aqueles que colocaram Jimmy na presidência tiraram Jimmy", declarou. Eram palavras de celebração, mas também de advertência. Com Reagan na Casa Branca, eles esperavam um retorno em seu investimento.[17]

No início, as coisas pareciam promissoras. Em sua inauguração, Reagan prestou homenagem aos seus apoiadores evangélicos. Seu pastor de Bel Air abriu a cerimônia com uma oração, e o próprio Reagan aludiu à passagem bíblica citada por Falwell ao promover a campanha. Era a mesma passagem que Eisenhower citara em seu juramento de posse: "Se o meu povo, que se chama pelo meu nome, se humilhar e orar, buscar a minha face e se afastar dos seus maus caminhos, dos céus o ouvirei, perdoarei o seu pecado e curarei a sua terra". A mensagem era clara: um novo tempo de religião civil estava próximo.[18]

Uma vez no cargo, porém, a lealdade de Reagan à direita religiosa não correspondeu à expectativa de seus membros. Eles esperavam que Reagan eliminasse o aborto, trouxesse de volta a oração nas escolas e inaugurasse a renovação espiritual e moral. Também esperavam alguns cargos na nova administração. Em todos esses casos, a direita religiosa ficou desapontada. Reagan não priorizou os valores familiares e domésticos que defendera durante a campanha, os direitos relacionados ao aborto continuaram como a lei da terra e houve pouca evidência de um reavivamento moral. Quando Reagan deixou de apoiar a Bob Jones University no caso atrelado aos direitos civis e à Receita Federal, Bob Jones III o acusou de "traidor do povo de Deus". Também Falwell ficou desencantado. Após um ano, Falwell lamentou ter esperado mais "de 'um dos nossos' na Casa Branca".[19]

Nas questões relacionadas à política externa, no entanto, os evangélicos não ficariam desapontados; foi a "retribuição" de Reagan na esfera militar que impediu os evangélicos da sensação de que haviam sido traídos. Para o deleite dos evangélicos, Reagan levou seu conservadorismo caubói para o cenário global. Nesse aspecto, sua masculinidade robusta pareceu servir-lhe bem. Afinal, do ponto de vista dos evangélicos, a Guerra Fria não era tão diferente do Velho Oeste. Práticas de violência, ou ameaças de violência, asseguravam a ordem. As regras podiam ser quebradas, mas os fins justificavam os meios. Era necessário um líder, um homem que impusesse seu poder masculino na arena internacional.[20]

Reagan não apenas projetava uma imagem de austeridade; como presidente, traduzia essa imagem em conquistas na área de política externa. Sua caracterização inequívoca dos inimigos dos Estados Unidos ressoava com a concessão dos evangélicos do que estava em jogo na Guerra Fria, e seus esforços em fomentar o poderio militar estadunidense se alinhavam com o anseio evangélico de restaurar a grandeza estadunidense na era pós-Vietnã. No fim da década de 1970 e no início da década de 1980, inúmeros livros evangélicos argumentavam a favor disso. Em *Listen, America!* [Ouçam, Estados Unidos], Falwell lamentara que os Estados Unidos não eram mais "o poder militar do mundo", não mais se "comprometiam com a vitória", não mais se "comprometiam com a grandeza"; pela primeira vez em duzentos anos, a sobrevivência dos estadunidenses como um povo livre estava em xeque. Em *America at the Crossroads* [Os Estados Unidos em uma encruzilhada], John Price também lamentava o declínio do poderio militar dos Estados Unidos. Ao se esquecer de Deus, a nação perdera sua força; apenas quando os Estados Unidos "retornassem à razão" e se "arrependessem de seus pecados, voltando-se para Deus", sua posição militar seria restaurada. Talvez o livro evangélico mais influente relacionado ao rearmamento militar tenha sido *The 1980s: Countdown to Armageddon* [Os anos 1980: Contagem regressiva para o Armagedom], sequência de seu best-seller, *The Late Great Planet Earth* [*A agonia do grande planeta Terra*], agendado para coincidir com as eleições de 1980. Para Lindsey, o rearmamento não se tratava apenas de uma decisão pragmática; tratava-se de uma exigência religiosa. A Bíblia estava falando aos Estados Unidos sobre a construção de uma força militar poderosa, a fim de "se tornar uma nação forte outra vez". O livro permaneceu por 21 semanas na lista dos mais vendidos do *New York Times*.[21]

Nesse aspecto, os evangélicos encontraram um aliado na Casa Branca. Não satisfeitos com os bastidores, os líderes evangélicos trabalharam para conquistar apoio para a agenda de política externa de Reagan. Falwell e outros televangelistas ficaram felizes em expor a loucura da conciliação, do desarmamento e do pacifismo. Durante a eleição, ridicularizaram o programa de Carter como um "conluio flagrante com o comunismo" e demonstraram impaciência com o que Falwell caracterizava como "política sem luta e sem vitória", processo que remontava a décadas antes. Reagan gostou do apoio dos televangelistas e, em 1983, convidou Falwell à Casa Branca para elaborar estratégias de como neutralizar o movimento doméstico de congelamento nuclear.[22]

No início da década 1980, uma campanha para travar a produção de armas nucleares começara a ganhar dinamismo e, por volta de 1982, tornara-se uma das principais questões da esquerda política. Muitos cristãos apoiavam a ideia de um congelamento nuclear, incluindo os evangélicos. Surpreendendo muitos, Billy Graham se posicionou, no final da década de 1970, a favor do SALT II, um acordo para limitar o desenvolvimento de programas de mísseis, temendo que o poder destrutivo das armas nucleares contradissesse a fé cristã. Também a *Christianity Today* endossava o plano de Mark Hatfield de "um congelamento completo no desenvolvimento, na testagem e na implantação de sistemas estratégicos de mísseis". Muitos líderes da direita cristã, no entanto, pensavam o contrário. Falwell prometeu a Reagan que ajudaria a divulgar sua mensagem "na linguagem dos leigos", fazendo-o publicar anúncios de páginas inteiras nos principais jornais do país, ridicularizando os "congeladores", os "ultraliberais" e os "desarmadores unilaterais", os quais buscavam minar os esforços de Reagan para a reconstrução do poderio militar da nação. "Não podemos nos dar o luxo de sermos o número dois quando o assunto é defesa!", alertou.[23]

Os televangelistas também foram ao auxílio de Reagan ao vender a Strategic Defense Initiative [Iniciativa de Defesa Estratégica], popularmente conhecida como Star Wars, como um imperativo moral. Duas semanas depois de Reagan haver defendido o sistema espacial de defesa nuclear, o presidente apareceu na National Association of Evangelicals. Mais uma vez, não deixou dúvidas de que estava do lado dos evangélicos, recitando uma lista dos pontos de discussão conservadores e reverberando uma citação popular, embora espúria, de Tocqueville: "Se os Estados Unidos abandonarem a bondade, também deixarão de ser grandes". Os evangélicos, acrescentou ele, eram os que mantinham "os Estados Unidos como uma nação grande, ao preservarem a bondade da nação". Todavia, foi a análise de Reagan sobre política externa que tornou seu discurso memorável. O presidente falou da União Soviética como "um império do mal" e advertiu que a redução da corrida armamentista seria um "erro gigantesco", ignorando, assim, a verdadeira luta entre o bem e o mal. Citando C. S. Lewis, alertou sobre "homens quietos com colarinhos brancos, unhas cortadas, rostos barbeados e que não precisam erguer a voz", homens falando "em tons suaves de fraternidade e paz". A história já demonstrara que "subestimar os adversários é uma tolice". Dessa forma, Reagan exortou os evangélicos a "falar contra os que colocariam os Estados Unidos em posição de inferioridade militar e moral".[24]

Embora os evangélicos tenham permanecido divididos na aprovação de uma resolução de congelamento nuclear, a NAE mostrou-se receptiva ao chamado mais amplo de Reagan, instituindo um programa de "Paz, Liberdade e Segurança" para combater a influência das igrejas tradicionais. Os evangélicos viam muitas razões para apoiar o poderio militar estadunidense. Em nível pragmático, eles acreditavam que um exército forte afastaria uma ocupação ímpia, comunista. Quando o assunto era os riscos de uma aniquilação nuclear, a ênfase da teologia evangélica na vida eterna para os fiéis ajudava a mitigar esses erros terrenos. Em cenários de fim dos tempos, acreditavam que Deus os protegeria; um holocausto nuclear podia até ser parte do plano de Deus. Mas um exército forte e uma política externa agressiva também se alinhavam à perspectiva evangélica do poder masculino. Representantes da direita cristã não deixaram de insinuar um déficit de virilidade entre aqueles que se opunham às políticas do presidente. "Congeladores" eram fracotes, gente que não tinha coragem de se opor à ameaça comunista.[25]

TALVEZ NENHUM episódio revele melhor as conexões entre a administração Reagan e a liderança da direita cristã do que a Guerra dos Contras, na Nicarágua. No verão de 1979, os sandinistas, grupo revolucionário de esquerda, havia derrubado o regime ditatorial de Somoza. Os Estados Unidos suspeitavam que os sandinistas eram apoiados por soviéticos e cubanos; assim, como presidente, Reagan prometeu auxílio militar aos contrarrevolucionários. De 1981 a 1988, a guerra entre os sandinistas e os Contras, apoiados pelos Estados Unidos, devastou esse país da América Central. Ambos os lados cometeram atrocidades brutais, e dezenas de milhares de nicaraguenses morreram. A guerra não era primordialmente religiosa, mas, nos Estados Unidos, foi retratada como tal.

Na Nicarágua, os protestantes evangélicos e católicos romanos estavam divididos. Alguns evangélicos apoiavam os sandinistas, embora não de forma acrítica; como católicos romanos que aceitavam a teologia da libertação, eles viam o socialismo como uma resposta bíblica à pobreza e à opressão. Muitos outros, porém, temiam uma invasão comunista e se opunham aos esforços revolucionários sandinistas. Muitos desses conservadores se reuniram no Conselho Nacional de Pastores Evangélicos da Nicarágua (CNPEN), organização que havia desenvolvido laços estreitos com grupos evangélicos conservadores nos Estados Unidos, incluindo a NAE.[26]

Nos Estados Unidos, algumas organizações cristãs se mobilizaram em prol dos Contras. Moldando o conflito como uma questão de liberdade religiosa e da perspectiva de uma perseguição global de cristãos, organizações como o Institute for Religion and Democracy [Instituto para a Religião e a Democracia] acusaram os sandinistas de cometer atrocidades contra os evangélicos conservadores e os católicos romanos. Apoiadores dos sandinistas tinham os próprios aliados cristãos nos Estados Unidos, com os evangélicos progressistas e católicos romanos atribuindo a culpa não à interferência soviética, mas à "pobreza, à opressão e à injustiça". Após uma viagem à Nicarágua, Jim Wallis, porta-voz mais proeminente da esquerda evangélica, produziu uma reportagem devastadora na revista *Sojourners* acusando os Contras de atos horríveis de violência.[27]

Tal oposição se demonstrava inconveniente quando se tratava da tentativa da administração Reagan de assegurar o apoio do Congresso para intervir em favor dos Contras. Quando o Congresso se recusou a cooperar, proibindo, antes, o uso de quaisquer fundos "com o objetivo de derrubar o governo da Nicarágua",

Reagan se voltou para os aliados evangélicos em busca de auxílio para conquistar o público. Convidando grupos religiosos para participarem de seminários de política externa especiais na Casa Branca, alguns oficiais da administração venderam histórias de horror perpetradas por guerrilhas marxistas, classificando o conflito como uma luta entre revolucionários e cristãos, instando as organizações a auxiliar o governo estadunidense por meio de *lobby* e do envio de correspondências. Em 1983, o Office of Public Relations começou a promover comunicados semanais cujo tema era as relações entre os Estados Unidos e a América Central, convidando líderes religiosos a participar e preparando uma série de boletins informativos oficiais sobre o assunto, destinados aos grupos religiosos. As organizações evangélicas estavam felizes em cooperar, oferecendo suas emissoras de rádio e televisão em expansão para promover a agenda da administração. A NAE advogou em favor da administração, e noticiários cristãos focados na perseguição religiosa global forneciam atualizações constantes relacionadas à opressão de evangélicos que se opunham aos sandinistas.[28]

Divergências de natureza religiosa intensificaram os debates do Congresso a respeito da Nicarágua. Em 1985 e 1986, a administração Reagan pediu, mais uma vez, dinheiro. A fim de reforçar seu apoio, a Casa Branca convidou figuras como Falwell, Robertson e LaHaye para receber comunicados especiais diretamente de Oliver North, fuzileiro naval altamente condecorado e convertido ao evangelicalismo que atuou como vice-diretor do NSC para assuntos político-militares. Só mais tarde seria revelado que essa não era a única ação tomada por North em favor dos Contras.

Após finalmente conseguir a aprovação do Congresso para fornecer ajuda humanitária aos Contras, a administração aumentou seus esforços de lobby para assegurar também fundos militares. Em 1986, a Casa Branca forneceu à Trinity Broadcasting Network, à Christian Broadcasting Network, ao ministério televisivo de Falwell e a outras emissoras cristãs um vídeo de cinco minutos de Reagan no qual ele argumentava a favor do apoio aos Contras. Reagan defendeu sua posição de maneira drástica. Tratava-se de uma batalha urgente em favor da democracia, e não era "nada menos do que pecado ver a América Central cair na escuridão". Reagan também gravou uma mensagem de áudio distribuída a mais de 1.500 estações de rádio cristãs que incluía um número para que os ouvintes ligassem caso desejassem obter maiores informações de como contatar seus representantes eleitos. Os esforços da administração foram bem-sucedidos: o Congresso aprovou uma medida de gasto de 100 milhões de dólares em apoio aos Contras.[29]

Enquanto a Casa Branca usava as emissoras evangélicas para garantir apoio a uma intervenção militar na Nicarágua, alguns membros da administração Reagan seguiam por uma via mais clandestina. Em 1984, o Irã solicitara secretamente armas aos Estados Unidos para utilizar em sua guerra contra o Iraque. Apesar do embargo às armas, Reagan estava desesperado para garantir a libertação de sete reféns estadunidenses, os quais eram mantidos por terroristas iranianos no Líbano. Com o apoio de Reagan, o governo providenciou o envio de mais de 1.500 mísseis para o Irã. Três reféns foram libertados (mas outros três, levados), e uma parte do pagamento pela venda das armas foi, então, desviada para o apoio aos Contras, na Nicarágua. O funcionário do NSC responsável pela transação era Oliver North. Graças, em parte, ao número de sua conta bancária inserido incorretamente, o esquema todo veio à luz e, em maio de 1987, North foi chamado para testemunhar perante o Congresso.

Tenente-coronel Oliver North testemunhando perante o House Select Committee, 7 de julho de 1987. *MediaPunch Inc. Alamy Stock Photo.*

Em seis dias de testemunho televisionado, North afirmou que agiu para avançar a política externa do presidente, mas se recusou a envolver diretamente Reagan. "Este é um mundo perigoso", atestou North, de modo que operações secretas eram necessárias para proteger o país. Confessou haver mentido ao Congresso e destruído documentos, mas isso tudo teria sido em prol de um bem maior. Além do mais, como bom tenente-coronel, North "não tinha o hábito" de questionar seus superiores, quanto mais se tratando do comandante em chefe:

> Senhor, como tenente-coronel, não desafiarei uma decisão do líder das Forças Armadas, para quem ainda trabalho; e tenho orgulho de trabalhar para o presidente. Se o comandante em chefe ordenar a este tenente-coronel que vá para o

canto e se assente de ponta-cabeça, é isso que farei. E se o presidente decidir me demitir do quadro de funcionários do NSC, este tenente-coronel prestará continência com orgulho e dirá: "Obrigado pela oportunidade que tive de servir", sem criticar sua decisão, a despeito da forma que for demitido.

North sabia como se submeter às autoridades certas. E mais: ele acreditava ter a maior das autoridades ao seu lado.[30]

OLIVER NORTH acabou indiciado em dezesseis acusações criminais, incluindo mentir para o Congresso e destruir documentos. Considerado culpado em três das acusações, North recebeu uma pena de suspensão de três anos. Como comandante em chefe, Reagan nunca foi implicado diretamente no acordo de armas em troca de reféns e saiu desse escândalo relativamente ileso.

Em 1990, as condenações de North foram anuladas por um detalhe técnico. No ano seguinte, North foi um dos oradores de destaque da Convenção Batista do Sul, a primeira na qual não se esperava que os moderados desafiassem a maioria conservadora. Oliver North se tornou herói da direita cristã. As afinidades eram claras. Os conservadores da CBS driblaram convenções e fugiram de maneirismos para assumir o controle da denominação, assim como North contornara o direito em busca de um bem maior. Para ambos, os fins justificavam os meios. Mas não foram apenas as táticas que unificaram os companheiros renegados. Como North, os evangélicos conservadores definiriam o bem maior da perspectiva do nacionalismo cristão. Foi essa fusão de Deus e país que os cristãos heroicos defenderam zelosamente, e por todos os meios necessários, com seu poder religioso e político ressurgente.

CAPÍTULO • 7

O MAIOR HERÓI AMERICANO

NA ÉPOCA das audiências Irã-Contras, uma parcela da população estadunidense fora dominada pela "Olliemania". Uma loja de camisetas em Albany, Nova York, passou a vender uma camiseta estampada com a bandeira estadunidense, ostentando "Deus, armas, coragem e Ollie formaram este país". Um restaurante perto de Buffalo adicionou um "sanduíche Oliver North" ao seu menu. Feito com "vigorosa carne americana" e coberto com alface picada, o sanduíche tinha estilo italiano. Mas o momento de North nos holofotes não tardou para desvanecer. Os varejistas tiveram dificuldades em remover as bonecas Barbie e Ken inspiradas em North e em sua esposa, e apenas metade das 775 mil cópias da edição em brochura da transcrição do testemunho de North, produzida pela Pocket Books, tinha expectativa de vendas. Em pouco tempo, um sanduíche de churrasco de porco substituiu o Oliver North do menu do restaurante de Buffalo.[1]

Mesmo que tenha desaparecido do campo de visão do público em geral, a estatura de North apenas cresceu entre os conservadores cristãos, ávidos por um herói próprio. Jerry Falwell foi o primeiro a homenagear North. Na primavera de 1988, Falwell teve a iniciativa de elaborar uma petição nacional para o perdão de North e, em maio daquele mesmo ano, recebeu North como palestrante de formatura na Liberty University. Quando North chegou ao *campus*, um dia depois de se aposentar do Exército, Falwell o comparou a Jesus. Lembrando a audiência de que "servimos a um salvador julgado, condenado e crucificado", Falwell cristianizou North como "um verdadeiro herói americano".[2]

Fora do evento, o status heroico de North era alvo de controvérsia. Cerca de sessenta manifestantes se juntaram, carregando cartazes que declaravam os dizeres "Verdadeiros heróis não mentem" e distribuindo panfletos que faziam objeção ao gasto de Falwell de "milhões de dólares para pintar Ollie North como um herói nacional que precisava de — e merecia — um tratamento especial perante a lei". Mas eles eram a minoria. Gritos de "Amamos você, Ollie!" podiam ser ouvidos da parte daqueles que tentavam tirar uma foto com North. "[Os manifestantes] não entendem", observou o pai de um dos graduados. "North é um herói nacional".[3]

Meses depois, Falwell estava distribuindo fitas de áudio, vendendo-as por 25 dólares cada, do discurso de formatura feito por North, sua "Mensagem de Liberdade". Em uma carta de angariação de fundos enviada a apoiadores, Falwell explicava o que estava em jogo: "Na minha opinião, políticas partidárias mesquinhas fizeram de Ollie North, de sua família e da vida dos próprios combatentes por liberdade da Nicarágua meros peões em uma campanha liberal para humilhar o presidente Reagan". Alguns críticos acusavam líderes como Falwell de explorar North para obter "bonança financeira" em suas campanhas de mala direta. O porta-voz de Falwell se recusou a revelar a quantia arrecadada em sua campanha, mas ele não foi o único a lucrar com North. A organização Concerned Women For America, de Beverly LaHaye, ofereceu uma "bela imagem colorida" do juramento de North durante as audiências Irã-Contras, e isso por uma mera contribuição de 20 dólares. Outras organizações evangélicas conservadoras também participaram da "Olliemania". Para os evangélicos estadunidenses, Ollie North era o herói perfeito na hora perfeita.[4]

PARA OS EVANGÉLICOS, estava claro que North fizera aquilo "por amor a Deus e ao país". Para todos os efeitos, North era um herói. Até onde se podia constatar, North era um verdadeiro cristão. Crescera em uma família católica romana e patriótica do norte do estado de Nova York. Seu pai servira sob o comando do general Patton na Segunda Guerra Mundial, e North, na infância, frequentara por pouco tempo uma escola militar católica romana. Após o primeiro ano de faculdade, North se alistou em um programa de treinamento de oficiais do Corpo de Fuzileiros Navais, em Camp Lejeune, onde ficou apaixonado pela mística dos fuzileiros navais, a quem via como "os mais durões, os mais corajosos e os melhores". Não tardou para que ele pedisse transferência para a Academia Naval dos Estados Unidos, em Anápolis.[5]

North entrou para a academia em agosto de 1964, semana do incidente do Golfo de Tonkin. Estava em seu último ano, em 1968, quando ocorreu a Ofensiva do Tet. O Vietnã era presença constante na academia; contudo, entre o público estadunidense, a percepção da guerra mudou dramaticamente nos anos em que North era cadete. Enquanto North e seus companheiros aspirantes observavam uma disciplina rigorosa, seus colegas do ensino médio fumavam maconha, deixavam crescer o cabelo e se encontravam em Haight-Ashbury. Quando ele e outros cadetes se aventuravam para além dos muros da academia, os estudantes universitários locais os insultavam como vilões, e não como heróis. Em abril de 1968, o assassinato de Martin Luther King Jr. abalou a nação e provocou tumulto em todo o país. A oposição à guerra continuou a aumentar. Em junho, na manhã em que North se formou, surgiram notícias do assassinato de Robert Kennedy. A cerimônia de comissionamento de North foi interrompida por manifestantes zombando que eles não passavam de "buchas de canhão". Todavia, North mal podia esperar para chegar ao Vietnã.[6]

A missão de North esteve em risco graças a alguns ferimentos decorrentes de um acidente de carro. Tomando para si a prerrogativa de agir, North se infiltrou no prédio da administração para, em seu último ano, alterar os registros. Quando foi flagrado, não expressou remorso algum, pois "considerava que o ideal mais elevado de serviço à nação valia esse risco" e que, "desde que fizesse isso por amor ao país, não poderia estar errado". O desejo de North foi atendido. Ignorando a tradicional licença de pós-graduação de sessenta dias, assumiu o comando do pelotão estacionado ao longo da Zona Desmilitarizada do Vietnã. No Vietnã, as condições eram sombrias: mais de 16 mil militares estadunidenses haviam morrido em 1968 — o ano mais letal da guerra. No entanto, North se sentia em casa e serviu com distinção. Com o fim da guerra se aproximando, assumiu o cargo de instrutor no centro de treinamento dos fuzileiros navais, em Quântico. Sua matéria: como matar o inimigo. North era um instrutor popular, mas não isento de críticas. Um de seus colegas desaprovava o papel no qual North parecia se divertir:

> Lá estava Ollie, todo camuflado e com chapéu esverdeado [...] camuflado no rosto como se participasse de um filme de Hollywood, com duas bandoleiras de munição presas e três bolsas, quatro armas e três facas [...] Ollie era popular entre os alunos por demonstrar: "É isto que significa ser um fuzileiro naval" [...] North inventou o Rambo antes que o personagem aparecesse em um filme. North foi o criador de seu próprio mito.[7]

Como o soldado dos soldados, North ficava cada vez mais frustrado com os estadunidenses que não se convenciam de seu mito — e essas pessoas não se resumiam a manifestantes que protestavam contra a guerra. A mídia também era culpada. No verão de 1971, poucos meses após William Calley ter sido condenado por 22 acusações de homicídio no massacre de My Lai, North e dois outros capitães da Marinha enviaram uma carta a três grandes emissoras de televisão, bem como ao colunista conservador William F. Buckley Jr., criticando reportagens sobre as "alegadas" atrocidades e os crimes de guerra, e rejeitando qualquer sugestão de cumplicidade: "Nenhum de nós testemunhou, participou ou sequer soube de um único caso em que um não combatente vietnamita, seja do Norte ou do Sul, tenha sido tratado de outra maneira senão de forma humana", atestaram. Os soldados estadunidenses eram os bonzinhos, e o público tinha de saber disso. As emissoras ignoraram a carta, mas Buckley convidou os autores do protesto a participarem de seu show, o *Firing Line*. North estava ansioso para dar sua versão dos fatos. Segundo ele, as famílias dos soldados não deveriam sentir como se seus filhos e maridos voltassem para casa como criminosos de guerra. North "acreditava nos Estados Unidos e na pureza motivacional da nação", de modo que estava furioso com políticos e pacifistas que se interpunham entre os militares e aquilo que precisava ser feito.[8]

Em 1978, North experimentou uma transformação religiosa pessoal. Seu comandante na época, o tenente-coronel John S. Grinalds, era um cristão nascido de novo. Grinalds convencera North a abandonar o catolicismo da época de juventude e a aceitar o protestantismo carismático. (O fato de o padre de North ser um dos principais defensores do desarmamento pode ter desempenhado papel relevante nessa decisão.) Essa não era a primeira exposição de North ao protestantismo. Em meados da década de 1970, Betsy, sua esposa, "cansada de viver com um líder militar teimoso", ausente como marido e pai, pedira o divórcio. Ambos concordaram em participar de um aconselhamento conjugal e, enquanto aguardavam a primeira consulta, North começou a ler o livro *Dare to Discipline* [Ouse disciplinar], de James Dobson. Ele creditou ao livro a salvação de seu casamento. Após sua conversão, North se juntou a uma congregação predominantemente branca e carismática da igreja episcopal, uma congregação que parecia mesclar patriotismo com cristianismo. Uma bandeira estadunidense agraciava a entrada do santuário e, do púlpito, North recebia a seguinte instrução: "Em todas as esferas da vida, o Senhor nos coloca para fazermos a diferença". Tudo fazia parte do plano de Deus. Naquela época, North era membro da administração Reagan.[9]

Em seu papel no NSC, North liderara a caçada dos perpetradores do bombardeio do quartel de Beirute, ocorrido em 1983, e ajudou a planejar a invasão de Granada e o bombardeio da Líbia. Em meio a tudo isso, ele demonstrava abertamente sua fé. Sua conversa era recheada de expressões religiosas, e ele dirigia uma caminhonete com um adesivo de para-choque que ostentava "Deus é pró-ollífico" Como um de seus amigos explicou: "Para Ollie, religião, bandeira e família fazem parte da mesma composição". North orava em particular com o presidente Reagan; participava de estudos bíblicos, grupos de oração e retiros cristãos; era membro ativo, ele e sua esposa, da Officers' Christian Fellowship

[Sociedade Cristã de Oficiais]. Enquanto trabalhava para conseguir apoio aos Contras, colaborou de perto com líderes da direita cristã que compartilhavam sua fé do tipo "Deus e país", ajudando até mesmo a Gospel Crusade na produção de *Studies in Faith and Freedom* [Estudos em fé e liberdade], um documentário em apoio aos Contras. "Ollie era um exemplo vívido da justiça estadunidense".[10]

North depositava sua fé em Deus e no país, de forma pública, durante as audiências Irã-Contras, para o deleite de seus apoiadores. O representante republicano William Broomfield falou em nome de muitos ao expressar o seguinte: "Não quero vê-lo ir para a cadeia, pois acredito que você é um grande patriota estadunidense, e tenho orgulho do que você tentou fazer". O presidente Reagan, mesmo reivindicando desconhecimento das ações de North, aclamou-o como "um herói americano". Mas nem todos concordavam com isso. O senador democrata George Mitchell, ele próprio um católico romano devoto e com linhagem militar, rejeitava as exaltações patrióticas de North:

> ... você pediu para que o Congresso não cortasse fundos de auxílio para os Contras, por amor a Deus e por amor ao país.
>
> Por favor, lembre-se de que outros partilham a devoção e reconhecem que é possível que os americanos discordem de você em relação ao auxílio aos Contras e ainda amem Deus e o país, da mesma forma que você.
>
> Embora seja regularmente requisitado, Deus não toma partido na política americana. Além do mais, nos Estados Unidos, discordar das políticas do governo não é evidência de falta de patriotismo.[11]

Para os evangélicos conservadores, não havia dois lados. Quando, em 1991, North falou na Convenção Batista do Sul, Richard Lee, presidente da Conferência de Pastores da CBS, explicou: "Para alguns, North é polêmico. Para a maioria de nós, é um patriota americano". Diante de uma bandeira de dezoito por doze metros, North exortou os mais de 15 mil batistas do Sul presentes a se tornarem politicamente ativos para combater "uma verdadeira Sodoma e Gomorra às margens do Potomac". Um homem na plateia descreveu seu apelo: "Temos um compromisso com a pátria e com Deus", explicou. "Acho que Oliver North representa um compromisso com Deus".

Naquele mesmo ano, North publicou *Under Fire* [Sob ataque] pela Zondervan, editora cristã recém-adquirida pela Harper and Row. Seu livro de memórias vendeu 650 mil cópias e acabou tanto na lista dos mais vendidos do *New York Times* como de livrarias cristãs, e os direitos autorais ajudaram a cobrir as consideráveis despesas jurídicas de North. North também dava palestras frequentes nas igrejas evangélicas, falando (por honorários não revelados) sobre sua fé devota e criticando a mídia; ele brincava sobre ler o *"Washington Post/ Washington Compost"* e a Bíblia, já que "queria comparar o que um e o outro diziam". North também apelava diretamente a conservadores "ativistas de poltrona" a fim de arrecadar dinheiro, tanto para despesas jurídicas como para financiar sua campanha fracassada ao Congresso. Com a ajuda do estrategista de mala direta Richard Viguerie, que lhe forneceu listas selecionadas de eleitores conservadores, North selecionou uma população-chave: "contra o controle do porte de armas, contra o aborto, contra os homossexuais, a favor da oração nas escolas e de uma defesa nacional forte, além de temas correlatos". Ao todo, North arrecadou cerca de 16 milhões em um único ano, apenas por mala direta, um volume financeiro sem precedentes.[13]

O consultor político conservador Ralph Reed descreveu o apelo de North da seguinte forma: "Parte da política é ter os amigos certos, mas a outra parte é ter os inimigos certos". Os cristãos conservadores o amavam pelos inimigos que North fizera. Seu estrategista e especialista em pesquisas explicou sua atratividade nas palavras do cantor country Garth Brooks: North apelava a uma "multidão que usava capacete de segurança, armada, com dores nas costas, sobrecarregada, agitadora de bandeiras e amante de diversões". Com seu heroísmo ao estilo "Deus e país", North surfou em uma onda populista na política estadunidense. Os críticos, no entanto, alertavam para suas tendências autoritárias e para seu desrespeito à verdade. Mas, para seus apoiadores, havia "o que é certo" e "o que é legal", e ambos não eram sempre a mesma coisa. Se North mentiu, "deve ter sido necessário". Não havia dúvida de que "ele era um bom soldado".[14]

OLLIE NORTH era um herói perfeito para os evangélicos ávidos pela defesa de Deus e do país. Sua aparição também se deu na hora certa. Para entendermos o porquê de os evangélicos estarem tão desesperados para consagrar um herói como North, é-nos útil começar pelo pastor Edwin Louis Cole, um homem considerado "o pai do movimento cristão masculino".

Nascido em Dallas, em 1922, Cole se mudou para Los Angeles ainda na infância. Lá, começou cedo a aprender a tocar trompete nas equipes evangelísticas lideradas por Aimee Semple McPherson. Após servir na Guarda Costeira dos Estados Unidos durante a Segunda Guerra Mundial, Cole começou sua carreira no ministério de rádio e televisão. Em 1979, fundou a Christian Men's Network e, pouco tempo depois, diagnosticou uma condição catastrófica que assolava a nação. Uma "síndrome de anti-herói" havia "eliminado nossos heróis, desprovendo-nos de exemplos patrióticos". Seu livro sobre o assunto, *Maximized Manhood* [Homem ao máximo], lançado em 1982, venderia mais de um milhão de cópias.[15]

Cole apelava para a masculinidade cristã na linguagem do evangelho da prosperidade. Ao seguirem o plano de Deus, os homens "usufruiriam a terra de Canaã" em cada aspecto da vida: no casamento, na família, na vida profissional e na vida financeira. "Viveriam a vida de um homem em sua plenitude." Cole acreditava que o homem tinha três propósitos: guiar, guardar e governar — e que, para cumprir esses propósitos, precisava ser "tanto carinhoso *como* durão". Jesus era um equilíbrio perfeito das duas coisas: o mesmo homem que atraía crianças para si "fez um chicote de cordas e expulsou cambistas do templo". Cole rejeitava retratos "fracos" de Jesus, retratos que não revelavam seu verdadeiro caráter. "Semelhança com Cristo e hombridade são sinônimos", insistia; e, para ser como Cristo, ser homem exigia "certa rispidez".[16]

Quando Cole apareceu no programa *Clube 700*, de Pat Robertson, para argumentar que a liderança masculina exigia firmeza, a coapresentadora feminina agiu de forma hesitante. Mas Cole não recuou e não resistiu ao notar que sua interlocutora parecia usurpar a liderança masculina no programa. Ele assegurou a seus leitores que, na verdade, as mulheres imploravam pela liderança masculina, e que, quando os homens lideravam, as mulheres os amavam ainda mais. Cole se esforçou para distinguir entre "firmeza" e uma concepção "machista" de masculinidade, algo que, para ele, sugeria imaturidade infantil, falta de caráter e sexualidade promíscua. Contudo, mesmo que a compreensão de Cole sobre masculinidade reservasse um lugar para a ternura, certa medida de ternura nunca podia ser confundida com efeminação: "Eu gosto quando o homem age como homem", Cole deixou bem claro. "Não gosto de 'frescos' que andam na ponta dos pés para não pisar nas tulipas." Cole reconhecia que, em certa época, talvez o conceito de dureza tenha sido enfatizado demais; "hoje, no entanto, é a suavidade que está nos matando". Mulheres, crianças, igrejas e nações precisavam de tomadores de decisão masculinos; os Estados Unidos só eram grandes quando seus homens eram grandes. Tragicamente, porém, uma perniciosa síndrome anti-herói havia assolado a nação.[17]

Tal síndrome era evidente nos dramas televisivos, que criavam e destruíam as imagens de masculinidade — e isso "com consequências perigosas". Uma geração traumatizada por personagens como Archie Bunker, uma figura masculina tola, estampou na mente das pessoas uma imagem de masculinidade que atraía o "ressentimento, o desdém, a anarquia e a zombaria". Esses filhos, então, rejeitavam figuras de autoridade em sua própria vida, e os efeitos se estendiam à nação como um todo. Em décadas recentes, "uma doença filosófica e emocional" se infestara na vida da nação, tudo porque a ideia dos Estados Unidos "como uma nação 'virtuosa', uma benfeitora para todo o mundo, uma salvadora de ditadores escravizadores" tinha sido prejudicada por uma mídia perversa.[18]

Para Cole, a cura para a síndrome do anti-herói poderia ser encontrada na mídia cristã, capaz de oferecer heróis piedosos para o consumo popular. "Cansado da criação, pelo sistema mundial, de ímpios como heróis, transformando os maus em bons e os bons em maus", Cole criou e presidiu um Committee for International Good Will [Comitê da Boa-Vontade Internacional] com o objetivo de "tornar os piedosos da nação nossos heróis". O grupo oferecia prêmios anuais a homens exemplares, como Pat Robertson. Entretanto, se a transmissão cristã oferecia meios para incutir o ideal heroico masculino no coração e na mente dos estadunidenses, os evangélicos tinham motivo de preocupação. Naquele momento crítico, figuras da mídia cristã não estavam inteiramente à altura dessa tarefa.[19]

DURANTE A DÉCADA de 1980, uma série de escândalos sexuais envolvendo televangelistas derrubou diversos pregadores cristãos populares e chacoalhou os evangélicos que pensavam ter o monopólio dos valores morais. O primeiro a cair foi Marvin Gorman, pastor carismático das Assembleias de Deus em Nova Orleans. Em 1986, Jimmy Swaggart, televangelista rival com ministério localizado em Boston Rouge, acusou Gorman de haver cometido adultério com várias mulheres — incluindo a esposa de outro pregador, uma mulher à qual Norman estava oferecendo "aconselhamento bíblico". Gorman acabou confessando "um ato de adultério", embora afirmasse que foi a esposa do pastor quem começou a agarrá-lo e beijá-lo. Excluído e condenado ao ostracismo, Gorman declarou falência em 1987.[20]

De modo impressionante, Gorman não foi o único televangelista rival acusado de adultério por Swaggart naquele ano. O evangelista também mirou em Jim Bakker, apresentador do programa *The PTL Club*. Bakker e sua esposa, Tammy Faye, abandonaram a faculdade para se tornar evangelistas pentecostais no início da década de 1960 e, em 1965, juntaram-se à Christian Broadcasting Network (CBN), fundada por Robertson. Foi a popularidade de seu programa de variedades que ajudou a lançar o *Clube 700*; de fato, em 1980, a CBN já arrecadava mais de 50 milhões de dólares. A CBN não transmitia uma programação exclusivamente religiosa: no fim da década de 1970 e no início da década de 1980, a emissora expandiu ofertas "seculares" e incluiu uma programação familiar tradicional, com o retorno de filmes de Velho Oeste e shows como *Leave it to Beaver* [Aventuras de Pablito] e *The Brady Bunch* [A família Brady]. Em 1974, os Bakkers estabeleceram sua própria rede, a emissora PTL (Praise the Lord); em doze anos, a PTL adquiriria sua própria rede particular de satélites, acumularia receitas anuais de 129 milhões de dólares, empregaria 2.500 pessoas e criaria um popular parque temático, o Heritage USA. Uma "Disneylândia cristã", o Heritage USA continha uma miscelânia de arquitetura colonial, vitoriana e imaginária do

Sul, um toboágua, uma "fábrica celestial de caramelos" e lojas de presentes que vendiam uma variedade impressionante de bugigangas, joias e brinquedos. Em 1986, em seu auge, o parque atraía seis milhões de visitantes, tornando-se o terceiro parque de diversões mais popular do país. Então, Swaggart acusou Bakker de um "encontro de 15 minutos" com Jessica Hahn, a secretária da igreja.[21]

Inicialmente, Bakker providenciara 279 mil dólares em dinheiro a ser pago a Hahn; quando, porém, isso chegou ao conhecimento de Swaggart, Bakker renunciou e pediu a Jerry Falwell que assumisse o comando de seu ministério. Como batista independente, Falwell não partilhava a fé pentecostal de Bakker, mas sabia reconhecer e aproveitar uma oportunidade quando ela aparecia. Vale notar, no entanto, que a versão dos eventos narrada por Hahn era diferente da história contada por Bakker em diversos pontos-chave. Para Hahn, não se tratava de um "encontro": o que aconteceu com ela fora estupro premeditado. Hahn falou sobre a tentativa de resistir aos avanços de Bakker, de estar embriagada com vinho, possivelmente drogada, e de Bakker reclamar que sua esposa não o satisfazia sexualmente. Nas palavras de Bakker para ela: "Quando você ajuda o pastor, está ajudando as ovelhas". Olhando em retrospectiva, Hahn reconhece sua ingenuidade. Ela assistia ao programa de Bakker diariamente na televisão: "A sensação era: 'Nossa! É como se Deus entrasse na sala'". Inicialmente, Hahn ficou em silêncio após o incidente. A igreja era seu mundo, e ela temia que "milhões de pessoas" fossem afetadas caso a sua história fosse contada. Na narrativa de Hahn, subjacente ao escândalo e ao sensacionalismo, havia o ato de violência, de manipulação e estupro de uma jovem, o abuso de poder de um pregador e a traição a uma comunidade religiosa. Enquanto isso, o advogado de Bakker alegava que o pregador era a vítima.[22]

Em 1988, o próprio Swaggart foi flagrado flertando com uma prostituta por ninguém menos que Marvin Gorman, que desfrutou uma doce vingança quando Swaggart também foi destituído. Alguns anos depois, Swaggart seria novamente flagrado com uma prostituta, mas, em vez de confessar o fato, diria à congregação: "O Senhor me disse que não é da sua conta".[23]

As novelas dos televangelistas da década de 1980 serviam de atrativo para uma mídia nacional que parecia deliciar-se com a hipocrisia dos cristãos conservadores. Sexo, secretárias de igrejas, fraudes, intrigas, prostituição, consumo conspícuo do tipo mais espalhafatoso — todas essas revelações manchavam a imagem do evangelicalismo em geral, revelando o lado obscuro de um movimento religioso impulsionado pelas celebridades. Havia muito, os evangélicos classificavam a imoralidade sexual como um pecado mundano, um produto do secularismo, do liberalismo, do feminismo — ou seja, como algo que acontecia *fora* do rebanho cristão. No entanto, os escândalos sexuais dos televangelistas revelaram que seus próprios heróis religiosos tinham pés de barro. Se os cristãos precisavam de heróis viris, aqueles retratados pelas emissoras cristãs estavam aquém do esperado.

É nesse contexto que podemos entender a canonização de Oliver North. Robert Grant, cabeça das organizações Christian Voice [Voz Cristã] e American Freedom Coalition [Coalizão Liberdade Americana], reconheceu que a mobilização em torno de North "fornecia uma injeção financeira no braço de organizações que tinham visto as contribuições despencarem por causa das práticas atreladas a sexo e dinheiro dos televangelistas". Grant se recusou a atribuir um valor específico em dólares ao impacto de North, porém admitiu que "fizemos a situação funcionar para o nosso benefício". North ajudou os evangélicos a mudar a narrativa e a reabastecer seus cofres. Viguerie também reconheceu que, justamente quando a direita religiosa precisava ser galvanizada, North apareceu: "Ollie é um herói de cinco estrelas, aprovado e certificado em um movimento cuja carência de heróis é, neste momento, grande".[24]

Em parte, os evangélicos reverenciavam North por ele parecer tão excepcional, um retrocesso a uma época anterior, quando as coisas estavam bem com o mundo, um antídoto para celebridades sem escrúpulos que talvez fossem os produtos inevitáveis de uma fé orientada ao consumidor. Eis aqui um veterano do Vietnã que travou batalhas contra os comunistas e caçou terroristas ao redor do mundo, um homem que faria qualquer coisa a serviço de Deus e do país. Em uma época na qual os líderes religiosos careciam de um heroísmo premente, os evangélicos encontraram esse heroísmo em um lugar no qual a virtude e a disciplina ainda prevaleciam: no exército dos Estados Unidos.

DURANTE A GUERRA do Vietnã, os evangélicos passaram a admirar o exército como um alicerce contra a erosão da autoridade e como detentor de valores tradicionais em meio a uma cultura hostil, secularizada e emasculada. Nos anos 1980, eles trabalharam para forjar conexões mais estreitas com os militares, com vistas a fortalecer esse último bastião da grandeza estadunidense. Não é de admirar que Falwell tenha auxiliado nesse esforço. Trabalhando a pedido do governo de Reagan para apontar as loucuras de uma trégua, era comum que Falwell chamasse militares aposentados para ajudá-lo em seu argumento. Contudo, seria James Dobson aquele que desempenharia o papel mais crítico na consolidação de laços entre evangélicos e militares.

Em 1983, o chefe do Estado-Maior do Exército, o general John A. Wickham Jr., chamou Dobson — que acabara de ser nomeado "o leigo do ano" da NAE por seu trabalho de "salvar a família" — para liderar uma campanha de doutrinamento evangélico dos "valores familiares" no exército. Wickham, "homem de grande fé", se comprometera novamente com a fé e a família em uma trincheira no Vietnã e, como chefe de gabinete, tornou sua prioridade o fortalecimento dos valores morais dos membros do exército. O general ouvira falar de Dobson pelos congressistas republicanos Dan Coats, de Indiana, e Frank Wolf, da Virgínia. Dois anos antes, Coats e Wolf haviam assistido a uma exibição de *Where's Dad?* [Onde está o papai?], de Dobson. Ambos promoveram o filme e outros materiais do Focus on the Family para os membros do Congresso e suas famílias, e pensaram que o filme de Dobson poderia ser usado para fortalecer também as famílias de militares. Wickham concordou em trazer Dobson a bordo. Ambos se conheceram em um café da manhã de confraternização no Pentágono, e Dobson disse a Wickham ter "uma sensação inequívoca de companheirismo e fraternidade cristãos com você e com outros líderes militares". Os dois começaram a trabalhar em conjunto com o objetivo de fortalecer os "valores familiares" entre os que serviam nas Forças Armadas. Na primavera do ano seguinte, Wickham convidou Dobson para a Conferência de Comandantes no Pentágono, onde Dobson proferiu uma palestra sobre "a importância dos valores tradicionais da vida doméstica" para os oficiais e suas esposas. No ano seguinte, Wickham providenciou a distribuição do documentário *Where's Dad?* [Onde está o papai?] para todo o exército; todos os 780 mil soldados da ativa tinham de ver o filme, o qual servia como "bloco" para todo o "Plano de Ação Familiar".[25]

Os militares apagaram toda a linguagem enfaticamente religiosa do documentário, mas a ideologia dos valores familiares permaneceu intacta. Dobson acreditava que o destino da família e da nação dependia de homens assumindo os devidos papéis de liderança. "Amigos, se os Estados Unidos desejam sobreviver, os pais devem elevar as famílias ao nível máximo de prioridade, reservando parte de seu tempo, esforço e energia à liderança de sua própria casa". Wickham concordou. "A preparação do nosso exército está diretamente relacionada à força da nossa família", atestou. "Quanto mais forte for a família, mais forte será o exército, pois famílias fortes melhoram nossa prontidão para o combate."[26]

A parceria rendeu dividendos a ambos os homens. Dobson conseguiu expandir sua influência a todo o exército e explorar novas redes de distribuição (nem o exército nem a editora de Dobson divulgaram quanto as Forças Armadas pagaram por *Where's Dad?* [Onde está o papai?]), aprimorando, ao mesmo tempo, sua imagem e reforçando os laços militares. Em retribuição, Dobson ajudou a polir a imagem dos militares. Em 1984, a revista *Focus on the Family* publicou uma reportagem de capa sobre o trabalho de Dobson com o exército, e Wickham, juntamente com outros militares, participaram do programa diário de rádio produzido por Dobson. No ano seguinte, a revista publicou outro artigo elogiando a postura pró-família de Wickham; Dobson fez questão de enviar uma cópia a

Wickham, observando que ela fora distribuída para 650 mil pessoas de sua lista de correspondência. Alcançando milhões de ouvintes regulares, Dobson ajudou a reabilitar a forma de as pessoas verem os militares na era pós-Vietnã: "Fomos levados a acreditar que generais e almirantes são maníacos egocêntricos, ansiosos para explodir o mundo", escreveu ele em um boletim da Focus on the Family, mas "nada poderia estar mais longe da verdade". Comandantes como Wickham eram "patriotas dedicados, pessoas que se sacrificaram muito por seu país". O exército era uma instituição nobre.[27]

Wickham não foi o único líder militar a promover ensinamento evangélico. Em 1985, a revista *Command*, produzida pela Officers' Christian Fellowship, publicou uma edição especial, "The Christian Commander" [O comandante cristão], exortando os oficiais a usarem suas posições de influência com fins evangelísticos. Ninguém menos que o coronel da marinha John Grinalds — oficial supervisor de Oliver North em 1978 — produziu um artigo detalhando sua longa prática de "evangelismo em comando". Grinalds achava que os comandantes tinham de "apresentar Cristo" àqueles que estavam sob seu comando, acreditando que isso era obrigatório tanto pela Bíblia como pelos regulamentos militares. Afinal, os comandantes deveriam levar em conta a guerra espiritual de suas tropas. Grinalds compartilhava abertamente sua fé, convidando os fuzileiros navais a participarem dos cultos de domingo e incentivando os Navegantes — um ministério cristão evangélico — a testemunharem aos fuzileiros navais que estavam sob seu comando. Ele guardava Novos Testamentos na gaveta de sua mesa para distribuição e regularmente procurava transformar conversas individuais em "discussões sobre Cristo". Os resultados de seus esforços evangelísticos podiam ser quantificados: durante seu comando de doze meses, ele "viu o S-3, o S-4, o oficial de comunicações, o oficial de transporte motorizado, dois comandantes de companhia e o comandante de pelotão anfíbio entregarem a vida a Cristo", além de muitos outros cuja fé foi renovada e passaram pelo batismo.[28]

AO APOIAREM o exército, os evangélicos descobririam como é difícil verbalizar críticas ao militarismo. Se as Forças Armadas eram uma fonte de virtude, a guerra também alcançava status moral — até mesmo a guerra preventiva. Em seu livro *One Nation Under God* [Uma nação sob o governo de Deus], publicado em 1987, o reconstrucionista cristão Rus Walton ofereceu uma robusta defesa da guerra preventiva. Suponhamos que um "bandido", um bárbaro, um "maníaco depravado" ameaçasse sua esposa ou filha: "O que você faria? Quando agiria para protegê-la? Antes que o agressor atacasse? [...] Ou esperaria até que ele começasse a rasgar as roupas do corpo dela?". Sim, Jesus pode ter instruído seus seguidores a amarem os inimigos, mas não os inimigos *dele*. Os cristãos devem ser fortes:

"Que outros busquem remover o grande hino antigo 'Avante, soldado cristão!' de seus hinários! Quanto a nós, avançaremos com Jesus à nossa frente". Os cristãos foram chamados a lutar a batalha do Senhor, em sua nação e no exterior, e buscar domínio em seu nome. A edição em brochura do livro de Walton ostentou 150 mil cópias, e Walton se tornou um palestrante frequente nas conferências America for Christ [Os Estados Unidos para Cristo], do dr. James Kennedy.[29]

Ao promover a guerra preventiva, Walton contribuiu para uma "teoria cruzada de guerra". Nas guerras de conquistas cristãs, os "Estados justos" estavam justificados a tomar a ofensiva contra seus inimigos. A guerra dos cruzados fazia sentido no contexto da política da Guerra Fria, em que a neutralidade não era uma opção. No entanto, no verão de 1987, em meio às audiências Irã-Contras, o presidente Reagan estava em frente ao Portão de Brandemburgo, na Berlim Ocidental, ordenando a Mikhail Gorbachev: "Derrube este muro!". Dois anos depois, o muro caiu. Embora os evangélicos conservadores tenham ficado frustrados com a busca de Reagan por desarmamento ao longo de seu segundo mandato, foi sua postura agressiva no cenário mundial, sua propensão de "falar duro e de carregar um grande bastão", que parece ter produzido resultados indiscutíveis. Não tardou para que as peças de dominó começassem a cair, mas não na direção que os evangélicos conservadores havia muito temiam.[30]

Durante décadas, o anticomunismo foi um elemento central na cosmovisão evangélica, justificando o militarismo no exterior e uma busca militante por pureza moral em nível nacional. A vitória do mundo livre era algo a comemorar, mas também constituía um fator desorientador. Sem um inimigo em comum, seria mais difícil sustentar expressões militantes de fé. Entretanto, mesmo com o fim anticlimático da Guerra Fria, a teoria cruzada da guerra perdurou. Como um guia flexível para o combate, podia ser empregada para justificar a agressão contra ameaças externas e domésticas. Entre os nacionalistas cristãos, podia, na prática, santificar qualquer engajamento em que os Estados Unidos recorressem à força. Na frente doméstica, podia validar táticas questionáveis, ou até mesmo cruéis, sob o pretexto da defesa de uma nação cristã como os Estados Unidos. Na busca heroica por um bem maior, os fins justificariam os meios. Os evangélicos conservadores sabiam que haviam sido chamados para lutar a batalha do Senhor. Só não estava totalmente claro qual seria essa batalha

CAPÍTULO · 8

GUERRA PELA ALMA

PARA OS EVANGÉLICOS, a década de 1980 acabou trazendo uma bênção mista. De um lado, os evangélicos apreciavam seu recém-descoberto poder político e trabalhavam para aproveitá-lo ao máximo. Além de sua defesa pública e das fotos presenciais, estenderam sua influência nos bastidores. Na esteira da Conferência da Casa Branca,* realizada em 1980, James Dobson estabeleceu o Family Research Council, organização conservadora cujo objetivo era a pesquisa de políticas "pró-família". Com Reagan na Casa Branca, Dobson se tornou um "consultor regular" do presidente. (Dobson até gravou uma de suas transmissões de rádio Focus on the Family com Reagan no Salão Oval, e Reagan o nomeou copresidente do Citizens for Tax Reform** e do comitê nacional do Office of Juvenile Justice and Delinquency Prevention***) Na década de 1980, Tim LaHaye trocara seu ministério pastoral por uma carreira em tempo integral no ativismo político. No ano seguinte, fundou seu Council for National Policy, uma organização discreta. Diretórios vazados sobre quais membros faziam parte da organização revelam a rede espessa de alianças conservadoras: James Dobson, Jerry Falwell, Phyllis Schlafly, Beverly LaHaye, R. J. Rushdoony, Howard Phillips, Gary North, Pat Robertson, D. James Kennedy, Tom Perkins, Bill Bright, Ken Starr, Michael Farris, Jesse Helms, John Ashcroft, Trent Lott, Richard DeVos, Elsa Prince, Erik Prince, Wayne LaPierre, Richard Viguerie, Grover Norquist,

---

*White House Conference on Families. (N. T.)
**Cidadãos em prol da reforma tributária. (N. T.)
***Gabinete de Justiça Juvenil e Prevenção contra a Delinquência (N. T.)

Gary Bauer, Paul Weyrich e Oliver North. LaHaye também fundou a American Coalition for Traditional Values [Coalizão Americana em prol dos Valores Tradicionais], reunindo centenas de pastores conservadores e igrejas para a promoção do patriotismo e dos valores morais, bem como a Coalition for Religious Freedom [Coalizão para a Liberdade Religiosa] para fazer *lobby* pelos direitos religiosos. Em 1986, Falwell, LaHaye, Kennedy, Jimmy Swaggart, Jim Bakker e Bill Bright se juntaram a outros líderes da direita cristã para formar a Religious Coalition for a Moral Defense Policy [Coalizão Religiosa para a Defesa da Política Moral].[1]

Por outro lado, o sucesso político dos evangélicos representava, para ele, de certa forma, uma ameaça. Em 1984, Reagan foi reeleito com uma vitória esmagadora, obtendo 60% dos votos populares. (Na Convenção Nacional Republicana de 1984, um vídeo narrando as conquistas do primeiro mandato de Reagan deu início a uma série de clipes de filmes de John Wayne — afinal, ninguém deveria esquecer-se do que Reagan representava.) Cerca de 75% dos evangélicos brancos votaram em Reagan, embora, graças à recuperação da economia, seu apoio não tenha sido fundamental à reeleição. De certa maneira, a vitória decisiva de Reagan desviou o vento das velas evangélicas. Os evangélicos conservadores haviam aprendido a negociar com um senso combativo. Quando liberais, comunistas, feministas ou humanistas seculares pareciam estar vencendo, os apoiadores colocavam a mão no bolso. Com Reagan na Casa Branca, o senso de urgência diminuiu. Ao lado da imagem manchada, causada pelos escândalos sexuais dos televangelistas, a reeleição de Reagan conduziu a um declínio vertiginoso nas doações, apesar do impulso temporário fornecido por North.[2]

Consequentemente, os líderes da direita religiosa começaram a soar cada vez mais estridentes. Falwell provocou controvérsia ao caracterizar a Aids como "a ira de Deus contra os homossexuais" e ao recomendar que os portadores desse vírus fossem postos em quarentena. Também forjara conexões com alguns dos aliados ultramarinos mais controversos de Reagan, incluindo o regime pró-*apartheid* da África do Sul, Ferdinand e Imelda Marcos nas Filipinas e a brutal ditadura de direita em El Salvador. Enquanto isso, LaHaye tentava reivindicar o crédito pela reeleição de Reagan, mas sua vitória foi frustrada quando se revelou que a Igreja da Unificação, fundada por Sun Myung Moon — seita sul-coreana cujos seguidores eram popularmente chamados de *moonies* — era um dos maiores doadores de LaHaye. Após as eleições locais de 1986, LaHaye fechou seu American Coalition for Traditional Values. A Moral Majority de Falwell se desfez em 1989. Ao fim do segundo mandato de Reagan, na ausência de um inimigo em comum, o poder da direita cristã pareceu estar diminuindo.[3]

A PRIORIDADE do momento era a eleição de um novo presidente, porém não havia um herdeiro claro para ocupar essa posição, apesar de um deles haver atirado o chapéu no ringue. Em algum ponto da década de 1980, Deus disse a Pat Robertson para concorrer à presidência — isso de acordo com o próprio Pat Robertson. Em 1987, ele anunciou sua candidatura, mas a campanha teve um começo difícil quando os jornalistas descobriram que ele estava mentindo sobre a data do casamento para disfarçar o fato de que sua esposa já estava grávida havia sete meses quando ambos se casaram. A mídia também descobriu que, ao contrário de suas alegações, Robertson nunca havia participado de um combate: seu pai, um senador estadunidense, aparentemente mexera uns pauzinhos para manter o filho fora de perigo. Fora essas duas questões significativas, Robertson parecia preencher todos os requisitos.[4]

Fazendo campanha para "restaurar a grandeza dos Estados Unidos por meio da força moral", Robertson priorizou e centralizou a política externa. Opôs-se ao controle de armas, denunciou o "comunismo ímpio", clamou pela "derrota dos regimes marxistas no Terceiro Mundo" e prometeu "nunca negociar com comunistas ou marxistas". Robertson não ficava apenas na conversa quando o assunto era política externa. Durante o governo Reagan, expandiu seu império evangelístico para a América Central e passou a apoiar regimes brutais de direita em El Salvador e na Guatemala; a CBN também se tornou "a maior doadora particular para os campos dos Contras na Nicarágua, em Honduras" e uma poderosa defensora da ajuda aos Contras em Washington. Na campanha, Robertson exaltou as virtudes dos Estados Unidos como nação cristã e criticou o que viu como um ataque à fé e aos valores cristãos.[5]

A CBN de Robertson contava com uma audiência anual aproximada de 16 milhões de telespectadores e coletou 2,4 milhões de dólares em contribuições em 1986; Robertson esperava traduzir sua audiência em apoio político, em um "exército invisível". Dada a improbabilidade de sua campanha, opositores e jornalistas usaram o termo de forma irônica, mas Robertson o abraçou. Seu exército constituía-se principalmente de carismáticos, pentecostais e cristãos "cheios do espírito", um subconjunto do evangelicalismo branco, mas ele não conseguiu conquistar o apoio da maioria dos evangélicos. Falwell, LaHaye, Kennedy, Robison e Dobson se recusaram a apoiá-lo. Isso, em parte, talvez tenha decorrido de rivalidades profissionais; no entanto, nunca pareceu que Robertson tivesse muita chance de vencer. Para aqueles que queriam acesso ao Salão Oval pelos próximos quatro anos, apoiar o candidato do *establishment* parecia uma aposta mais segura. Mas também havia o fato de a ocupação de Robertson como ministro ser vista por alguns como um prejuízo. Não somente ele era um televangelista lançando uma campanha em meio a uma série de escândalos sexuais envolvendo televangelistas, mas também muitos cristãos não pareciam inteiramente confiantes de que um pastor fosse capaz de fornecer a liderança robusta que se fazia necessária no cenário nacional. Sem dúvida, Robertson empalidecia em comparação com Reagan. A maioria dos evangélicos acabou apoiando George H. W. Bush, que, sentindo para que lado os ventos sopravam, lentamente se alinhou aos conservadores religiosos.[6]

O apoio evangélico a favor de Bush era morno, e o sentimento era mútuo. Bush também não tinha a masculinidade robusta de seu antecessor, mas, felizmente para ele, seu concorrente era Michael Dukakis. Os republicanos não perderam tempo em impugnar o patriotismo de Dukakis e sabotar sua masculinidade — e, na opinião deles, uma coisa estava intimamente atrelada à outra. Pelo menos desde 1972, os republicanos vinham argumentando que os democratas não tinham força para defender a nação. No outono de 1988, os evangélicos permaneceram leais ao Partido Republicano: 70% votaram em Bush, e Bush venceu facilmente o rival democrata.[7]

No segundo ano da presidência de Bush, no verão de 1990, o Iraque invadiu o Kuwait. Em resposta, os Estados Unidos forjaram uma coalizão internacional para dar fim à ocupação do Iraque. Diferentemente dos bispos católicos romanos e do clero tradicional protestante, a maioria dos evangélicos apoiou, com entusiasmo, a Operação Tempestade no Deserto. Nesse primeiro grande engajamento militar desde a derrota humilhante dos Estados Unidos no Vietnã, não estava claro, inicialmente, como as coisas se desenrolariam; todavia, uma vez que o ataque terrestre contra as forças de Saddam Hussein teve início, a resposta ficou clara. Este não era o Vietnã, mas, sim, uma demonstração impressionante da superioridade militar estadunidense. Sem dúvida, operações preliminares foram um pouco bagunçadas: poços de petróleo foram queimados, e Hussein permaneceu no poder. Por algum tempo, porém, o gosto do poderio estadunidense renovado foi emocionante.[8]

Em 1991, a Guerra Fria terminou oficialmente. Por mais de quatro décadas, os evangélicos se mobilizaram contra uma ameaça comunista iminente. Com o poder estadunidense restaurado e seu inimigo derrotado, a necessidade de um militarismo evangélico não era mais autoevidente.

De forma um tanto criativa, Pat Robertson liderou o caminho na identificação da crise necessária. Após fracassar em sua candidatura presencial, Robertson usou os milhões de nomes em sua lista de campanha para fundar a Christian Coalition [Coalizão cristã]. Em 1991, Roberston publicou *The New World Order* [A nova ordem mundial], argumentando que o presidente Bush estava sendo enganado ao pensar que a ameaça do comunismo acabara. Em sua opinião, o totalitarismo retornara ao antigo bloco soviético de uma forma ainda mais "enganosa e perigosa". Também acusou Bush de lançar a guerra do Iraque como um plano desonesto em que os Estados Unidos cederiam a soberania estadunidense às Nações Unidas. Inspirado por sua interpretação das profecias bíblicas no Livro de Apocalipse, os protestantes conservadores havia muito temiam um governo "mundial" liderado pelo Anticristo. No início do século 20, tais medos se atrelavam à Liga das Nações e, durante a Guerra Fria, se materializaram em um anticomunismo virulento — embora o *best-seller* de Hal Lindsay, *The Late Great Planet Earth* [A agonia do planeta terra] (1970), alertasse para o fato de que a Comunidade Europeia inauguraria o reino do diabo. Com a queda da União Soviética, as suspeitas recaíam diretamente sobre a ONU — e, no caso de Robertson, dos Iluminati, dos ricos banqueiros judeus e dos internacionalistas corporativos. O *Wall Street Journal* descartou o livro de Robertson como "um compêndio previsível dos maiores sucessos da ala lunática", escrito em um "estilo energeticamente maluco". Enquanto isso, o livro escalou para o número quatro da lista de *best-sellers* do *New York Times*, chegando a vender meio milhão de cópias. Sob a liderança de Ralph Reed, a Christian Coalition, fundada por Roberston, rapidamente se tornaria a mais poderosa organização de base da direita religiosa, construindo redes em todos os cinquenta estados e, em 1994, reivindicando reunir mais de um milhão de membros.[9]

No fim da Guerra do Golfo, a aprovação do presidente Bush atingia a marca dos 89%. Entretanto, com a recessão de 1990—1991 e seu retrocesso na promessa "sem novos impostos", sua popularidade logo despencou. Ao perceber a vulnerabilidade do presidente, Pat Buchanan — defensor da direita religiosa que trabalhara para Nixon, Ford e Reagan — decidiu desafiar Bush nas primárias de 1992. Preocupado com o nível de apoio demonstrado a Buchanan, Bush procurou a National Association of Evangelicals e a Convenção Batista do Sul, e começou a defender mais abertamente os valores sociais conservadores. Dessa forma, Bush inaugurou o que Reed chamaria de "a plataforma mais conservadora e pró-família da história do partido". Bush conclamou que se proibisse o aborto, opôs-se aos direitos LGBT, defendeu a prática de oração nas escolas e os direitos da educação domiciliar. Buchanan não tirou Bush do poder, porém deslocou o Partido Republicano mais para a direita. A Guerra Fria podia ter terminado, mas, na noite de abertura da Convenção Nacional Republicana, Buchanan declarou o início de um tipo diferente de guerra: "Existe uma guerra religiosa em curso neste país [...] uma guerra cultural cuja relevância para o tipo de nação que queremos ser é tão grande quanto a própria Guerra Fria. Trata-se de uma guerra pela alma dos Estados Unidos".[10]

Todavia, a direita religiosa prontamente perdeu a primeira batalha da guerra de Buchanan. Em uma corrida presidencial entre três candidatos, Bill Clinton emergiu vitorioso contra Bush e Ross Perot. Se Bush fora um desapontamento para os evangélicos estadunidenses, Bill Clinton parecia ser um desastre.

APESAR DE SUAS credenciais sulistas e batistas, Clinton era um anátema para a direita religiosa. Como alguém que escapara do serviço militar, fumante de maconha e democrata, Clinton representava tudo o que a direita religiosa desprezava na década de 1960. Além disso, sua esposa também era um problema. Ela defendia os direitos civis, os direitos das crianças e fizera campanha para o liberal antiguerra George McGovern e para o pusilânime Jimmy Carter. Pior ainda: como feminista e mulher que trabalhava fora, Hillary Rodham provocara a ira dos conservadores religiosos quando se recusou a usar o nome do marido. (Mais tarde, Hillary mudou seu nome, em uma tentativa de apaziguar os críticos e suavizar o caminho de Bill.) Em 1992, durante a campanha eleitoral, seu feminismo se tornou um ponto de discórdia quando, em resposta à insinuação de que seu escritório de advocacia recebera favores do marido na época em que ele era governador, ela retrucou: "Talvez eu devesse ter ficado em casa, fazendo biscoito e servindo chá". A reação foi rápida e brutal: "Se, alguma vez, cogitei a ideia de votar em Bill Clinton", escreveu uma mulher em uma carta à revista *Time*, "a maldade presunçosa do comentário de sua esposa arrancou essa cogitação pela raiz". A leitora falava em nome de muitas mulheres. Desde a década de 1970, a identidade de donas de casa se tornara altamente politizada, e Hillary Rodham Clinton despertava medo, ressentimento e desdém entre muitas mulheres conservadoras, algumas até mesmo se sentindo desvalorizadas por sua própria existência. Evidentemente, muitas mulheres já se preparavam havia duas décadas para reagir dessa forma com os livros que liam e de mensagens que escutavam. Não fazia diferença que Hillary gostasse de preparar biscoitos, ou que tivesse sido premiada pela revista *Family Circle* por sua receita de biscoito de chocolate. Quando se tratava de Hillary Clinton, os evangélicos conservadores não estavam dispostos a perdoar ou esquecer.[11]

Com a família Clinton ocupando a Casa Branca, as perspectivas pareciam sombrias para os conservadores religiosos. Pelo lado positivo, a direita religiosa sempre prosperou a partir de um senso combativo e, com a eleição de Clinton, a Christian Coalition e outras organizações conservadoras viram um aumento significativo do número de membros e da arrecadação de fundos. A Casa Branca de Clinton fornecia munição diária para a indignação conservadora. Além do constante barulho de alegações de corrupção, a preocupação mais imediata era a tentativa malsucedida da primeira-dama de reformar o sistema de saúde estadunidense. Para os conservadores, isso não só cheirava a socialismo; a Christian Coalition também insistia que a reforma do sistema de saúde escondia uma "agenda social alarmante", promovendo, ostensivamente, o aborto, os direitos dos homossexuais e a educação sexual. Mas isso era só a ponta do iceberg.[12]

"A Nova Ordem Mundial Deseja seus Filhos", advertia Phyllis Schlafly. Quando Hillary Clinton publicou *It takes a Village** [É preciso de uma aldeia], um livro descrevendo como forças além da família imediata impactavam o bem-estar das crianças da nação, Schlafly e outros conservadores foram categóricos em afirmar que *não* era necessário contar com uma vizinhança para educar um filho. Viam esforços fracassados no sentido de garantir uma legislação federal sobre creches, e o trabalho do Children's Defense Fund [Fundo de Defesa Infantil] e a Convenção das Nações Unidas sobre os Direitos da Criança como tentativas veladas de infringir os direitos dos pais. Os pais não queriam uma comunidade "intrometida". Se você permitir que a comunidade "usurpe sua autoridade paterna, pode ter certeza de que ela ensinará a seus filhos comportamentos que você não quer que eles aprendam". Schlafly imaginava um futuro em que os pais não tinham mais o direito de disciplinar seus filhos, e as crianças exigiriam ver televisão, recusando-se a frequentar a igreja dos pais e até mesmo a participar de um culto. Ao promover o absurdo dos "direitos das crianças", tanto a administração Clinton como a ONU ameaçavam a autoridade dos pais, uma sociedade ordeira e a soberania estadunidense.[13]

Deixar de proteger a soberania nacional não era a única maneira de Clinton minar a segurança nacional. A Guerra do Golfo revigorara brevemente as narrativas do exército heroico e do poderio estadunidense, mas, para os conservadores, essa confiança diminuiu rapidamente quando Clinton assumiu o cargo de comandante em chefe. Na frente militar, os pecados de Clinton eram uma legião. Logo no início de sua presidência, anunciara a intenção de franquear o ingresso nas Forças Armadas a todas as pessoas, a despeito de sua orientação sexual. Confrontando-se com uma reação negativa imediata, ele se contentou com uma política do tipo "Don't ask, don't tell" [Não pergunte, não fale]. A oposição veio do próprio exército e dos evangélicos estadunidenses e, nesse ponto, sem dúvida, os dois grupos não se excluíam. Os evangélicos no exército haviam usado materiais fornecidos por organizações como Family Research Council, Concerned Women for America, Focus on the Family e Exodus International, de modo que se opunham a abrir o exército a membros gays. Dobson, por sua vez, recebeu o coronel Ronald D. Ray em seu programa de rádio, e Ray advertiu os ouvintes de

---

*O título do livro alude ao provérbio "It takes a village to raise a child" (lit.: 'É preciso uma aldeia para educar um filho'), remetendo à ideia de que não só a família, mas toda a comunidade, coopera com o desenvolvimento de uma criança. (N. T.)

que "líderes militares estavam sendo realmente ingênuos acerca do plano ideológico" promovido pelos homossexuais.[14]

Os evangélicos não estavam apenas preocupados com "gays no exército"; eles temiam a "feminização" do exército como um todo sob o governo de Clinton. Em 1994, Clinton assinou uma ordem permitindo às mulheres que servissem em navios e aviões de combate, decisão que provocou a ira dos conservadores religiosos. Isso não apenas ia contra as diferenças de gênero ordenadas por Deus, mas, ao posicionar as mulheres em lugares que não lhes pertenciam, elas eram expostas a práticas de agressão sexual. Durante a década de 1990, uma série de escândalos sexuais abalou as Forças Armadas. Do incidente de Tailhook, de 1991, ao adultério do piloto da força aérea Kelly Flinn, estava claro para os conservadores que o exército não era lugar para mulheres. As mulheres deveriam ser postas em pedestais, não em campos de batalha. Para piorar as coisas, Clinton castrou ainda mais o exército ao enviar tropas em inúmeras missões de paz das Nações Unidas. Segundo expresso por Schlafly, Clinton e "burocratas muito bem pagos" pareciam desejar o estabelecimento da ONU como "um governo mundial, com sua própria força policial e sua própria autoridade tributária", mas ela relembrava aos leitores que "nenhum homem pode servir a dois senhores". O envio de soldados estadunidenses como "mercenários da ONU [...] em falsas 'missões de paz'" a lugares como Somália, Haiti e Ruanda era um ato inconstitucional e antiamericano. Também era um ato indigno do sexo masculino.[15]

Schlafly estava certa ao pressentir que as forças de paz se diferenciavam dos exércitos tradicionais. Desvinculada das agendas nacionalistas, a ONU permaneceu como um modelo de força militar não imperialista pós-Guerra Fria, que parecia evitar o militarismo tradicional e a masculinidade patriarcal. Alguns membros das Forças Armadas também consideraram essa mudança útil. No rescaldo da Guerra Fria e da Guerra do Golfo, os fuzileiros navais relataram que estavam perdendo a confiança em si mesmos. Dois anos após a vitória decisiva no Iraque, sem uma missão clara, eles nem se sentiam "mais como verdadeiros fuzileiros navais".[16]

SE OS EVANGÉLICOS conservadores precisavam de algo mais para não gostar da família Clinton, o caso Lewinsky proporcionara esse elemento extra. Com a propagação de boatos sobre o "relacionamento inapropriado" do presidente com a ex-estagiária da Casa Branca em janeiro de 1998, Schlafly disparou: "O que está em jogo é se a Casa Branca se tornará um veículo de relações públicas para mentiras e pesquisas falaciosas, semelhante a um programa de televisão, ou se continuará a ser uma plataforma de articulação de princípios políticos e valores respeitados pelos estadunidenses". Clinton havia "convertido a ofensa outrora grave de mentir para o público estadunidense em um ritual diário", extinguindo toda a reverência pelo ofício da presidência. A questão realmente não era "o que Bill Clinton fez ou deixou de fazer com a Paula, com a Gennifer ou com a Monica", mas "se iremos, ou não, permitir que o presidente passe a desrespeitar a lei e mentir em rede nacional, escondendo-se, enquanto isso, atrás de sua popularidade nas pesquisas". Se esse precedente prevalecesse, Schlafly profetizou que "os estadunidenses poderiam esperar uma sucessão de charlatões da TV e de mentirosos profissionais ocupando a Casa Branca".[17]

James Dobson também enviou uma carta aos seus seguidores demonstrando estar alarmado e perplexo com a humilhação do presidente, de sua família e da nação. Como Schlafly, Dobson se horrorizara que seus concidadãos estivessem dispostos a perdoar o comportamento do presidente como "apenas um caso pessoal — algo entre ele e Hillary". Lembrando os leitores de que os oficiais militares estavam sendo responsabilizados por conduta sexual inapropriada, Dobson achava "profundamente alarmante" que as regras parecem ser reescritas para Clinton. Ainda mais: a desonestidade de Clinton fazia parte de uma longa história de imoralidades e inverdades. O presidente mentira sobre Gennifer Flowers e sobre haver burlado o serviço militar; visitara "a União Soviética e outras nações hostis durante a Guerra do Vietnã, reivindicando ser apenas um 'observador'"; organizara e participara de manifestações contra a guerra; mudava de assunto quando lhe faziam perguntas relacionadas ao fato de ter feito uso de maconha. "Caráter REALMENTE importa", opinou Dobson. "Você não pode cuidar de uma família, muito menos de uma nação, se não for alguém de caráter."[18]

Pat Robertson também deu sua contribuição. Clinton havia "debochado, degradado e difamado" a presidência, transformando a Casa Branca em um "parque de diversões sexuais, como se fosse um garoto-propaganda da década de 1960", vociferou a três mil membros da Christian Coalition, levando seu público a aplaudi-lo de pé. Ralph Reed também insistia que a questão do caráter era importante: "Nós nos preocupamos com a conduta de nossos líderes e não descansaremos até que tenhamos líderes de bom caráter moral". Enquanto isso, Jerry Falwell enviou uma edição especial de seu relatório semanal para mais de 160 mil pastores evangélicos, instando-os a chamar os membros indecisos da Câmara a votar pelo *impeachment* de Clinton. A Christian Coalition coletou mais de 250 mil assinaturas em uma petição com essa finalidade. O Family Research Council publicou anúncios na televisão em que pedia a renúncia de Clinton em decorrência de seu "déficit de virtude". O teólogo evangélico Wayne Grudem assinou uma carta pública em que criticava Clinton por seu "uso indevido da mulher" e de sua "manipulação da verdade", ao passo que Paige Patterson,

Al Mohler e Richard Land, líderes da SBC, assinaram uma carta chamando Clinton à responsabilidade.[19]

O presidente infiel, que fugira do serviço militar e se demonstrava moralmente deficiente, representava tudo o que estava errado com os Estados Unidos. Todavia, para a consternação dos evangélicos, a conduta sexual inapropriada de Clinton parecia aumentar sua estatura aos olhos de muitos estadunidenses. Desde a década de 1970, os conservadores tinham como alvo os homens liberais, tratando-os como covardes, deficientes em qualidades masculinas de liderança. À medida que, cada vez mais, os detalhes do escândalo Lewinsky vinham à tona, "a imagem de Bill Clinton passava da imagem de um marido castrado à de um conquistador indomável, cujo desejo desenfreado por conquista sexual colocava em risco todas as mulheres em sua órbita", segundo o psicólogo clínico Stephen Ducat. Talvez "por trás da desaprovação de alguns comentaristas masculinos", pairasse "uma inveja disfarçada". A avaliação de Clinton no cargo recebeu impulso significativo com o desenrolar do escândalo: "Aquele que antes era um presidente feminizado ressuscitou como um líder fálico".[20]

Entre os críticos evangélicos de Clinton, parecia que sua preocupação com o comportamento predatório de Clinton correspondia mais ao próprio Clinton do que ao comportamento em si. Em seus próprios círculos, os evangélicos não tinham um histórico forte quando o assunto era defesa das mulheres contra assédio e abuso. Na década de 1980, por exemplo, Dobson recomendara ceticismo e cautela em relação a certas alegações de violência doméstica. Em *Love Must Be Tough* [O amor deve ser firme] (1993), Dobson adverte sobre mulheres que "deliberadamente 'atraem'" a violência de seus maridos, "antagonizando-os verbalmente" até conseguirem "o prêmio" que procuram: uma contusão que podem exibir diante de "vizinhos, amigos e da lei" para obter alguma "vantagem moral", ou talvez para justificar um escape antibíblico do casamento por meio do divórcio. Tal argumento permaneceu inalterado em sua edição do livro de 1996.[21]

Em 1991, a nomeação de Clarence Thomas à Suprema Corte dos Estados Unidos deu ensejo a que os evangélicos refletissem ainda mais sobre as questões de assédio e abuso. Após sua nomeação, Anita Hill — ela mesma uma cristã devota, tendo servido na Faculdade de Direito da Universidade Oral Roberts — apresentou, de forma relutante, sua versão da história do persistente assédio sexual de Thomas. Segundo Hill, Thomas gostava de detalhar várias cenas que vira em filmes de pornografia e de se gabar de sua "proeza sexual". Tanto Hill como Thomas eram negros, e as audiências contenciosas acabaram dividindo a comunidade afro-americana. Entre os evangélicos brancos, contudo, havia pouca dissidência: eles enxergavam Hill como alguém que representava a influência corrupta e conivente do feminismo moderno e passaram a apoiar Thomas.[22]

Nas páginas da *Christianity Today*, Charles Colson argumentou que as audiências envolvendo Thomas haviam sido resultado de um feminismo enlouquecido. As feministas insistiam que as mulheres deveriam ser sexualmente liberadas ("promíscuas"), usar linguagem explícita ("obscena") e estar livres do "fardo de ter filhos" (a fim de competirem no mercado de trabalho), mas agora elas reclamavam quando os homens empregavam um linguajar explícito ao falar com as mulheres no local de trabalho. "As mesmas pessoas que, deliberadamente, haviam derrubado os códigos mais antigos de cavalheirismo e deferência às mulheres agora querem a proteção que esses códigos oferecem", lamentou. Não era só a família que estava sob ataque, mas algo ainda mais fundamental: "a própria noção do que significa ser mulher". O que os estadunidenses presenciavam resultava da confusão semeada por feministas militantes e, visto que Deus não era "autor dessa confusão", algo diabólico estava acontecendo.[23]

Phyllis Schlafly zombou da mera ideia de que Hill podia ser vítima de assédio sexual, ou, conforme disse, de "algumas palavras infelizes no local de trabalho". Afinal, Hill era uma advogada da EEOC,* de modo que saberia como lidar com o assédio sexual caso uma coisa dessas acontecesse. Schlafly difamou Hill como epítome da "pose impostora" que as feministas adotavam quando desejavam obter poder: "'a coitada de mim', a ingênua maltratada, a donzela em apuros que clama ao 'Big Brother', o Governo Federal, para defendê-la dos lobos do local de trabalho — não apenas do que eles possam fazer, mas também do que possam dizer". Schlafly não acreditava nessa história. Hill era inteligente, durona e "perfeitamente capaz de dizer a um homem para fechar a boca, manter as mãos longe, ir se 'ferrar' ou simplesmente dizer-lhe 'não'". Para Schlafly, a coisa toda não passava de uma "ofensiva de última hora", orquestrada por uma "turba feminista" que tentava linchar Thomas.[24]

Embora poucos chegassem perto da expressividade de Schlafly, outras figuras importantes da direita cristã, incluindo Paul Weyrich, Pat Robertson, Ralph Reed e Gary Bauer, também saíram em defesa de Thomas. Em parte, isso pode ser explicado pelo bem maior que os evangélicos esperavam realizar com a ascensão de outro juiz conservador à Suprema Corte. Entretanto, muito tempo depois de Thomas se haver instalado, com segurança, na mais elevada corte, os conservadores continuaram a mobilizar medidas contra o assédio e o abuso sexual. Eles se opuseram à lei de violência contra a mulher, sancionada pelo presidente Clinton em 1994, em muitos de seus aspectos. Conforme explicado por Schlafly, a lei contra a agressão feminina era mais um exemplo da "demanda insaciável

---

*Equal Employment Opportunity Commission. (N. T.)

do governo federal por mais poder". Schlafly também acusava as feministas de inflacionar as taxas de assédio e abuso, sugerindo que a maioria dos casos extremamente raros de verdadeiro assédio sexual podia ser atribuída às próprias feministas. Antes de as feministas entrarem em cena, na década de 1970, havia todo o tipo de leis protegendo as mulheres, argumentava Schlafly, mas as feministas haviam destruído essas proteções em sua busca por igualdade. Agora, ao se fazerem de vítimas, ocupavam-se em inventar novas infrações. Além desse absurdo, as feministas desejavam criminalizar "todo o sexo heterossexual" como estupro, "a não ser que um consentimento verbal afirmativo, sóbrio e explícito fosse provado". Aparentemente, as piadas também não eram mais permitidas, visto que as feministas não tinham senso de humor. Por fim, eventuais preocupações com a violência doméstica podiam estar atreladas a uma agenda feminista global: quando Hillary Clinton representou os Estados Unidos na Conferência Mundial da Mulher, ocorrida em 1995, em Pequim, proferindo seu eloquente e elogiado discurso "Direitos da mulher são direitos humanos", isso apenas confirmou a temerosa ligação entre globalismo, feminismo e a administração Clinton. Todas as peças se encaixavam em uma trama complexa, cujo objetivo era minar a soberania dos Estados Unidos e a autoridade do patriarca da família.[25]

OS LÍDERES RELIGIOSOS não eram os únicos críticos da administração Clinton, tampouco os mais estridentes. A revogação, em 1987, da Fairness Doctrine da FCC,* que exigia tratamento honesto e equitativo nas questões de cunho controverso, deu início a uma era no rádio que mudaria o teor do diálogo político americano. O estilo bombástico de Rush Limbaugh marcava o tom. Dia após dia, os ouvintes podiam sintonizar-se em um mundo no qual os homens brancos ainda reinavam, supremos, nas esferas pública e privada. Limbaugh era conhecido por seus comentários machistas e misóginos. Hillary Clinton era o alvo favorito, assim como várias *"feminazis"* e jornalistas do sexo feminino, a quem ele se referia como "infobabes" e "ancoretes". Apoiador entusiástico dos militares, Limbaugh amava ridicularizar Clinton como um trapaceiro, embora ele mesmo gostasse de falar sobre comida e fumar charutos caros, enquanto zombava de homens liberais como "os novos *castrati*". Milhões de pessoas o escutavam, muitas vezes diariamente. Desviando o foco da linha entre notícias e entretenimento, a popularidade de Limbaugh era clara, embora fosse difícil discernir sua influência. Pelo menos uma reportagem de capa da *Time*, em 1995, advertiu que seu "populismo eletrônico" ameaçava "causar um curto-circuito na democracia representativa".[26]

---

*Federal Communications Commission [Comissão Federal de Comunicação]. (N. T.)

Em 1996, Bill O'Reilly se juntou a Limbaugh no universo da mídia de direita. Contratado por Roger Ailes para apresentar *The O'Reilly Factor* na Fox News Channel, O'Reilly canalizava a ira masculina de forma semelhante, explorando a raiva e o ressentimento que fermentavam entre os homens brancos conservadores, os quais percebiam seu deslocamento cultural. Também O'Reilly modelava a política, especialmente a política externa, levando em conta o poder masculino. Com comentaristas masculinos bombásticos dividindo a tela com mulheres cujas qualificações aparentemente incluíam uma hiperfeminilidade sexualizada, a masculinidade retrógrada parecia estar no cerne da atratividade da emissora.[27]

Nem Limbaugh nem O'Reilly fizeram nome como apresentadores cristãos; muitos evangélicos conservadores, no entanto, sentiam-se atraídos por seu apelo masculino. Na década de 1980, Tim LaHaye pedira a criação de uma emissora cristã. A Fox News não se enquadrou em termos religiosos, porém mais do que se encaixou no perfil. Seu perfil não era teológico, pelo menos não da perspectiva da doutrina tradicional; seu perfil era cultural e político. A emissora propagava uma visão nostálgica segundo a qual os homens brancos ainda dominavam, as feministas e outros liberais eram demonizados e a masculinidade militante e a feminilidade sexualizada ofereciam uma perspectiva de como as coisas deveriam ser. Os evangélicos brancos se sentiam atraídos para a emissora, a qual, por sua vez, moldava o evangelicalismo. Mas esse não é um caso de política sequestrando religião: as afinidades entre a Fox News e o evangelicalismo conservador eram profundas. Muito antes de O'Reilly inventar a "Guerra no Natal", os evangélicos sabiam que o apresentador estava ao lado deles. Duas décadas depois, a influência da Fox News sobre o evangelicalismo conservador seria tão profunda que jornalistas e acadêmicos achariam difícil separar os dois.[28]

NA AUSÊNCIA de uma ameaça externa clara, guerreiros culturais como Robertson, Dobson, Schlafly e Buchanan identificaram uma nova batalha — batalha da qual dependia a alma da nação. Graças à enxurrada constante de escândalos, reais e imaginários, emitidos pela Casa Branca de Clinton, os líderes conservadores tiveram êxito em atiçar o fogo da militância evangélica. Todavia, durante a década de 1990, outros movimentos, em alguns casos opostos, sinalizaram para novas direções potenciais do evangelicalismo pós-Guerra Fria. Não mais preocupados em se defender contra a disseminação do comunismo, muitos evangélicos passaram a abraçar uma agenda de política externa mais expansiva, voltando sua atenção para a pobreza global, o tráfico humano, a epidemia global de Aids e a perseguição contra os cristãos em todo o mundo. Em 1996, a NAE emitiu uma "Declaração de Consciência", elevando a perseguição religiosa e os direitos humanos à condição de principais preocupações da política externa.

Conforme explicado por Richard Cizik, vice-presidente da NAE para assuntos governamentais, na era pós-Guerra Fria, os evangélicos "se interessariam mais em fazer a diferença do que em fazer pose". Por algum tempo, parecia que a "belicosidade instintiva" dos evangélicos poderia estar diminuindo, pois eles começavam a abarcar um conjunto mais difuso de comprometimentos.[29]

A NAE representava um evangelicalismo de *establishment* mais moderado; porém, até mesmo na direita cristã, alguns buscavam ampliar a coalizão pela suavização da mensagem. Como líder da Christian Coalition, Ralph Reed aconselhava os membros a "evitarem uma retórica hostil e intemperada", adotando, em vez disso, uma postura mais tolerante, enfatizando a inclusão: "Nós nos deixamos discriminar por um número ínfimo de questões, tais como o aborto, os direitos homossexuais e a oração nas escolas", advertia Reed, de modo que era hora de tomar um novo rumo. No entanto, nem todos os membros da Christian Coalition estavam de acordo com isso. Por volta de 1996, surgiu uma rixa entre Reed e os membros da velha guarda, os quais não desejavam ceder em seus valores arraigados — homens como Falwell, Dobson, Gary Bauer e muitos outros membros de destaque da organização.[30]

As tensões entre as manifestações militantes e outras mais voltadas ao futuro, típicas do evangelicalismo na década de 1990, também encontraram expressão nas discussões evangélicas sobre a masculinidade cristã. Aqui, também, não se estava garantindo que antigas convicções prevaleceriam. Sem a ameaça do comunismo ateu para justificar a masculinidade cristã militante, muitos homens evangélicos começaram a expressar incertezas quanto ao que a masculinidade, de fato, exigia. Ao que tudo indica, os tempos haviam mudado. Talvez a masculinidade também tivesse de mudar.

CAPÍTULO · 9

GUERREIROS DÓCEIS

NO VERÃO DE 1997, cerca de setecentos mil homens cristãos afluíram à capital do país para "permanecer na brecha" e se tornar homens de Deus, cumprir suas promessas de honrar e obedecer a Deus, proteger suas famílias, buscar a virtude e influenciar seu mundo. Seis anos antes, quatro mil e duzentos homens haviam participado do primeiro comício organizado pelos Promise Keepers [PK], idealizado por Bill McCartney, então treinador de futebol da Universidade do Colorado. McCartney passara por uma crise pessoal e religiosa quando sua filha deu à luz um bebê de um de seus jogadores. Percebendo que não havia priorizado sua família, McCartney deixou a Igreja Católica Romana e foi para a igreja evangélica Vineyard Christian Fellowship. Pensando que não estava sozinho em suas lutas, decidiu fazer um apelo à renovação da masculinidade cristã. No ano seguinte, James Dobson promoveu os Promise Keepers em seu programa de rádio, ajudando a inflamar um movimento nacional. Em 1994, 278 mil homens participaram de eventos dos Promise Keepers em estádios ao redor do país. No ano seguinte, setecentos mil participaram e, no ano seguinte, 1,2 milhão de homens. Em 1997, tornou-se impossível ignorar esse movimento de homens evangélicos.[1]

Muitos observadores ficaram alarmados com a multidão de homens cristãos reunidos no National Mall. Patricia Ireland, presidente da National Organization for Women, viu o movimento como uma ameaça aos direitos das mulheres: "Os Promise Keepers parecem pensar que as mulheres ficarão tão emocionadas com a promessa masculina de assumir 'responsabilidades' em suas famílias que estaremos em segundo plano em todas as áreas da vida". Embora os Promise Keepers se apresentassem como uma organização apolítica, Ireland se mostrava cética:

ao ver os homens reunidos em Washington DC, viu "centenas de milhares de homens em listas de mala direta". Para Ireland, o ministério dos homens evangélicos nada mais era do que "células políticas ocultas". Embora ela admitisse que muitos dos homens reunidos em estádios em todo o país tivessem pouca consciência da agenda política mais ampla do grupo, ela identificou um "panteão religioso da direita por trás dos Promise Keepers", de modo que sugerir que eles "não passavam de um grupo masculino piedoso e não de uma organização política" era algo simplesmente indefensável. Para críticos como Ireland, os Promise Keepers eram a próxima reiteração da direita religiosa, um movimento mais perigoso do que a Moral Majority ou a Christian Coalition, justamente por causa de sua postura extremamente apolítica.[2]

Ireland tinha alguma razão. O Focus on the Family, de Dobson, fornecia apoio crítico e contínuo à organização, e a Campus Crusade for Christ, de Bill Bright, cedeu aos Promise Keepers 85 funcionários em tempo integral. O livro de Bright, *The Coming Revival* [O avivamento vindouro], no qual ele se posiciona contra aborto, divórcio, os tumultos motivados por questões de raça, promiscuidade sexual, remoção de Deus das escolas públicas, ensino sobre a evolução e "'explosão' homossexual", era vendido em todos os eventos do Promise Keepers. Mark DeMoss, porta-voz nacional da organização, trabalhara para Jerry Falwell e servira na campanha presidencial de Pat Buchanan. Oradores frequentes incluíam Ed Cole, autor de *Maximized Manhood* [Homem ao máximo], e Carles Colson, o desonrado assessor de Nixon que, depois de se converter ao evangelicalismo, fundou o Prison Fellowship Ministries e se estabeleceu, ele próprio, como lobista da direita religiosa. A Concerned Women for America, de Beverly LaHaye, endossou calorosamente a organização, e o próprio McCartney era membro da Colorado for Family Values* e defensor da Emenda 2 — o esforço para proibir a concessão de "direitos especiais" aos homossexuais. Os Promise Keepers (PK) evitavam tomar posição sobre questões teológicas a fim de manter sua "tenda alargada" — ou seja, sua ampla coalizão —, mas declaravam sua posição pró-vida sobre a questão do aborto e emitiram uma declaração afirmando que "a Bíblia ensina claramente que a homossexualidade viola o projeto de Deus para o marido e a mulher, constituindo-se em prática pecaminosa" —, embora também se dirigissem aos "homossexuais" como "destinatários da misericórdia, da graça e do perdão de Deus" e os convidassem a se sentir "incluídos e bem-vindos" em todos os eventos do PK.[3]

Entretanto, os Promise Keepers não eram apenas a Christian Coalition disfarçada. Os organizadores instituíram diretrizes contra *lobby* e apoio político,

---

*Colorado em prol dos Valores Familiares. (N. T.)

concentrando-se, em vez disso, no alcance de outras religiões e na transposição de divisões denominacionais, unificando carismáticos e pentecostais com batistas do Sul, metodistas e com o contingente cada vez maior de evangélicos sem denominação, incluindo católicos romanos, protestantes liberais e mórmons. Muitos críticos liberais falharam em perceber que os Promise Keepers contavam com críticos ferrenhos tanto na direita como na esquerda. Alguns conservadores sentiam que o movimento era ecumênico demais, representando, assim, uma ameaça à autoridade da igreja institucional, ao passo que outros se preocupavam com a possibilidade de o movimento ser influenciado por ensinamentos do tipo "nova era", não ser "suficientemente conservador" ou não promover o literalismo bíblico.[4]

Refletindo uma época de incertezas, não havia uma única noção de masculinidade que dominasse o movimento dos homens evangélicos da década de 1990. Seguindo a liderança de Ed Cole, muitos evangélicos buscaram um meio-termo entre a masculinidade retrógrada do tipo "machista" e a mais moderna, mais "suave", a qual percebiam estar em falta. Encontraram a resposta no "patriarcado brando". Todavia, muitos outros oradores e escritores dos Promise Keepers aderiram a um modelo mais expressivo e, algumas vezes, igualitário. Tal fato pode ser visto mais claramente no livro *Real Men Have Feelings Too* [Homens de verdade também têm sentimentos] (1993), vendido pela organização PK e promovido por McCartney. Ao contrário de Cole, Oliver rejeitava diferenças acentuadas de gênero. Seu argumento era que traços tradicionalmente masculinos ("bravura, força, estoicismo, ímpeto sexual insaciável, preocupação com conquistas") não passavam de "mitos de masculinidade". De modo semelhante, "gentileza, compaixão, ternura, mansidão, sensibilidade" não eram predicados essencialmente femininos, mas, sim, características humanas saudáveis — características modeladas pelo próprio Jesus Cristo. Oliver instava aos homens que encarassem suas emoções e rejeitava a cadeia de comando patriarcal, apoiando, antes, o casamento igualitário.[5]

Tanto Cole como Oliver eram escritores e palestrantes populares no movimento, sugerindo que o movimento Promise Keepers abrangia modelos variados e até mesmo contraditórios de masculinidade. Cole, por exemplo, favorecia a "dureza" masculina, mas também criticava homens que usavam a autoridade doméstica de forma inflexível e abusiva, sinalizando também em favor da igualdade feminina ao sugerir que as mulheres eram "coerdeiras" no lar. Oliver, enquanto isso, se esquivava de seu igualitarismo, expondo os "'pressupostos loucos' e 'ridículos' daqueles que 'haviam caído na onda da indistinção de gêneros'". Dessa forma, os homens podiam encontrar nos Promise Keepers tanto uma justificativa para a autoridade masculina como a defesa de uma masculinidade cristã emotiva, igualitária e reconstituída.[6]

Por algum tempo, ambos coexistiram em uma tensão criativa, graças, em parte, à ideia de "liderança serviçal". Menos abrasiva do que a "liderança masculina", a liderança serviçal modelava a autoridade masculina como obrigação, sacrifício e serviço. Os homens eram instados a aceitar responsabilidades, trabalhar arduamente, servir às esposas e famílias, evitar a ingestão de álcool, a prática de apostas e pornografia, a dar o exemplo em casa e a estar presentes na vida dos filhos. A noção de "liderança serviçal" teve origem no mundo dos negócios. Com o declínio da produção, nas décadas de 1970 e 1980, o setor de serviços assumiu uma fatia maior do mercado de trabalho, e a liderança serviçal ajudou a redefinir a autoridade masculina de modo a não conflitar com o papel dos homens nessa economia. Não mais produtores no sentido tradicional, os homens ainda podiam ser líderes. Em meio aos círculos cristãos, o conceito de liderança servidora também permitiu que os homens mantivessem sua autoridade no lar, mesmo que já não ostentassem mais o status de provedores. Na década de 1990, a economia do ganha-pão masculino era, em grande medida, coisa do passado. A partir da década de 1960, o trabalho masculino de colarinho-azul — como a construção, a manufatura e a agricultura — estava em declínio, encolhendo de cerca de metade da força de trabalho para 30% no fim da década de 1990. No mesmo período, setores cujo trabalho de colarinho-branco e cor-de-rosa empregavam mulheres — como saúde, varejo, educação, finanças e alimentação — expandiram para bem mais da metade da força de trabalho; em 1994, 75% das mulheres em idade ativa tinham trabalho remunerado. Apesar da retórica, os evangélicos não ficaram imunes a essas tendências econômicas. Entre os protestantes conservadores, as taxas de famílias com renda dupla começaram a se aproximar da média nacional. Contudo, as mulheres que trabalhavam fora de casa ainda carregavam o fardo do trabalho doméstico e, para algumas delas, "liderança serviçal" parecia oferecer uma maneira de incentivar os homens a reinvestirem no *front* doméstico.[7]

Para as mulheres que consideravam atraente essa barganha patriarcal, a dura crítica lançada pelas feministas soava alienante e confusa. Eis ali um grupo de homens confessando suas falhas, prometendo ser melhores maridos, mais atentos às suas famílias, mais respeitosos com as mulheres. O que poderia estar errado com isso? Embora os estudos mostrassem que homens protestantes conservadores faziam menos trabalho doméstico do que homens em lares não evangélicos, eles eram mais propensos a expressar afeto por suas esposas e apreço pelo trabalho doméstico das mulheres. Também passavam mais tempo do que os demais homens com seus filhos, mesmo que tendessem a aplicar uma disciplina mais severa. Ademais, dependendo do contexto familiar de determinados homens, o "patriarcado brando" e a "liderança servidora" poderiam ser uma melhoria significativa em relação a tendências autoritárias mais duras, tanto de origem religiosa como secular. Em algumas famílias, esses conceitos poderiam funcionar de modo a "reformar o machismo", reconectando os homens com suas famílias.[8]

Entretanto, apesar de toda a conversa sobre sacrifício, ternura e servidão, era difícil ignorar a linguagem de Tony Evans em *Seven Promises of a Promise Keeper* [Sete promessas de um Promise Keeper], o *best-seller* da organização. Os homens não tinham de *pedir* de volta seu papel de liderança, insistia Evans, mas, sim, *tomá-lo* de volta: "Quanto a isso, não pode haver meio-termo". Os homens deveriam liderar por amor às famílias e "para a sobrevivência de nossa cultura". (Apenas em raras ocasiões, quando uma mulher era convidada para palestrar em algum evento do Promise Keepers, Holly Phillips, esposa do presidente Randy Phillips, pedia aos homens que as perdoassem por sua falta de respeito, pelas "palavras humilhantes e menosprezíveis que falamos", bem como pela "maneira de mimarmos e sufocarmos vocês com nossa postura protetora, privando-os de sua masculinidade".) Para os críticos, os Promise Keepers simplesmente vendiam a "supremacia branca com um sorriso beatífico". Na perspectiva de alguns, a liderança servical ajudava a manter a ordem patriarcal, mesmo quando os homens não mais desempenhavam seu papel de provedores. Prometendo intimidade em troca de poder, a liderança servical disfarçava autoridade como humildade, assegurando que a autoridade patriarcal perduraria em tempos de mudança. Do ponto de vista dos críticos, isso era ainda mais insidioso do que uma tomada explícita de poder.[9]

Promise Keepers orando na concentração na Pontiac Silverdome, em 15 de maio de 1998. *Jim West. Alamy Stock Photo.*

Às vezes, a retórica militarista emergia na literatura do PK e, apesar da postura política da organização, tal retórica inevitavelmente encontrava expressão em uma agenda política conservadora. McCartney, por exemplo, convocava os "homens da nação" para "irem à guerra", lembrando-lhes que tinham o "poder divino" como arma: "Não vamos ceder. Lutaremos por qualquer verdade que esteja em risco, nas escolas ou no Legislativo. Nós vamos vencer!". Na maioria das vezes, porém, os palestrantes do movimento Promise Keepers preferiam metáforas esportivas a metáforas militares. Inevitavelmente, os comícios aconteciam em estádios esportivos e, muitas vezes, os atletas ocupavam o centro do palco. O papel dos esportes na formação da masculinidade cristã não era novidade. Afinal, o apóstolo Paulo exortou os discípulos de Cristo a correrem a corrida que lhes fora proposta e, seguindo a tradição de Billy Sunday, os líderes religiosos do século 20 se fundiam com o cristianismo para tornar a fé mais masculina — e, idealmente, levar os homens a Cristo. Em 1954, os evangélicos fundaram a Fellowship of Christian Athletes,* organização que buscava alavancar a popularidade dos esportes com fins evangelísticos. (Se as celebridades do esporte podem vender creme de barbear e cigarros, por que não podem vender o cristianismo?) Nos tempos da Guerra Fria, os esportes pareciam um domínio ideal para incutir valores cristãos nos jovens.[10]

Numa época em que os evangélicos lutavam por maior respeitabilidade e relevância, misturar religião e esportes fazia sentido. Poucos se destacaram mais nessa prática do que Jerry Falwell. Na igreja de Falwell, a Thomas Road Baptist Church, os esportes serviam como campo de treinamento e como metáfora da vida espiritual. É verdade que metáforas e imagens esportivas se encontram por toda a parte, mas, para Falwell e seus seguidores, a questão não era como você jogava o jogo; a questão era vencer. Ao visitar a Thomas Road, Frances FitzGerald observou que "os esportes, a mais antiga das prescrições anglo-saxônicas para a sublimação da violência e das energias sexuais masculinas, podem servir de metáfora para todo o empreendimento social da igreja". Nas palavras de Falwell, "Deus quer que você seja um campeão".[11]

Nas décadas de 1970 e 1980, Falwell empregava analogias militares e esportivas de modo intercambiável. No entanto, nos anos 1990, conforme alguns evangélicos começavam a se afastar de uma retórica militarista, os esportes ofereciam uma alternativa mais palatável. Em 1996, por exemplo, Ralph Reed enviou um memorando instruindo os líderes de base da Christian Coalition a "evitar a retórica militar e usar, em vez disso, metáforas esportivas". Ainda assim, metáforas esportivas e militares podem funcionar de maneira semelhante, segundo apontam os críticos. Em um mundo desestabilizado pelo feminismo moderno,

---

*Associação de Atletas Cristãos. (N. T.)

os esportes oferecem a homens insatisfeitos um refúgio masculino. Da mesma forma que as metáforas militares, os esportes evocam um mundo no qual os homens, em virtude de sua força física superior, ainda dominam. Esportes e Forças Armadas evocam uma visão dualista do mundo: no atletismo, como no campo de batalha, há vencedores e perdedores. Dessa forma, a retórica esportiva, com todo o seu ar de grandiosidade, permitia aos Promise Keepers abordarem as ansiedades masculinas, mantendo a aparência de um patriarcado benevolente.[12]

Quando o movimento dos homens evangélicos elevou os esportes como a metáfora preferida para a masculinidade cristã, emergiu a "reconciliação racial" como um propósito delineador. Sob a liderança de McCartney, a Promise Keepers foi uma das poucas organizações de cristãos brancos no país dispostas a lidar com racismo. Os críticos viam o foco na reconciliação racial dos Promise Keepers com algum ceticismo. Alguns acusavam os líderes de "pularem na onda da reconciliação, em parte por lhes permitir apoiar as pessoas de cor, sem, na verdade, terem de apoiar qualquer política social que beneficiasse a comunidade negra". Enquadrando o racismo como uma falha pessoal, às vezes até mesmo como um problema recíproco, os palestrantes do PK falharam, em diversas ocasiões, na abordagem das desigualdades estruturais. Dessa forma, a busca por reconciliação racial poderia acabar servindo como um ritual de autorredenção, absolvendo homens brancos de cumplicidade e justificando a continuidade do patriarcado branco no lar e na nação. Vários pastores afro-americanos criticaram essa indisposição na abordagem de questões estruturais mais profundas, expondo a organização por seu tokenismo social. No entanto, muito mais do que outras organizações evangélicas, o movimento Promise Keepers serviu de plataforma às vozes afro-americanas. Pastores negros como Tony Evans, Wellington Boone e E. V. Hill, bem como estrelas esportivas como Reggie White, apareciam com frequência nos comícios da PK.[13]

A busca dos Promise Keepers por reconciliação racial não se resumia a uma mera pose. Seu livro de 1996, *Go the Distance: The Making of a Promise Keeper* [Percorra a jornada: a formação de um Promise Keeper] (publicado pela Focus on the Family) inclui capítulos de Charles Colson, Bill McCartney, Stu Weber e outros evangélicos brancos, mas também abriga uma crítica franca do cristianismo branco pelo pastor afro-americano e ativista de direitos civis John Perkins. É difícil, contudo, avaliar em que medida esse compromisso com a reconciliação racial chegou aos membros mais comuns da organização. O movimento permaneceu predominantemente branco; uma pesquisa de 1998 revelou que os brancos correspondiam a 90% dos membros. Além disso, alguns observadores atrelaram o declínio do movimento Promise Keepers à sua busca por reconciliação racial. O próprio McCartney admitiu que o foco na questão racial foi "um fator significativo" na queda de frequência, visto que se tratava "de um ensino difícil para muitos". Em 1996, por exemplo, 40% das reclamações registradas pelos participantes da conferência foram respostas negativas ao tema da reconciliação racial. A queda na frequência dos eventos causou forte declínio nas receitas, de forma que, em 1997, a organização Promise Keepers demitiu mais de cem funcionários; os dois anos seguintes testemunharam ondas sucessivas de reestruturação e redução organizacional.[14]

Outros fatores também contribuíram para o declínio da organização. A elevada participação no evento "Stand in the Gap" [Permaneça na brecha], realizado em Washington D.C., provavelmente significava que os homens estavam menos propensos a gastar dinheiro na participação de reuniões locais e regionais. A novidade também estava passando; sem novos conteúdos, tornava-se mais difícil atrair homens para participarem de conferências. Mas também houve uma mudança no evangelicalismo, uma mudança que começaria a tornar o "patriarcado brando" e que os Promise Keepers defendiam como menos atraente. No fim da década, o timbre emocional dos eventos começou a parecer "suave" demais.[15]

O movimento Promise Keepers começou a diminuir; por abranger, porém, dezenas de ministérios denominacionais menores e grupos paraeclesiásticos, sua influência persistiu. A Convenção Batista do Sul entrou em acordos de cooperação com os Promise Keepers e desenvolveu seu próprio ministério para homens. As Assembleias de Deus nomearam um "secretário de ministério para homens", com o objetivo de trabalhar com os Promise Keepers, e a Igreja Presbiteriana (dos Estados Unidos) desenvolveu sua própria série de estudos bíblicos voltada aos homens. Os católicos romanos também organizaram dois ministérios destinados aos homens: o St. Joseph Covenant Keepers e um ministério* dedicado a homens católicos romanos negros.[16]

A proliferação dos grupos de homens desencadeou "uma pequena revolução na indústria cristã de publicações e no varejo". Em eventos do movimento PK, era possível encontrar "um pequeno *shopping* messiânico, vendendo livros, camisetas", *souvenirs* e bonés de beisebol. Os varejistas cristãos também começaram a abastecer as prateleiras com produtos masculinos. Conforme explicou o presidente da Christian Booksellers Association, cada vez mais homens começaram a fazer compras nas livrarias cristãs por elas conterem mais itens para eles comprarem: em 1996, quase um quarto dos clientes eram homens, contra um em cada seis, 15 anos antes. A influência mais duradoura do movimento Promise Keepers foi o mercado que ele gerou.[17]

---

*Ministry to Black Catholic Men. (N. T.)

GUERREIROS DÓCEIS

GRAÇAS AO MOVIMENTO evangélico dos homens, livros sobre a masculinidade cristã começaram a sair das prensas. Com base em tradições carismáticas e terapêuticas, em ensinamentos de prosperidade, no reconstrucionismo, na teologia conservadora batista do Sul e no neocalvinismo,* os autores acabaram desenvolvendo perspectivas de masculinidade cristã com notáveis semelhanças. Na década de 1990, o "modelo da masculinidade cristã" mais popular foi o do "guerreiro dócil".

O livro que preparou o cenário para o gênero foi *Healing the Masculine Soul* [Curando a alma masculina], de Gordon Dalbey. A publicação é de 1988, mas Dalbey lutava com a questão da masculinidade desde a década de 1970. Em 1983, deparou com um artigo de jornal assinado por Robert Bly. Influenciado por Carl Jung, Bly se preocupava com o fato de os pais não iniciarem mais os filhos em sua devida masculinidade; baseando-se em contos de fadas e mitos, Bly remetia ao papel da busca heroica na preparação de jovens para que assumissem papéis como membros produtivos da sociedade. Sem esse desenvolvimento masculino adequado, a sociedade teria apenas "homens frouxos", incapazes de desempenhar seu papel. Dalbey também leu *Crisis in Masculinity* [A crise na masculinidade], de Leanne Payne, publicado em 1986. Payne, uma psicóloga cristã, identificou as raízes dessa "crise" no fracasso dos homens em se separarem da feminilidade de suas mães. Somente um pai poderia afirmar a masculinidade de um filho e a feminilidade de uma filha, de acordo com Payne; no entanto, com pais ausentes ou abertamente autoritários (e mães arrogantes), uma geração de homens se separou de sua própria masculinidade. Os resultados foram devastadores: "neurose homossexual", vício em pornografia, proliferação de papéis de gênero andróginos, confusão generalizada e desespero. Dalbey encontrou inspiração nas "explorações sobre as fronteiras da masculinidade" de Payne e Bly, porém se perguntava por que "um homem secular e uma mulher cristã" estariam abrindo o caminho para esse tipo de pesquisa. "Não havia nenhum homem cristão para ser pioneiro nessa jornada?"[18]

Dalbey assumiu o desafio, mas ser aceito por uma editora não foi uma tarefa fácil. Em 1987, enquanto buscava alguém que publicasse seu manuscrito, "as necessidades únicas dos homens ainda não haviam aparecido no radar da igreja".

---

*"Neocalvinismo" é uma forma de calvinismo holandês defendida e propagada por Abraham Kuyper, com reflexos para além da igreja e abrangendo a visão cristã sobre política, educação, artes e cultura. "Novo calvinismo" é um movimento anglo-americano associado a J. I. Packer, D. A. Carson, John Piper, Tim Keller e outros proponentes, responsável por um ressurgimento da teologia reformada com contornos mais contemporâneos e um foco na plantação de igrejas e na santificação pessoal. (N. E.)

Editores da Word Publishing ficaram suficientemente intrigados para convidá-lo a ir a Dallas para que ele explicasse pessoalmente a razão pela qual os homens estariam interessados em um livro dessa natureza, e Dalbey foi bem-sucedido em convencê-los a apostar no projeto. Inicialmente, a propagação aconteceu no boca a boca, porém o livro acabou nas mãos de Shirley Dobson, a qual, por sua vez, o levou a seu marido, James, que convidou Dalbey para participar do programa de rádio Focus on the Family. Sua participação, em 1991, provocou uma resposta tão intensa dos ouvintes que o episódio acabou entre os melhores do programa, segundo Dalbey destacaria mais tarde. Nessa época, homens evangélicos de todo o país estavam despertando para a questão da masculinidade.[19]

Em *Healing the Masculine Soul* [Curando a alma masculina], Dalbey introduziu temas que adiariam o que logo se tornaria uma indústria de livros sobre a masculinidade cristã. A princípio, Dalbey olhava para a Guerra do Vietnã como fonte de identidade masculina. Filho de um oficial da Marinha, Dalbey descrevia como a imagem do herói de guerra servira de modelo para sua masculinidade. Ele crescera brincando de "soldados de areia" em seu bairro suburbano de maioria branca, e aprendera a marchar em exercícios militares e a disparar um rifle em sua "patrulha" de escoteiros. Fascinado com os filmes da Segunda Guerra Mundial propagados por John Wayne, Dalbey imaginava a guerra "apenas como uma gloriosa aventura de masculinidade". À medida que foi envelhecendo, passou "de simplesmente admirar o herói de guerra a desejar uma guerra", pois assim demonstraria sua masculinidade.[20]

Ao ingressar na fase adulta, porém, Dalbey se desviou de seu propósito. Em vez de demonstrar sua masculinidade nos campos de batalha do Vietnã, ele se tornou "parte de uma geração de homens que rejeitavam ativamente a imagem de infância machista a respeito da própria masculinidade, o que parecia ser a pedra angular do racismo, do sexismo e do militarismo". Exortado a fazer amor, e não guerra, Dalbey se tornou "um defensor entusiasta dos direitos civis, da liberação das mulheres e do movimento antiguerra", juntando-se, então, à agência Peace Corps e, em seguida, partindo para a África. Entretanto, ao optar por não ser militar, Dalbey descobriria que "parecia haver contornado, negligenciado e me esquivado de um requisito necessário à masculinidade". "Confuso e frustrado", Dalbey finalmente admitiu que "a masculinidade exige uma postura de guerreiro".[21]

Dalbey concordava com Bly no sentido de que o desequilíbrio na masculinidade levara a nação a uma "busca imoderada" da Guerra do Vietnã, porém uma hipercorreção resultara em um problema diferente: após rejeitarem a guerra como um modelo de força masculina, os homens tinham essencialmente abdicado dessa força em favor das mulheres. Para Dalbey, a década de 1970 não oferecia um modelo viável de masculinidade capaz de suplantar "a imagem de infância do nosso coração", e sua geração acabou rejeitando a própria masculinidade. Se o espírito guerreiro era de fato intrínseco aos homens, então as tentativas de eliminar a imagem do guerreiro eram "intrinsecamente castradas". As mulheres estavam "clamando" para que os homens recuperassem sua força viril, insistia Dalbey. Estavam implorando aos homens que tivessem pulso firme e assumissem o comando, ansiando por um príncipe forte o suficiente para restaurar sua "feminilidade autêntica".[22]

Infelizmente, a igreja era parte do problema. Sem apresentar o verdadeiro Jesus, retratava-o, em vez disso, "como uma 'manteiga derretida', um personagem manso e gentil" — um homem que nunca poderia ter inspirado "pescadores musculosos como Pedro a segui-lo". Era hora de substituir esse "Jesus de escola dominical" por um Jesus guerreiro. Citando "paralelos significativos" entre servir a Cristo e servir nas Forças Armadas, Dalbey sugeria que uma "imagem redimida do guerreiro" seria capaz de revigorar o ministério da igreja para os homens: "E se disséssemos aos homens que juntar-se à igreja de Jesus Cristo é... alistar-se no exército de Deus e colocar sua vida em risco? Essa abordagem se basearia no espírito guerreiro em cada homem e, assim, ofereceria maior esperança para restaurar a autêntica masculinidade cristã ao Corpo de Cristo". Escrevendo antes que a Guerra do Golfo restaurasse a fé no poderio estadunidense e na força dos militares, a preocupação de Dalbey com o Vietnã é compreensível, mas o padrão por ele estabelecido duraria muito tempo depois de uma vitória fácil no último conflito ter, supostamente, posto fim à "síndrome do Vietnã". Os evangélicos estadunidenses continuariam a ser caçados pelo Vietnã.[23]

Havia um ponto em que Dalbey se provaria mais observador do que muitos de seus imitadores posteriores: a classe social. A ocasião que levou a essa reflexão foi uma espécie de crise de meia-idade, a qual se manifestou em uma tentativa fracassada de comprar um par de botas de caubói. Envergonhado demais para admitir ao vendedor que não dirigia um caminhão nem trabalhava na área de construção (ele era um ministro, um escritor!), Dalbey deixou a loja de mãos vazias. Contudo, reconheceu que não estava sozinho em seu sentimento de inadequação. Distantes apenas uma ou duas gerações da "chamada 'classe trabalhadora'", os profissionais de sua geração se viram "presos entre uma imagem de nossos avós, que trabalhavam fisicamente em fazendas e fábricas, e os profissionais de colarinho-branco, que trabalhavam em escritórios antissépticos". Apesar da pressão para que os homens alcançassem um status socioeconômico mais elevado, e apesar da popularidade nascente da "liderança serviçal", a cultura estadunidense ainda associava a masculinidade à classe trabalhadora. De fato, os tempos eram confusos.[24]

Chegando a mais de 250 mil exemplares impressos, o livro de Dalbey realmente chamou a atenção das pessoas. Logo se juntaram a ele dois outros *best-sellers* que refinariam e popularizariam ainda mais a masculinidade guerreira cristã: *Point Man: How a Man Can Lead His Family* [Homem de ponta: como um homem pode liderar sua família] (1990), de Steve Farrar, e *Tender Warrior: God's Intentions for a Man* [Guerreiro dócil: as intenções de Deus para o homem] (1993). Farrar e Weber abordam a "confusão" experimentada por homens cristãos quando tentam discernir a vontade de Deus, e ambos procuram navegar entre uma masculinidade do tipo excessivamente "machista" e outra, perturbadoramente "efeminada". Vale notar que ambos iniciam seus livros com histórias de combate no Vietnã.

Farrar nunca lutou no Vietnã, porém conversou com homens que lutaram. No livro, ele pede ao leitor que se imagine eleito como um "homem de ponta" — o líder de uma patrulha de combate — e, em seguida, passa a descrever uma emboscada violenta, rica em detalhes. Cabe ao homem de ponta levar sua tropa para fora da selva, fazendo-a retornar à base em segurança: "Se o plano funcionar, você sairá vivo com metade de seus homens. Do contrário, eles terão sorte se pelo menos encontrarem suas chapas de identificação...". Então, Farrar muda abruptamente para outro cenário. O leitor ainda é um homem de ponta, mas agora lidera sua família: uma garotinha em lágrimas, um menino corajoso e uma esposa com um bebê no colo. Segundo Farrar, não há nada de imaginário nesse cenário: "Se você é marido/pai, então está em uma guerra. A guerra foi declarada à família — à sua e à minha família. *Liderar uma família em meio ao caos da cultura estadunidense é como liderar um pequeno pelotão em território ocupado pelo inimigo.* As baixas nessa guerra são tão reais quanto os nomes gravados no Memorial do Vietnã". Farrar fornece uma lista de evidências: divórcio, mães solteiras, prostituição, dependência de drogas, gravidez fora do casamento, aborto, suicídio, homossexualidade, abuso sexual e "estranhamento social". Se um homem quisesse manter seus filhos fora da lista de baixas, teria de prepará-los "para se defender de franco-atiradores, emboscadas e armadilhas nessa guerra silenciosa".[25]

Para Farrar, a confusão de gênero estava na raiz da guerra contra as famílias. Ao enfatizar a igualdade, as pessoas acabaram minimizando as diferenças entre homens e mulheres, e isso estava sendo custoso para aquela geração mais jovem. Cabia aos pais ajudarem os meninos a "encontrar o caminho correto para a masculinidade", de modo que "o papel do pai é mais crítico agora do que em qualquer outro momento da história". A esse respeito, Farrar concordava com Dobson, declarando que "nossa própria sobrevivência como povo dependerá da presença ou da ausência da liderança de milhões de homens", mas, desde a década em que Dobson caracterizara o mundo ocidental como em uma "grande encruzilhada de sua história", as coisas só haviam piorado. O mundo ficara pior. Como "homem de ponta", o pai precisava proteger os filhos da feminização. Os meninos, explicava ele, eram naturalmente agressivos em razão de seus níveis mais elevados de testosterona; a agressão fazia "parte de ser homem". Os garotos tendem a fazer coisas imprudentes, como pular de escorregadores e balançar como o personagem Tarzan, machucando, de vez em quando, a cabeça. Mas isso era apenas parte de ser menino. "Eles vão sobreviver às cicatrizes e aos ossos quebrados da infância", mas "não poderão sobreviver se forem feminizados". Meninos superprotegidos, principalmente pelas mães, corriam o risco de ter sua masculinidade "deformada". Os homossexuais, acreditava Farrar, eram formados, não nascidos. A estratégia de Satanás na guerra contra a família era "neutralizar o homem", mas a solução era clara: "Deus fez os meninos para serem agressivos. Devemos aceitar essa agressividade e canalizá-la". O *Point Man*, de Farrar, era um manual de treinamento para guerreiros culturais.[26]

Também Stu Weber abre seu *Tender Warrior* no "calor e no terror" do Vietnã, porém o escreve a partir de sua experiência pessoal. Formado em 1967 pela Wheaton College, Weber se afastara de suas raízes espirituais durante "a turbulência social e intelectual dos anos 1960", mas, como boina verde no Vietnã, deparou com a morte, situação que o atraiu de volta à fé. Seu livro aborda a masculinidade, "uma masculinidade alicerçada, real, criada por Deus", algo que os homens "lutavam para compreender". A confusão era evidente por toda a parte. Os homens eram dóceis ou durões? Fortes ou sensíveis? Toda essa confusão deixava os homens frustrados, mas também determinados: "determinados a descobrir a própria masculinidade e vivê-la ao máximo".[27]

Weber também acreditava que uma "guerra de gêneros" estava sendo travada, de modo que era necessário encarar a confusão cultural "diretamente nos olhos". Partindo dos escritos de Dobson e de Elisabeth Elliot, Weber insistia que homens e mulheres são profundamente diferentes. Nesse ponto, Weber se voltava para a antiga palavra hebraica para homem — *Ish*, cujo significado é "perfurador" — e a antiga palavra hebraica para mulher — *Isha*, ou "aquela que é perfurada" —, insistindo em que a distinção vai além dos óbvios "elementos sexuais ou anatômicos". Nesse caso, o físico é "uma parábola do espiritual". O homem, em sua essência, é valente, forte, tomador de riscos, "um iniciador — um perfurador, aquele que penetra, se move para frente, avança em direção ao horizonte, lidera". A mulher, por sua vez, prefere segurança e ordem; a mulher é responsiva e gentil, companheira amorosa, "lutadora solitária". Essas diferenças estariam tecidas por toda a Escritura, e nada era mais lamentável "do que um homem perdendo sua masculinidade ou uma mulher, sua feminilidade, ao transgredirem a ordem criada".[28]

Weber buscou modelos de masculinidade em filmes do Velho Oeste e, como Dalbey, no movimento mito-poético masculino iniciado por homens como Robert Bly, autor do popular *Iron John* [João de ferro] (1990). Weber acreditava que Bly chegara longe em sua busca pela masculinidade, mas não o suficiente. Por isso, Weber direcionou os homens para a "nascente em Gênesis", para a fonte bíblica da masculinidade. Nas Escrituras, aprende-se que ao homem foi dado o domínio para governar "com todo o poder e autoridade", para defender, guardar e proteger. A função mais crítica de um homem era a de um guerreiro. De acordo com Weber, as "tendências guerreiras" eram evidentes até mesmo na infância dos meninos: "Não importa se você nunca deu uma arma ao seu filho pequeno: ele vai usar o dedo". Quanto à sua presença "inconfundível" nas Escrituras, ninguém podia argumentar contra a imagem do guerreiro do Antigo Testamento, mas, segundo insistia Weber, Deus era o guerreiro em ambos os Testamentos. O apóstolo Paulo, afinal, era um "guerreiro antigo", um "tipo de cara que não foge da morte", alguém que resistiu ao "aprisionamento, à tortura, à traição e a espancamentos, os quais o deixaram a um palmo da morte". Rambo não tinha nenhuma arma consigo, mas "teria deixado Louis L'Amour orgulhoso". Então, temos Jesus, o "homem supremo" o "herói completo". Tragicamente, as imagens de Jesus foram desfiguradas de um modo grosseiro por "uma mídia que o odeia, distorce sua imagem ou o compreende muito mal". Muitos homens se tornaram vítimas de um retrato "desmasculinizado" de Cristo, o que dificultou sua decisão de seguir Jesus, levando-os, assim, à procura de modelos de masculinidade em outros lugares. Weber lembra aos leitores que, no final da Bíblia, Jesus "fecha o Livro em um cavalo de guerra branco, trajando um manto salpicado de sangue, com uma espada na boca e uma vara de ferro na mão". A Bíblia termina com um rugido, e não com um gemido.[29]

Ao mesmo tempo, um verdadeiro guerreiro tem um coração terno. Para Weber, o "guerreiro dócil" é a solução perfeita para percorrer um caminho entre uma masculinidade "machista" ultrapassada e uma masculinidade efeminada inaceitável. Nesse aspecto, até mesmo John Wayne, como ícone masculino, era insuficiente. Era difícil imaginar John Wayne trocando as fraldas de um bebê, e isso porque Hollywood não entendia o conceito de guerreiro dócil. Melhor seria olhar para um herói da vida real, como o general Norman Schwarzkopf, o "comandante conquistador da operação Tempestade no Deserto", alguém que não tinha medo de derramar lágrimas de vez em quando. "Não me interpretem mal", esclareceu Weber rapidamente. "Há uma diferença entre 'dócil' e 'frouxo'". Weber queria "guerreiros dóceis, e não machos frouxos". O tema do guerreiro dócil de Weber era perfeitamente adequado ao patriarcado dócil do movimento de homens evangélicos, e Weber era um palestrante popular nos eventos dos

Promise Keepers e um colaborador regular das publicações do movimento.[30] Como os Promise Keepers, Weber enfatizava o companheirismo masculino: "Todo piloto de caça precisa de um ala". Aqui, novamente, o modelo de masculinidade de John Wayne precisava de ajustes. "Por mais que gostemos de John Wayne", reconhecia Weber, "tudo o que você vê nele é o aço". John Wayne deixou a impressão de que homens de verdade ficam sozinhos — e isso é verdade, quando necessário. No entanto, era importante perceber que homens de verdade também atuam em companhia de outros.[31]

Em meio ao movimento masculino evangélico, os homens se uniam, citando uns aos outros — por vezes, até beirando o plágio —, compartilhando plataformas e promovendo o trabalho uns dos outros. A busca de uma masculinidade guerreira ajudou a forjar uma comunidade maior em toda a subcultura evangélica. Livros sobre masculinidade evangélica eram comercializados em grupos de homens das megaigrejas suburbanas, ministérios de homens denominacionais e não denominacionais e redes domiciliares de educação, unindo vertentes díspares do evangelicalismo estadunidense em uma identidade cultural compartilhada. À primeira vista, os livros não pareciam ser sobre política; eram apenas manuais úteis sobre família e criação de filhos. Todavia, ambos eram sutil e profundamente políticos. Farrar gostava de citar a declaração falaciosa de Tocqueville, a mesma que apelara a Reagan: "Os Estados Unidos são grandes porque são bons. Se os Estados Unidos abandonarem a bondade, também deixarão de ser grandes". Eles estavam, afinal, no meio de uma guerra pela alma da nação. E, para que os Estados Unidos fossem bons — e grandes —, o guerreiro deveria ser despertado.[32]

COM SEUS ENORMES comícios públicos e a participação entusiástica de homens de todo o país, o movimento Promise Keepers atraiu a atenção do público em geral. Entretanto, em meio ao evangelicalismo, dois movimentos paralelos também desempenhariam papéis fundamentais na formação da masculinidade cristã. Um era a teologia "complementarista" defendida pelo Council on Biblical Manhood and Womanhood (CBMW). O outro era o movimento de pureza sexual.

Considerando que o braço popular do movimento de homens evangélicos muitas vezes repousava em bases teológicas um tanto instáveis, a CBMW organizou o poder dos teólogos conservadores para moldar a defesa bíblica do patriarcado. Mantendo laços estreitos com a Convenção Batista do Sul, a CBMW ajudou a garantir que o gênero permanecesse firmemente incorporado no cerne da identidade evangélica.

Em 1986, em um discurso perante a Evangelical Theological Society,* o teólogo Wayne Grudem pediu que se formasse uma nova organização para a defesa da masculinidade e da feminilidade bíblicas. No ano seguinte, um grupo informal se reuniu para discutir o surgimento do "ensino antibíblico" sobre mulheres e homens e, em dezembro daquele ano, um encontro mais formal aconteceu em Danvers, Massachusetts. Lá, sob a liderança de Grudem e de seu colega evangélico reformado John Piper, eles elaboraram uma declaração afirmando o que viria a ser conhecido como "complementarismo": Deus criou homens e mulheres "iguais perante Deus", porém "distintos em sua masculinidade e em sua feminilidade". A declaração atestava que Deus estabeleceu a liderança masculina como parte da ordem da criação e fechou a porta para as mulheres na liderança da igreja. Em 1989, a CBMW publicou a "Declaração de Danvers", em um anúncio de página inteira na revista *Christianity Today*, atraindo "uma resposta grandiosa".[33]

A Declaração de Danvers foi uma resposta tanto a uma suposta "confusão de gênero", iniciada na década de 1960, como ao "feminismo evangélico" que emergiu na década de 1970. Não foi, no entanto, um apelo a uma masculinidade agressiva e militante. A declaração ditava que a liderança do marido deveria ser humilde e amorosa, e não dominadora, estipulando que "os maridos devem abandonar eventual liderança dura e egoísta, e crescer em amor e cuidado por suas esposas". Todavia, ao afirmar a submissão feminina como a vontade de Deus, a declaração colocava em primeiro plano a defesa bíblica do patriarcado e a distinção de gêneros, o que serviria de alicerce a uma masculinidade cristã militarista.[34]

Em 1991, Piper e Grudem publicaram o *Recovering Biblical Manhood and Womanhood* [Recuperando a masculinidade e a feminilidade bíblicas], um manifesto em defesa de uma diferença de gêneros divinamente atribuída. A "masculinidade madura" convencia um homem de sua responsabilidade em "aceitar o perigo e proteger a mulher", e uma mulher madura aceitava essa proteção: "Ela se alegra quando o homem não é passivo. A mulher se sente valorizada, honrada e libertada pela força carinhosa e pela liderança serviçal do marido". Infelizmente, o "pecado devastador" da falha do homem em liderar o lar e a igreja desestabilizou essa ordem divinamente instituída. Ao espalhar a ideia de que a liderança masculina "nasceu do orgulho e da queda do ser humano", Satanás alcançou grande vitória tática. De fato, era precisamente o orgulho que impedia a liderança espiritual. *Recovering Biblical Manhood and Womanhood* foi o "livro do ano" (1992) da *Christianity Today*.[35]

---

*Sociedade Teológica Evangélica. (N. T.)

A CBMW estava preocupada com a igreja e com o lar, mas também com o destino da nação. Em 1996, em resposta ao que vira como uma intromissão do presidente Clinton nas Forças Armadas, a CBMW promoveu uma "resolução sobre as mulheres em combate", recomendada a "todas as denominações interessadas". Alarmada com o fato de "normas bíblicas para a vocação exclusivamente masculina da guerra" estarem sendo ignoradas, a CBMW observou que todo o propósito de combate consistia em "matar e destruir" — propósito cuja essência se alinhava com a masculinidade, e não com a feminilidade. Além do mais, a justificativa moral para a guerra envolvia a proteção de interesses nacionais vitais, mais essencialmente a segurança e o bem-estar das famílias. Em outras palavras, a justificativa moral para o combate derivava e, portanto, estava atrelada a uma liderança masculina autossacrificial. Em um nível prático, a integração das mulheres no combate enfraqueceu a coesão da unidade e ameaçou a ordem militar ao "escalar as tensões sexuais", tensionando a fidelidade conjugal dos "guerreiros masculinos" e submetendo as "guerreiras mulheres" ao estupro e ao abuso quando levadas como prisioneiras de guerra. Em suma, ameaçava a segurança nacional e contrariava, fundamentalmente, a vontade de Deus.[36]

Ao lado de conservadores na Convenção Batista do Sul, a CBMW trabalhou para promover a autoridade patriarcal como uma exigência inegociável da fé ortodoxa cristã. Operando como *think tanks* teológicos, os seminários CBMW e a Convenção Batista do Sul forneceram recursos para as denominações, organizações e igrejas, ajudando a construir uma rede de evangélicos comprometidos com a defesa de uma versão patriarcal do cristianismo. Ambas as organizações trabalharam em estreita cooperação; em meados da década de 1990, a CBMW passou a residir no seminário da Convenção Batista do Sul, e o conselho endossou a resolução do seminário de contratar apenas membros do corpo docente que se opusessem à ordenação de mulheres — e isso apesar da oposição de alunos e professores. Enquanto isso, a tomada conservadora da Convenção Batista do Sul continuou em um ritmo acelerado. O fato de Bill Clinton ser um moderado batista do Sul apenas promoveu os objetivos dos conservadores. A CBS se tornou cada vez mais política durante sua administração, endossando a pena capital e afirmando o direito dos estadunidenses de portar armas.[37]

Em 1998, os conservadores batistas do Sul revisaram sua *Fé e mensagem batista* pela primeira vez desde 1963, com o fim de adicionar uma seção conclamando os homens a "prover, proteger e liderar" suas famílias, e as esposas a se submeter "graciosamente à liderança servical dos maridos". Dorothy, esposa de Paige Patterson, ajudou a redigir a emenda, que se baseava estreitamente, em muitos casos palavra por palavra, na Declaração de Danvers. Seguinte à declaração, essa nova posição enraizou a submissão das mulheres na criação pré-Queda, não em decorrência da Queda — derrubando caracterizações anteriores de submissão emitidas em 1984. Quando os moderadores propuseram uma moção para substituir "submissão das mulheres" por "submissão mútua", ela foi rapidamente derrotada, e a proposta original passou em meio a um coro de "améns" e de aplausos estrondosos.[38]

Uma conferência da CBMW em Dallas, ocorrida na primavera de 2000, ilustrou como a rede de adeptos do complementarismo estava em expansão. Entre os participantes, estavam Grudem, Piper e Paige Patterson, presidente da Convenção Batista do Sul; Richard Land, presidente da Comissão de Ética e Liberdade Religiosa da CBS; Randy Stinson, recém-nomeado diretor executivo da CBMW; e Al Mohler, presidente do seminário da CBS e membro do conselho. Entre os que defendiam o complementarismo, outros compromissos doutrinários pareciam empalidecer em comparação a crenças sobre gênero, e ideias sobre autoridade masculina e subordinação da mulher passaram cada vez mais a distinguir os "verdadeiros evangélicos dos pseudoevangélicos". O mercado já maduro de recursos sobre a masculinidade cristã significava que os canais de distribuição já estavam em seus devidos lugares para disseminar amplamente os ensinamentos conservadores sobre "masculinidade bíblica", obras que orientariam ainda mais o evangelicalismo estadunidense em torno da divisão de gêneros.[39]

JUNTAMENTE COM esforços para a promoção da "masculinidade e da feminilidade bíblicas", uma elaborada "cultura de pureza" estava tomando conta do evangelicalismo estadunidense. A cultura da pureza emergiu como um movimento coeso na década de 1990, porém se baseou em ensinamentos havia muito tempo defendidos por evangélicos conservadores acostumados a defender padrões rigorosos de "pureza" sexual feminina, atribuindo, ao mesmo tempo, aos homens a responsabilidade de "proteger" as mulheres e sua castidade. A modéstia feminina era um componente-chave da cultura da pureza. Se os homens foram criados com impulsos sexuais quase irreprimíveis, e se esses impulsos foram dados por Deus, cabia às mulheres controlar a libido masculina. As esposas tinham o dever de satisfazer todas as necessidades sexuais dos maridos, mas cabia às mulheres evitar levar os homens que não fossem seus maridos à tentação.

O que contava como devida modéstia dependia da localização de alguém na subcultura evangélica. Em alguns círculos de educação domiciliar, as mulheres usavam vestidos com o comprimento abaixo dos joelhos e modelavam seus penteados em estilos longos, sem adornos. Outros evangélicos definiam a modéstia de uma forma mais liberal. Onde quer que os evangélicos traçassem essa linha, porém, as mulheres eram julgadas por seu fracasso em cumprir com o ideal. Por outro lado, quando o assunto era a modéstia masculina, os evangélicos tinham pouco a dizer sobre o tema. Em vez de ressaltarem a modéstia masculina, eles enfatizavam as recompensas que aguardavam os meninos que esperavam. Uma mensagem de gratificação adiada estava no cerne dos ensinamentos de pureza para os meninos adolescentes. Como as esposas serviam para gratificar o desejo masculino, os homens só precisavam esperar até o casamento para serem recompensados com um sexo "de tirar o fôlego". Tais promessas serviam aos pastores de jovens evangélicos na década de 1990. Nas palavras do evangelista purista Josh McDowell, Deus não era um "estraga-prazeres cósmico". Afinal, o sexo foi criado por Deus.[40]

McDowell, um pseudointelectual evangélico que primeiro fez um nome para si escrevendo livros populares a respeito de apologética cristã, ajudou a lançar o movimento da pureza. Em 1987, publicou *Why Wait? What You Need to Know About the Teen Sexuality Crisis* [Por que esperar? O que você precisa saber sobre a crise de sexualidade adolescente], prosseguindo com essa cartilha de pureza em uma série de vídeos em VHS. No início da década de 1990, McDowell se juntou à banda de rock cristão Petra para promover sua mensagem de pureza. Tratava-se de uma parceria estranha: uma figura paterna de meia-idade que aparecia no palco em shows de rock, misturando piadas paternas com conversas francas sobre sexo e doenças venéreas. Mas tudo fazia sentido em meio à cultura evangélica em geral.[41]

Uma década após a aparição do livro de McDowell, Josh Harris ajudou a transformar a mensagem de pureza em algo agradável para o público mais jovem. Harris era filho de pioneiros da educação domiciliar cristã; seus pais haviam ajudado a fundar o movimento, e o livro de seu pai, *The Christian Home School* [A escola domiciliar cristã] (1988), fora um *best-seller* da Christian Booksellers Association. Harris começou ainda na adolescência, publicando uma revista para seus colegas e, em 1997, aos 21 anos, publicou sua obra-prima, *I Kissed Dating Goodbye* [Eu disse adeus ao namoro]. Influenciado pelos escritos de Elisabet Elliot, Harris apresentou a uma geração de jovens cristãos o "namoro bíblico", a ideia de que os pais eram encarregados de garantir a pureza de suas filhas até o dia do casamento, momento em que as entregariam, imaculadas, aos maridos, os quais, por sua vez, assumiriam o ônus de proteção, provisão e supervisão. O livro se tornou uma Bíblia do movimento da pureza, vendendo mais de um milhão de cópias.

O movimento da pureza recebeu forte apoio de instituições e organizações evangélicas. A comunidade cristã de educação domiciliar ajudou a alimentar sua popularidade, e a Convenção Batista do Sul foi o lar de True Love Waits [O verdadeiro amor espera], uma das mais influentes organizações de pureza da nação. (Três anos antes da manifestação dos Promise Keepers no National Mall, vinte mil adolescentes compareceram ao local para prometer sua pureza sexual como parte da campanha True Love Waits.) Inúmeras igrejas locais promoveram ensinamentos de pureza, e a cultura da pureza encontrou expressão em uma variedade de produtos de consumo. Famílias compravam "anéis de pureza" de prata para oferecer às meninas um lembrete constante do valor de sua virgindade e de sua obrigação de guardá-la de forma vigilante. "Bailes de pureza" começaram a surgir por todo o país, oferecendo às famílias a oportunidade de assumir seu compromisso com a pureza sexual por meio de cerimônias públicas. Nesses eventos, os pais forneciam um modelo de liderança masculina ao "cortejar" suas filhas, e as meninas prometiam preservar a pureza sexual perante suas famílias e comunidades. Assim como a "liderança serviçal" e a teologia do complementarismo, o movimento da pureza permitiu aos evangélicos reafirmarem a autoridade patriarcal diante das mudanças econômicas, políticas e sociais. A ampla popularidade do movimento de pureza foi parcialmente alimentada por uma injeção de fundos federais. Já em 1981, o presidente Reagan começara a direcionar fundos para a educação sexual, cujo foco estava apenas na abstinência, e esse financiamento foi mantido até a década de 1990, atingindo seu ápice na administração de George W. Bush; em 2005, mais de cem grupos de abstinência receberiam cerca de 104 milhões de dólares em financiamento federal. Esse é um caso de intromissão governamental no mais íntimo dos assuntos, porém os evangélicos pareciam não se importar com isso.[42]

O MOVIMENTO masculino evangélico da década de 1990 foi marcado por experimentações e carregado de contradições. O "patriarcado dócil" encobriu tensões entre uma masculinidade mais dura e autoritária, por um lado, e uma postura mais igualitária, por outro; o tema do guerreiro dócil reconciliou militância com uma postura mais gentil, bondosa e emotiva. Incongruências dentro do movimento masculino evangélico refletiam as incongruências do evangelicalismo como um todo, marcadamente nos anos pós-Guerra Fria. No início da década, pode ter parecido que impulsos mais igualitários e emotivos estavam em vantagem. Era um novo tempo para os Estados Unidos e para os evangélicos estadunidenses. A retórica das guerras culturais persistiu, mas os interesses dos evangélicos se expandiram, passando a abranger uma gama mais ampla de questões, incluindo reconciliação racial, ativismo antitráfico e abordagens da perseguição à igreja global. No final da década, porém, a ala mais militante começaria a se reafirmar. Com isso, tal militância ressurgente se entrelaçaria tanto com o movimento da pureza sexual como com a afirmação do complementarismo nos círculos evangélicos. Com o tempo, ficaria claro que a combinação dos três produziria resultados tóxicos.

CAPÍTULO · 10

CHEGA DE SER UM CRISTÃO "LEGAL"!

JOHN ELDREDGE não gostava de trabalhos de escritório. Não era bom para sua masculinidade ou espiritualidade. A vida espiritual deveria ser um "território inexplorado", indomável. Se os homens evangélicos quisessem experimentar o autêntico cristianismo, teriam de sair de "suas poltronas reclináveis e dos shopping centers com controle climático rumo à criação selvagem de Deus". O livro *Wild at Heart: Discovering the Secret of a Man's Soul* [*Coração selvagem: descobrindo os segredos da alma do homem*], de Eldredge, estabeleceu o tom para um novo movimento evangélico no novo milênio. O Deus de Eldredge era um Deus guerreiro, e os homens foram feitos à sua imagem. Agressão, e não ternura, fazia parte desse estilo masculino. *Wild at Heart* venderia mais de quatro milhões de cópias somente nos Estados Unidos, tornando-se onipresente entre os grupos de homens de megaigrejas, alojamentos universitários, livrarias cristãs e bibliotecas de igrejas. Inspirando dezenas de livros cujos tópicos tomariam por empréstimo a fórmula de Eldredge, *Wild at Heart* serviria de modelo a explorações evangélicas de masculinidade pelos anos seguintes.[1]

Para Eldredge, a masculinidade era completamente militarista. Os meninos sempre amaram brincar com capas e espadas, bandanas e revólveres de plástico. Desejando afirmar sua condição de poderosos e perigosos, como pessoas dignas de respeito, os homens se especializaram na invenção de jogos em que "o derramamento de sangue é pré-requisito para a diversão". Deus fez os homens para serem perigosos, explicava Eldredge. As mulheres nunca começaram guerras, nem cometeram muitos atos violentos. Entretanto, a própria força que torna os homens perigosos também os torna heróis. Se um bairro é seguro, isso acontece por causa da força de seus homens. Os homens, e não as mulheres, acabaram com a escravidão, o *apartheid* e os nazistas. Foram os homens que cederam seus assentos nos botes salva-vidas do *Titanic*. E, de modo fundamental, "foi um Homem que se deixou pregar na cruz do Calvário".[2]

Segundo Eldredge, Deus criou os homens com o desejo de "uma batalha a ser travada, uma aventura a ser vivida, uma beleza a ser resgatada". Contudo, a sociedade sempre enviou mensagens confusas. Por trinta anos, a masculinidade estava sendo redefinida como algo "sensível, seguro, manejável e... bem... feminino"; agora, porém, os homens estavam sendo repreendidos por não agirem como homens. À igreja, atribuía-se grande parte da culpa. Uma "crise de masculinidade" permeou tanto a igreja como a sociedade porque uma cultura guerreira não existia mais, mas os homens precisavam de um lugar no qual pudessem aprender a "lutar como homens". Eldredge rejeitava a ideia de que Jesus tivesse instruído seus seguidores a dar a outra face: "Você não pode ensinar um menino a *usar sua força tirando-a dele*". O Jesus de Eldredge se parecia mais com William Wallace do que com a madre Teresa ou o sr. Rogers. As tentativas de pacificação dos homens apenas os castraram: "Se você quer ter um animal mais seguro e calmo, existe uma solução fácil: castre-o". Infelizmente, "mães superprotetoras" — bem como o sistema escolar público — fizeram exatamente isso.[3]

Eldredge abriu seu livro com uma passagem de Mateus 11:12: "Desde os dias de João Batista até agora, o Reino dos céus é tomado à força, e os que usam de força se apoderam dele". Boa parte de sua inspiração, porém, vinha da cultura popular. Afinal, não foram as mulheres que fizeram de *Coração Valente* um dos filmes mais vistos da década. O William Wallace, de Mel Gibson, era um dos heróis favoritos de Eldredge, mas o caubói americano também ocupava lugar especial na perspectiva de masculinidade de Eldredge. O caubói encarnava o anseio que todo homem sentia: o desejo de "ir para 'o Oeste'", de ser "selvagem, perigoso, desimpedido e livre". Eldredge também expunha a masculinidade heroica de Teddy Roosevelt, tenazes soldados estadunidenses, Indiana Jones, James Bond e Bruce Willis em *Duro de Matar*.[4]

Foi na cultura popular que Eldredge descobriu a verdade subjacente de que não bastava ser homem para ser herói: ele deve ser o herói da mulher amada. James Bond, Indiana Jones, jovens soldados indo para a guerra — todo homem precisava de sua própria beldade para resgatar. As mulheres também têm um "coração selvagem", mas um "coração feminino até o âmago, mais *sedutor* que feroz". Elas ansiavam por ser *conquistadas*, desejadas e participar da aventura de um homem. De acordo com Eldredge, uma mulher pecava quando tentava controlar seu mundo, quando agia de forma gananciosa e não vulnerável, quando buscava controlar sua própria aventura em vez de participar da aventura de um homem. Ecoando Tim e Beverly LaHaye, Eldredge acreditava que Deus escreveu no coração das meninas o sonho do conto de fadas do Príncipe Encantado que sai em seu socorro. (O tema foi explorado pela cantora e autora cristã Rebecca St. James, cujo livro de 2002, *Wait for Me* [Espere por mim], que promove a cultura da pureza, vendeu mais de cem mil cópias.) Segundo ela, as mulheres desejam ser buscadas, encantadas, pessoas por quem os homens lutam; o "profundo clamor do coração de uma menina é: *Eu sou amável?*". Em vez de "brutalizar" a feminilidade, advertia Eldredge, devemos levar a sério esses sonhos de princesa. Para Eldredge, a diferença entre os gêneros reside no nível da alma.[5]

Eldredge contava com uma legião de fãs, mas não deixava de ter seus críticos em meio ao evangelicalismo. Randy Stinson, diretor executivo da CBMW, discordava da teologia de Eldredge. Stinson alegava que Eldredge negligenciava a realidade do pecado, acusando-o de propagar "uma visão antibíblica de Deus" e descrevendo-o como um "tomador de riscos", de modo a sugerir que Deus não tinha pleno conhecimento do futuro. Discórdias teológicas à parte, Stinson elogiou Eldredge por identificar corretamente vários problemas-chave: a feminização dos homens por nossa cultura e igrejas, a fragilização de nossos meninos e a verdade de que "todo homem precisa de uma batalha pela qual viver e morrer". Em outras palavras, Eldredge apoiava suas conclusões em um fundamento teológico defeituoso, mas essas conclusões eram, em grande parte, consistentes. Uma década depois, Stinson seguiria os passos de Eldredge, sendo coautor de seu próprio livro sobre "masculinidade bíblica".[6]

Mark Mulder e James K. A. Smith, professores da Calvin College, também chamaram a atenção para o fracasso de Eldredge em considerar a realidade do pecado, o qual resultava, porém, de uma falha mais fundamental. Enquanto Eldredge alegava enraizar sua noção de masculinidade em uma teologia da criação, na "essência" de homens e mulheres, tal como concebida por Deus, Smith e Mulder insistiam que "o que Eldredge atribui à criação, o cristianismo bíblico atribui à Queda!". Guerras, conflitos e inimizades resultaram da pecaminosidade da humanidade, e não da boa criação de Deus; assim, "não procede a ideia de que o ser guerreiro é algo essencial para o ser homem". A Bíblia promete um reino vindouro de paz; endossar esse "ideal de guerreiro" promove "o pecado, e não a redenção", alertam Smith e Mulder. Os dois, porém, estavam em minoria — certamente se a venda de livros nos serve de alguma medida.[7]

O LIVRO DE ELDREDGE foi o mais popular sobre masculinidade evangélica publicado em 2001, mas não o único. Outros escritores também estavam cansados de docilidade. O tempo era propício ao enrijecimento da masculinidade estadunidense, a começar pelos meninos. Em janeiro desse mesmo ano, James Dobson publicou *Bringing Up Boys* [Educando meninos]. A chave para compreendermos os meninos, segundo Dobson, era a testosterona. O hormônio tornava os meninos "competitivos, agressivos, assertivos e amantes de carros, caminhões, armas e bolas de futebol". Certa "vontade masculina de poder" ficava evidente nos meninos que se fantasiavam de super-heróis, caubóis e Tarzan. Era essa a razão pela qual os meninos lutavam, escalavam e corriam para lá e para cá. As feministas e liberais pareciam pensar que a testosterona foi "um dos grandes erros de Deus". Prefeririam tornar os meninos mais parecidos com as meninas, e os homens mais parecidos com as mulheres: "feminizados, fracotes e tímidos". Mas a "reprogramação" de homens e meninos interferia no desígnio cuidadoso de Deus.[8]

A natureza competitiva dos homens era evidente em sua propensão ao risco e à aventura, e em suas maiores conquistas políticas e econômicas — apesar das campanhas feministas de ação afirmativa —, bem como nas guerras que protagonizaram ao longo da história. De seu escritório na Focus on the Family, Dobson podia espiar do outro lado do vale e avistar a Academia de Força Aérea dos Estados Unidos. Observando os cadetes treinarem para ser pilotos e oficiais, Dobson refletia sobre como a natureza competitiva dos homens explicava "as campanhas militares sangrentas que se desenrolaram ao longo dos tempos", mas como "essa sede masculina por conquistas" também produziu "feitos ousados e aventureiros, feitos que beneficiaram a humanidade". O General MacArthur, "um dos maiores líderes militares de todos os tempos", era um dos heróis de Dobson.[9]

Em seu livro sobre os meninos, Dobson teve a oportunidade de denunciar Hilary Clinton, as "queimadoras de sutiãs", o politicamente correto e o "pequeno, mas barulhento, bando de feministas" que atacava "a própria essência da masculinidade". Elogiou Phyllis Schlafly e recomendou o ensino domiciliar como "um meio de lidarmos com a cultura hostil". Aconselhou meninas a não tomar a iniciativa de telefonar para os meninos (fazê-lo usurparia o papel do rapaz como iniciador), e encorajou os pais a se envolverem em jogos violentos com os filhos. Dobson também lamentava o fato de que filmes apresentando força moral e heroísmo tenham dado lugar a "discursos de ódio contra os homens", como *Thelma & Louise* e *Como Eliminar seu Chefe*, e que "senhoras femininas e adoráveis" na televisão tenham sido substituídas por "mulheres agressivas e masculinas", como em *As Panteras*. *O Patriota*, de Mel Gibson, história na qual o ator interpreta o líder de uma milícia revolucionária que vinga impiedosamente a morte de seu filho, provara ser a exceção à regra.[10]

Bringing Up Boys encontrou um público receptivo. Suas vendas acabariam por alcançar dois milhões de cópias. A essa altura, Dobson acumulara um número considerável de seguidores; seu programa de rádio era transmitido por mais de 4.200 estações ao redor do mundo, sendo ouvido diariamente por mais de duzentos milhões de pessoas. Charles Colson se gabava de que "todas as pessoas, cristãs ou não", deveriam ler o livro: "Esta obra pode salvar os Estados Unidos".[11]

Menos de cinco meses após o lançamento do livro de Dobson, Douglas Wilson publicou *Future Men: Raising Boys to Fight Giants* [Futuros homens: criando meninos para lutarem contra os gigantes]. Filho de um evangelista que se estabelecera na cidade de Moscow, Idaho, Wilson ajudara a fundar "uma igreja '*hippie*, do Povo de Jesus', de inclinação batista". Wilson tinha pouco treinamento teológico formal, e sua igreja era, segundo suas palavras, uma espécie "'mestiça' entre batista e presbiteriana". Depois de deparar com os ensinamentos de Rushdoony, Wilson inculcou valores de inspiração reconstrucionista em sua comunidade de fé. Por causa de sua teologia híbrida e, sem dúvida, também de sua personalidade rabugenta, nenhuma denominação reformada estabelecida o aceitou. Sem se deixar abalar, Wilson fundou sua própria denominação. Em 1981, inaugurou a Logos School, uma academia cristã clássica; também se tornou líder do movimento de educação cristã clássica, estabelecendo, em 1994, a Association of Classical and Christian Schools* e, nesse mesmo ano, a New Saint Andrews College, uma escola cristã clássica que tinha o seguinte lema: "Para os fiéis, as guerras nunca cessarão".[12]

O livro de Wilson, *Future Men*, era um manual que se encaixava à perfeição em seu tempo sobre a masculinidade militar e foi muito além de seu nicho. Olhando para Theodore Roosevelt como um modelo de masculinidade cristã, Wilson afirmava que, como futuros homens, os meninos eram "futuros guerreiros". Condizente com o pensamento reconstrucionista, o conceito de domínio era central para a definição masculina de Wilson; como Adão no jardim do Éden, todos os homens foram feitos para exercer domínio. Segundo ele, os meninos têm o desejo inato de conquistar e subjugar, razão pela qual deveriam ser treinados como aventureiros e visionários, com o propósito de se tornarem "senhores na terra". Para essa tarefa, era essencial que os meninos brincassem com espadas e armas de brinquedo, e que os mais velhos fossem treinados no uso de armas de fogo reais. De fato, Wilson clamava por uma "teologia da luta de punhos" para instruir os meninos sobre quando, onde e como lutar. Para que não houvesse qualquer dúvida, Wilson esclarecia que o cristianismo não era de forma alguma pacifista. É verdade que os profetas do Antigo Testamento previram um tempo de paz, uma espécie de "pacifismo escatológico", mas a paz trazida por Cristo

---

*Associação de Escolas Clássicas e Cristãs. (N. T.)

foi comprada com sangue. Até então, homens e meninos tinham de estudar a guerra; do contrário, os homens acabariam "combatendo o dragão com foices".[13]

Como outros escritores, Wilson definia a masculinidade da perspectiva da iniciação. Segundo ele havia explicado em escritos anteriores sobre casamento, "o homem penetra, conquista, coloniza, planta. A mulher recebe, se entrega, aceita". Embora os igualitaristas pudessem rebelar-se contra o conceito de autoridade, Wilson acreditava que a submissão das esposas aos maridos, se estivesse presente "em inúmeras famílias", traria "uma sociedade patriarcal mais ampla" e um bem social maior. De acordo com Wilson, o casamento tinha três propósitos: companheirismo, geração de filhos e antídoto contra a imoralidade sexual. Com relação a esse último propósito, Deus ofereceu uma ajuda muito prática aos cristãos que lutam contra a tentação: a atividade sexual. Como Marabel Morgan e os LaHayes, Wilson acreditava que as relações sexuais tinham de ser frequentes. A vontade de Deus era que a mulher atendesse às (consideráveis) necessidades sexuais de seu marido; cabia à mulher "submeter-se à vontade de Deus e, de bom grado, gerar filhos ao seu marido". Além disso, o casamento não podia ser "sexualmente consumado" se o marido agisse como um "eunuco espiritual", como alguém "impotente em sua masculinidade". As mulheres tinham de entender que estavam sendo "lideradas por um *senhor*". Com isso em mente, os jovens pretendentes deveriam ser "perturbadoramente masculinos", interferindo alegremente nos futuros planos da esposa. A mulher foi feita para o homem, e não o contrário. Os jovens têm de ser instruídos na edificação do lar; as mulheres, por sua vez, se tornam "cada vez mais belas" ao cultivarem "um espírito gentil e tranquilo". Não causa surpresa o pensamento de Wilson, de que a mulher não tem lugar nos combates; no exército, as mulheres representariam uma distração aos soldados homens, poderiam engravidar, distorceriam as "linhas pactuais de autoridade" e não seriam tão boas quanto os homens "no importante trabalho da violência".[14]

Wilson entendia que alguns leitores poderiam ignorar o uso da palavra *dominação* para descrever o papel do marido, mas, segundo seu ponto de vista, essa resposta apenas daria testemunho da medida em que a igreja foi influenciada pelo feminismo, "quer se trate do feminismo secular e que odeia os homens, quer se trate do feminismo mais sanitizado, mais 'evangélico'". O verdadeiro problema estava na "mariquice" dos homens cristãos. Ao se afastarem do ensinamento bíblico, os cristãos haviam substituído "a dureza da masculinidade pela ternura da mulher", e os resultados foram desastrosos. Wilson não era fã dos Promise Keepers. Em 1999, criticou o movimento por promover "a adoção silenciosa do feminismo" em lugar de uma abordagem masculina da piedade. Conforme Wilson expressava, "contrariamente ao ensino popular sobre o lar cristão, o dever de um marido não é ser um cara dócil". Com a franqueza que lhe era característica, Wilson denunciou boa parte do movimento de homens cristãos como "nada mais do que um programa de discipulado para fracotes".[15]

OS LIVROS DE WILSON, Dobson e Eldredge apareceram nos meses antes de 11 de setembro de 2001. Quando os terroristas atacaram os Estados Unidos, seu chamado por heróis "machos" adquiriu ressonância profunda e difundida entre os evangélicos. De uma hora para a outra, surgiu uma real "batalha a ser travada", e não uma batalha meramente retórica, pelos homens estadunidenses. O sucesso desses livros, bem como seu impacto cultural, pode ser compreendido à luz de um senso renovado de crise.

O novo milênio trouxe uma nova era aos evangélicos estadunidenses. A família Clinton estava fora da Casa Branca, e um presidente caubói, de volta à sela. Naturalmente, George W. Bush comprara seu rancho de Crawford pouco antes de anunciar sua candidatura; isso pegaria bem nas fotos. Mesmo assim, a fé evangélica de Bush era autêntica. Refletindo a vertente menos militante do evangelicalismo da década de 1990, Bush fez campanha com uma mensagem de "conservadorismo piedoso". Os ataques terroristas, porém, o transformariam em um cruzado.[16]

As certezas morais da Guerra ao Terror — modeladas, por assim dizer, por um presidente evangélico — puseram fim a qualquer incerteza pós-Guerra Fria entre os evangélicos. Desde o auge da Guerra Fria, as relações exteriores não estavam tão claramente atreladas às preocupações domésticas. De fato, nos dias e semanas que se seguiram aos ataques, muitos estadunidenses se voltaram para a retórica e o pensamento da Guerra Fria enquanto lutavam para saber como reagir a essa nova ameaça. Mais uma vez, os Estados Unidos precisavam de homens fortes e heroicos para defender o país em seus interesses domésticos e no exterior. O evangelicalismo nunca abandonou por completo o militarismo da Guerra Fria, e aqueles que se perturbaram com o "patriarcado brando" do movimento masculino da década de 1990 estavam preparados para esse momento. Mais uma vez, a própria existência da nação dependia da firmeza dos homens estadunidenses, e criar meninos jovens para se tornarem homens fortes se tornou uma questão de segurança nacional. Livros instrutivos já enchiam as prateleiras das livrarias cristãs.

Os eventos reais do 11 de Setembro exigiam toda a força viril que os homens pudessem reunir. Conforme expresso por Phyllis Schlafly, uma das consequências não intencionais do ataque ao World Trade Center foi "a frustração das esperanças feministas de transformar os Estados Unidos em uma sociedade de gênero neutro ou andrógina". Quando os bombeiros subiram as escadas das torres em chamas, a contagem de mortos foi: "homens, 343; mulheres, 0". Sem dúvida, esse não era um lugar propício a uma ação afirmativa por parte das mulheres. Combater o Talibã também era uma tarefa para "homens de verdade". Felizmente, uma "cultura guerreira" sobrevivera a trinta anos de ataques feministas, então ainda havia alguns homens "suficientemente viris para aproveitar a oportunidade de enfrentar e matar os bandidos do mundo". Ao ver a guerra se desenrolando na televisão, Schlafly quase esperava ver "John Wayne cavalgando pelas planícies". Os Estados Unidos precisavam de heróis viris.[17]

Em 2005, Steve Farrar manifestou essa urgência renovada em seu primeiro livro publicado após os ataques do 11 de setembro, *King Me* [Faça de mim um rei]: "Quando, em 11 de setembro, aqueles dois aviões atingiram as Torres Gêmeas, passamos, repentinamente, a precisar de homens másculos. Homens feminizados não entram em prédios em chamas; homens másculos, sim. Por isso Deus criou os homens másculos". Como seu *Point Man* [Homem de ponta], o *King Me*, de Farrar, ilustrava a versatilidade das noções evangélicas a respeito da masculinidade militante; precisávamos de homens másculos que salvassem a nação de terroristas *e* lutassem contra as forças culturais que assolavam internamente os Estados Unidos. Porém, era difícil encontrar homens assim, visto que a mídia, o sistema educacional público e a elite acadêmica conspiravam para a fragilização dos meninos. A igreja também não estava ajudando; ao enfatizar "traços femininos" como ternura, compaixão e gentileza, as igrejas negligenciavam os traços igualmente espirituais, porém masculinos, de agressividade, coragem e defesa da verdade. Uma vez mais, Farrar culpava a igreja por feminizar Jesus. Canções sobre a "beleza" de Cristo eram particularmente irritantes. Conforme ele próprio escreveu: "Se você se aproximasse de John Wayne e dissesse que ele era bonito, Wayne separaria vários de seus molares e pré-molares em uma nova ordem mundial". O filme *A Paixão de Cristo*, de Mel Gibson, ofereceu um bom antídoto para a imagem de um Cristo fraco, mas era preciso fazer mais. Farrar não se esquivou do fato de defender uma orientação mais combativa. Sua tendência pendia "mais para o 'dócil' do que para o 'guerreiro'; só que a doçura não cabe nas trincheiras".[18]

Gordon Dalbey, igualmente, refletiu o militarismo revitalizado entre os evangélicos em uma edição revisada de seu *Healing the Masculine Soul* [Curando a alma masculina]. Em 1988, Dalbey criticara os "extremos tolos" de alguns ministérios de homens, como, por exemplo, a promoção de uma noite de camaradagem exibindo filmes sobre "os últimos aviões de caça". Sem dúvida, o filme atraía os homens, mas eles também eram atraídos por filmes para maiores de idade; um Jesus que "curava corpos e abençoava 'os pacificadores'", exortando os seguidores a "dar a outra face" certamente não se sentiria mais confortável com filmes de aviões de guerra do que com filmes para maiores de idade. Em sua edição de 2003, ele reviu sua crítica, removendo qualquer menção a Jesus como restaurador e pacificador. Em vez disso, adicionou pensamentos de como os meninos deveriam ser levados a uma visão "de conflito e guerra".[19]

Outras obras revelam até que ponto os novos escritores passaram a confiar em premissas comuns. Em 2005, Paul Coughlin publicou *No More Christian Nice Guy* [Chega de ser um cristão "legal"!], manifesto contra supostas distorções relacionadas à masculinidade cristã. Citando Dobson, Weber, os generais MacArthur e Patton, George Gilder, Robert Bly, Teddy Roosevelt e o filme de Mel Gibson *A Paixão de Cristo*, Coughlin oferecia uma crítica familiar da masculinidade cristã fragilizada. Ele reconheceu que seu livro testificava com relação à raiva dos homens: "Os homens estão irritados com sua cultura, com sua igreja e com seu Deus, e, às vezes, sua raiva é dirigida às mulheres". Todavia, Coughlin queria transformar essa raiva em uma espécie de força redentora. O autor teve o cuidado de se distanciar de posicionamentos mais extremos. Manifestou seu total apoio ao sufrágio feminino, opondo-se à noção aparentemente popular, "no âmbito das publicações cristãs", de que todos na família têm o dever de votar de acordo com a escolha do homem. Também reconheceu que, antes de 1965, "não era incomum que uma jovem atraente fosse tratada no mercado de trabalho como carne fresca, um brinquedo a ser usado pelos homens", e que, por algum tempo, os homens demonstraram pouco interesse por suas famílias, um problema perturbador abordado por organizações como Focus on the Family e Promise Keepers. Além disso, Coughlin se distanciou daqueles que defendiam uma estrutura de autoridade hierárquica que posicionava os homens sob a autoridade de seus empregadores. Ele não conseguia tolerar a ideia de um chefe "que atua como um procurador de Deus", embora não expressasse tanto desconforto com uma hierarquia de autoridade baseada no gênero.[20]

Também em 2005, no livro *Why Men Hate Going to Church* [Por que os homens odeiam ir à igreja], David Murrow exortou a igreja a abraçar o perigo e abandonar sua reputação "de lugar para idosas de ambos os sexos". Murrow admitiu que não reunia as qualificações necessárias para escrever livros sobre homens e mulheres: ele não era pastor, professor ou teólogo, mas apenas "um cara que senta no banco da igreja", observando uma tendência preocupante. (Na qualidade de produtor de televisão, Murrow escreveu e produziu, em 2002, o primeiro comercial de televisão de Sarah Palin.) Mas Murrow fizera a lição de casa. Citou Eldredge, Dobson, Dalbey, Lewis, Cole e Wilson. Também ele celebrava a "selvageria de Jesus", tinha elogios a tecer ao filme *Coração Valente*, de Mel Gibson, e pensava que a igreja precisava de "mais alguns Teddy Roosevelts". Murrow concordava que a agressão era "chave para a alma masculina" e que, "sem homens e seu espírito guerreiro na igreja, tudo está perdido". Murrow não tinha muita coisa a dizer, mas o momento era propício: ostentando a publicação de mais de cem mil exemplares, Murrow emergiu como uma voz de liderança no movimento masculino cristão.[21]

Livros sobre masculinidade cristã não eram feitos para leituras de poltrona. Pais cristãos projetavam ritos de iniciação aos filhos seguindo o modelo de consagração dos cavaleiros medievais, envolvendo jantares caros e comemorados com símbolos de grande valor, como "uma Bíblia, uma espingarda ou uma placa comemorativa". Afinal, os cavaleiros eram "os Promise Keepers da Idade Média". Os homens cristãos se retiravam para o "deserto" para participar de Campos de Treinamento do tipo Coração Selvagem ou para se envolver em "guerras de *paintball* nos fins de semana", ou então para criar seus próprios "Jogos *Coração Valente*", com atividades que variavam de trocar os pneus de um carro a fazer lançamento de machados ou correr atrás de porcos cheios de graxa. Organizações maiores passaram a fazer o mesmo. Nos frenéticos comícios de jovens BattleCry, o evangelista Ron Luce advertia os estudantes que comunistas, feministas, gays e mulçumanos ameaçavam destruir a moralidade da nação, tão certo quanto Osama bin Laden havia destruído as Torres Gêmeas. Em uma linguagem repleta de imagens militaristas, Luce rogava por uma "mentalidade de guerra", para que os jovens despertassem para os perigos dos "terroristas culturais". Com palestrantes convidados, incluindo Jerry Falwell e Charles Colson, o ministério de Luce reunia a velha guarda com o objetivo de recrutar uma geração mais jovem para o cristianismo militante.[22]

Reconhecendo que sua versão de masculinidade evangélica não estava alinhada com as tendências contemporâneas, os Promise Keepers fizeram algumas alterações estratégicas. A fim de apelar à "próxima geração de guerreiros por Cristo", a organização substituiu imagens promocionais de homens se abraçando, chorando e dando as mãos por figuras de homens empunhando espadas e montados em cavalos, escalando rochas e cobertos de lama, acompanhados da promessa tranquilizadora de que "este não é o mesmo PK do seu pai!". Evidentemente, naquele momento, a existência da organização datava de pouco mais de uma década. Não mais pedindo aos homens que "permanecessem na brecha", temas mais viris usados em conferências os desafiavam a se levantar e "cruzar os portões". Dada a recente escalada militar, alguns cristãos pensavam ser de mau gosto o uso de uma linguagem "hipermasculinizada" e de imagens militares. Seria o momento propício para que homens cristãos "mostrassem os bíceps e a força do ferro espiritual"? Para muitos homens evangélicos, esse era o momento ideal.[23]

NO INÍCIO DOS ANOS 2000, os evangélicos brancos eram partidários entusiásticos de uma resposta militar aos ataques do 11 de Setembro, porém não estavam sozinhos. Em outubro de 2001, oito em cada dez estadunidenses apoiavam uma guerra em campo no Afeganistão. A guerra no Iraque, porém, era mais difícil de ser vendida à população. As conexões entre o regime de Saddam Hussein e a segurança nacional dos Estados Unidos continuavam ambíguas, e muitos grupos religiosos do país resistiam aos esforços do governo em obter apoio para mais uma guerra. O National Council of Churches [Conselho Nacional de Igrejas] instou o presidente a se abster de um ataque preventivo; o Vaticano advertiu que uma guerra preventiva seria "um crime contra a paz". Os evangélicos conservadores, no entanto, tinham outra opinião.[24]

Em outubro de 2002, cinco líderes evangélicos enviaram uma carta ao presidente Bush com o fim de assegurá-lo de que uma invasão preventiva do Iraque atendia aos critérios de uma guerra justa. Redigida por Richard Land, presidente da Comissão de Ética e Liberdade Religiosa da SBC, e assinada pelos colegas evangélicos Charles Colson, Bill Bright, D. James Kennedy e Carl Herbster, a "carta de Land" expressava apreço pela "liderança ousada, corajosa e visionária" de Bush, assegurando-lhe que seus planos de ação militar eram "corretos e justos". Fazendo referência ao apaziguamento de Hitler, instaram Bush a desarmar "o ditador iraquiano assassino", lembrando-o de que "a autoridade legítima para a autorização do uso da força militar dos Estados Unidos" pertencia ao governo dos Estados Unidos, e não à ONU. Em outro trecho da carta, Land cita Romanos 13 para argumentar que "Deus ordenou o magistrado civil" a punir os malfeitores.[25]

Não foi apenas a elite evangélica que apoiou um ataque preventivo. Em 2002, os cristãos evangélicos comuns estavam entre "os maiores apoiadores da guerra planejada por Israel e Washington contra o Iraque": 69% dos cristãos conservadores eram favoráveis a uma ação militar, dez pontos percentuais a mais do que a população em geral. Em 2003, quando a guerra teve início, 87% dos cristãos evangélicos brancos apoiaram a decisão de Bush de ir à guerra, em comparação com 70% dos protestantes e 59% dos estadunidenses seculares. Conforme explicou o membro de uma igreja evangélica, Jesus pode ter pregado um evangelho de paz, mas o Livro de Apocalipse nos mostra que o Messias sofredor se transformou no Messias conquistador; na Bíblia, Deus não apenas sanciona "guerras e invasões"; Deus as encoraja. O pastor desse membro evangélico concordou, acrescentando que o presidente Bush "se encaixaria perfeitamente nessa igreja... e estar na mesma sintonia espiritual conta muito".[26]

Imersos em uma literatura que afirma que os homens foram criados à imagem de um Deus guerreiro, não causa admiração que os evangélicos se mostrassem receptivos a sentimentos como os expressos por Jerry Falwell em seu sermão de 2004: "Deus é pró-guerra". Tendo há muito idealizado caubóis e soldados como modelos de uma masculinidade cristã exemplar, os evangélicos foram preparados para aceitar a "abordagem 'caubói'" de Bush e sua "mentalidade de lobo solitário".

Deus criou os homens para serem agressivos — violentos quando necessário —, a fim de cumprirem seu papel sagrado de protetores.[27]

Durante a Convenção Nacional Republicana de 2004, o artista cristão Michael W. Smith se pôs de pé no Madison Square Garden, em Nova York, para declarar amor por seu presidente e por seu país. Então, ele relembrou como, apenas seis semanas após os ataques do 11 de Setembro, encontrara-se no Salão Oval com seu caro amigo, o presidente Bush. Ambos falaram sobre os bombeiros e socorristas que haviam dado a vida para tentar salvar outras pessoas. "Ei, W", sugeriu o "W" presidencial ao cantor "W". "Acho que você deveria compor uma música sobre isso". Smith atendeu ao pedido. E lá, diante de toda a audiência presente, com imagens patrióticas piscando na tela atrás de si, Michael W. Smith cantou "There She Stands", uma música sobre o símbolo da nação, a bandeira estadunidense, a qual permanecia erguida em meio aos escombros. Foi um pequeno passo retórico substituir a "beleza" feminina, em prol da qual todos os homens foram criados para lutar, pela nação.[28]

CAPÍTULO • II

OUSADIA SANTA

NOS ANOS APÓS os ataques do 11 de Setembro, expressões mais radicais de masculinidade militante ganharam força por meio do evangelicalismo estadunidense. Nos cultos de avivamento GodMen, o evangelista Brad Stine desafiava os homens a "detonar", a "agarrar a espada e dizer: 'Ok, família; vou liderar vocês'". Os palavrões eram encorajados; "liberais, ateus e o politicamente correto" eram diminuídos e os homens eram chamados a combater "a 'mariquização' dos Estados Unidos". Palestrantes como Paul Coughlin exortava os homens e pastores cristãos a serem "bons", e não "legais", advertindo que, se assim fossem, certamente atrairiam inimigos. Esqueça o Jesus que evitava o confronto, que "oferecia a outra face": aquela "senhora barbuda" retratada como o homem Jesus era um tédio, assim como os homens que seguiam esse tipo de Jesus. Até mesmo suas esposas os achavam um tédio. Os participantes dos eventos GodMen assistiam a videoclipes de "lutas de karatê, perseguição de carro e acrobacias 'do estilo *Jackass*'", ofereciam orações de agradecimento a Deus por sua testosterona e erguiam a voz em hinos "masculinos", como "Grow a Pair" [Tenha colhão], música que lamenta a feminização dos homens pela "maioria cultural" e na qual os homens se comprometem a ser caubóis, juntar-se à batalha, pular na sela, pegar uma espada... e, sim, "ter colhão".[1]

O MMA cristão também surgiu como uma nova maneira de ministrar aos homens. O objetivo de grupos como o Xtreme Ministries — uma igreja que também funcionava como academia de artes marciais mistas, "em que pés, punhos e fé colidem" — era "injetar um pouco de virilidade em seus ministérios — e na imagem de Jesus". Ryan, filho de James Dobson, era um dos promotores desse conceito: "O homem deve liderar sua casa", assegurava o jovem Dobson, porém nós "criamos uma geração de garotinhos". Fortalecer os homens no octógono do MMA poderia servir a um propósito maior. Algumas igrejas organizavam festas noturnas em que os homens assistiam a lutas de MMA, enquanto outras organizavam ou participavam de eventos ao vivo. Em 2010, cerca de setecentas igrejas evangélicas predominantemente brancas adotaram o MMA como meio de alcançar vidas. Surgiram marcas cristãs de roupas de MMA, como "Jesus Didn't Tap",* ao lado de sites de redes sociais cristãs como o anointedfighter.com.[2]

Sem dúvida, cantar sobre os próprios testículos e dar socos na cabeça de alguém em nome de Cristo são gestos que representam expressões mais radicais da masculinidade cristã militante, porém GodMen e Xtreme Ministries apenas ampliaram tendências que se tornavam cada vez mais comuns na era pós-11 de Setembro. À medida que a masculinidade cristã ia tomando conta do evangelicalismo, também ajudava a conectar os que estavam na periferia do movimento ao centro, tornando cada vez mais difícil a distinção entre as margens e a corrente principal.

O MOVIMENTO CRISTÃO de educação domiciliar permaneceu como fonte constante de ensinos sobre a autoridade patriarcal militante e o nacionalismo cristão, mas, por volta da década de 2000, não correspondia mais a um posto remoto em meio ao movimento evangélico mais amplo. Desde o início da década de 1980, a educação domiciliar cristã vinha ganhando popularidade e influência. Em 1994, o movimento recebeu impulso quando James Dobson uniu forças com a Home School Legal Defense Association** (HSLDA), de Michael Farris, para defender os direitos de pais educadores. O que despertou o interesse de Dobson foi uma emenda a um projeto de lei de educação apresentado por um congressista democrata, que exigia que os professores de educação domiciliar obtivessem certificação estadual em cada disciplina que ensinassem, exigência que tornaria o ensino domiciliar proibitivo e difícil. Apresentando Farris em seu programa, Dobson rogou a um milhão de ouvintes que entrassem em contato com seus representantes no Congresso. Consequentemente, não apenas a legislação proposta foi derrotada, mas também a Câmara dos Deputados respondeu aprovando uma nova legislação, garantindo maior proteção às famílias que adotassem a educação domiciliar. Segundo Farris, "Dobson era o maior influenciador da época", de modo que sua intervenção foi um ponto de virada nesse movimento. Em 1999, 850 mil crianças foram educadas em casa nos Estados Unidos; em 2016, esse número avançou para 1,7 milhão, com dois terços correspondendo a famílias religiosas.[3]

---

*Lit., "Jesus não deu tapinhas", referência ao gesto que os lutadores de MMA fazem quando querem desistir da luta. (N. T.)
**Associação para Defesa Jurídica de Escolas Domésticas. (N. T.)

O ensino doméstico cristão permaneceu como um mecanismo eficaz para incutir e reforçar o "patriarcado bíblico". Dentro dos círculos cristãos de ensino domiciliar, Bill Gothard continuou a operar sua IBPL e a publicar seu currículo infundido com a compreensão da autoridade masculina, da submissão feminina e da necessidade de restaurar os Estados Unidos ao seu passado cristão mítico. A influência de Gothard não foi pequena; ele estimava que mais de 2,5 milhões de pessoas já haviam participado de seus seminários. Vários líderes da direita cristã tinham conexões diretas com Gothard. Mike Huckabee é ex-aluno da IBPL; Sarah Palin participou de uma conferência da IBPL enquanto era prefeita de Wasilla, no Alasca; como governador do Texas, Rick Perry palestrou em uma das conferências do Instituto de Treinamento Avançado de Gothard. Gothard permaneceu nas sombras, preferindo ensinar preceitos no contexto de seminários altamente controlados. Na década de 1990, porém, Doug Phillips começou a introduzir um "patriarcado bíblico" inspirado em Gothard, muito além da comunidade quase religiosa que Gothard havia estabelecido.[4]

Doug era filho de Howard Phillips, um defensor de Gothard e arquiteto nos bastidores da Moral Majority. Tendo frequentado a escola reconstrucionista Fairfax Christian School, o jovem Phillips colocou seu aprendizado em prática como advogado da HSLDA. Diante de sua linhagem, Doug era considerado parte da realeza na comunidade cristã de ensino domiciliar. Em 1998, fundou a Vision Forum, uma organização sediada no Texas e dedicada a promover o patriarcado bíblico no movimento de educação domiciliar, nas igrejas e na indústria de filmes cristãos. As muitas publicações de Phillips revelam as influências por trás de sua visão. Em 1997, ele publicou *Robert Lewis Dabney: The Prophet Speaks* [Robert Lewis Dabney: o profeta fala], um livro apresentando ao público o teólogo sulista presbiteriano, que declarou corajosamente o que muitos sabiam ser verdadeiro e que, infelizmente, não estavam dispostos a dizer. Elogiou as visões "proféticas" de Dabney sobre os males da educação pública e da igualdade das mulheres, e considerava o antifeminismo de Dabney "refrescantemente viril". Phillips contornou os sentimentos pró-escravidão de Dabney, embora também tenha diminuído os horrores da escravidão e negado o genocídio dos indígenas. Phillips também reverenciava Theodore Roosevelt e, em 2001, publicou *The Letters and Lessons of Teddy Roosevelt for His Sons* [As cartas e lições de Teddy Roosevelt aos seus filhos]. No ano seguinte, publicou *Poems for Patriarchs* [Poemas para os patriarcas]. Sentiu a necessidade de explicar que, sim, tratava-se de um livro de poesia; contudo, os poemas não eram "nem fofos nem bárbaros, nem altivos nem tolos, mas, sim, viris e, com frequência, selvagens". Phillips incluiu poemas sobre Deus e Cristo como reis-guerreiros e contou Stonewall Jackson entre seus heróis cristãos. Conclamou os homens a assumirem liderança patriarcal — "mais nobre do que os bravos feitos dos cavaleiros de outrora" — e, citando Charles Spurgeon, instruiu as esposas a deixarem de lado os próprios prazeres, a sufocarem sua individualidade em prol de seus maridos, a fazerem das tarefas domésticas seu reino, e de seus maridos, seu "pequeno mundo", seu "Paraíso", seu "tesouro escolhido". Phillips acreditava que o patriarcado e o patriotismo estavam inextricavelmente ligados, e ambos constituíam um dever divinamente estabelecido. O patriarcado era a chave para o sucesso das nações, e ser "antipatriótico" era "ser um ingrato espiritual".[5]

O Vision Forum promovido por Phillips prosperou na década de 2000, produzindo uma grande quantidade de material, tudo distribuído e promovido em conferências de educação doméstica e on-line. Um "catálogo de aventuras aos meninos americanos" continha fantasias de caubói, conjuntos de facas e machadinhas, estilingues e uma "balestra tipicamente americana", tudo isso para treinar os meninos na masculinidade heroica. A coleção "Meninas Belas", por sua vez, oferecia livros e DVDs promovendo "pureza e contentamento", "patrimônio e lar", produtos com "vestidos de bonecas do Sul". A ordem dos gêneros promovida pelo Vision Forum era fundamentalmente abrigada por um nacionalismo cristão; a organização liderou os "Faith and Freedom Tours" e, para os que não podiam comparecer, foi produzida uma série de livros e DVDs celebrando o patriotismo cristão. Em 2011, as receitas do Vision Forum chegavam a 3,4 milhões de dólares. Philips também patrocinou uma academia cristã de cineastas* e um festival de filmes cristãos. Kirk Cameron ensinou na academia de Philips e foi premiado por *Fireproof* [À prova de fogo] (2008), considerado o melhor longa-metragem no San Antonio Independent Christian Film Festival de 2009. O filme traz como protagonista um bombeiro heroico, mas furioso, pois sente que sua esposa não lhe demonstra o devido respeito, voltando-se, então, a um livro cristão de autoajuda para salvar seu casamento. Philips estava atento às crescentes demandas de um mercado de ensino domiciliar em expansão, mas também alcançava os evangélicos para além desse nicho de mercado. Seus ensinamentos de orientação dominadora, celebrando uma masculinidade cristã patriótica e militante, ressoavam entre os evangélicos despertados para o "problema" da masculinidade trazido pelo movimento de homens evangélicos mais amplo, de forma que ele encontrou uma causa comum com os evangélicos para muito além de seu círculo imediato de influência.[6]

Na década de 2000, Philips emergiu como uma figura de liderança no movimento "*quiverfull*", movimento pró-natalista dentro do protestantismo

---

*Christian Filmmakers Academy. (N. T.)

conservador, especialmente popular nas redes de educação domiciliar. Seu nome tem origem na versão em língua inglesa de Salmos 127:4,5: "Como flechas nas mãos do guerreiro, são os filhos nascidos na juventude. Como é feliz o homem que tem a sua aljava [*quiver*] cheia [*full*] deles!". Mulheres do movimento desempenhavam papel crítico no nascimento do exército de Deus; as guerras culturais precisavam do maior número possível de soldados. Procriar mais do que os oponentes procriavam era o primeiro passo para superá-los e, em sua capacidade reprodutiva, as mulheres serviam como "guerreiras domésticas". Phillips praticava o que pregava, sendo um orgulhoso pai de oito filhos: Joshua, Justice, Liberty, Jubilee, Faith, Honor, Providence e Virginia. O movimento *quiverfull* permaneceu como uma facção relativamente pequena do protestantismo conservador, apenas na casa de dezenas de milhares. Mas a popularidade de *19 Kids and Counting, reality show* do canal TCL de 2008 a 2015, apresentou os valores do movimento ao grande público estadunidense.[7]

Nessa época, o movimento de educação domiciliar em geral se desenvolveu em uma poderosa rede com o propósito de equipar as crianças a servirem como guerreiras culturais da próxima geração. No ano 2000, Farris fundou a Patrick Henry College, instituição de ensino superior voltada a educadores domésticos. Embora a instituição aceitasse menos de cem alunos por ano, em seu quarto ano de existência já era responsável por 7% dos estagiários da Casa Branca. Em 2004, Farris e a HSLDA lançaram a Generation Joshua, com o objetivo de recrutar adolescentes educados em casa como soldados de infantaria do Partido Republicano. Treinados a avançar para a próxima iteração de guerras culturais, os *homeschoolers* se infiltraram nos corredores do poder, trabalhando na Casa Branca e no Capitólio. O diretor da Generation Joshua, Ned Ryun — ele próprio educado em casa —, ex-redator de discursos de George W. Bush e filho do congressista Jim Ryun, previu que "pessoas formadas por meio de educação domiciliar estarão desproporcionalmente representadas nos mais elevados níveis de liderança e poder na próxima geração". Não mais marginalizados, os defensores da educação doméstica passavam a reivindicar a própria nação.[8]

Não eram apenas os jovens guerreiros culturais que estavam trazendo o patriarcado militante para os corredores do poder. Em sua investigação da Family — o grupo secreto (também conhecido como Fellowship) que organizava o National Prayer Breakfast desde a década de 1950 —, o jornalista Jeff Sharlet encontrou evidências do código guerreiro *Wild at Heart* [*Coração selvagem*], de John Eldredge, da cultura de pureza e do patriarcado reconstrucionista cristão do Vision Forum, de Doug Phillips. Essas fontes alimentavam um *ethos* autoritário e de masculinidade inflado no interior da organização, fator que se encaixava em suas tentativas de consolidação de poder em níveis nacional e global.[9]

O NOROESTE Pacífico foi lar de outra expressão radical de masculinidade evangélica militante. Enquanto o movimento cristão de ensino domiciliar celebrava um tradicionalismo antiquado, favorecendo um *ethos* modesto e nostálgico, a igreja Mars Hill, localizada em Seattle, ganhou destaque como a vanguarda de um evangelicalismo sofisticado e voltado ao futuro. A igreja foi fundada em 1996 pelo pastor Mark Driscoll, então com 25 anos; nos dezoito anos seguintes, o império de Driscoll cresceu para incluir quinze igrejas em cinco estados, juntamente com um ministério global.

Criado como católico romano, Driscoll se converteu ao evangelicalismo quando ainda era estudante universitário e rapidamente se tornou um pastor "teologicamente linha-dura, mas culturalmente moderno" na periferia conservadora do movimento das "igrejas emergentes". Driscoll pregava uma leitura literal da Bíblia, versículo a versículo, além de promover ensinamentos sociais conservadores; todavia, não havia nada de enfadonho em seu estilo. Mars Hill parecia uma boate, cheia de pessoas na casa dos vinte aos trinta anos de idade, predominantemente brancas, com tendências a exibir tatuagens, *piercings*, consumir cerveja e música *indie* local. O próprio Driscoll, vestindo jeans escuros e camiseta, tinha a aparência de um aspirante a astro de rock. Como os evangelistas-celebridades antes dele, Driscoll dominava a tecnologia de comunicação de ponta: "A Internet é o mercado grego de Atos 17", proclamava o guia de visitantes da igreja. "Noites de filme e teologia" tinham destaque e, para aqueles que haviam sido criados nas igrejas batistas conservadoras, fundamentalistas ou pentecostais, Mars Hill oferecia um modelo refrescante de engajamento cultural. Contudo, a mensagem de Driscoll não era a da boa e velha religião, comunicada de uma maneira nova e moderna; sua mensagem era infundida de masculinidade militante.[10]

Com uma linguagem que soaria familiar às pessoas de seu rebanho, Driscoll insistia que homens de verdade evitavam a igreja por não terem interesse em um "Cristo do tipo Richard Simmons, *hippie* e gay". Jesus, porém, não era "nenhum cara de cabelo comprido... e aparência efeminada": ele era um homem da própria classe trabalhadora do pai de Driscoll, "um trabalho de construção civil que manejava o martelo para viver", um homem "com calos nas mãos e músculos no corpo". Jesus não tinha qualquer semelhança com "as imagens *drag queen* pelas quais o retratam, com cabelos longos, esvoaçantes e emplumados, dentes perfeitos e pele macia, envolto em uma vestimenta confortável, com acessórios combinando, sandálias abertas e bolsa". Pelo contrário: era um líder agressivo e cheio de raiva, alguém que provocava briga com as autoridades religiosas, matava milhares de porcos, dava ordens a seus discípulos e não se importava de ser ofensivo. Jesus era um herói, não um perdedor, "um rei-guerreiro, um lutador com tatuagem na perna, alguém que cavalga para a batalha contra Satanás, o pecado e a morte em seu cavalo", como se vê nos filmes de faroeste.[11]

Driscoll tinha uma dívida com os escritores evangélicos que o precederam quanto ao assunto da masculinidade; suas ideias e retórica, porém, iam muito além das deles, em muitos aspectos. Nada mais de uma linguagem de amizade, ternura ou enriquecimento pessoal; Driscoll não queria nada com o lado mais suave do movimento masculino. Em vez disso, fez um nome para si como "Mark, o pastor de baixo calão". Assim como Doug Wilson, Driscoll gostava de chocar seu público. Ninguém podia acusar o homem de sucumbir ao politicamente correto. Também como Wilson, Driscoll se posicionava como um crítico do evangelicalismo tradicional, censurando os "caras flácidos" que preferiam sorriso falso a raiva justificada. Driscoll insistia que a Bíblia fala mais da ira, da indignação e da fúria de Deus do que de seu amor, graça e misericórdia. O próprio Jesus ficava zangado, até mesmo enfurecido, assim como usava terminologia militar ao se referir à sua igreja: a igreja era "uma força ofensiva em marcha", atacando as portas do inferno. Em Apocalipse, Jesus era um guerreiro conquistador. Evidentemente, Deus é um pacifista, mas se mostrará assim apenas no fim das eras, apenas depois de ter matado todos os seus inimigos. Nesse ínterim, Deus criou os homens para a guerra.[12]

Driscoll também não tinha medo de falar sobre sexo. Cantares de Salomão era sua porção favorita da Bíblia, e não se tratava de uma alegoria. Interpretar o livro de forma alegórica significaria que Jesus estava tentando "colocar a mão por baixo de sua camiseta", e ele, por exemplo, não amava Jesus dessa maneira. Não: Cantares de Salomão é um livro sobre o amor erótico entre um homem e uma mulher. Em 2007, Driscoll pregou um sermão intitulado "Sex: A Study of the Good Bits of Song of Solomon" [Sexo: um estudo sobre as boas porções de Cantares de Salomão], seguindo com uma série de sermões e um *e-book*: *Porn-again Christian* (2008). Para Driscoll, as "boas porções" equivaliam a um verdadeiro manual de sexo. Traduzindo do hebraico, ele descobriu que a mulher, em uma passagem, pede a estimulação manual de seu clitóris. Driscoll assegurou às mulheres que, se elas "consideravam a si mesmas sujas", provavelmente seus maridos estavam felizes. Ele fez a declaração de que "todos os homens gostam de seios... é um fato bíblico", assim como gostam que suas esposas façam sexo oral. Ouvindo um "amém" dos homens em sua audiência, Driscoll exortava as senhoras presentes a servirem aos seus maridos, a "amá-los bem", com sexo oral. Aconselhava as mulheres a irem para casa e fazerem sexo oral em seus maridos em nome de Jesus, para que eles viessem à igreja. Distribuir folhetos religiosos era algo bom, mas existia uma maneira melhor de produzir avivamento cristão.[13]

Driscoll se deleitava em sua capacidade de chocar as pessoas, mas foi uma série de *posts* anônimos no fórum de discussões on-line de sua igreja que revelou a extensão de sua misoginia. Em 2006, inspirado em *Coração Valente*, Driscoll adotou o pseudônimo "William Wallace II" para expressar suas opiniões sem ter de filtrá-las. "Eu amo lutar. Lutar é o que costumávamos fazer antes de todos nos tornarmos um bando de efeminados", antes que os Estados Unidos se tornassem "uma nação efeminada". Nessa linha, ele tinha uma crítica contundente a oferecer à iteração anterior do movimento evangélico masculino, ao "efeminado James Dobson e à sua adoração homoerótica nos cultos dos Promise Keepers...", nos quais homens se abraçavam e choravam "como malditas garotas de ensino médio que choram ao assistir a *Dawson's Creek*". Homens de verdade tinham de se manter a uma grande distância de um movimento dessa natureza.[14] Para Driscoll, o problema remontava ao Adão bíblico, um homem que mergulhou a humanidade de cabeça no "inferno/feminismo" ao ouvir sua esposa, "que pensava que Satanás era um bom teólogo". Deixando de exercer "sua autoridade delegada como rei do planeta", Adão foi amaldiçoado e "todo homem, desde então, era efeminado". O resultado era uma nação de homens criados "com um pênis frouxo, com inveja de mães solteiras feministas que faziam questão de ensinar Johnny a ser uma garota muito legal e a se sentar para fazer xixi". As mulheres serviam a certos propósitos, e não a outros. Em uma de suas missivas mais infames, Driscoll falou de Deus criando mulheres para servirem de "casas" para pênis solitários. Após a postagem de uma mulher no fórum de discussões da igreja, a resposta de Driscoll foi rápida: "Eu não respondo a mulheres. Por isso, sua pergunta será ignorada".[15]

Como muitos outros evangélicos, Driscoll era fã de *Coração Valente*, de Mel Gibson; mas era o filme *Clube da Luta* que mais diretamente inspirava a forma de ele abordar o ministério. Encorajava os homens a se envolverem em disputas teológicas e incitava homens na plateia a jogar objetos nos participantes, zombando de debatedores que não estavam adequadamente preparados ou cujos argumentos não eram afiados o suficiente. Os vencedores eram coroados com um capacete viking. Certa vez, depois de pregar sobre masculinidade por mais de duas horas seguidas, Driscoll desafiou os homens a se comprometerem novamente com a missão da igreja ou, então, a irem embora, "porque você não pode atacar o inferno com suas calças nos tornozelos, um frasco de loção em uma mão e uma caixa de lenços de papel na outra". Em seguida, Driscoll entregou aos homens duas pedras, dizendo que Deus estava "lhes devolvendo suas bolas, para terem a coragem de fazer a obra do reino". Os homens — ao menos aqueles que haviam ficado — falaram dessa exortação em termos mais elegantes: "Não somos mais frouxos, graças a Mark". De acordo com Driscoll, os resultados eram evidentes: "Tivemos caras salvos em massa; caras que se endireitaram. Alguns deixaram a pornografia, conseguiram empregos, passaram a dar o dízimo, se casaram, compraram uma casa, fizeram bebês".[16]

Driscoll amava produzir uma sensação de ameaça representada pelas pessoas de fora. Guardas de segurança prontamente identificáveis monitoravam o santuário e flanqueavam Driscoll enquanto ele pregava, "observando a audiência como uma milícia particular, pronta para atacar". Homens voluntários eram recrutados para auxiliar na "proteção da igreja, o corpo de Cristo". A sensação de ameaça física era mesclada a riscos religiosos e culturais: teologia heterodoxa, islamismo, "mulheres solteiras sexualizadas" e "homens efeminados" — tudo isso colocava a igreja e a nação em risco. Driscoll incitava medo para manter o controle. Não tolerando o consumo passivo de sua ministração, ele exigia serviço abnegado e submissão absoluta à (sua) autoridade. Como nos tempos de guerra, as dissidências eram rapidamente eliminadas. Ao aumentar a sensação de perigo, Driscoll justificava suas exigências de disciplina, controle e poder.[17]

Um espírito militar permeava a igreja. Driscoll acreditava que era sua tarefa manter os homens cristãos prontos para a batalha, tarefa especialmente crítica após os atentados do 11 de setembro. Ao formar cidadãos-soldados, Driscoll poderia promover o cristianismo e proteger o país do terrorismo islâmico. Para esse fim, os homens de Mars Hill assistiam a filmes de guerra, falavam em dialeto marcial e participavam de "campos de treinamento" de guerra espiritual. Driscoll introduziu um modelo militarista em seu ministério e, assim, levou seu ministério para as forças armadas, lançando um evangelismo focado em missões militares para homens servindo no exterior. Em uma época na qual o serviço voluntário de mulheres no exército estava em ascensão, as mensagens de Driscoll sobre a ameaça representada por mulheres a homens brancos e heterossexuais, para a segurança nacional e para o cristianismo ressoavam entre muitos de seus discípulos militares. Com o auxílio da mídia digital, os militares no Afeganistão e no Iraque se tornavam proselitistas de Driscoll, organizando cultos dominicais nas bases e projetando seus sermões gravados: "Os caras abriam o coração quando falávamos de pornografia, masturbação e cerveja; de calvinismo e da exclusividade de Cristo; do que significa ser marido, pai e sobre a guerra".[18]

Driscoll buscava distanciar-se dos guerreiros culturais anteriores, como Falwell e Dobson, e gostava de se apresentar como apolítico. Mas a embalagem da moda mascarava uma mentalidade de guerreiro cultural tão beligerante quanto a de seus predecessores, se não mais. Embora, por exemplo, ele pudesse receber em sua congregação membros da comunidade LGBT que "buscavam a verdade", também denunciava os gays como "aberrações malditas". Alguns líderes evangélicos expressavam reserva sobre a grosseria de Driscoll e, mesmo assim, professavam admiração. Segundo explicado por Al Mohler: "Onde quer que o evangelho seja encontrado, devemos nos alegrar com isso". Embora Mohler pensasse haver "diferença entre grosseria e sinceridade", ele admirava a "ousadia" e a "tenacidade" com que Driscoll pregava "o evangelho de Jesus Cristo".[19]

A masculinidade agressiva pregada e representada por Driscoll encontrou ampla recepção entre os jovens evangélicos na década de 2000. Os homens deparavam com esses ensinamentos nos acampamentos de igrejas e em pequenos grupos, por meio de ministérios paraeclesiásticos como o InterVarstiy Christian Fellowship, em *campi* das universidades cristãs, nas rádios cristãs e na blogosfera cristã. Livros como *Wild at Heart* [*Coração selvagem*], de Eldredge, e *I Kissed Dating Goodbye* [*Eu disse adeus ao namoro*], de Josh Harris, marcaram essa geração, assim como os sermões gravados de homens como Driscoll e John Piper. Os jovens escutavam suas palavras por horas a fio, discutindo seus ensinamentos em contextos exclusivamente masculinos: "Formei, de forma isolada, boa parte das minhas opiniões sobre teologia e masculinidade, ideias que foram implantadas em reuniões voltadas aos homens, e ouvi centenas de horas de sermões, raramente discutindo o que ouvia com outras pessoas, exceto homens", recorda-se um ex-fã de Driscoll. Por um ano e meio, ele ouviu, desde o início, todos os sermões de Driscoll:

> Os sermões de uma hora de duração, no estilo *stand up comedy*, eram cativantes. Baixava dezenas de mensagens no meu *ipod* e as ouvia enquanto caminhava pelo *campus*. Eu passava o verão cortando grama e, às vezes, ouvia cinco ou seis sermões por dia. Ficava fascinado com a maneira de ele abordar tópicos nos sermões sobre os quais ninguém falava, como o papel do sexo no casamento, e como a nação e a igreja estavam ficando "efeminadas" [...] Na época, eu não reconhecia a misoginia em sua teologia; para mim, estereotipado como um macho beta, era como se ele me convidasse a me tornar importante [...].

O chamado à liderança era irresistível:

> Até aquele ponto, não me lembro de as pessoas esperarem muito de mim. Eu era um aluno preguiçoso, nunca fui atlético ou talentoso em nada, mas surgiu essa subcultura que precisava que caras brancos medíocres simplesmente se apresentassem e liderassem, pois era isso que Jesus queria; e as mulheres estavam transformando a igreja em um bando de covardes. Tudo o que eu tinha de fazer era me tornar disponível, falar o que me fora ensinado e me manter fora de confusão.[20]

Ao escutar homens como Driscoll e Piper, os jovens evangélicos se tornaram parte de um movimento mais amplo. Eles estavam sendo chamados na condição de heróis.

COMO WILSON e Phillips, Driscoll era uma espécie de *outlier*, um operador independente cuja intenção, antes de tudo, era a de construir seu próprio império. Mas ele também se estabeleceu como um líder altamente respeitado, embora polêmico, entre seus colegas evangélicos, particularmente entre os pastores jovens. É difícil dizer quem — se Will Ferrell ou Mark Driscoll — merece mais crédito pelo fenômeno "esposa gostosona" que varreu o evangelicalismo na década de 2010. Em 2011, o pastor batista Joe Nelms atraiu para si atenção nacional ao usar uma frase do filme *Ricky Bobby: A Toda Velocidade* em sua oração de abertura em um evento da NASCAR, agradecendo a Deus por sua "esposa gostosona". No entanto, louvar a Deus por esposas sensuais em orações, sermões e redes sociais se tornou uma prática comum entre um grupo de pastores evangélicos conservadores. Um pastor de uma megaigreja postou uma foto de sua esposa no Instagram, legendada com uma versão modificada de Provérbios 31: "Suas *calças de couro* são como águas para a alma de seu marido". As mulheres, por sua vez, podiam participar de conferências cristãs para aprenderem a ser "gostosas para o seu benzinho".[21]

Driscoll inspirava os homens por meio de seu exemplo, mas também ajudou a construir novas redes que deixariam sua marca registrada no evangelicalismo do século 21. Ao construir sobre o fundamento estabelecido por R. C. Sproul, John MacArthur e John Piper, Driscoll ajudou a fomentar o movimento dos "jovens, incansáveis e reformados", um reavivamento do calvinismo que varreu o evangelicalismo estadunidense — e denominações como a Convenção Batista do Sul — na década de 2000. Como cofundador da rede Acts 29 e membro fundador da Gospel Coalition, Driscoll se posicionou no centro de um movimento emergente que buscava revitalizar o evangelicalismo com uma injeção de doutrina masculina do "novo calvinismo".[22]

Mesmo rejeitando ou retirando a ênfase de muitos elementos teológicos das tradições confessionais calvinista e reformada (incluindo o batismo infantil, a teologia pactual e uma compreensão mais equilibrada da autoridade bíblica em oposição a um comprometimento simplista relacionado à inerrância das Escrituras), os novos calvinistas reivindicavam encontrar em João Calvino, teólogo do século 16, assim como em outros eruditos puritanos posteriores, um cristianismo mais robusto, o qual serviria como antídoto a um evangelicalismo mais "suave". Suprimindo o lado emocional das reuniões avivalistas evangélicas, eles enfatizavam a existência do inferno e da ira de Deus, elementos que exigiam a expiação substitutiva de Jesus, sua morte sangrenta na cruz para a expiação dos pecados da humanidade. Com sua teologia masculinizada, sua interpretação da história era a de um Pai-Deus que descontava sua ira em seu próprio Filho. Um complementarismo estrito de gênero estava no cerne desse ressurgimento calvinista. Para os líderes do movimento, o poder patriarcal estava na essência do cristianismo evangélico; nas palavras de John Piper, Deus dera ao cristianismo "um ar masculino".[23]

Apesar de toda a sua ênfase no pecado, os novos calvinistas pareciam totalmente despreocupados com a concentração de um poder desmedido nas mãos dos homens. Roger Olson, teólogo batista que se opôs à insurgência calvinista, comparou o movimento dos "jovens, incansáveis e reformados" ao seminário de Gothard, Basic Youth Conflicts, observando a existência "de certo tipo de personalidade que anseia pelo consolo de uma certeza como meio de escapar da ambiguidade e do risco, encontrando essa certeza na religião ou em certas vertentes políticas". Tais pessoas se sentiam atraídas por uma ideologia "absoluta, lógica (pelo menos aparentemente) e prática". A noção de uma "cadeia de comando de Deus" oferecia precisamente essa certeza. Não é necessário dizer que os homens brancos ocupavam o topo dessa cadeia de comando, pelo menos da perspectiva do relacionamento humano.[24]

Em 2019, a rede Acts 29, fundada por Driscoll, já havia implantado mais de setecentas igrejas em seis continentes, igrejas comprometidas com a formação de "homens como responsáveis líderes-servos, no lar e na igreja". Enquanto isso, a Gospel Coalition, fundada em 2005 por Tim Keller e D. A. Carson, cresceu como um "Golias elevado e imponente", uma rede de quase oito mil congregações. O *website* da Gospel Coalition comportava um batalhão de blogueiros conservadores e reunia cerca de 65 milhões de visualizações anuais de *posts*, organizando dezenas de conferências que distribuíam e ampliavam a mensagem por todo o cristianismo nos Estados Unidos e além. Um centro de redes expansivas de líderes evangélicos, a Gospel Coalition reuniu homens como Driscoll, Piper, Mohler e outras figuras proeminentes no evangelicalismo estadunidense, como Josh Harris, C. J. Mahaney, Mark Denver, Ligon Duncan, Denny Burk e Justin Taylor.[25]

O novo calvinismo era ostensivamente impulsionado pelas missões. Espelhando-se por redes on-line e organizacionais, esse ressurgimento calvinista uniu os homens, ultrapassando gerações e denominações. Conforme certo blogueiro expressou: "A Internet fez pela teologia reformada o que a MTV fez pela cultura *hip-hop*". John Piper, cofundador da CBMW, foi "o fator mais potente" nesse ressurgimento da teologia reformada. A Passion Conference, uma conferência de adoração cristã idealizada por Piper e realizada pela primeira vez em 1997, apresenta o pastor e a teologia a uma geração de jovens cristãos dos Estados Unidos e de todo o mundo. O livro de Piper *Desiring God* [*Em busca de Deus*] vendeu mais de 375 mil cópias, constituindo "uma leitura praticamente obrigatória para muitos evangélicos em idade universitária", e seu site e as conferências *Desiring God* serviram como outro ponto focal de sua rede em expansão. O imprimátur de Piper podia ajudar a lançar carreiras; depois de Driscoll ter sido convidado a falar na conferência de Piper, recebeu convites de Jerry Falwell, Robert Schuller e Bill Hybels, pastor da megaigreja Willow Creek, localizada em Chicago.[26]

Em 2006, Dever, Duncan, Mohler e Mahaney fundaram o Together for the Gospel (T4G), conferência bienal que tinha como protagonistas os fundadores e outros pastores celebridades na órbita conservadora, notadamente Piper, MacArthur e Sproul. Esses homens se estabeleceram no circuito de conferências cristãs, mas o T4G ampliou sua influência. Em 2009, a revista *Time* rotulava "o novo calvinismo" como "uma das dez ideias que estão mudando o mundo de hoje". Segundo explicado por Ted Olsen na *Christianity Today*, "todo mundo sabe" que a energia e a paixão no mundo evangélico estavam "com os pioneiros do novo calvinismo John Piper, de Mineápolis, o belicoso Mark Driscoll, de Seattle, e Albert Mohler, líder do seminário da grande Convenção Batista do Sul".[27]

O impressionante nisso tudo era que tantos homens notoriamente combativos tivessem encontrado uma causa comum. Sem dúvida, havia divergência entre os líderes em uma variedade de tópicos, mas eles eram capazes de suavizar essas diferenças — incluindo diferenças teológicas bastante significativas — pela reverência comum a uma autoridade patriarcal. Uma das diferenças teológicas mais notáveis entre os líderes, por exemplo, dizia respeito à questão do cessacionismo — se os dons espirituais de línguas, profecia e cura cessaram com a era apostólica (visão defendida por MacArthur) ou se continuam no presente (visão expressa por carismáticos e muitos novos calvinistas, incluindo Piper, Mahaney e Grudem). Concordando que "tempos de desespero exigem medidas desesperadas", esses homens podiam concordar em discordar sobre o falar em línguas e o dom de profecia, visto que outras questões — incluindo o complementarismo de gênero e a disciplina da igreja — eram mais urgentes.[28]

DOUG WILSON nos fornece um interessante estudo de caso no que diz respeito à mudança de alianças em meio à subcultura evangélica. Ao publicar *Future Men* [*Futuros homens*] em 2001, Wilson certamente não se situava no centro do evangelicalismo. Na verdade, ele era um crítico ferrenho do evangelicalismo popular. E, embora, em muitos aspectos, seus pontos de vista sobre gênero e autoridade se alinhassem com os dos conservadores evangélicos na época, Wilson levava essas perspectivas às suas conclusões mais radicais ou talvez lógicas. Mulheres que usassem roupas de homem eram "uma abominação". Se uma esposa não fosse devidamente submissa, caberia ao marido corrigi-la. Se, por exemplo, louça suja fosse acumulada na pia, era dever do marido lembrar sua esposa de sua obrigação; se ela se rebelasse, o marido tinha de pedir a intervenção da igreja. Quanto à educação de crianças, "a disciplina deve ser dolorosa". Deus exige aplicação de dor àqueles a quem amamos. A homossexualidade deve ser suprimida, não excluindo a possibilidade da pena de morte, embora o banimento também fosse uma opção. Wilson endossava o conceito de "ódio bíblico", uma forma de fidelidade masculina militante exibida por um de seus heróis da fé: o ministro escocês John Knox.[29]

Nas questões raciais, as perspectivas de Wilson eram igualmente radicais. Na década de 1990, Wilson foi coautor de *Southern Slavery: As It Was* [A escravidão no Sul: como ela realmente foi], livro que questionava as supostas "brutalidades, imoralidades e crueldades" da escravidão. Para ele, o tráfico de escravos era antibíblico, mas não a escravidão em si. Pelo contrário: os abolicionistas radicais eram aqueles "impulsionados pelo ódio zeloso à Palavra de Deus". Descrições horríveis de escravidão não passavam de propaganda abolicionista. A vida de um escravo era cheia de fartura, alimentos abundantes, bons tratamentos médicos e prazeres simples, marcados por "um nível de afeição mútua entre as raças" que nunca poderia ser alcançado por meio de uma legislação federal coercitiva. Em 2005, Wilson publicou *Black and Tan* [Preto e bronzeado], um livro de ensaios sobre a escravidão que apresentava Robert E. Lee como "um cavalheiro cristão gracioso, um irmão em Cristo", reivindicando que senhores de escravos cristãos estavam alicerçados "em firme fundamento bíblico".[30]

Na década de 1990, em face da audácia das reivindicações de Wilson, de seu isolamento geográfico e de sua preferência pela edificação de seu próprio império e em seus próprios termos, talvez possamos posicioná-lo na periferia do evangelicalismo estadunidense. Contudo, na década de 2000, com a ascensão do novo calvinismo, a popularidade crescente do "patriarcado bíblico" e a virada na direção de modelos cada vez mais impregnados de masculinidade, Wilson se viu próximo do evangelicalismo popular. Wilson não mudara de perspectiva nem suavizara sua retórica, mas isso não parecia excluí-lo de companhias educadas. Nem todos os líderes evangélicos aprovavam seu estilo, mas muitos o consideravam perdoável. Alguns o consideravam até mesmo recomendável.

John Piper ajudou a nivelar o caminho de Wilson, trazendo-o do isolamento para círculos mais respeitáveis. Em 2009, Piper convidou Wilson para falar em sua conferência Desiring God. Contendo um leve riso, Piper observou que Wilson tinha um jeito peculiar com a linguagem e que, embora fosse um "tomador de riscos", acertava na pregação do evangelho. Com seu "compromisso inabalável e desinibido com a Bíblia", Doug Wilson tinha muito a seu favor. Ao surgirem controvérsias em torno das perspectivas de Wilson sobre raça, Piper novamente saiu em sua defesa. Em um vídeo, Piper se opunha, às vezes de forma quase irreverente, àqueles que "enxergavam" Wilson como alguém que minimizava os horrores da escravidão. Piper assegurou seus espectadores de que "Doug odiava o racismo, do fundo de sua alma evangélica", declarando sua disposição em "defendê-lo, ainda que com algumas diferenças em nosso julgamento histórico" sobre a Guerra Civil e sobre o melhor meio de se acabar com a escravidão.[31]

Apesar de ser um crítico de longa data do evangelicalismo popular, Wilson agora via seu trabalho (e o trabalho de seu filho, Nate Wilson) coberto na *Christianity Today* e em *Books & Culture*. Em 2007, a *Christianity Today* produziu uma série em seis partes sobre o debate entre Wilson e o ateu Christopher Hitchens, o que aumentou ainda mais a popularidade de Wilson. Seu romance de 2012, *Evangellyfish* [Evangélicos de corpo mole], uma crítica satírica ao evangelicalismo covarde, no qual quase todos os personagens falam das próprias cadências esquisitas de Wilson, ganhou o prêmio *Christianity Today* de melhor livro de ficção de 2013.[32]

Unidos em sua preocupação com gênero e autoridade, os evangélicos conservadores conectaram uma ampla rede de instituições, organizações a alianças que ecoavam suas vozes e aumentavam seu poder. Wilson convidou Driscoll para falar em sua igreja; Piper convidou Wilson para palestrar em sua conferência; os líderes partilhavam púlpitos, bajulavam os livros uns dos outros, falavam nas conferências uns dos outros e apoiavam uns aos outros como homens genuínos de Deus em seu ensino do evangelho. Nessa rede, as diferenças — as divergências doutrinárias significativas, como, por exemplo, sobre os relativos méritos da escravidão e da Guerra Civil — podiam ser suavizadas em prol do interesse da promoção de "questões divisórias de águas", tais como o complementarismo, a proibição da homossexualidade, a existência do inferno e a expiação substitutiva. De modo ainda mais fundamental, eles estavam unidos em um comprometimento mútuo com o poder patriarcal.[33]

Por meio dessa rede em expansão, os líderes evangélicos "respeitáveis" e as organizações davam cobertura aos seus "irmãos no evangelho", os quais promoviam expressões mais radicais de patriarcado, dificultando cada vez mais a distinção entre as margens e o centro. Com o tempo, um comprometimento comum com o poder patriarcal começou a definir os limites do próprio movimento evangélico, conforme descobririam rapidamente aqueles que entravam em conflito com essas ortodoxias. Os evangélicos que ofereciam perspectivas diferentes acerca de sexualidade, gênero ou da existência do inferno se viram excluídos das conferências e associações, e seus escritos foram banidos das livrarias evangélicas e dos canais de distribuição mais populares. Por meio de estratégias deliberadas e do poder do mercado, a exclusão de pontos de vista alternativos contribuiria para a radicalização do evangelicalismo nos Estados Unidos após os atentados do 11 de Setembro.

CAPÍTULO · 12

PEREGRINO CAMUFLADO

SE HAVIA UMA plataforma central para a extensa rede que constituía o evangelicalismo estadunidense do século 21, esse *hub* era Colorado Springs. Chamado de "Wheaton do Oeste", Colorado Springs deslocou o Wheaton original, um centro do evangelicalismo mais requintado e estabelecido, e ultrapassou Lynchburg e Orange County em importância no mundo evangélico. Em Colorado Springs, a militarização do evangelicalismo dominante estava em plena exibição. A partir de suas fortalezas evangélicas, os fiéis da cidade levaram sua fé militante diretamente ao exército estadunidense.[1]

A história do evangelicalismo em Colorado Springs remonta à fundação da cidade, mas foi na era pós-Segunda Guerra Mundial que a cidade começou a emergir como ponto estratégico de um evangelicalismo politicamente engajado e globalmente expansivo, cuja intenção era ganhar o país e o mundo para Cristo. O entrincheiramento do evangelicalismo em Colorado Springs coincidiu com o crescimento dos militares na região. Em 1954, a Academia de Força Aérea dos Estados Unidos estabeleceu-se em Colorado Springs. A cidade acabaria por abrigar três bases da força aérea, um forte exército e o Comando de Defesa Aérea da América do Norte. Na década de 1960, a Nazarene Bible College abriu suas portas e logo se enraizou um conjunto de igrejas, faculdades, ministérios, organizações sem fins lucrativos e empresas evangélicas, carismáticas e fundamentalistas. Atraídas por incentivos fiscais locais e por um epicentro crescente de poder evangélico, quase cem organizações paraeclesiásticas cristãs surgiram em um raio de oito quilômetros da academia militar, incluindo Officers' Christian Fellowship, International Bible Society, Youth for Christ, Navigators, Fellowship of Christian Athletes, Christian Booksellers Association, Fellowship of Christian Cowboys,

Christian Camping International* e, talvez a mais importante de todas, a Focus on the Family, de Dobson.²

EM 1991, Dobson mudou a sede de sua organização de Pomona, Califórnia, para um complexo de 47 acres em Colorado Springs, de frente para a academia militar. Ao inaugurar essa nova sede, os membros da equipe de paraquedistas fizeram uma exibição, apresentando Dobson com "as chaves do céu" nas cerimônias de abertura. Nessa época, Dobson abandonara qualquer receio relacionado a um engajamento político direto. Um ano depois de se estabelecer no Colorado, Dobson ajudou a mobilizar apoio para uma emenda à Constituição Estadual, a qual vetaria a aprovação de qualquer lei relativa a direitos homossexuais. Na época, suas forças foram bem-sucedidas. Suas revistas *Citizen* e *Family News in Focus* mantinham seguidores informados dos desenvolvimentos políticos mais recentes. Enquanto isso, sob a liderança de Gary Bauer, o Family Research Council cresceu e se tornou a organização mais poderosa da direita cristã na capital do país.³

A partir de sua base em Colorado Springs, Dobson continuou a montar seu ativismo político. Em 2003, saiu em defesa do então presidente da Suprema Corte do Alabama, Roy Moore, um cristão evangélico que se recusava a obedecer a uma ordem federal de remoção do monumento dos Dez Mandamentos, o qual ele posicionara na Suprema Corte do Alabama. Palestrando em Montgomery, Dobson comparou a desobediência civil de Moore à de Rosa Parks: "Nós, como povo de fé, também estamos sendo enviados para o fundo do ônibus". Foi então que Dobson percebeu "um novo nível de desgosto entre os setenta milhões de cristãos evangélicos brancos do país", bem como um novo ímpeto para a luta. Mesmo em seus 67 anos, essa não era uma batalha da qual ele fugiria. A fim de proteger a isenção de impostos da Focus on the Family, Dobson se aposentou de sua posição como CEO da organização, para poder participar diretamente das atividades atreladas à organização política.⁴

Dobson se moveu rapidamente do campo de batalhas simbólico para o campo de batalhas eleitoral. Seu primeiro alvo foi Tom Daschle, o líder da minoria no Senado de Dakota do Sul, pelo papel que Daschle desempenhara ao barrar dez dos indicados por George W. Bush para os tribunais de apelação dos Estados Unidos. Em 2004, Dobson apoiou o candidato John Thune, um republicano

---

*Respectivamente: Sociedade Cristã de Oficiais; Sociedade Bíblica Internacional; Jovens para Cristo; os Navegadores; Associação de Atletas Cristãos; Associação de Editores Cristãos; Sociedade dos Caubóis Cristãos; Associação Cristã Internacional para a Promoção de Retiros. (N. T.)

evangélico que era contrário ao aborto e ao casamento entre pessoas do mesmo sexo. Com o propósito de ampliar o apoio a Thune, Dobson organizou manifestações patrocinadas pela Focus on the Family, manifestações "Stand for the Family" [Posicione-se em prol da família], falou em um grande festival de música cristã e publicou "Uma Mensagem Importante do dr. James C. Dobson" a favor de Thune, que apareceu em anúncios de jornal de página inteira em todo o estado. Ao todo, Dobson alcançou cerca de um décimo da população de Dakota do Sul. Thune ganhou por uma margem de 4.508 votos, de modo que sabia da importância do apoio de Dobson: "Temos, literalmente, uma geração de americanos que cresceram com o dr. Dobson", refletiu ele após a sua vitória. "Lá fora, sua voz vale ouro, particularmente entre os estadunidenses que têm um sistema de valores conservador ou uma cosmovisão conservadora. Dobson conseguia falar com essas pessoas como ninguém, exceto, talvez, como Billy Graham."[5]

Dobson tinha enorme poder político; todavia, esse poder era quase invisível do lado de fora dos círculos evangélicos. "O cidadão comum não sabe o que Dobson está dizendo a cinco ou dez milhões de pessoas toda semana", observou Richard Viguerie, aquele que idealizou a estratégia de malas diretas. "Isso nos beneficiou de uma forma extraordinária." Independentemente de ser bom ou mau, o poder de Dobson, porém, era evidente aos evangélicos. Questionados sobre seu maior receio, os reitores de universidades cristãs tinham um ponto em comum: a possibilidade de James Dobson se voltar contra sua instituição de ensino. A lição era clara: "Não se meta com Dobson ou, por extensão, com qualquer dos magnatas da direita religiosa". Com o declínio da Moral Majority, de Falwell, e da Christian Coalition, de Robertson, a Focus on the Family fornecia um fulcro crítico para o engajamento político evangélico.[6]

NAS PROXIMIDADES da academia militar, encontrava-se outra fortaleza evangélica: a New Life Church. Uma das megaigrejas mais influentes do país, a New Life foi fundada em 1984 por Ted Haggard, um dos ministros "mais politicamente influentes da nação". Seu pai estabelecera um ministério carismático internacional, mas Haggard "nasceu de novo" aos 16 anos, depois de ouvir Bill Bright pregar na Explo' 72. Após frequentar a Oral Roberts University, Haggard passou a ser mentoreado por Jack Hayford, pastor fundador de uma megaigreja pentecostal em Van Nuys, Califórnia — igreja que, essencialmente, lançou o modelo de megaigrejas para o evangelicalismo suburbano. Dobson tinha mais reconhecimento, mas Haggard rivalizava com seu amigo e vizinho quando o assunto era influência. Foi sob sua liderança que a associação fundou cerca de trezentas igrejas e, em 2003, Haggard se tornou presidente da National Association of Evangelicals. Naquele tempo, a organização representava 45 mil igrejas e trinta milhões de cristãos, constituindo-se no *lobby* religioso mais poderoso dos Estados Unidos.[7]

Como no caso de Dobson, o evangelicalismo de Haggard era explicitamente político. Haggard falava nacionalmente em apoio à guerra do Iraque e contra o aborto, apoiando o capitalismo de livre mercado tanto como um modelo econômico quanto como um elemento essencial à propagação do cristianismo. Dentro do santuário da New Life, decorado com as cores da Força Aérea, prata e azul, grandes telas mostravam tributos a Haggard, a vários políticos e líderes denominacionais e a Tony Perkins, o "executor de Dobson no Capitólio". Antes das eleições de 2004, em uma transmissão televisionada de duas horas, Haggard trabalhou para o direcionamento do voto evangélico a Bush, bem como para angariar apoio à Federal Marriage Amendment [Emenda Federal do Casamento], a qual baniria o casamento homossexual. Haggard falava com o presidente Bush e seus conselheiros toda segunda-feira, dando à administração "o pulso do mundo evangélico". Na parede do lado de fora de seu escritório, havia três fotos emolduradas: duas de Haggard com o presidente e uma com Mel Gibson, que pré-estreara *A Paixão de Cristo* em um evento organizado por Haggard. Segundo o jornalista Jeff Sharlet, que publicara um artigo da New Life na revista *Harper's* de 2005, igrejas como a New Life serviam como forno de fundição ideológico da direita cristã; ideias "forjadas no meio do país" chegavam rapidamente à capital da nação. Nesse ponto, a New Life "não era apenas um batalhão de guerreiros espirituais, mas uma fábrica de ideias para armá-los".[8]

A igreja de Haggard manifestava essa mentalidade de guerra. No saguão da igreja, é possível observar *O Defensor*, "um anjo de bronze maciço e com a feição carrancuda" empunhando uma grande espada. No andar de cima do edifício, as crianças se reúnem no Fort Victory, espaço projetado como um posto de cavalaria do Velho Oeste. Do outro lado do estacionamento, encontra-se a sede global do World Prayer Center, um "NORAD* espiritual", e, em seu átrio, a estátua de outro anjo de bronze guerreiro, armado, com bíceps enormes e carregando uma espada. A capela contém computadores nos quais os visitantes podem colocar pedidos pessoais de oração; a equipe da igreja fornece orações mais politicamente orientadas — orações relacionadas à emenda do casamento, à nomeação de novos juízes e ao presidente. As equipes também ofereciam orações relativas à política externa dos Estados Unidos, para que Deus "esmague [a] fortaleza demoníaca e o regime comunista de Kim Jun II", e para que as forças do bem prevalecessem no Iraque.[9]

---

*Sigla para "North American Aerospace Defense Command" [Comando de Defesa Aeroespacial da América do Norte]. (N. T.)

Os membros da New Life estavam cientes da posição estratégica que ocupavam. Colorado Springs era um campo de batalha, um "Gettysburg espiritual", segundo um homem que entendia seu papel em termos militarizados: "Cara, eu sou um guerreiro. Sou um guerreiro de Deus. Colorado Springs é meu campo de treinamento". Como o exército, a New Life empregava uma rigorosa cadeia de comando que assegurava estrita conformidade ideológica. A autoridade masculina e a submissão feminina eram essenciais à ordem hierárquica. A igreja também elevava o papel da pureza sexual, apesar da insistência de Haggard de que a pureza não diminuía o prazer; segundo ele se gabava, os evangélicos tinham "a melhor vida sexual de todas". Tudo isso se encaixava em uma missão maior. Os evangélicos que se aglomeravam em Colorado Springs compartilhavam um sonho mítico "popularizado por caubóis e índios, monstros e guerreiros de oração que os venciam, damas que recompensavam seus guerreiros com beijos castos". A New Life Church, de Haggard, era um ninho do evangelicalismo militante. Juntos, Haggard e Dobson trabalhavam para espalhar essa fé militante por todo o exército estadunidense.[10]

POR MEIO SÉCULO, os evangélicos trabalharam para fortalecer e incutir valores evangélicos no exército, sendo bem recebidos pela instituição, particularmente pelos evangélicos já entrincheirados nas Forças Armadas. Entretanto, na década de 2000, alguns membros da ativa começaram a opor objeção à atmosfera religiosa proselitista e coercitiva que encontravam no exército. A Academia da Força Aérea, em Colorado Springs, representava o marco zero na batalha sobre expressão e coerção religiosas.

A missão para combater uma suposta tomada evangélica foi liderada por Mikey Weinstein, graduado com honra na academia em 1977, ex-oficial da Força Aérea e ex-assessor jurídico da Casa Branca durante a administração Reagan. Weinstein e sua família eram judeus, e seus dois filhos haviam frequentado a academia, onde depararam com um agressivo proselitismo cristão em tempos tingidos por tonalidades antissemitas. Weinstein começou a reunir documentos, e suas reclamações levaram a uma investigação que revelou intolerância religiosa "disseminada" na academia. Inúmeras atividades questionáveis vieram à luz. Johnny A. Weida, comandante dos cadetes, passou a ser investigado por criar um canto formado por perguntas e respostas, no qual os cadetes gritavam "Jesus é o máximo". No vestiário, o técnico de futebol orava ao "Treinador Principal", tendo feito um *banner* estampado com as palavras "Time Jesus". No jornal da academia, uma mensagem de Natal proclamava "Jesus Cristo é a única esperança real para o mundo". Panfletos anunciavam a exibição de *A Paixão de Cristo*, de Mel Gibson, em todos os lugares do refeitório.[11]

O filme de Gibson não correspondia à produção convencional de Hollywood. Repleto de cenas ilustrativas da crucificação de Cristo, sua descrição de Jesus chamava a atenção de muitos críticos como antissemita, alegação que ganhou força após a bravata antissemita de Gibson durante seu aprisionamento, em 2006, por dirigir bêbado. Para muitos evangélicos, porém, assistir ao filme era um ato de devoção. Os evangélicos já eram fãs do trabalho de Gibson. Gibson era católico romano, mas os evangélicos reconheciam que compartilhavam um credo comum de cristianismo militante e masculinidade heroica. Para muitos escritores evangélicos, as referências a *Coração Valente* rivalizavam com as referências bíblicas quando o assunto era discernir a vontade de Deus para os homens. Também *O Patriota* oferecia uma visão heroica que estava em falta nos Estados Unidos de então. Mas nada se comparava mais ao fervor evangélico em apoio ao filme *A Paixão de Cristo*.[12]

Outro membro das Forças Armadas, o coronel aposentado David Antoon, também estava alarmado com as acusações em curso na academia. Quando servira, no fim da década de 1960, a ênfase estava na liderança, e não apenas na arte da guerra. Contudo, ele ficou surpreso com a linguagem adotada pelo General Weida; em seu discurso de noventa minutos, "Weida deve ter usado o termo 'guerreiro' dezenas de vezes", relembrou Antoon. (Acontece que os cadetes tinham um jogo de marcar o número de vezes que Weida dizia "guerreiro" ao se dirigir a eles.) A retórica de Weida era estranhamente semelhante à da literatura sobre masculinidade evangélica: de acordo com Weinstein, era "uma página que poderia muito bem ter sido retirada da cartilha de Bobby Welch: *You, The Warrior Leader* [Você, o líder-guerreiro]".[13]

Welch, veterano condecorado da guerra do Vietnã, ascendera à presidência da Convenção Batista do Sul em 2004. No mesmo ano, publicou seu livro, um guia à aplicação da estratégia militar na vida espiritual, com o selo da marca LifeWay Christian Resources. Welch abre o livro com uma citação de Jerry Vines, pastor de uma megaigreja da Convenção Batista do Sul: "A igreja não é uma organização passiva, neutra", e sim "Militante! Agressiva! Vitoriosa!". A vida cristã não *deve* ser comparada a uma guerra: ela *é* uma guerra, e os cristãos devem envolver-se em um "ataque ofensivo total". Muitos cristãos acreditam que uma postura passiva e defensiva se aproximava mais da postura de Cristo, mas isso fazia do discípulo de Jesus um alvo estático. As táticas ofensivas serviram bem à causa na tomada conservadora da CBS, observava Welch, e ele acreditava que os ataques do 11 de Setembro haviam exibido mobilização semelhante. Também nessa guerra, haveria baixas: "Pessoas boas, dóceis e gentis, até mesmo crianças e bebês" seriam atacadas, queimadas, devastadas por demônios. Seria uma guerra repleta de "homicídios, estupros e caos", cuja vitória não viria "de jogos de tabuleiro", abraços santos ou cânticos espirituais. Jesus, o Guerreiro-Líder, lideraria o ataque contra "os terroristas de Satanás".

Ao lado de Jesus, Welch buscava figuras como Robert E. Lee e o Grande Mago da Ku Klux Klan, Nathan Bedford Forrest, como modelos de liderança guerreira.[14]

Era precisamente esse tipo de retórica guerreira evangélica que causava arrepios em Antoon, que via essa atitude como "diametralmente oposta" aos valores que lhe haviam sido incutidos décadas antes. No seu tempo, o tema de lutas e mortes era exposto "de maneira séria, com humildade": matar era algo aceito como um fato da guerra, e não como um fator de exaltação. No entanto, "de alguma forma, isso tudo se transformou em uma sagrada sede por derramamento de sangue". Antoon conseguia identificar a fonte dessa infiltração. Ele vira cadetes e seus familiares na Capela de Cadetes sendo recebidos por uma "falange de pastores entusiasmados" e recrutados para os estudos bíblicos de segunda à noite — estudos ministrados por membros da New Life Church e por gente da equipe da Focus on the Family, ali posicionados com esse propósito. Segundo observado por Antoon, a academia se tornara "um gigantesco cavalo de Troia para que os evangélicos se infiltrassem nas Forças Armadas".[15]

Os esforços para lidar com o exagero evangélico encontraram forte resistência por parte dos próprios evangélicos, dentro e fora das Forças Armadas. Sob a pressão dos críticos, a academia montou uma equipe inter-religiosa para a promoção da diversidade, mas os evangélicos que ocupavam posição mais elevada na cadeia de comando rejeitaram esses esforços. Ao revisar os materiais compilados pela equipe, o major-general Charles Baldwin, chefe dos capelães da Força Aérea, repetidamente queria saber por que "os cristãos não vencem sempre". Baldwin, mestre em divindade pelo Southern Baptist Theological Seminary e com experiência na Capela dos Cadetes da academia antes de assumir suas funções em Washington, também se opôs a um clipe de *A Lista de Schindler*, pois "fazia 'os cristãos se assemelharem aos nazistas'". (A cena foi substituída por *Fomos Heróis*, de Mel Gibson.) Com o apoio do fundo de defesa da Focus on the Family, o capelão evangélico James Glass apresentou uma moção legal, alegando que qualquer esforço para a contenção da oração ou do proselitismo constituía violação da liberdade de expressão. A Focus on the Family denunciou todas as críticas como injustificadas, "e esperamos fervorosamente que esse preconceito ridículo de alguns contra a religião de muitos — o cristianismo — agora cesse".[16]

Cada vez mais, o evangelicalismo *se tornava* a religião da maioria nas Forças Armadas. Em 2005, 40% dos funcionários na ativa se identificavam como evangélicos, assim como 60% dos capelães militares. Como em outras vertentes das Forças Armadas, a presença de capelães evangélicos na Força Aérea aumentou de modo expressivo de 1994 a 2005, e os capelães evangélicos levavam consigo o compromisso com o evangelicalismo; o general de brigada Cecil Richardson, vice-chefe de capelães da Força Aérea e membro das Assembleias de Deus, explicou que os capelães se absteriam de fazer proselitismo, "mas nos reservamos o direito de evangelizar os que não frequentam nenhuma igreja". Ele distinguia ambas as atividades, sugerindo que evangelizar "é compartilhar o evangelho com mais gentileza" em oposição a "tentar converter alguém de maneira agressiva". Tratava-se de uma distinção desprovida de diferença.[17]

Enquanto a Força Aérea era criticada por aqueles que advertiam quanto a uma infiltração evangélica, a academia ainda trabalhava para se recuperar da revelação de uma epidemia de agressões sexuais em suas fileiras. Algumas estimativas colocam o número de mulheres vitimadas em quase 20% de todas as cadetes e, ao que tudo indicava, parecia que havia um acobertamento sistemático por anos a fio. As vítimas eram chantageadas, ameaçadas ou expulsas, enquanto os acusados "se graduavam com honra, apesar das múltiplas acusações". Na época, os escândalos de agressão sexual e uma atmosfera religiosa coercitiva pareciam ser dois problemas distintos, conectados apenas pelo fato de a academia estar ávida por evitar outro fiasco de relações públicas após as revelações de abuso. Havia, porém, outra estatística que sugeria que os dois problemas não estavam inteiramente desconectados: um em cada cinco cadetes acreditava que aquele não era um trabalho destinado a mulheres.[18]

COM O MILITARISMO renovado do evangelicalismo pós-ataques do 11 de Setembro, pastores como Ted Haggard, Mark Driscoll e Doug Wilson pregavam uma masculinidade cristã militante. Contudo, na era da Guerra ao Terror, os pastores não eram, necessariamente, os provedores mais eficazes de masculinidade cristã. O exército era o lugar no qual os meninos se tornavam homens, e os homens amadureciam na fé cristã. Os homens militares, então, poderiam servir de guias para os civis, bem como à igreja como um todo.

Os dias da "Olliemania" já haviam passado, porém a militância renovada do início da década de 2000 permitiu a Oliver North alavancar, mais uma vez, sua marca de cristão-militar-herói. Em 2001, North começou a apresentar *War Stories With Oliver North* na Fox News. Em 2002, decidiu tentar a sorte no campo da ficção. Seu romance *Mission Compromised* [Missão comprometida], rotulado como um *thriller* policial "ao estilo Tom Clancy", se assemelhava em muito às suas próprias experiências: o herói da história era um fuzileiro naval de destaque, encarregado de fazer "um trabalho sujo de política externa" para salvar o mundo. North publicou seu livro pela B&H, selo da LifeWay Christian Resources, ramo editorial da Convenção Batista do Sul. "Não sou um evangelista agressivo, nem finjo ser um erudito bíblico", admitiu North, mas, ao publicar na B&H, ele estava livre para desenvolver as dimensões religiosas de sua narrativa. "Fé e ficção podem trabalhar juntas", explicou. Enquanto isso, a B&H via os livros de North como uma forma de se introduzir no mercado tradicional. A B&H publicou outras obras de ficção, mas nenhum dos autores tinha "a mesma estatura e o mesmo potencial de vendas" que North; para promover o livro, North visitou 58 cidades em trinta dias, viajando o país em um ônibus que fora utilizado pela banda de Dolly Parton, apelidado de "ônibus Dolly-Ollie". Apostando em um *best-seller*, a B&H teria lançado uma primeira tiragem de 350 mil cópias.[19]

North continuou a publicar outros livros em sua série de ficções ao lado de diversos títulos de não ficção, incluindo *A Greater Freedom: Stories of Faith from Operation Iraqi Freedom* [Uma liberdade maior: histórias de fé da operação Iraqi Freedom] e *American Heroes in the Faith Against Radical Islam* [Heróis da fé americanos contra o islamismo radical]. Esse último título criticava os estadunidenses por seus escrúpulos em denunciarem aqueles que tentavam destruir o estilo americano de vida, formados "quase exclusivamente por homens mulçumanos radicais". O objetivo principal do livro, no entanto, era mostrar o heroísmo dos soldados estadunidenses que lutavam contra o Islã. North insistia que não se tratava de glorificar a guerra; obviamente, a guerra era terrível. Ele simplesmente queria mostrar os bravos soldados estadunidenses em sua totalidade, como "parte das Forças Armadas mais brilhantes, mais bem-educadas, treinadas, lideradas e equipadas que qualquer nação já teve". E esses soldados eram profundamente religiosos. North falou de "um pequeno coro de fuzileiros navais" realizando "a versão mais viril de 'Amazing Grace'" que ele já ouvira, e de militares enfiando Bíblias em seus coletes e reunindo-se em cultos nas capelas, estudos bíblicos e sessões de oração. Em combate, os homens podiam "levar a linguagem vulgar ao nível de uma forma de arte", mas, quando os tiros cessavam, os soldados podiam ser encontrados lendo suas Bíblias em um momento de calmaria.[20]

Em *American Heroes* [Heróis americanos], North também reproduz um diálogo seu com um repórter parisiense, o qual acusara o presidente Bush de "se aventurar ao redor do planeta como se fosse o presidente John Wayne". North, evidentemente, gostou dessa comparação, embora estivesse certo de que o repórter estaria pensando em Ronald Reagan, e não em John Wayne. Era, claramente, um equívoco. Em outra ocasião, uma correspondente de notícias europeia foi ouvida perguntando — ou será que estava afirmando? — a um dos fuzileiros navais que "nunca tinha visto tanta pose de bravura, machismo ou arrogância" em toda a sua vida. O jovem soldado pareceu refletir sobre a queixa da repórter antes de responder: "Sim, senhora, por essa razão eles são chamados de fuzileiros navais dos Estados Unidos". Algumas vezes, a verdade é melhor do que a ficção, se os relatos de North dessas conversas fossem críveis.[21]

North insistiu em culpar a mídia estadunidense pela falha no apoio às tropas — pela negligência em cobrir as boas-vindas dos heróis que chegavam ao Iraque, concentrando-se, antes, nos saques, "na destruição de 'sítios culturais'" e nos problemas relacionados ao abastecimento de água e à falta de eletricidade nas cidades invadidas. Tudo parecia "gravemente injusto com esses "meninos que se haviam tornado homens", pessoas que lutaram tanto e se sacrificaram tanto". Para piorar as coisas, a mídia ainda sugeria que alguns soldados estadunidenses haviam morrido por nada, uma técnica "aperfeiçoada durante o Vietnã", afirmava. O Vietnã não fora perdido durante a Ofensiva do Tet, em 1968; antes, fora perdido "nas páginas dos jornais dos Estados Unidos, em nossas televisões, em nossos *campi* universitários — e, com o tempo, nos corredores do poder, em Washington". Àqueles que reivindicavam apoiar as tropas, mas não a guerra no Iraque e no Afeganistão, North não demonstrava nada além de desdém. Felizmente, o presidente Bush nunca hesitou em seu apoio às tropas. Seus comandantes de campo "eram feitos do mesmo aço temperado". Líderes verdadeiros sabiam ignorar "a surra que levavam por ser agressivos demais". Sabiam como manter seu foco no inimigo.[22]

North escreveu *American Heroes* com a ajuda de Chuck Holton. Como ex-soldado de elite, Holton era um escritor popular do gênero de guerra. Em 2003, começou a reportar para a CBN como "correspondente de aventuras" e, nesse mesmo ano, publicou *A More Elite Soldier* [Um soldado de maior elite]. Stu Weber, defensor vigoroso do movimento masculino evangélico, chamou o livro de Holton de "*O Peregrino* camuflado", o relato da jornada de um soldado rumo à virilidade e à maturidade espiritual. Segundo Holton, "a vida *é* um combate", e combates não são para fracos; no treinamento básico, os fracos são eliminados. Quando Holton vestia sua boina preta, simbolizava seu status como membro de um grupo de guerreiros de elite, uma unidade "separada e mantida segundo os padrões mais elevados", voltada à defesa da liberdade de seus compatriotas, muitos dos quais alheios ou ingratos por seu sacrifício. O orgulho sentido por Holton em ser soldado de elite estava intimamente atrelado ao seu conceito de haver sido separado por Deus, "chamado das fileiras dos soldados comuns, para desempenhar uma missão mais difícil de ser cumprida para ele". Ao aceitar essa missão, Holton entrou em um conjunto de crenças, dificuldades e propósitos compartilhados. Naturalmente, a guerra era desagradável, mas, ainda assim, "um tanto gloriosa". A maioria dos obstáculos da vida poderia ser superada "se exercitarmos pouco mais de uns cinco quilos de pressão com um dedo no gatilho". Após uma longa reflexão, Holton percebeu que o próprio Jesus teria sido "um ótimo soldado de elite".[23]

Naquele mesmo ano, Holton foi coautor de *Stories from a Soldier's Heart: For the Patriotic Soul* [Histórias do coração de um soldado: para a alma patriótica]. O livro incluía histórias de John McCain, Stu Weber e Bill Gothard, juntamente com um confessional escrito por um ex-manifestante do Vietnã, que reconheceu o "narcisismo extremo" da contracultura e expressou intenso lamento por deixar de honrar devidamente os homens que haviam servido ao seu país. A influência de Eldredge sobre esses autores era clara: "No fundo, todos os caras querem ser guerreiros", querem envolver-se "em uma batalha épica", querem ser heróis. O William Wallace de *Coração Valente* oferecia palavras de sabedoria: "Todo homem morre, mas nem todo homem vive de verdade". A mensagem era idêntica à encontrada em *A More Elite Soldier* [Um soldado de maior elite], de Holton: o soldado estadunidense era um modelo da verdadeira masculinidade cristã.[24]

Como North, Chuck Holton também tentou a sorte na ficção. Seu universo ficcional era povoado por homens militares heroicos e mulheres vulneráveis atraídas por sua força física. Era um mundo em que uma ameaça diabólica islâmica representava ameaça iminente. Felizmente, havia homens bravos e bondosos, "ávidos por fazer o trabalho sujo e necessário para manter a maldade a distância". Não tenha dúvida: trata-se de uma tarefa terrível. Visto, porém, que os homens maus não compreendem outra linguagem senão a da violência, os "homens bons devem abrir o diálogo e encerrar o argumento usando a linguagem dos maus". Holton acreditava ser crítico ao exército "receber a liberdade e os recursos para fazer corretamente seu trabalho". Em seu romance de 2009, *Meltdown* [Derretimento], um dos personagens de Holton, um coronel, os políticos mesquinhos não têm "as bolas" necessárias para "perseguir os jihadistas e prendê-los em suas cavernas para sempre", preferindo conduzir incansáveis investigações "para averiguar se as tropas têm tratado de forma suficientemente gentil os selvagens que estão à solta para matá-los". Isso não era apenas uma atitude covarde; era um gesto de traição. E quanto aos mulçumanos pacíficos nos Estados Unidos? Ele não via nenhum. Holton publicou sua série ficcional pela Multnomah, editora cristã que também publicou Stu Weber, James Dobson, Steve Farrar, Josh Harris e John Piper.[25]

EM COLORADO Springs, a masculinidade militante estava entrincheirada no cerne do evangelicalismo estadunidense. Dos bastiões evangélicos da New Life Church e da Focus on the Family, essa fé militante era exportada para as próprias Forças Armadas. Enquanto isso, militares do sexo masculino remodelavam o cristianismo à sua própria imagem, oferecendo a própria versão de evangelicalismo militante para um consumo mais amplo. Conforme atestado pelos escritos de Oliver North e Chuck Holton, essa fé militante era normalmente islamofóbica. Homens como James Dobson e Ted Haggard também haviam pisado em território anti-islâmico. Como na era da Guerra Fria, apesar de toda a sua retórica militante e da confiança de que Deus estava ao seu lado, os evangélicos pareciam curiosamente temerosos. No evangelicalismo do século 21, a ameaça do islamismo radical emergia como algo grande. Todavia, em uma análise mais profunda, esse medo parece suspeito. Ao menos para os líderes evangélicos, o medo do islamismo parecia ser nada além de uma tentativa de angariar apoio à fé militante que estavam anunciando.

CAPÍTULO · 13

A RAZÃO PELA QUAL QUEREMOS MATÁ-LOS

NA ESTEIRA do 11 de setembro, a religião islâmica substituiu o comunismo como inimigo dos Estados Unidos e de tudo o que é bom, pelo menos no mundo do evangelicalismo conservador: "Os mulçumanos se tornaram o equivalente moderno do Império do Mal", explicou Richard Cizik, da NAE. Simpatias pró-Israel dos evangélicos alimentaram sentimentos antimulçumanos antes mesmo dos ataques terroristas e, na década de 1990, enquanto os evangélicos buscavam alternativas para uma agenda de política externa que por muito tempo havia sido moldada por categorias da Guerra Fria, muitos voltavam sua atenção para a perseguição aos cristãos em outros países, atenção cujo foco era a opressão de minorias nos países islâmicos. Após os atentados de 11 de setembro, a longa história do sionismo cristão e o interesse crescente no destino dos cristãos globais se entrelaçaram com o compromisso dos evangélicos na defesa da nação cristã estadunidense. Mais uma vez, a linha entre o bem e o mal era claramente traçada. Nos dias que se seguiram ao ataque, o presidente Busch falou em livrar "o mundo dos malfeitores" e alertou os estadunidenses para o fato de que "essa cruzada, essa guerra contra o terrorismo, vai demorar um pouco". Alguns acharam essa retórica perturbadora, o que levou Bush a deixar de lado conversas sobre cruzadas e se esforçar para distinguir o extremismo islâmico da fé como um todo. Para os evangélicos conservadores, porém, essa linguagem fazia todo o sentido.[1]

Franklin, filho de Billy Graham, chamou a religião islâmica de "uma religião muito má e ímpia". Pat Robertson assegurava seus telespectadores de que os mulçumanos eram "piores que os nazistas". James Dobson começou a caracterizar o fundamentalismo islâmico como uma das ameaças mais sérias às famílias estadunidenses, explicando que "a segurança de nossa nação e o bem-estar dos nossos filhos" repousavam, afinal, nos "valores familiares". Ted Haggard concordava, insistindo que a guerra espiritual exigia "um contraposto mundano viril" para que seus filhos não "crescessem em um Estado islâmico". No outono de 2002, 77% dos líderes evangélicos tinham uma perspectiva geral desfavorável do Islã, enquanto 70% concordavam que a religião islâmica era "uma religião de violência". Dois terços também acreditavam que o islamismo se dedicava "ao domínio mundial".[2]

A indústria editorial cristã ajudou a fomentar o temor evangélico e a fortalecer o apoio a uma guerra preventiva. Além dos estudos bíblicos e devocionais, as livrarias cristãs passaram a estocar títulos relacionados à política externa, tais como *From Iraq to Armageddon* [Do Iraque ao Armagedom] e *Iran: The Coming Crisis* [Irã: a crise que está por vir], além de livros como *Secrets of the Koran* [Segredos do Alcorão], *Married to Muhammed* [Casado com Maomé] e *The Islamic Invasion* [A invasão islâmica]. A *New Man*, revista do movimento Promise Keepers, trazia anúncios de livros como *The Final Move Beyond Iraq: The Final Solution While the World Sleeps* [Mover final além do Iraque: a solução final enquanto o mundo dorme], de Mike Evans, o qual conclamava os estadunidenses a acordarem diante das ameaças islâmico-fascistas, "a maior ameaça enfrentada pelos Estados Unidos desde a Guerra Civil". A mensagem era clara: a ameaça islâmica exigia resposta militar condizente. Mesmo o movimento *quiverfull* participava dessa retórica, observando que os filhos acabariam por ser combatentes na guerra contra o Islã. Além disso, claro, autores como Oliver North e Chuck Holton se voltaram à ficção para alimentar o medo do islamismo radical. No entanto, os evangélicos também confundiam ficção com fato em seu esforço de fazer soar o alarme para a ameaça que a religião islâmica impunha aos Estados Unidos, e em particular ao cristianismo estadunidense.[3]

APÓS OS ACONTECIMENTOS do 11 de setembro, diversos "ex-terroristas mulçumanos" tomaram à força o circuito de palestras evangélicas, oferecendo às audiências um relato em primeira mão da ameaça islâmica. Entre eles, os mais influentes eram os irmãos Caner, Ergun e Emir, cujo livro *Unveiling Islam: An Insider's Look at Muslim Life and Beliefs* [Desvendando a religião islâmica: o olhar de *insiders* na vida e nas crenças mulçumanas], lançado em 2002, tornou-se rapidamente um *best-seller* nos círculos evangélicos. Os irmãos se converteram ao cristianismo durante a adolescência, após Ergun participar de um culto de avivamento em uma igreja batista; após, ambos acabaram na Criswell College, em Dallas, onde conheceram Paige Patterson, o presidente da Criswell. Patterson se transformou numa espécie de "pai substituto", de modo que, em 1991, após deixar a Criswell College com o propósito de assumir um cargo no Southeastern Baptist Theological Seminary, ambos o acompanharam. Foi Patterson quem os convenceu a escrever *Unveiling Islam* [Desvendando a religião islâmica] após os ataques terroristas e, em seu primeiro ano, o livro vendeu cem mil cópias; com o tempo, ele se aproximaria de duzentas mil cópias em vendas.[4]

Em *Unveiling Islam* [Desvendando a religião islâmica], os Caners relatam sua criação e educação como mulçumanos devotos, também ressaltando como, após os ataques contra os Estados Unidos, sentiram-se compelidos a expor a fé mulçumana como violenta e perigosa. A guerra "não é, para o Islã, uma nota de rodapé da história", escreveram eles, mas "seu principal veículo de expressão religiosa". Não tardou para que os mulçumanos levantassem sinais de alertas em relação a uma série de afirmações no livro, acusando os irmãos de, "propositalou ignorantemente", apresentarem "meia-verdade após meia-verdade, descaracterização após descaracterização, falsidade após falsidade". No entanto, o livro falava aos evangélicos conservadores exatamente o que eles queriam ouvir.[5]

Inspirado no livro dos irmãos Caner, Jerry Vines, ex-presidente da CBS, denunciou o Islã com uma linguagem provocativa: "O cristianismo foi fundado pelo filho de Deus, Jesus Cristo, nascido de uma virgem; o Islã foi fundado por Maomé, um pedófilo endemoninhado que tinha doze esposas, a última delas uma menina de nove anos". Em 2002, falando às vésperas da Convenção Anual dos Batistas do Sul, Vines negou que mulçumanos e cristãos adorem o mesmo Deus: "Alá não é Iavé", insistiu, e "Iavé não transformará você em terrorista". (Quando, no dia seguinte, o presidente Bush se dirigiu à Convenção Batista do Sul via satélite, elogiando os batistas como "estando entre os primeiros defensores da tolerância e da liberdade religiosa", a ironia não passou despercebida para alguns observadores.) As declarações de Vines soaram a muitos como radicais, mas ele rapidamente conseguiu o apoio dos companheiros evangélicos. Falwell saiu em defesa de seu amigo, explicando como Vines tinha evidências a partir de *Unveiling Islam* [Desvendando a religião islâmica]: "Se você quer provocar a ira da grande imprensa e de um enxame de organizações politicamente corretas nesta nação, apenas critique o Islã [conforme aprendeu o dr. Vines]", escreveu Falwell aos assinantes de seu boletim informativo. Alguns meses depois, questionado sobre seu apoio a Vines, Falwell não mediu suas palavras: "Acho que Maomé era um terrorista". As observações de Falwell desencadearam furor global. O ministro das relações exteriores iraniano condenou os comentários de Falwell, insinuando que eram "parte de uma guerra propagandista da mídia de massa estadunidense e dos sionistas", cuja intenção era desencadear "uma guerra entre as civilizações". O secretário de relações exteriores britânico chamou os comentários de Falwell de "ultrajantes e insultantes". Na Índia e na Caxemira, eclodiram protestos; na cidade indiana de Solapur, atos de violência deixaram ao menos oito mortos. Falwell acabou por se desculpar, alegando que "não pretendia desrespeitar qualquer mulçumano sincero e obediente à lei".[6]

Em 2003, Falwell contratou Ergun Caner para ensinar na faculdade de religião da Liberty University e, em 2005, Caner foi apontado como deão do seminário da instituição, o primeiro ex-mulçumano a encabeçar um seminário evangélico. Caner via a si mesmo como parte de "uma nova geração de novos evangelistas que são provocativos, culturais e, ainda assim, conservadores", uma geração que "não mais se sentaria no banco de trás do ônibus". Caner ganhou reputação por seu "estilo pouco politicamente incorreto". Ao falar diante de audiências formadas principalmente por evangélicos brancos, Caner era conhecido por zombar dos cristãos negros e por fazer piadas de mexicanos: eles eram bons para fazer telhados e cortar grama. Sob a liderança dinâmica de Caner, as inscrições no seminário triplicaram. A marca Caner de islamofobia continuou a vender, e os irmãos se posicionaram entre os palestrantes mais procurados no circuito evangélico. O televangelista John Ankerberg promoveu os ensinos de Caner em todo o seu império midiático, alcançando cerca de 147 milhões de espectadores, ao lado de outros milhões de pessoas em sua rádio global e com sua presença on-line. Assegurando anos de reservas antecipadas, os irmãos Caner também eram convidados a proferir palestras a policiais e militares da ativa.[7]

Quanto mais Ergun Caner falava, mais embelezava sua história, forjando a narrativa de que crescera na Turquia e que fora treinado como um jihadista com a intenção de destruir a civilização cristã. Com o tempo, as histórias de Caner começaram a não "bater". Blogueiros mulçumanos e cristãos passaram a contestar boa parte de suas alegações. Ele não crescera na Turquia, tendo nascido na Suécia e, aos três anos, mudou-se para Ohio. Após o divórcio de seus pais, ele foi criado por sua mãe luterana sueca. Ergun Caner nunca se envolvera com o Jihad islâmico, nunca combatera corajosamente dezenas de mulçumanos e seu sotaque do Oriente Médio era uma farsa. Além disso, ele errava em fatos básicos sobre o Islã. Na primavera de 2010, a Liberty University investigou as alegações contra Caner, mas se recusou a removê-lo; o conselho da Liberty concluiu que ele "não fizera nada teologicamente inapropriado". Não querendo deixar os fatos atrapalharem uma verdade maior, a Focus on the Family decidiu repetir uma entrevista de 2001 com Caner, na qual apresentara boa parte das alegações agora contestadas. Os críticos, no entanto, se recusaram a recuar e, no verão de 2010, a Liberty University cedeu à pressão e rebaixou Caner, embora o autorizasse a continuar como professor. Mesmo assim, eles atribuíram seu rebaixamento a "discrepâncias relacionadas a questões como datas, nomes e locais de residência" — o que não era, de longe, a condenação que os críticos exigiam a plenos pulmões.[8]

Os irmãos Caner não eram os únicos "autoproclamados ex-terroristas islâmicos" fazendo turno no circuito palestrante evangélico após o 11 de setembro. Juntos, Walid Shoebat, Zachariah Anani e Kamal Saleem formaram seu próprio "show antimulçumano itinerante". Shoebat, um palestino americano convertido ao cristianismo, reivindicava ter sido membro da OLP [Organização para a Libertação da Palestina] e ter bombardeado um banco israelita. Anani, canadense nascido no Líbano, afirmava se haver juntado a uma milícia aos 13 anos de idade, tendo "treinado para se tornar um faixa-preta e um especialista em adagas e facas". Além disso, alegava haver matado centenas de pessoas antes de conhecer um missionário batista do Sul e ser salvo. Entretanto, a história de Saleem era a que mais impressionava — tanto que certo jornalista o apelidou de "Forrest Gump do Oriente Médio". Nascido no Líbano, Saleem reivindicava haver sido recrutado pela OLP *e* pela Irmandade Mulçumana, recebendo ensinamento para usar uma AK-47 por ninguém menos que o líder da resistência palestina e cofundador do Fatah, Abu Jihad. Sustentava ainda ter sido apregoado como guerreiro-modelo pelo próprio Yasser Arafat. Saleem, segundo seu próprio relato, mudara-se para os Estados Unidos para fazer "*jihad* cultural contra os Estados Unidos". Ele se dirigira ao Cinturão da Bíblia para poder "enfrentar os melhores dos melhores". Mas, então, um médico cristão — e a voz de Jesus — o levou à sua conversão ao cristianismo evangélico. Saleem se tornou um evangelista, espalhando a boa-nova do evangelho e advertindo contra a ameaça islâmica nefasta.[9]

Foi depois de Saleem ir ao seu *campus* universitário cristão que Doug Howard, especialista em Império Otomano, começou a analisar mais de perto a história contada pelo suposto ex-jihadista. Saleem alegava ser descendente do "grão-vizir do Islã", mas Howard sabia não existir esse tal "grão-vizir". Descobriu que o verdadeiro nome de Saleem era Khodor Shami, e que ele trabalhara para a CBN de Pat Robertson por dezesseis anos e, em 2003, se juntara à equipe do Focus on the Family. Em 2006, fundou a própria organização sem fins lucrativos, a Koome Ministries, da qual recebia um salário e uma generosa conta para cobrir suas despesas. Determinado a chegar mais a fundo nas alegações desprovidas de sentido de Saleem, Howard entrou em contato com Jim Daly, presidente da Focus on the Family, no outono de 2007. A organização vinha promovendo ativamente uma agenda anti-islâmica como parte de seu ministério, então Howard ficou surpreso ao saber que alguns membros da equipe da Focus também se haviam tornado céticos em relação às alegações de Saleem — não apenas quanto às suas histórias de um violento passado terrorista, mas até mesmo sua alegação de haver marcado um *field goal* que dera a vitória de um jogo para o Oklahoma Sooners. (Saleem/

Shami nunca jogou pelos Sooners.) Contudo, eles não tinham ido a público com suas dúvidas, nem estavam ávidos por fazê-lo.[10]

As narrativas dos outros "ex-terroristas" e companheiros de Saleem também não se sustentaram após um exame minucioso. Nas palavras de um antigo especialista em segurança canadense, Anani "é um indivíduo que não marca nenhum ponto no quesito 'credibilidade'". Enquanto isso, o *Jerusalem Post* pôs em dúvida toda a história de Shoebat. Na verdade, a religião desempenhara papel mínimo em sua criação, e não há qualquer registro seu demonstrando que ele tenha bombardeado um banco. Conforme expresso por Howard: "A coisa mais extrema que ele fez foi afixar bandeiras palestinas pela cidade".[11]

Apesar de inúmeras lacunas em suas histórias, os três "ex-terroristas" permaneceram como autoridades procuradas nos círculos evangélicos. Shoebat era "um dos favoritos da multidão dos 'Deixados para trás'", palestrando em eventos da Pre-Trib Research Center, de Tim LaHaye, e da Christians United for Israel, de John Hagee. Também foi palestrante de destaque da Convenção BattleCry, ocorrida em 2008, iniciativa fundada em meados da década de 2000 para recrutar uma geração mais jovem de guerreiros culturais, apoiada por Pat Robertson e Charles Colson. Os três continuaram a falar em universidades cristãs, conferências e igrejas, bem como em rádios e programas de televisão cristãs. Apareceram em grandes redes de notícias como especialistas em terrorismo, falaram em universidades de prestígio e, em 2008, na Academia da Força Aérea, em Colorado Springs.[12]

A popularidade desses "ex-terroristas mulçumanos" destaca a dinâmica de uma política evangélica do medo. Ao exporem repetidas vezes uma pornografia de violência, esses "especialistas" divulgaram histórias gráficas, histórias que supostamente revelavam a violência sádica do islamismo e, ao fazê-lo, desumanizavam os mulçumanos enquanto incitavam os estadunidenses (especialmente os cristãos estadunidenses) a responder com violência. Com livros contendo "títulos não tão sutis", como *Why We Want to Kill You* [Por que queremos matá-los], eles posicionavam os cristãos estadunidenses como vítimas, justificando, assim, qualquer resposta mais radical. Acusavam todo e qualquer detrator como tendo laços com o terrorismo islâmico e usavam ameaças imaginárias de violência para reforçar a própria credibilidade. Anani reivindicava haver sobrevivido a quinze tentativas de assassinato contra a sua vida. Saleem afirmava que a Irmandade Mulçumana "oferecera uma recompensa de 25 milhões de dólares por sua cabeça", alertando haver "um bando de homens perigosos do Oriente Médio em seu encalço". (Os oficiais locais não tinham qualquer registro de supostas tentativas de assassinato contra Saleem.)[13]

Para nós, não é difícil ver como essa narrativa estimulante de uma violência imaginada beneficiou os "ex-terroristas". Eles venderam livros, cobraram por palestras e acolchoaram os próprios bolsos. Mas como isso beneficiou os evangélicos que promoveram seus livros, promoveram-nos à condição de palestrantes e lhes entregaram uma plataforma?[14]

Alimentar o medo no coração dos cristãos estadunidenses também era vantajoso para os líderes evangélicos conservadores. Assim como Jack Hyles, Jerry Falwell e Mark Driscoll conseguiram estabelecer igrejas e incutir-lhes seus próprios valores, os evangélicos dos Estados Unidos pós-11 de setembro aumentaram seu próprio poder ao realçarem, por sua vez, o senso de ameaça — tática que só funcionaria dentro de uma estrutura militarizada. Os líderes reivindicavam superioridade moral ao validarem sua própria agressão. Dessa forma, a popularidade de ex-mulçumanos terroristas fraudulentos põe em destaque a relação entre militarismo e medo. Seria o caso de os evangélicos adotarem uma fé cada vez mais militante em resposta a uma nova ameaça do mundo islâmico? Ou eles estariam criando a percepção de uma ameaça para justificar a própria militância e aumentarem o próprio poder, individual e coletivamente? Ao incitarem o medo de uma ameaça islâmica, homens como Falwell, Patterson, Vines e Dobson aumentavam o valor da "proteção" que prometiam — e, com ela, o próprio poder.

Nem todos os evangélicos surfaram na onda antimulçumana. Em 2007, quase trezentos líderes cristãos assinaram a "Yale Letter" [Carta Yale], um chamado a cristãos e mulçumanos para que trabalhassem juntos em prol da paz. Publicada no *New York Times*, a carta foi subscrita por diversos líderes evangélicos proeminentes, incluindo pastores de megaigrejas, como Rick Warren e Bill Hybels; o editor da *Christianity Today*, David Neff; o líder de uma igreja emergente, Brian McLaren; Jim Wallis, dos Sojourners; Rich Mouw, presidente do Fuller Theological Seminary. De forma notável, Leith Anderson, presidente da NAE, e Richard Cizik, principal lobista da associação, também assinaram a carta.[15]

Outros líderes evangélicos, entretanto, expressaram forte oposição. Al Mohler, presidente do Southern Baptist Theological Seminary, não sentiu qualquer necessidade de pedir desculpas pela Guerra ao Terror ou de confessar quaisquer pecados "contra nossos vizinhos mulçumanos". Para ele, tal ideia era confusa: "Com quem temos de nos desculpar, e pelo quê?". A revista *Citizen*, de Dobson, criticou a Yale Letter por reivindicar que duas crenças partilhem uma mesma deidade, por mostrar fraqueza e por colocar em risco a vida de cristãos. Pedir desculpas pela violência passada contra os mulçumanos tornaria os cristãos nos países mulçumanos mais vulneráveis à violência, argumentava ele. A Focus on the Family instou críticos a registrarem seu descontentamento com a NAE, incluindo também, para facilitar o envio de reclamações, a caixa postal da associação. Dobson e outros evangélicos conservadores pressionaram a NAE para que expulsasse Cizik naquele mesmo ano, tanto por suas tentativas de diálogo entre mulçumanos e cristãos como por seu ativismo contra o aquecimento global. Isso foi facilmente realizado no ano seguinte, quando Cizik saiu em apoio à união civil de pessoas do mesmo sexo.[16]

A maioria dos evangélicos parecia estar ao lado de Dobson e Mohler. Em 2007, protestantes evangélicos brancos continuaram a registrar mais perspectivas negativas de mulçumanos do que outros grupos demográficos, insistindo em sua crença de que o Islã encoraja a violência. Uma pesquisa realizada em 2009 também revela que os evangélicos estavam mais propensos que outros grupos religiosos à aprovação do uso de tortura contra os terroristas suspeitos: 62% dos entrevistados concordavam que a tortura poderia ser "às vezes" ou "frequentemente" justificada, em comparação com 46% dos protestantes tradicionais e 40% dos entrevistados sem afiliação denominacional. A aceitação generalizada de um nacionalismo cristão militante teria consequências abrangentes na era do terror.[17]

ESPALHADOS POR todo o militarismo, mesmo nos mais elevados níveis de liderança, os evangélicos que defendiam uma interpretação militante de sua fé usavam as posições de poder para avançar em sua agenda religiosa, que viam como totalmente fundida com sua missão militar. Esse era o caso do tenente-general William G. (Jerry) Boykin.

No decorrer de uma longa carreira militar, Boykin servira em uma divisão aérea no Vietnã e como comandante da Força Delta; em 1980, participou do fracassado resgate de reféns iranianos e da invasão de Granada, assim como da missão de aprisionamento do ditador panamenho Manuel Noriega e, em 1993, do fracassado incidente na Somália, que ficou conhecido como "O Dia dos Rangers". Posteriormente, Boykin serviu na CIA e, de 2002 a 2007, como subsecretário de defesa na administração Bush. Nessa última posição, ele desempenhou importante papel na Guerra ao Terror.[18]

Na esteira do 11 de setembro, o presidente Bush trabalhou para consolidar o controle sobre as comunidades militares e de inteligência. Sua preocupação imediata era a guerra no Iraque, mas o governo havia declarado guerra aos "caras maus" em todos os lugares, e Bush e seus conselheiros já estavam de olho no Irã. Ao emitir ordens executivas e colocar a Guerra ao Terror sob o controle do Pentágono, Bush essencialmente permitiu que Donald Rumsfeld prosseguisse fora dos registros com a guerra, livre das restrições impostas à CIA, incluindo a supervisão dos comitês de inteligência do Senado e da Câmara. Rumsfeld teve dois encarregados-chave nesse esforço: Stephen Cambone, intelectual de defesa neoconservador, conhecido por seu estilo ditatorial, e Jerry Boykin.[19]

Cambone decidiu driblar a CIA e o Departamento de Estado e, com sua experiência em operações especiais, Boykin "era o herói da ação" ao lado de Cambone.

A RAZÃO PELA QUAL QUEREMOS MATÁ-LOS

A parceria foi, segundo uma fonte de inteligência militar, "um misto de 'ignorância e imprudência'". Esse tipo de solução alternativa não era desprovido de precedentes. Um programa secreto de contrainsurgência intitulado "Programa Phoenix" foi instituído durante a Guerra do Vietnã e, na década de 1980, uma unidade secreta foi criada após a tentativa fracassada do resgate de reféns estadunidenses no Irã; implantado contra os sandinistas da Nicarágua, ajudou a lançar as bases para a conexão Irã-Contras. No século 21, sob a liderança de Rumsfeld, o Pentágono estava pronto para combater fogo com fogo. "A única maneira de vencermos é não sendo convencionais", explicou um conselheiro estadunidense à autoridade civil de Bagdá: "Teremos de jogar o jogo deles: guerrilha contra guerrilha. Terrorismo contra terrorismo. Temos de levar os iraquianos à submissão pelo medo". Outro oficial concordou: "Não é a maneira que costumamos agir, mas, depois de ver alguns de seus companheiros explodirem, isso muda as coisas. Agimos da forma americana e temos sido os caras legais da história. Agora, seremos os caras maus — e ser o cara mau funciona". Nem todos, porém, concordavam com isso. Conforme argumentou um conselheiro do Pentágono: "Sou tão durão quanto qualquer outra pessoa, mas os Estados Unidos são uma sociedade democrática; não combatemos terror com terror". Rumsfeld, no entanto, recebeu o poder de estabelecer efetivamente "uma zona global de fogo aberto".[20]

Evangélico devoto, Boykin buscou cumprir com zelo sua tarefa; e ele não tinha medo de falar a esse respeito. Boykin era frequentemente convidado a falar em eventos cristãos conservadores, especialmente em igrejas batistas e pentecostais, e quase sempre aparecia nesses eventos de uniforme. "Promotor da direita religiosa", Boykin trabalhou em conjunto com o Faith Force Multiplier, um grupo cujo manifesto defendia a aplicação de princípios militares ao evangelismo. Boykin descreveu a Guerra ao Terror como "uma batalha duradoura contra Satanás", assegurando aos cristãos que Deus estabelecera o presidente Bush no poder, "que os mulçumanos radicais odeiam os Estados Unidos" e que os militares estavam "recrutando um exército espiritual" para derrotar seu inimigo. Parte da missão de Boykin envolvia fugir da Convenção de Genebra, e ele parecia trabalhar para substituir a lei internacional por sua própria noção de lei bíblica. Boykin via a si mesmo como estando na cadeia direta de comando de Deus, ao lado do presidente Bush, "designado por Deus" para erradicar os malfeitores. Estava claro que eles respondiam apenas à autoridade máxima.[21]

Com a divulgação do discurso de Boykin, alguns grupos árabes e mulçumanos o acusaram de intolerância e exigiram sua remoção. Membros do comitê responsável do Senado pediram a instauração de um inquérito e que Boykin renunciasse até ser inocentado das irregularidades; contudo, Rumsfeld apoiou Boykin, o qual manteve sua posição. O relatório concluiu que Boykin violara três regulamentos internos, mas a essência de suas observações não foi abordada; um alto funcionário da defesa chamou o relatório de "exoneração completa", considerando Boykin responsável apenas por algumas "ofensas relativamente menores", por uma questão técnica e burocrática. Boykin saiu da situação praticamente ileso. Posteriormente, Chuck Holton fez seu coronel fictício sair em defesa de Boykin: "Boykin foi triturado pela imprensa por haver falado a verdade", por dizer que "esta guerra é contra o islamismo radical, e a imprensa tentou crucificá-lo por isso".[22]

Boykin, porém, tinha outras coisas em mente. No auge do escândalo, Boykin era um dos que também estavam envolvidos em uma operação secreta para a "promoção de tortura" na prisão de Abu Ghraib, no Iraque. Boykin foi para o Iraque para se encontrar com o comandante de Guantánamo, que fora chamado a Bagdá para informar os comandantes militares sobre técnicas de interrogatório. Sob o comando de Rumsfeld, Cambone introduziu esses métodos — tanto de coerção física como de humilhação sexual — em Abu Ghraib para extrair informações sobre a insurgência iraquiana. Tudo isso foi realizado em segredo, dentro do Departamento de Defesa. Com o vazamento das notícias (incluindo fotografias) das táticas empregadas, os membros da 372ª Companhia de Polícia Militar levaram a culpa. Boykin permaneceu no cargo até sua aposentadoria, em 2007.[23]

Mesmo após sua aposentadoria, Boykin continuou a propagar sua agenda. Fundou a Kingdom Warriors, uma organização cuja finalidade é a promoção do cristianismo militarizado, e aceitou a posição de vice-presidente executivo do Family Research Council. Também publicou *Never Surrender: A Soldier's Journey to the Crossroads of Faith and Freedom* [A jornada de um soldado à encruzilhada da fé e da liberdade], livro endossado por companheiros como Oliver North e Stu Weber. Boykin decidiu não submeter o livro ao Pentágono para resenha prévia e acabou recebendo "uma repreensão dura" após uma investigação criminal revelar que o livro divulgava informação sigilosa. Boykin manteve-se irredutível em sua postura, insistindo que a censura não passava de vingança por suas notórias objeções ao Pentágono, particularmente sua oposição à integração de mulheres no exército. Em 2014, Boykin publicou outro livro, tendo como coautor o "especialista em terrorismo" Kamal Saleem. A CBN apresentou Boykin e Saleem em *The Watchman*, programa dedicado a expor a forma em que o "islamismo radical" avançava pelo mundo, e o Family Research Council apregoou sua explicação distópica "do que acontece quando o islamismo prevalece" como "uma mistura empolgante de realidade e ficção".[24]

OS EVANGÉLICOS não eram os únicos que estavam renegociando suas perspectivas em política externa na era pós-Guerra Fria, nem os únicos a pensar que a busca do presidente Clinton por guerras humanitárias e missões de paz traíam os interesses e os valores estadunidenses. Durante a década de 1990, um grupo de jovens conservadores intelectuais desenvolveu um plano de como os Estados Unidos deveriam brandir seu poderio militar e econômico insuperável e, embora não fossem particularmente religiosos, esses autointitulados neoconservadores tinham fé: ampla fé no poder estadunidense. Além disso, tinham também os próprios santos patronos: Teddy Roosevelt e Ronald Reagan. Eles criam que havia uma conexão direta entre as questões domésticas e as questões globais, e, ao invocarem o patriotismo para encorajar o sacrifício, buscavam instilar "virtudes militares" no público estadunidense. Para esses neoconservadores, os militares encarnavam os ideais mais elevados da nação, mesmo quando desencadeavam violência e morte; não havia contradições. A guerra fornecia aos estadunidenses "clareza moral".[25]

A agenda neoconservadora se enquadrava muito bem no militarismo evangélico. Para o desgosto dos neoconservadores, Bush fizera campanha com base em uma política externa mais restrita, porém os ataques terroristas mudaram tudo. Em seu Discurso sobre o Estado da União, o presidente evangélico batizou o Iraque, o Irã e a Coreia do Norte como o "eixo do mal", sugerindo a validade de uma guerra preventiva. Neoconservadores proeminentes, incluindo Paul Wolfowitz, Paul Bremer e Stephen Cambone, já se encontravam acomodados na administração, e o então secretário de defesa, Donald Rumsfeld, e o vice-presidente, Dick Cheney, eram favoráveis ao chamado neoconservador a uma ação militar. A invasão do Iraque forneceu o estado de guerra perpétua pelo qual os neoconservadores — e muitos evangélicos — ansiavam. Ademais, a invasão transformou o presidente Bush em um presidente-guerreiro, identidade memoravelmente adotada em seu discurso de "missão cumprida" no convés do USS *Abraham Lincoln*.[26]

Enquanto, nas gerações anteriores, um senso de risco inerente de guerra prevaleceu, com a percepção de que a guerra poderia levar a consequências imprevisíveis e que o poderio militar era "algo a ser tratado pelas democracias de forma cautelosa", no fim da década de 2000 tal percepção havia praticamente desaparecido. Com os evangélicos na vanguarda, os cidadãos estadunidenses passaram a ver o exército como um bastião dos "valores tradicionais e de uma virtude antiquada", perspectiva apenas possibilitada pela vista grossa aos relatórios de má conduta militar e abuso sexual de membros de alta patente. Membros das Forças Armadas tendiam a concordar com avaliações de sua virtude superior, embora alguns oficiais do alto escalão expressassem reservas, sugerindo que tais tendências não eram saudáveis em Forças Armadas que serviam a uma democracia. Mas não houve investigações mais sérias sobre essa inclinação. Quando civis se tornam os principais militaristas, o próprio conceito de controle civil dos militares perde a força.[27]

APÓS A CONFUSÃO e a frustração da década de 1990, os evangélicos conservadores recuperaram sua posição em 2001. A eleição de George W. Bush trouxe uma alma gêmea de volta à Casa Branca, e os ataques terroristas garantiram que a política externa fosse novamente enquadrada por uma clara batalha entre malfeitores e a nação cristã estadunidense. No final do segundo mandato de Bush, porém, a confiança dos evangélicos voltou, mais uma vez, a vacilar. Com o aumento do número de mortos entre as Forças Armadas dos Estados Unidos no Iraque, o apoio à guerra diminuiu entre os estadunidenses em geral e entre os evangélicos em particular. Os evangélicos ainda apoiavam a guerra em taxas significativamente mais elevadas que o público em geral, mas, de setembro de 2006 a janeiro de 2007, o número de protestantes evangélicos brancos que acreditavam que os Estados Unidos haviam tomado a decisão certa ao usarem a força no Iraque para a derrubada de Saddam Hussein caíra de 71% para 58%. O apoio evangélico branco ao presidente refletia desencanto semelhante. Apesar de 79% dos evangélicos brancos apoiarem a reeleição de Bush em 2004, à medida que seu status de guerreiro ia diminuindo, sua taxa de aprovação declinava constantemente.[28]

O apoio ao presidente caiu de forma mais vertiginosa entre os jovens evangélicos brancos. Em 2002, 87% dos evangélicos brancos de 18 a 29 anos aprovavam o desempenho do presidente; em agosto de 2007, o índice de aprovação nesse grupo havia caído 42 pontos percentuais, com boa parte do declínio (25 pontos) ocorrendo a partir de 2005. A filiação ao Partido Republicano entre esse grupo demográfico caiu 15 pontos percentuais. Para os líderes da direita cristã, isso era motivo de preocupação. À medida que o fim da presidência de Bush ia se aproximando, eles se antecipavam com certa apreensão. Para sua consternação, eles foram apresentados a duas escolhas insatisfatórias para seu sucessor.[29]

CAPÍTULO • 14

OS "CARAS" ESPIRITUAIS

O SENADOR JOHN McCain era um herói de guerra republicano que frequentava uma megaigreja batista do Sul, mas alguém que nunca aceitou o evangelicalismo da guerra cultural. Em 2000, enquanto concorria com George W. Bush nas primárias republicanas, McCain denunciou aqueles que praticavam "a política da divisão e da calúnia" em nome de religião, partido ou nação, clamando os eleitores a que resistissem aos "agentes da intolerância", referindo-se a homens como Pat Robertson e Jerry Falwell. No dia seguinte, McCain perdeu as primárias da Virgínia e, nove dias depois, desistiu de sua candidatura. Para a eleição de 2008, McCain tentou atenuar a situação com a direita religiosa, aceitando até mesmo convites de discurso de formatura na Liberty University, de Falwell. Contudo, estava claro para os evangélicos que o sr. McCain não era um deles. James Dobson certamente não o aceitava. Flexionando seu próprio músculo político, Dobson insistia que "não podia nem iria" votar em McCain, a quem considerava insuficientemente conservador em relação às questões sociais. Para Dobson, porém, e para a maioria dos evangélicos, o candidato democrata era muito mais problemático.[1]

Afro-americano de sobrenome Hussein, Barack Obama desafiou os valores — expressos e implícitos — que muitos evangélicos brancos consideravam importantes. Na condição de adulto convertido ao cristianismo, Obama podia falar com eloquência e sofisticação teológica sobre sua fé; no entanto, para muitos evangélicos, isso nada significava. Para alguns, o preconceito racial moldava suas inclinações políticas. Mas, até mesmo para aqueles que não tinham convicções explicitamente racistas, sua fé continuava entrelaçada com sua branquidade. Embora os evangélicos brancos e os protestantes negros compartilhassem perspectivas semelhantes em inúmeras questões teológicas e morais, a tradição protestante negra estava repleta de uma teologia profética que confrontava o nacionalismo cristão dos evangélicos brancos. Vale notar que, para Barack e Michelle Obama, seus pecados imperdoáveis — pelo menos do ponto de vista dos evangélicos brancos — diziam respeito à crítica que faziam aos Estados Unidos. Para Michelle, foi uma confissão sua enquanto fazia campanha pelo marido: ao refletir sobre o engajamento de seus apoiadores, Michelle declarou que, "pela primeira vez" em sua vida adulta, ela sentia orgulho de seu país, pois, aparentemente, "a esperança está finalmente retornando". Os conservadores rebateram: Michelle já não era adulta quando a Guerra Fria foi vencida? Não havia nada de que se orgulhar nos últimos vinte e cinco anos da história dos Estados Unidos? De sua parte, Cindy McCain foi rápida em afirmar que *sempre* se orgulhara de seu país.[2]

Para Barack Obama, foi uma controvérsia envolvendo seu pastor, o reverendo Jeremiah Wright, que ameaçou tirar dos trilhos sua campanha. Logo após os ataques de 11 de setembro, Wright lembrou aos estadunidenses que seu país havia deslocado nativos por meio do "terror"; bombardeara Granada, Panamá, Líbia, Hiroshima e Nagasaki; apoiara o terrorismo estatal contra os palestinos e na África do Sul. Citando Malcolm X, Wright advertiu que "as galinhas dos Estados Unidos estão voltando para casa, para o poleiro". Um sermão de 2003 também veio à tona. Nele, Wright pronunciou a frase que se tornaria memorável: "Que Deus amaldiçoe os Estados Unidos!" — frase que ele qualificou ao acrescentar: "Se a nação continuar tentando agir como se fosse Deus e como se fosse suprema!". O sermão foi um discurso contra a militarização, contra aqueles que estavam "cegos por uma cultura de guerra". Guerras, exércitos, colonizações, ocupações, mudanças de regime — nada disso traria paz, insistia Wright. Pelo contrário: essas coisas só trariam ainda mais violência. Wright criticou os "poucos mulçumanos" que pediam pelo jihad, mas também criticou os cristãos que clamavam por uma "cruzada" — cristãos que toleravam morte de civis, danos colaterais, táticas de "choque e pavor", ataques preventivos e a tomada unilateral de outra nação segundo a premissa de que os fins justificam os meios, de que Deus abençoaria o esforço estadunidense. Wright também condenou o legado de racismo da nação, a mentira de que todos os homens são criados iguais, quando, na verdade, isso só se aplica aos homens brancos. Também denunciou mentiras da época, como as orquestradas por Oliver North, e os falsos pretextos empregados na justificativa da Guerra do Iraque: "Este governo mentiu nos documentos que justificavam a guerra e continua mentindo hoje". Para os evangélicos brancos e imersos no nacionalismo cristão, as declarações de Wright constituíam uma blasfêmia.[3]

Para acabar com essa polêmica, Obama fez um dos discursos mais poderosos de sua carreira política. Professou sua "fé inabalável na decência e na generosidade do povo estadunidense", mesmo reconhecendo o trabalho inacabado da Constituição, a necessidade de estender a liberdade e a justiça a todas as pessoas. Criticou o "linguajar incendiário" de seu pastor, o qual depreciava "a grandeza e a bondade da nossa nação", e denunciou as "ideologias perversas e odiosas do islamismo radical". No entanto, Obama insistia em afirmar que havia em Wright mais do que sua retórica sugeria: sua igreja continha, "de forma plena, a bondade e a crueldade, a inteligência perspicaz e a ignorância alarmante, as lutas e os sucessos, o amor e, sim, a amargura e o preconceito que compõem a experiência dos negros nos Estados Unidos", de modo que ele não podia repudiar o reverendo Wright sem repudiar a comunidade negra ou sua avó branca: "Essas pessoas são parte de mim. São parte dos Estados Unidos, o país que eu amo". A declaração de amor de Obama por seu país foi suficiente para muitos estadunidenses, mas não para a maioria dos evangélicos.[4]

Na comunidade evangélica, Dobson emergiu como o crítico mais ferrenho de Obama. Em junho de 2008, atacou Obama em seu programa de rádio, acusando-o de distorcer a Bíblia para que se encaixasse em sua cosmovisão, de ter uma "interpretação colorida da Constituição" e de apelar ao "mínimo denominador comum da moralidade". Em especial, Dobson manifestou insatisfação quanto ao discurso proferido por Obama em 2006, no qual ele defendia o direito de pessoas de fé levarem suas crenças religiosas a debate público — apontando que os cristãos discordavam entre si sobre a melhor forma de fazer isso. Qual versão do cristianismo será vitoriosa? "Ficaremos do lado de James Dobson ou de Al Sharpton?", questionava. "Quais passagens da Escritura devem nortear as políticas públicas?". Passagens do Antigo Testamento deveriam ditar que a escravidão era aceitável, mas comer mariscos, não? "Ou deveríamos apenas nos apegar ao Sermão do Monte — uma passagem tão radical que nosso Departamento de Defesa jamais sobreviveria à sua aplicação?". Dobson não achava nada engraçado.[5]

Não estava claro, porém, se a opinião de Dobson ainda era importante. Com a aparente deserção dos jovens evangélicos da política da direita religiosa e do Partido Republicano, parecia, em 2007, que "o velho leão da direita cristã" estava "de repente gaguejando", conforme observou um jornalista. Durante a campanha, alguns evangélicos saíram em defesa de Obama. Antes de sua demissão, Richard Cizik, da NAE, havia garantido que Obama, de fato, era "um irmão em Cristo". Rick Warren, pastor de uma megaigreja, acolheu Obama em sua igreja, e vários evangélicos trabalharam para ampliar os "valores" e incluir pobreza, meio ambiente e assistência médica. Foi a escolha surpreendente que McCain fez de Sarah Palin, governadora do Alasca, como sua companheira de chapa, que ajudou a velha guarda a se reagrupar, transformando a eleição em uma disputa familiar de guerras culturais. A escolha de McCain mudou o tom de Dobson. A escolha foi "um dos dias mais emocionantes" de sua vida. Rapidamente, Palin recebeu elogios do presidente da Family Research Council Action, Tony Perkins; da presidente da Christian Coalition, Roberta Combs; e de Richard Land.[6]

Entretanto, a candidatura de Palin levantou a questão de gênero. Para os evangélicos que acreditavam em liderança masculina, seria apropriado a uma mulher ocupar tamanha posição de poder? Se a alternativa era Barack Obama, então a resposta era "sim". Dias antes da eleição de 2008, John Piper escreveu um *post* em seu *blog* com o título: "Por que uma mulher não deveria concorrer à vice-presidência, mas, ainda assim, pessoas sábias poderiam votar nela". Piper deixou claro que ainda acreditava que "a Bíblia encarrega os homens do fardo da liderança, da provisão e da proteção", e que "não nos encoraja a pensar em nações como abençoadas quando as mulheres detêm as rédeas da autoridade nacional". Mas uma mulher poderia ocupar o cargo mais elevado se seu opositor masculino fizesse muito mais mal ao "exaltar um padrão falho de feminilidade".[7]

Mesmo assim, para a maioria dos evangélicos, o apoio a Palin não era, de fato, a melhor opção entre dois cenários ruins. Criada em um evangelicalismo não denominacional e com uma dose de pentecostalismo, Palin autodescrevia a si mesma como "uma cristã fiel à Bíblia", uma candidata do tipo "pé no chão" ("apenas mais uma mãe devota") que apelava a evangélicos simples, pessoas cansadas de serem desacreditadas pelas "elites liberais". Palin também era criacionista, ferrenha defensora do porte de armas e contrária ao aborto, alguém que acabara de dar à luz o quinto filho, o qual nascera com síndrome de Down. Mas Palin não projetava apenas, nem primordialmente, a imagem maternal. Ex-vencedora de um concurso de beleza, Palin encarnava um ideal de beleza feminina que havia sido elevado a um novo nível de significado espiritual — e político. A governadora do Alasca representava a guerreira cultural suprema, uma Phyllis Schlafly para uma nova geração, uma *pit bull* de batom que caçava alces e podia dificultar a vida das feministas, sem comprometer seu *sex appeal*. Dessa forma, Palin personificava o ideal conservador de que "suas" mulheres sabiam como agradar aos homens. E Palin se deleitava em minar a masculinidade dos homens liberais, especialmente a de Barack Obama. Muitos eleitores consideravam a imprevisibilidade de Palin e sua ignorância em relação a assuntos mundiais um fator de desqualificação, mas, para muitos evangélicos, ela era, nas palavras de Richard Land, "uma *rock star*".[8]

SETENTA E QUATRO por cento dos evangélicos brancos votaram na chapa McCain/Palin. Contudo, 24% dos evangélicos brancos — 4% a mais que em

OS "CARAS" ESPIRITUAIS

2004 — romperam com a tendência da maioria e votaram em Obama. A campanha de Obama tinha como alvo os evangélicos brancos moderados, do tipo que votava nos republicanos havia cerca de vinte anos, mas que queria expandir a lista de "valores morais" para incluir temas como pobreza, mudança climática, direitos humanos e meio ambiente. Obama dobrou seu apoio entre os evangélicos brancos de 18 a 29 anos (em comparação a Kerry, em 2004), e praticamente dobrou seu apoio entre os de 30 a 44 anos. Comentaristas e especialistas começaram a declarar o fim das guerras culturais, prevendo o "fim da América cristã branca". A velha guarda ficou abalada.[9]

Todavia, o evangelicalismo militante sempre foi mais forte com um inimigo claro a combater. Duas semanas antes da eleição, com grande probabilidade da vitória de Obama, um pastor de Colorado Springs lembrou aos colegas evangélicos o seguinte: "Esta pode ser a melhor coisa que já aconteceu à causa evangélica [...] Estamos acostumados a remar contra a maré". Ele estava certo. A presidência de Barack Obama fortaleceria o senso de combate dos evangélicos e encorajaria as vozes mais militantes dentro do movimento.[10]

A questão racial sempre foi fundamental para a formação da identidade política e cultural dos evangélicos brancos; assim, não causa surpresa que uma oposição evangélica ao primeiro presidente afro-americano refletisse a crença em sua "alteridade". Expressões explícitas de racismo eram raras, mas, entre os conservadores em geral, o movimento que questionava a legitimidade da cidadania de Obama ganhou força. Nos círculos evangélicos, Franklin Graham colocou lenha na fogueira ao concordar que o presidente tinha "algumas explicações a dar" quanto à sua certidão de nascimento. Graham também questionava a legitimidade da fé cristã de Obama. Para os nacionalistas cristãos, pôr em dúvida a fé de Obama funcionava da mesma forma que questionar a legitimidade de sua cidadania. O problema do presidente, segundo Graham, era o fato de ele haver nascido "mulçumano" — a "semente do Islã" havia passado de seu pai para ele, de modo que "o mundo islâmico vê o presidente como um deles". Graham via "um padrão de hostilidade ao cristianismo tradicional por parte do governo Obama", enquanto os mulçumanos pareciam "receber passe livre".[11]

Outros evangélicos também retratavam o presidente como um simpatizante dos mulçumanos. Gary Bauer alegou que o presidente estava mais interessado "em defender a reputação do Islã" do que "em salvar a vida dos cristãos", de modo que considerava prudente aconselhar Obama que defender a religião mulçumana não era "parte de seu trabalho". Os evangélicos conservadores tinham problemas com a relutância do presidente em usar as palavras "extremista islâmico" e ficaram perplexos quando Obama "discorreu efusivamente sobre o Alcorão" durante seu discurso no Cairo, em 2009. Em 2010, mais evangélicos brancos acreditavam que Obama era mulçumano (29%) do que aqueles que acreditavam que ele era cristão (27%). Um total de 42% afirmou não saber.[12]

O espectro de um mulçumano na Casa Branca aprofundou ainda mais a islamofobia já difundida na direita cristã. Durante o primeiro ano de Obama no cargo, Phyllis Schlafly organizou uma conferência intitulada "Como retomar os Estados Unidos". A conferência incluía as habituais seções sobre "Como combater o movimento extremista homossexual", "Como fazer cessar o socialismo nos serviços de saúde" e "Como reconhecer quando estamos vivendo sob o domínio de nazistas e comunistas", mas o general Jerry Boykin também foi chamado para discursar na conferência sobre ameaça islâmica. No ano seguinte, Boykin contribuiu com um relatório: "Charia: ameaça aos Estados Unidos", publicado por um *think tank* neoconservador. O relatório alertava sobre os esquemas mulçumanos para impor a lei Charia e afirmou que a maioria das organizações sociais mulçumanas eram "frentes para jihadistas violentos". O diretor do *think tank* apontou para um interesse considerável no relatório por parte da "inteligência policial local, da segurança interna, da política estadual, das unidades da Guarda Nacional etc.", embora alguns especialistas em terrorismo o tenham criticado como "impreciso e contraproducente".[13]

Durante o primeiro mandato da administração Obama, os evangélicos conservadores trabalharam para reconquistar vários membros rebeldes da geração mais jovem. Dois anos após a eleição de Obama, Wayne Grudem, cofundador do Council for Biblical Manhood and Womanhood, ex-presidente da Evangelical Theological Society e um dos principais defensores do complementarismo de gênero, decidiu opinar diretamente sobre política. Até então, Grudem se concentrara principalmente na teologia de gênero, escrevendo vários livros que promovem "masculinidade e feminilidade bíblicas", servindo como editor-geral da Bíblia de Estudos ESV e redigindo uma obra de teologia sistemática. Em 2010, publicou o que equivalia a um guia sistemático à política: com mais de seiscentas páginas, o livro oferecia um guia exaustivo para a visão "bíblica" sobre todos os assuntos políticos. Grudem denunciou o aborto e os direitos LGBT, defendeu a liberdade religiosa e a soberania nacional. A imigração ilegal era um problema, mas também o eram os "muitos" imigrantes legais que não pareciam assimilar a cultura americana. Recomendou o fechamento imediato das fronteiras, especialmente da fronteira com o México. Para Grudem, amar o próximo significava ir à guerra para protegê-lo dos "agressores malignos". A força militar era uma bênção, de modo que seria errado não utilizá-la, especialmente no caso de uma grande ameaça à nação: o terrorismo islâmico. Tratar o terrorismo como um "problema de aplicação da lei" não funcionaria; seria necessário ocorrer uma guerra preventiva. Para os menos inclinados a comprar um volume pesado sobre política cristã, os contornos básicos da cosmovisão política delineada por Grudem estavam prontamente disponíveis em dezenas de livros sobre a masculinidade evangélica, publicados na década de 2000. A masculinidade cristã fiel começava na família, mas não terminava com ela.[14]

Na esperança de conter a tendência à esquerda dos evangélicos mais jovens, Grudem fez questão de criticar aqueles que se sentiam tentados a votar em candidatos, e não no partido, uma transgressão que muitos evangélicos haviam cometido em 2008. Em 2012, Grudem e seus aliados conservadores viram uma pequena diminuição nas deserções evangélicas, (a participação de Obama no voto evangélico branco caíra para 21%), mas eles não conseguiram tirar Obama do cargo com o voto. O ressentimento se propagou. Enquanto o presidente Obama se preparava para seu segundo mandato, Mark Driscoll postou nas redes sociais que orava por um presidente que pusesse "suas mãos em uma Bíblia em que não acredita, fazendo um juramento a um Deus que provavelmente não conhece".[15]

No segundo mandato de Obama, a oposição evangélica se manifestou em torno da questão da liberdade religiosa; contudo, para os evangélicos, "liberdade religiosa" não se aplicava igualmente a todas as tradições de fé: sua defesa da liberdade estava atrelada à defesa da "nação cristã americana" e ao regime conservador de gênero. Já no primeiro mandato de Obama, o regulamento envolvendo contraceptivos do Affordable Care Act sinalizava que os excessos de um governo hostil poderiam forçar os evangélicos a participar de práticas que eles abominavam. Em 2012, a ACLU moveu uma ação contra o conservador cristão e proprietário da Masterpiece Cakeshop, por se recusar a fazer um bolo para o casamento entre pessoas do mesmo sexo. No verão de 2015, a Suprema Corte decidiu a favor do casamento entre pessoas do mesmo sexo, garantindo, assim, que mais empresários cristãos fossem forçados a violar sua consciência. Algumas semanas depois, uma funcionária do condado de Kentucky, chamada Kim Davis, tornou-se uma *cause célèbre* entre alguns conservadores religiosos ao se recusar a emitir licenças matrimoniais para casais do mesmo sexo. No ano seguinte, a administração processou a Carolina do Norte em decorrência da controvertida *bathroom bill* [lei do banheiro], uma lei estatal que restringia os indivíduos a utilizar apenas as instalações correspondentes ao sexo que lhes fora atribuído no nascimento. Os evangélicos ficaram surpresos com o ritmo de sua aparente marginalização, porém não desistiram da luta.[16]

Fiéis à forma, alguns líderes evangélicos conservadores trabalharam para galvanizar seus seguidores, alimentando a sensação de combate e apelando por maior militância. Sua fundamentação partia de um roteiro familiar. Em 2013, após o Pentágono suspender a proibição de mulheres em combate, John Piper chamou o apoio de Obama à medida de "vergonha para a masculinidade do presidente". Em um evento realizado no Dia Nacional de Oração, em 2014, Dobson rotulou Obama de "o presidente do aborto". A fúria de Dobson em relação à ameaça de banheiros do tipo transgênero refletia suposições havia muito alimentadas sobre sexualidade masculina desenfreada, vulnerabilidade feminina e comportamento predatório. Culpando "o tirano Obama" por suas tentativas ditatoriais de alterar a forma em que mulheres e homens se relacionam e como as crianças percebem a própria identidade de gênero, Dobson mal podia se conter: quem teria pensado que chegaria o dia em que os "meninos se intrometeriam no santuário dos banheiros femininos", em que "garotos do ensino médio, absortos em sexo", cobiçariam os corpos de meninas no chuveiro? "Acaso ficamos completamente loucos?", questionava. Com uma linguagem reminiscente daquela expressa pelos oponentes da ERA, três décadas antes, Dobson fez um apelo desesperado à nação para que os homens americanos defendessem suas esposas de homens que se vestiam como mulheres para espiar por cima dos banheiros, e suas filhas, de homens "que aparecem desavisadamente, abrem as calças e urinam bem na frente das meninas". Se isso acontecesse no século anterior, "alguém poderia ter sido baleado. Onde está a masculinidade de hoje? Que Deus nos acuda!". O general Boykin concordava: "O primeiro homem que for ao banheiro com a minha filha não terá de se preocupar com cirurgia". O vice-presidente executivo do Family Research Council afirmou ter ficado surpreso quando a comunidade LGBT respondeu, acusando-o de incitar a violência.[17]

Não era como se os homens evangélicos já não atendessem mais ao chamado de Dobson. De autores a pastores e homens sentados nos bancos das igrejas, os homens evangélicos promoviam a masculinidade cristã militante com crescente fervor. Durante os anos da administração Obama, novas vozes se juntaram a um refrão agora familiar.

Eric Metaxas emergiu como uma voz de liderança sobre a masculinidade cristã na era Obama. Metaxas não era inexperiente no mundo da publicação evangélica, tampouco na cultura evangélica em geral. Criado na Igreja Ortodoxa Grega, Metaxas começou escrevendo livros infantis. Em 1997, passou a trabalhar como escritor e editor do programa de rádio *Breaking Point*, de Charles Colson, atuando, em seguida, como escritor em *Os VegeTais*, uma série de vídeos infantis em que vegetais antropomórficos ensinavam lições sobre valores bíblicos e moralidade cristã. (Bob, o Tomate, e Larry, o Pepino, tornaram-se nomes conhecidos no evangelicalismo da década de 1990.) Contradizendo seu passado de escritor de *Os VegeTais*, Metaxas trouxe nova sofisticação à literatura relacionada à masculinidade evangélica. Cidadão espirituoso de Manhattan e educado em Yale, Metaxas apresentava um perfil diferente de muitos porta-vozes da direita cristã. Se a escrita de Metaxas não era exatamente intelectual, era mais intelectualizada que a da maioria dos livros produzidos por editoras cristãs. Mais suave em sua apresentação do que os agitadores evangélicos medianos, Metaxas era uma estrela em ascensão no mundo cristão conservador da década de 2000. Em 2012, após a morte de Colson, Metaxas assumiu o *BreakPoint*, programa transmitido por 1.400 canais para uma audiência de oito milhões de ouvintes. Naquele ano, também fez o discurso principal no National Prayer Breakfast, quando, então, aproveitou a oportunidade para repreender o presidente Obama, também presente no evento, condenando aqueles que exibiam "falsa religiosidade" ao atirarem versículos aleatórios da Bíblia ao ar e que, alegando ser cristãos, negavam, ao mesmo tempo, a exclusividade da fé e a humanidade do nascituro. Em 2015, Metaxas lançou o próprio programa de rádio diário e sindicado nacionalmente: *The Erik Metaxas Show*.[18]

Erik Metaxas como principal palestrante do 60º National Prayer Breakfast, ocorrido no Hotel Hilton, em Washington, 2 de fevereiro de 2012. *Reuters/ Larry Downing*.

Metaxas se especializou em escrever sobre heróis cristãos. Seu livro de 2007, *Amazing Grace: William Wilberforce and the Heroic Campaign to End Slavery*, ajudou a garantir sua posição no mundo evangélico. Segundo a narrativa de Metaxas, os cristãos evangélicos eram os mocinhos; compartilhando "a perspectiva de Deus sobre o assunto", eles rejeitavam as "visões raciais abomináveis" mantidas pelos não cristãos e pelos "cristãos culturais". Em 2011, Metaxas publicou *Bonhoeffer: Pastor, Martyr, Prophet, Spy*. A versão de Bonhoeffer retratada por Metaxas guardava inusitada semelhança com os evangélicos estadunidenses conservadores, pois ele lutara não apenas contra os nazistas, mas também contra os cristãos liberais que, supostamente, estavam por trás da ascensão do nazismo. Mais uma vez, os evangélicos emergiam como heróis. Os evangélicos amaram o livro. No entanto, a obra foi criticada por historiadores: o diretor do Programa de Ética, Religião e Holocausto do Museu do Holocausto dos Estados Unidos descreveu o livro como "uma terrível simplificação e, algumas vezes, má interpretação do pensamento de Bonhoeffer, do mundo teológico e eclesial de seu tempo e da história da Alemanha nazista".[19]

Em seu livro de 2013, *7 Men: And the Secret of Their Greatness*, Metaxas revelou o propósito mais amplo por trás de suas biografias. Metaxas queria esclarecer a confusão em torno "da ideia de virilidade", abordando duas "questões vitalmente importantes": O que é um homem? O que faz um grande homem? A resposta começava com ninguém menos que John Wayne. Wayne era o "ícone da virilidade e da hombridade". Era "ríspido e orgulhoso", mas usava sua força para proteger os fracos. Gerações de homens se haviam inspirado nesse modelo de masculinidade, até que algo aconteceu. Esse algo foi a década de 1960.[20]

É provável que a transformação estivesse relacionada ao Vietnã ou a Watergate, refletia Metaxas. Até o Vietnã, as guerras eram vistas como dignas de ser combatidas e os patriotas estadunidenses defendiam, de forma obediente, o país e suas liberdades. O Vietnã mudou esse quadro. "O mesmo ocorreu após Watergate", que nos presenteou com um presidente cuja ação não foi nada presidencial. Desde aquela época, as pessoas passaram a se concentrar nos aspectos negativos quando se tratava de gente famosa, e era difícil haver heróis em um clima dessa natureza. Para piorar a situação, os estadunidenses haviam estendido essa crítica a outros períodos da história. Não mais proclamado como um abnegado e heroico pai fundador, George Washington passou a ser denunciado como hipócrita, na condição de rico proprietário de terras e de escravos. Em vez de celebrar Cristóvão Colombo como o "intrépido visionário" que era, os estadunidenses passaram a ridicularizá-lo como assassino de povos indígenas. Metaxas admitia que a "adoração de ídolos" era ruim, mas que ser "excessivamente crítico" de homens bons também poderia ser algo incrivelmente destrutivo.[21]

Para Metaxas, o declínio da masculinidade heroica havia prejudicado o nacionalismo cristão, erodindo também a autoridade patriarcal. Bastava comparar um programa de televisão da década de 1950, *Papai Sabe Tudo*, com a maneira na qual a grande mídia passou a retratar os pais, ou seja, "como burros ou tolos obstinados". Mas o país pagava um preço amargo por sua rejeição à autoridade. Os jovens, em especial, precisavam de heróis e modelos para entender "o que significa ser um homem de verdade, um homem bom, um homem heroico e corajoso". Metaxas não dizia nada que os evangélicos já não estivessem dizendo cinquenta anos atrás. No entanto, com Barack Obama na Casa Branca e com evidências abundantes de que os evangélicos estavam perdendo as guerras culturais, a mensagem teve ampla repercussão.[22]

Se Metaxas oferecia um discurso relativamente intelectualizado sobre a masculinidade heroica, a família Robertson oferecia uma versão decididamente ignorante. *Duck Dynasty*, o *reality show* da família Robertson, estreou em 2008 e, em 2013, tornou-se um dos programas mais populares da televisão, com sua estreia na quarta temporada atraindo quase doze milhões de telespectadores, mais do que os episódios mais vistos de séries favoritas da crítica, como *Breaking Bad* e *Mad Men* combinados. Tratava-se de um show que celebrava a fé, a família e a caça de patos. No clã Robertson, não havia confusão de gênero. Os homens eram homens: grandes, corpulentos e barbudos. Da mesma forma, as mulheres eram mulheres: esposas e filhas perfeitamente vestidas e maquiadas, que recebiam seus maridos em casa após um longo dia de trabalho com uma refeição caseira. Phil Robertson, patriarca da família, fora *quarterback* de futebol americano universitário; seu irmão, o "louco" tio Si, fora veterano do Vietnã. O programa mostrava rifles e arcos, variedades de carne-seca e nem um traço sequer de elitismo.[23]

Duck Dynasty era um show produzido para os estadunidenses republicanos. Também foi feito para os cristãos estadunidenses. Phil Robertson, patriarca da família, era um autoproclamado convertido ao cristianismo, e seu filho, Al, um pastor. Na tela e fora da tela, todo o clã Robertson se comprometia com "fé, família, comunhão, perdão e liberdade". O programa em si não era cristão, em parte por causa da edição criteriosa da A&E. "Não queremos fazer do show 'o Clube 700 para caipiras'", explicava Al. Na tela, a família Robertson compartilhava sua fé com um toque mais leve, mas, como celebridades, eles não tinham medo de abordar questões polêmicas de modo mais direto. Em 2013, durante um discurso feito em um centro de gravidez, Phil denunciou o aborto e os *hippies* responsáveis por um movimento que "expelira sessenta milhões de bebês do ventre de suas mães". Naquele mesmo ano, em uma entrevista à revista *GQ*, ele sugeriu que a homossexualidade levaria a "bestialidade e promiscuidade generalizadas, com homens dormindo com essa e aquela mulher, e com esse e aquele homem", e incluiu algumas palavras sobre sua preferência por vaginas em vez de ânus. Sem um editor para "limpar" a linguagem empregada, as palavras não adulteradas de Phil causaram alvoroço em alguns círculos. Entre muitos de seus fãs cristãos e conservadores, porém, ele emergiu como um novo tipo de guerreiro cultural — alguém que não estava preocupado com "respeitabilidade", que não tentava dialogar com o "*establishment*", que não tinha medo de dizer as coisas como elas de fato eram.[24]

A indústria editorial cristã tomou nota disso. Em 2013, o clã Robertson escreveu *The Duck Commander Devotional*. No ano seguinte, Jase Robertson publicou *Good Call: Reflections on Faith, Family and Fowl*, e a Thomas Nelson publicou a Bíblia *Faith & Family*, da marca *Duck Commander*, uma nova versão da King James disponível em capa dura. Em 2015, a Thomas Nelson publicou o livro de Jep e Jessica sobre fé e família, bem como o livro de Sadie, na época com 17 anos, sobre o mesmo tema. Os livros da família Robertson estavam disponíveis na LifeWay e em varejistas como o Walmart. Já na década de 1990, a Thomas Nelson havia reconhecido que eles partilhavam uma base de "valores familiares" com o Walmart, de modo que firmaram uma parceria: em dez anos, a grande varejista tornou-se o maior fornecedor de mercadoria cristã do país, vendendo, anualmente, mais de um bilhão de dólares em produtos cristãos. O site christianbook.com também trazia uma série de títulos da marca *Duck Commander*, além de coleções de DVDs, roupas, livros de receitas, cartões comemorativos, guardanapos e pratos de sobremesa.[25]

Alguns evangélicos se preocupavam com o "cristianismo cultural" que esses bons e velhos homens da Louisiana retratavam, porém a família Robertson não era apenas composta por "cristãos culturais": os Roberstons eram evangélicos devotos e praticantes que, no bom estilo evangélico, usavam a celebridade como meio de difusão de sua fé. Entretanto, a própria distinção entre "cristão cultural" e "cristão praticante" requer escrutínio. No início da década de 2000, era possível separar o "cristianismo cultural" de uma forma mais pura e autêntica de evangelicalismo estadunidense? O que significava ser evangélico? Significava defender um conjunto de verdades doutrinárias ou aceitar a aplicação dessas verdades em guerras culturais — uma religiosidade envolvendo Deus e o país, uma religiosidade que defendia os valores rurais e os da classe trabalhadora branca, que se espalhavam em difamação de *outsiders* e da elite, a qual se organizava em torno de um forte apego ao militarismo e à masculinidade patriarcal?[26]

ENQUANTO METAXAS exaltava as virtudes da masculinidade heroica a partir de seu posto em Manhattan — e enquanto os Roberstons alcançavam grandes áreas republicanas dos Estados Unidos com a mesma proposta —, dezenas de outros homens evangélicos (sim, eles eram predominantemente homens) continuavam a produzir uma grande quantidade de literatura, uma literatura indiscutivelmente mediana, sobre masculinidade cristã. O guerreiro como modelo de masculinidade cristã continuava a aparecer por toda parte, e algumas perspectivas relacionadas à masculinidade cristã permaneciam incontestáveis nos círculos evangélicos conservadores. Nessa geração, os guerreiros militares da vida real continuavam a refletir uma aura de autenticidade que simples pastores não conseguiam alcançar.

Em 2015, John McDougall, capelão do exército, graduado em West Point e veterano do Iraque e do Afeganistão, publicou *Jesus Was an Airborne Ranger*:

OS "CARAS" ESPIRITUAIS

Find Your Purpose Following the Warrior Christ. Stu Weber, outro combatente de elite que conhecera McDougall em West Point, contribuiu com o prefácio do livro. Abandonando o Jesus delicado da escola dominical — com o qual nenhum homem de verdade poderia identificar-se —, McDougall deixou claro que seu salvador não era nenhum sr. Rogers. Jesus era um guerreiro que sabia como canalizar a agressão quando se fazia necessário. "No vernáculo dos soldados de elite, Jesus era 'o cara'", um "homem vigoroso", alguém que chamava outros homens para "propagarem vigorosamente seu reino" — como "os 'caras' espirituais" — no lar, nas comunidades e no mundo. Esse Jesus nada tinha de formal ou apropriado. Ele era "um soldado de elite, de coração selvagem, em uma missão", um trabalhador rural que sabia trabalhar duro e se divertir muito. Para resumir, você não pode soletrar *ranger* [soldado] sem a palavra *anger* [raiva]".[27]

Nesse mesmo ano, Weber se juntou ao colega e guerreiro da vida real Jerry Boykin para escrever *The Warrior Soul*. A Bíblia estava repleta de vocabulário de guerra, com "ataques, feridas, sangue, sacrifícios, espadas, batalhas e vitórias"; para os cristãos, não haveria paz até que Cristo, o vitorioso, a trouxesse. Até lá, cabia a eles se juntarem à luta. "Você deve posicionar-se — agir — contra o assassinato de crianças pelo aborto? Claro que sim!". Descubra como. O mesmo se aplicava à confeitaria cristã multada por se recusar a fazer um bolo para uma "cerimônia de 'casamento' homossexual". Era hora de aparecer, de sair do anonimato. Guerras exigem sacrifícios. Como isso soaria para o leitor? Talvez como uma doação expressiva para o Family Research Council. (Boykin atuava como vice-presidente executivo.) "Envie alguns cheques bem direcionados, guerreiro!" Ou talvez se traduzisse na luta contra o terror, informando-se sobre os perigos da religião islâmica: "Você é capaz de compreender, de modo claro, a lei Charia e a ameaça que representa para nossa fé e nossa cultura?".[28]

Weber e Boykin também tinham opiniões sobre a guerra real. A Bíblia ensinava que era um erro contentar-se com uma paz rápida e barata. Bastava olhar para o antigo Israel: com sua relutância em se "sacrificar o bastante", Israel falhara em conquistar a terra. Caso os leitores não conseguissem ver a aplicação para os dias atuais, a informação lhes seria apresentada de forma clara: a relutância dos Estados Unidos em reconhecer a ameaça islâmica colocava a nação em perigo. É claro que havia mulçumanos "moderados", que não partilhavam essa cosmovisão violenta, mas esses eram "maus mulçumanos" — da mesma forma que os cristãos tradicionais que abandonavam os fundamentos históricos cristãos eram "maus cristãos". Ignorar a ameaça de uma religião violenta como o islamismo podia ser algo letal.[29]

Weber e Boykin também criticavam o controle civil dos militares. Avaliar a moralidade da guerra era algo mais cabível aos próprios guerreiros: "Apesar de sua considerável exposição a respeito do assunto, os filósofos não são necessariamente os melhores juízes daquilo que torna uma guerra justa". Os combatentes têm "uma perspectiva única da natureza da guerra", de modo que cabe a eles decidir "o que faz, ou não, uma guerra justa". Ademais, o próprio Deus tem "um lugar especial em seu grande coração para os guerreiros e seus soldados"; afinal, seu filho Jesus era "um guerreiro verdadeiramente excepcional". E tanto a teologia cristã como "essa república constitucional" reservam "um lugar elevado e honrado para o guerreiro".[30]

COMO REMINISCÊNCIA dos anos de declínio do governo Reagan, os evangélicos conservadores lutaram para se mobilizar quando a presidência de George W. Bush chegou ao fim. Mas a direita religiosa sempre se alimentava de um sentimento de combate e, nesse aspecto, a Casa Branca de Obama era um paraíso. Entre as mudanças demográficas que pressagiavam o "fim da América cristã branca", a aparente erosão da lealdade entre os jovens evangélicos e os constantes ataques à sua concepção de liberdade religiosa, os evangélicos brancos perceberam a presença de perigos notórios à sua própria existência — ou pelo menos ao seu poder social e político. A eleição de Obama foi um alerta para os líderes evangélicos. Não deixando nada ao acaso, eles aproveitaram ao máximo esse momento, trabalhando arduamente para alimentar ainda mais medo e ressentimento entre as pessoas. Ao final dos oito anos de Obama no cargo da presidência, mesmo com os índices gerais de aprovação do presidente entre os mais altos da história presidencial recente, os evangélicos brancos ainda eram seus críticos mais ferrenhos. Setenta e quatro por cento o viam de forma desfavorável, em comparação com 44% dos estadunidenses em geral. Além disso — e esse dado talvez seja o mais importante —, os evangélicos conservadores revigoraram sua postura de combate. Tempos drásticos exigiam medidas drásticas. Com a chegada de 2016, os evangélicos estavam preparados para a luta — só precisavam do guerreiro certo para liderar o ataque.[31]

CAPÍTULO • 15

UM NOVO SUMO SACERDOTE

PARA OS EVANGÉLICOS que haviam passado a desprezar o presidente Obama por tudo o que ele representava, era difícil imaginar outro presidente pior. Foi, então, que Hillary Clinton declarou sua candidatura.

Clinton era uma cristã devota, mas do tipo errado. Falara com frequência de sua fé metodista durante a campanha de 2016, recitando, com facilidade, suas passagens favoritas das Escrituras. Empregando uma tradição da religião civil estadunidense, Hillary lembrava aos estadunidenses que eles eram grandes por serem bondosos, urgindo-os a convocar os anjos bons de sua natureza. Durante a campanha, ela parecia especialmente à vontade entre os protestantes negros, cuja tradição de fé profética guarda muita semelhança com seu metodismo progressista. Para os evangélicos brancos, porém, Clinton estava do lado errado em praticamente todas as questões. Feminista e mulher de carreira, Hillary acreditava que era necessário haver uma aldeia para educar uma criança. Promovia direitos humanos globais e os direitos das mulheres em detrimento da soberania dos Estados Unidos, pelo menos aos olhos dos críticos em geral. Além disso, ela era pró-aborto. O fato de a candidata ler a mesma Bíblia passou despercebido à maioria dos evangélicos, e seu testemunho de fé lhes soava como uma provocação política, ou simplesmente como uma mentira.

Após deixar a Casa Branca, Clinton alcançou notável sucesso político, primeiro como senadora por Nova York e, depois, como secretária de Estado. Em 2012, ela era mais popular do que o presidente Obama e/ou o vice-presidente Biden. Os ataques, porém, às instalações do governo estadunidense em Benghazi, naquele mesmo ano, e as seguintes tentativas dos republicanos em responsabilizá-la pelo ataque — e por um suposto encobrimento — ajudaram os conservadores no argumento de que Clinton era inapta para defender a nação. Seu uso de um servidor de e-mail privado para suas comunicações oficiais corroboraria ainda mais essa narrativa, uma vez que as informações vieram à tona. Com o desenrolar das eleições de 2016, ficou claro que Clinton não conseguiria convencer seus detratores evangélicos.[1]

Não que ela tentasse realmente fazê-lo. Na questão do aborto, os democratas, havia muito, faziam a campanha sob o mantra "seguro, legal e raro", mas, em 2016, o termo "raro" parecia haver desaparecido de seu léxico. Questionada sobre aborto durante o debate, Clinton não se conteve: como presidente, defenderia o Planned Parenthood, *Roe v. Wade* e "o direito da mulher de tomar as próprias decisões de saúde", mesmo no caso de abortos tardios. Na melhor das hipóteses, sua resposta sem hesitação não evocou emoção alguma nos evangélicos; na pior das hipóteses, confirmou seus temores mais sombrios sobre o que significaria uma eventual presidência de Clinton. Os conservadores também pintaram Clinton como uma opositora virulenta da liberdade religiosa, apenas aumentando sua ansiedade quanto à eleição e o que significaria para o futuro da Suprema Corte.[2]

Além disso, havia também a questão de gênero. John Piper concedera dispensa especial para que os evangélicos votassem na chapa McCain/Palin, mas Hillary Clinton não era uma Sarah Palin. Pondo de lado todas as questões políticas, o fato de Clinton ser mulher a desqualificava aos olhos de muitos evangélicos conservadores. Na eleição de 2016, porém, as perspectivas evangélicas sobre gênero não apenas afetaram o *appeal* de Clinton — ou sua falta de *appeal*. O gênero também constituiu fator-chave no fortalecimento do apoio ao candidato republicano não convencional e moralmente dúbio: Donald J. Trump.

A PAIXÃO EVANGÉLICA por Donald Trump não foi instantânea, nem começou pela liderança. Inicialmente, alguns evangélicos proeminentes prefeririam candidatos republicanos mais tradicionais, entre os quais tinham muitos a escolher.

O candidato Mick Huckabee não perdeu tempo em denunciar o casamento entre pessoas do mesmo sexo, em reprovar como mulheres "inúteis" aquelas que falavam palavrão, em criticar Barack e Michelle Obama por deixarem suas filhas ouvirem Beyoncé, em alertar que o ISIS era uma ameaça maior que os "bronzeamentos de sol" — que as pessoas poderiam obter com as mudanças climáticas — e em declarar "guerra contra uma 'teocracia secular'". Ben Carson também era popular entre os evangélicos. Conservador afro-americano, Carson sabia como jogar para a multidão evangélica branca. Ele sugeriu que os mulçumanos tinham de ser desqualificados como presidentes, defendeu o direito de hastear a bandeira confederada, comparou o politicamente correto às práticas da Alemanha nazista e sugeriu que o Holocausto não teria acontecido se os judeus estivessem armados. Carson apelava aos evangélicos que alegavam, e muitas vezes sinceramente acreditavam, não ter convicções racistas, sem exigir que sacrificassem seus comprometimentos sociais e políticos. Enquanto isso, Marco Rubio apostava vigorosamente no voto evangélico. Ele reuniu um "conselho consultivo de liberdade religiosa" que incluía Wayne Grudem e outros acadêmicos e líderes religiosos evangélicos, e seu apelo era especialmente forte entre os evangélicos do *establishment* — evangélicos do tipo Wheaton e *Christianity Today*.[3]

Ted Cruz, senador do Texas, também emergiu como candidato. Filho de um evangelista itinerante, Cruz foi criado na tradição dominionista e, ainda mais do que Huckabee, Rubio e Carson, ele sabia atiçar os temores cristãos conservadores. Cruz estabeleceu grandes distinções entre o bem e o mal; obviamente, ele estava do lado de Deus, opondo-se às forças do mal. Falava da necessidade de "restaurar os Estados Unidos" e ecoou o vocabulário militarizado que passara a permear o evangelicalismo estadunidense. A nação estava "sob ataque", e a situação só pioraria. Com a morte de Antonin Scalia, juiz da Suprema Corte, Cruz pintou um cenário apocalíptico do que poderia acontecer com uma nomeação liberal para o tribunal máximo do país: aborto sob demanda e ilimitado; fim da liberdade religiosa; a Segunda Emenda desaparecendo da Constituição. Após sua vitória nas primárias de Iowa, Cruz recebeu o apoio de James Dobson, Tony Perkins, Gary Bauer e Glenn Beck. O general Jerry Boykin concordou em servir como conselheiro de segurança nacional na campanha de Cruz.[4]

Nessa ocasião, Russell Moore, presidente da comissão de ética e liberdade religiosa da Convenção Batista do Sul e apoiador de Rubio, resumiu o voto evangélico: "Eu diria que Ted Cruz lidera a ala 'Jerry Falwell', enquanto Marco Rubio lidera a ala 'Billy Graham' e Trump lidera a ala 'Jimmy Swaggart'". Com essa última observação, Moore se referia aos pentecostais do evangelho da prosperidade, também aludindo, sem dúvida, aos escândalos de Swaggart envolvendo sexo com prostitutas. Entretanto, o operacional político evangélico Bob Vander Plaats advertiu contra o particionamento dos evangélicos da seguinte forma: "Não acho que queremos dividir o cristianismo nessas linhas", aconselhou. "Todos nós procedemos da mesma igreja". Nas palavras de outro operacional, David Lane: "Política diz respeito a adição e multiplicação, e não a subtração e divisão". Vander Plaats e Lane estavam certos, pois não demorou para que o voto evangélico se aglutinasse, concentrando-se em Donald Trump.[5]

"Por que Trump?", essa era a pergunta que muitos faziam, mesmo muitos evangélicos. Por muitas décadas, a direita religiosa vinha acendendo o medo no coração dos cristãos estadunidenses. Tratava-se de uma receita testada e comprovada de sucesso. Comunismo, humanismo secular, feminismo, multilateralismo, terrorismo islâmico e erosão de liberdade religiosa — os líderes evangélicos reuniam apoio mobilizando seus seguidores a travarem batalhas das quais o destino da nação e de suas próprias famílias parecia depender. Líderes da direita religiosa vinham ampliando sua retórica ao longo do governo Obama. O primeiro presidente afro-americano, a mudança alarmante nos direitos LGBTQ, a aparente erosão da liberdade religiosa — ao lado de mudanças demográficas iminentes e do declínio da lealdade religiosa de seus próprios filhos —, tudo isso aumentou o sentimento de pavor entre os evangélicos brancos.

Na realidade, porém, os líderes evangélicos vinham aperfeiçoando essa retórica por quase cinquenta anos. Os evangélicos buscavam um protetor, um homem agressivo, heroico e viril, alguém que não fosse reprimido pelo politicamente correto ou pelas virtudes femininas, alguém que quebrasse regras pela causa certa. Por mais que tentassem — e eles tentaram —, nenhum outro candidato se comparava a Donald Trump quando se tratava de ostentar uma masculinidade agressiva e militante. Trump se tornou, nas palavras de seus biógrafos religiosos, "o campeão definitivo da luta em prol dos evangélicos".[6]

Ao anunciar sua candidatura no verão de 2015, Trump deixou claro que sua campanha não seria o tipo de política a que as pessoas estão acostumadas. Ridicularizou seus adversários e reclamou sobre o país não ter mais vitórias, sobre se haver tornado "um depósito de lixo para os problemas de todos os outros países". Falou de "estupradores" mexicanos, drogas, criminosos e terroristas cruzando as fronteiras, "já que não temos proteção". México e China estavam tomando "nossos empregos", o país estava ficando mais fraco e nossos inimigos, mais fortes. "Nem mesmo nosso arsenal nuclear funciona." Os Estados Unidos precisavam de um líder, "um líder verdadeiramente grande", um líder que pudesse trazer de volta empregos, trazer de volta os militares e ressuscitar o sonho americano — que estava morto. Trump prometeu "recuperar o país e fazê-lo melhor e mais forte do que nunca". Prometeu "tornar os Estados Unidos uma nação grande outra vez".[7]

A enxurrada inicial de Trump foi chocante o suficiente, mas sua retórica só evoluiu ao longo de primárias acaloradas. O candidato fulminava no Twitter, ridicularizou a esposa de Ted Cruz por sua aparência física e acabou se gabando do tamanho de seu pênis em rede nacional em um dos debates com outros candidatos republicanos. Quanto mais ruidosa a campanha, mais ousado Trump se tornava — e mais os evangélicos pareciam apoiá-lo.

Mesmo antes do primeiro debate das primárias, evidências crescentes apontavam para a popularidade de Trump entre os evangélicos brancos. Uma pesquisa realizada em julho de 2015 revelou que 20% dos evangélicos brancos de tendência republicana expressavam apoio a Donald Trump, em comparação com

14% a Scott Walker, 12% a Huckabee e 11% a Jeb Bush. Marco Rubio ficava com 7%, e Ted Cruz, com apenas 5% das intenções de voto. Alguns jornalistas lutavam para explicar o fenômeno desconcertante do apoio evangélico ao "bilionário impetuoso de Manhattan", alguém que parecia representar tudo aquilo que eles desprezavam. O que poderia compelir evangélicos de "valores familiares" a se unirem a esse candidato "indecente, arrogante, boca-suja, obcecado por dinheiro, duas vezes divorciado e, até bem pouco tempo antes, pró-aborto"? Muitos líderes evangélicos compartilhavam essa perplexidade. Não foram poucos os que permaneceram céticos em relação ao apoio evangélico: "Ainda não conversei com nenhum pastor que apoie Donald Trump", insistiu Russell Moore. "Penso que o que está acontecendo agora é que estamos na fase do *reality show* da campanha presidencial, fase em que as pessoas procuram enviar uma mensagem em vez de entregar os códigos nucleares a um dos candidatos". Trump sabia como chamar a atenção e sabia como explorar raiva e ressentimento. Os evangélicos estavam apenas enviando uma mensagem.[8]

Entretanto, como o apoio evangélico a Trump provou-se mais que uma fantasia passageira, os líderes evangélicos depararam com os limites de sua própria influência. Isso foi verdadeiro em nível nacional — com a velha guarda descobrindo que seus endossos a Rubio e Cruz não pareciam reprimir a onda de apoio a Trump — e em nível local, pois os pastores se deram conta dos limites de seu poder, mesmo em suas próprias congregações: "É a coisa mais incrível que já vi", escreveu o ativista evangélico Randy Brinson. "É como uma inversão total de pastor e rebanho", com os fiéis ameaçando deixar suas igrejas se os pastores se opusessem a Trump.[9]

No início de 2016, alguns líderes começavam a se interessar, com um entusiasmo popular, pelo candidato não convencional. Jerry Falwell Jr. e Robert Jeffress foram dois dos primeiros e mais descarados apoiadores de Trump. Em janeiro, Falwell convidou Trump para falar em uma celebração bianual da Liberty. Vários meses antes, Cruz lançara sua campanha na Liberty; agora, porém, o entusiasmo por Trump era muito maior. Apresentando Trump, Falwell falou do apoio de seu pai a Ronald Reagan, e não ao batista Jimmy Carter: "Quando ele entrou na cabine de votação, não estava elegendo um professor de escola dominical, um pastor ou mesmo um presidente que compartilhasse suas crenças teológicas". Ele estava elegendo um líder. "Afinal, Jimmy Carter foi um grande professor de escola dominical, mas veja o que aconteceu com a nossa nação quando o teve na presidência. Que fiasco!"[10]

Em seguida, foi a vez de Trump. Rejeitando os *teleprompters*, Trump estava pronto para se divertir. Depois de alguns comentários autocongratulatórios sobre as multidões que ele atraía em seus comícios, e depois de mais comentários autocongratulatórios sobre seus números nas pesquisas ("nós nos saímos muito bem entre os evangélicos"), Trump fez seu discurso: "Vamos proteger o cristianismo, posso garantir. Não preciso ser politicamente correto". Depois, o candidato citou "dois Coríntios", para a diversão dos críticos. A mídia ressaltou a gafe, mas o deslize pareceu não distrair em nada os participantes do evento em relação à sua mensagem principal: Trump os protegeria.[11]

O que faltava a Trump em eloquência, o candidato mais do que compensava em paixão. O cristianismo estava "sitiado". Na Síria, "eles estão cortando cabeças". Identificando-se como um cristão orgulhoso, Trump exortou os cristãos a se unirem para sua proteção, visto que "coisas muito ruins andam acontecendo". Entre os cristãos, os números já eram favoráveis — 70% a 75%, e alguns estimavam uma porcentagem ainda maior; eles só precisavam reivindicar seu poder. Sabendo como conquistar o eleitor evangélico, Trump voltou sua atenção aos militares. Lamentando que o militarismo, em geral, era "o menos preparado em gerações", o candidato prometeu "refazê-lo, tornando-o grande e forte", tão forte que ninguém ia querer mexer com os Estados Unidos. Depreciou os generais que haviam afirmado que levaria muito tempo para derrotar o ISIS: Trump queria o tipo de general "que acabaria rapidinho com os terroristas". A plateia explodiu em aplausos. "Seremos fortes", prometeu. "Seremos vigilantes", com fronteiras fortes, fronteiras poderosas; acabaremos com a fraqueza, com a vulnerabilidade, com a falta de respeito. Trump podia não ser o melhor cristão, mas, como nacionalista cristão, era mais do que suficiente.[12]

Essa não foi a primeira visita de Trump ao *campus* da Liberty. Em 2012, Trump discursou no evento de formatura da universidade. Além disso, o jovem Falwell (Falwell sênior morrera em 2007) deu as boas-vindas a Trump "com aplausos estridentes", chamando o empresário de "um dos grandes visionários do nosso tempo" e elogiando-o por forçar Obama a divulgar sua certidão de nascimento. A bajulação foi mútua. Nesse discurso, Trump fez brincadeiras sobre divórcio e acordos pré-nupciais, gracejou com uma possível candidatura à presidência e pediu aos alunos que "se vingassem" se alguém os prejudicasse nos negócios. Esse último comentário provocou certa controvérsia na mídia, mas Falwell assegurou aos críticos que a declaração era compatível com o ensinamento cristão, pois representava "o lado 'duro' da doutrina cristã e do ministério de Cristo".[13]

Para os evangélicos, havia guerreiros no campo de batalha real, e havia aqueles que emergiam vitoriosos no mundo turbulento do capitalismo. As mesmas regras aplicadas em diferentes arenas — ousadia, visão e "aptidão para violência e quebra de regras" — geravam sucesso tanto na guerra como nos negócios. O guerreiro e o homem de negócios eram ambos dignos de imitação, e ambos tinham o direito de comandar.[14]

Em 2016, poucos dias após a visita de Trump à Liberty, o candidato se dirigiu à Dordt College, onde fez sua alegação de que poderia ficar no meio da Quinta Avenida e atirar em alguém sem sofrer as consequências desse ato. Três dias depois, Falwell endossou oficialmente Trump. Na época, seu apoio gerou certa controvérsia. Mark DeMoss, presidente do conselho de administração da Liberty, insistiu que o *bullying* e os insultos pessoais de Trump eram inapropriados, especialmente "para quem afirma ser seguidor de Cristo". Penny Nance, presidente da Concerned Women for America, discordou "veementemente" do apoio de Falwell, por suas "profundas preocupações com quanto Trump está realmente preocupado com a vida e com o respeito pela mulher".[15]

Talvez Falwell e Trump tivessem mais em comum do que propensão ao "cristianismo duro". Surgiram relatos de que Falwell estava tendo conversas com Michael Cohen, o intermediário de Trump, pedindo sua ajuda para lidar com fotografias comprometedoras, que tinham vindo à tona em conexão com um processo imobiliário contra Falwell. Falwell negou a existência de fotos comprometedoras, e uma fonte próxima a ele negou que o pregador tivesse conhecimento da intervenção de Cohen em seu lugar. Ainda assim, a mera existência de rumores era suficiente para sugerir a alguns que o apoio de Falwell a Trump era parte de um acordo feito nos bastidores. Não houve, no entanto, nenhuma evidência de um acordo *quid pro quo*. Para o eleitor evangélico médio, o mais importante era isto: nenhuma chantagem seria necessária em troca de sua lealdade. Naquela semana, uma pesquisa revelou que Trump contava com o apoio de 37% dos evangélicos, quase o dobro de Cruz.[16]

Jeffress também estava entre um dos mais firmes apoiadores de Trump. A Primeira Igreja Batista de Dallas tinha um passado histórico no que diz respeito ao evangelicalismo conservador. Por quase meio século, a igreja foi pastoreada por W. A. Criswell, o ex-segregacionista convicto que se unira a Paige Patterson para ajudar a orquestrar a tomada conservadora da Convenção Batista do Sul. Um ímã para ricos líderes empresariais conservadores — e a antiga igreja local de Billy Graham —, o templo batista se transformou em uma influente megaigreja urbana e um polo da direita religiosa. Guerreiro cultural combativo, Jeffress escreveu um livro, em 2014, sugerindo que o apoio de Obama ao casamento entre pessoas do mesmo sexo havia aberto caminho para o Anticristo. Em janeiro, Jeffress fez a oração de abertura no discurso de Trump, na Dordt College. No mês seguinte, apareceu com Trump durante um evento de campanha em Dallas, garantindo aos colegas evangélicos que eles "teriam um verdadeiro amigo na Casa Branca". Como Falwell, Jeffress lembrou os evangélicos do que acontecera em 1980, quando cristãos conservadores foram apresentados a duas opções: um professor de escola dominical batista nascido de novo e "um ator de Hollywood casado duas vezes" e que "assinou o projeto de lei de aborto mais liberal da história da Califórnia". Os evangélicos escolheram Reagan porque buscavam um líder. Quando se tratava de derrotar o terrorismo ou o acordo nuclear com o Irã, Jeffress "não se importava com o tom do presidente ou com sua linguagem". Foi Jeffress quem fez a brincadeira memorável de querer "o filho da... você sabe quê... mais malvado e durão" no cargo de presidente.[17]

Escrevendo na *Baptist News*, Alan Bean posteriormente refletiu que Jeffress adotava um dualismo do tipo "Jesus/John Wayne". A ignorância bíblica de Trump era abismal, mas Jeffress não estava interessado em um presidente que governaria de acordo com o Sermão do Monte de Jesus. Tampouco ele pensava que a Bíblia tinha algo a dizer sobre governos que precisam perdoar ou "dar a outra face". O papel do governo era "ser forte para proteger seus cidadãos contra os malfeitores". Sem dúvida, Trump era notoriamente imoral, por ter contraído matrimônio três vezes. Mas assim era John Wayne. Wayne era "um racista descarado", acrescentou Bean, "e Trump se posiciona orgulhosamente na mesma tradição". Ambos os homens representavam a masculinidade branca "em todo o seu orgulho e em toda a sua glória". Trump era o "substituto de John Wayne" que seus apoiadores andavam procurando.[18]

Bean não era o único a ver Trump segundo os moldes de John Wayne. A própria filha de Wayne concordava. Dias após sua aparição na Liberty, e poucos dias antes de Jeffress (extraoficialmente) e Falwell (oficialmente) apoiá-lo, Trump aceitou o apoio de Aissa Wayne. Em Winterset, Iowa — no John Wayne Museum, de pé diante de um cenário desértico falso e de uma estátua de cera de John Wayne segurando uma arma —, Trump entoou: "John Wayne representava força, representava poder, representava [aquele por] quem as pessoas procuram hoje, já que, neste exato momento, nós temos justamente o oposto de John Wayne neste país".[19]

Donald Trump discursa diante de Aissa, filha de John Wayne, durante uma conferência de imprensa no John Wayne Museum, em Winterset, Iowa, em 19 de fevereiro de 2016. *Mike Theiler. UPI. Alamy Stock Photo.*

OS EVANGÉLICOS que se opunham a Trump tentaram em vão redirecionar seus correligionários. Mesmo antes de Trump assegurar sua nomeação, Russell Moore comparou a atitude de Trump em relação às mulheres à de "um senhor da guerra na Era do Bronze". Moore não conseguia acreditar que companheiros evangélicos pudessem apoiar esse homem. Quando as pesquisas apontaram o contrário, Moore as denunciou como mentirosas. Logo depois de Trump vencer com folga as primárias da Carolina do Sul, superando Ted Cruz por seis pontos percentuais entre os evangélicos brancos e Marco Rubio por quase o dobro de pontos, Moore ofereceu uma explicação: muitos que afirmavam aos pesquisadores que eram evangélicos "podem estar bêbados agora e não pisam em uma igreja desde que alguém os convidou para a escola bíblica de férias, quando *Seinfeld* ainda estava nos episódios iniciais da primeira temporada". A palavra "evangélico" foi "cooptada por hereges e lunáticos", diluída por evangélicos nominais, e nada disso deve ser confundido com o verdadeiro evangelicalismo. Após a eleição, quando a poeira baixasse, chegaria o momento de se "tornar o termo 'evangélico' grande outra vez". Moore usou sua plataforma para denunciar o bode expiatório das minorias religiosas e dos tons racistas e anti-imigratórios da campanha de Trump: "O homem assentado no trono do céu é um 'estrangeiro' de pele escura e língua aramaica, que provavelmente não está tão impressionado com gritos de 'torne os Estados Unidos uma nação grande outra vez!'". Trump, confiante em sua base evangélica, retrucou no Twitter: "Russell Moore é realmente um péssimo representante dos evangélicos e de todo o bem que eles representam. Um homem desagradável e sem coração!".[20]

Denny Burk, presidente da CBMW, insistiu que "homens de princípios" deveriam fazer o possível para manter Trump longe da presidência: "Se, alguma vez, o país precisou que seus estadistas fossem homens de coragem, o momento é agora!". Michael Gerson, ex-redator de discursos de George W. Bush, implorou a seus companheiros evangélicos que não portassem a "marca de Trump". Gerson observou que, para dizer o mínimo, "era difícil aceitar que os evangélicos apoiassem uma figura política envolvida em conversas sexuais assustadoras no rádio, alguém que se orgulhava de casos extraconjugais, fazia fortuna com jogos de azar e se gabava de seus dotes físicos em rede nacional". Como os evangélicos podiam identificar-se com um homem que alimentava tensões raciais, endossava discriminação religiosa, defendia crimes de guerra e promovia incivilidade e intolerância, um homem "que mantém uma perspectiva altamente sexualizada do poder como dominação, em vez de enxergar o poder como um instrumento para promover fins morais"?[21]

Talvez Gerson não estivesse prestando atenção. Trump não era o primeiro homem que os evangélicos conservadores adotavam sem levar em conta qualquer critério cristão. Com as forças do mal alinhadas contra eles, os evangélicos procuravam um homem que travasse suas batalhas, um homem cuja testosterona talvez conduzisse a imprudências e excessos de vez em quando — mas isso fazia parte do acordo. Assim, nem todos os evangélicos ficaram tão intrigados quanto Gerson e Moore: "Os evangélicos veem o que está acontecendo", explicou um dos principais conselheiros de Huckabee, antes de Huckabee — ex-pastor batista — deixar a corrida presidencial: eles estavam à procura de alguém "forte e severo", alguém com um estilo de liderança agressivo.[22]

Em pouco tempo, os líderes evangélicos "reais" começaram a se alinhar. Menos de um mês antes da Convenção do Partido Republicano, Dobson, que inicialmente apoiara Cruz, testificou acerca da fé nascente de Trump. Obviamente, o candidato não falava como cristão: "Ele usou a palavra 'inferno' quatro ou cinco vezes" durante um encontro com líderes cristãos conservadores, reconheceu Dobson, e "ele não fala a nossa língua". E, sim, ele tivera um momento difícil na campanha, tropeçando em algumas perguntas, como, por exemplo, se já havia pedido perdão ("não") ou sobre seu versículo favorito da Bíblia ("não quero entrar em detalhes"). Mas Dobson podia afirmar com segurança que Trump recentemente chegara a "aceitar um relacionamento com Cristo". Trump era, nas palavras de Dobson, "um bebê cristão". Quando se tratava das deficiências óbvias de Trump, Dobson pedia aos evangélicos que "pegassem leve".[23]

Wayne Grudem, autor do manual sobre "política bíblica", se manifestara contra Trump no inverno de 2016, mas, em julho, redigiu um ensaio argumentando que votar no candidato não era o menor de dois males, mas, sim, "uma escolha moralmente boa". É verdade que Trump era egoísta, vingativo e bombástico; e, sim, ele fora casado três vezes e se comportara de maneira infiel. Mas nada disso deveria desqualificá-lo: Trump era "falho, mas um bom candidato". Não era racista, misógino, antissemita ou "anti-imigrante (legal)", mas "profundamente patriótico", um empresário de sucesso, alguém que havia educado "filhos impressionantes". Grudem, então, listou mais de uma dúzia de razões políticas para apoiar Trump.[24]

A essa altura, Trump tinha anunciado a escolha do governador de Indiana, Mike Pence, como seu companheiro de chapa. Pence, um evangélico conservador irredutível, explicou o porquê de sua aceitação "imediata" em se juntar à chapa: Trump incorporava o "poderio americano" e também "demonstraria a força necessária no cenário global". Talvez o próprio Pence não tivesse certa robustez, mas ele estava pronto para entrar na Casa Branca na cola de Trump. A caracterização de Trump como um homem de "ombros largos" se tornou a imagem favorita empregada por Pence durante a campanha, e ele também remetia a semelhanças entre Trump e Teddy Roosevelt — dois homens que "haviam ousado enaltecer os Estados Unidos". Outros evangélicos expressavam a mesma admiração de Pence.[25]

Um exemplo em particular é a mudança de posição demonstrada por Eric Metaxas. No início, quando a candidatura de Trump ainda parecia uma piada, Metaxas postou uma série de *tweets* satíricos, zombando da formulação débil da fé de Trump. Somente depois que o candidato republicano garantiu a indicação é que Metaxas manifestou seu apoio de forma direta: "Com todas as suas deficiências, pecadilhos e cicatrizes metafóricas, Trump é, contudo, a melhor esperança para impedirmos que os Estados Unidos caiam no esquecimento, no abismo, na lata de lixo da história, por assim dizer". A partir de então, Metaxas seguiu em frente em sua decisão. Se Hillary Clinton fosse eleita, Metaxas apostava que o país teria menos de dois anos até deixar de existir: "Não apenas podemos votar em Trump; nós devemos votar em Trump". O apoio de Metaxas chocou muitos conservadores que o conheciam. Como o biógrafo de Bonhoeffer era capaz de apoiar um homem como Trump? Afinal, em seu próprio livro, Metaxas descrevera a ascensão de Hitler ao poder com palavras que soavam estranhamente familiares: "O povo alemão clamava por ordem e liderança, mas é como se, no ruído de seu clamor, eles tivessem convocado o próprio diabo, pois lá, da profunda ferida de sua psiquê nacional, surgira algo estranho, terrível e irresistível". Metaxas concordou que sua biografia de Bonhoeffer evocava "alguns paralelos desagradáveis com a atual eleição", mas não da forma que alguns esperavam. Para o autor, não havia conexão entre Trump e Hitler; sua referência era contra a candidata democrata, a quem se referia como "Hitlery Clinton". Metaxas também sugeriu que seus críticos apresentavam notável semelhança com os nazistas. Não eram Trump e seus seguidores os responsáveis por racismo e xenofobia; eram as "elites do mundo político e social de Washington e Manhattan" que praticavam um "novo e aceitável tipo de tribalismo xenofóbico" contra "variedades 'cristãs' europeias brancas". Metaxas ridicularizou seus críticos como "vis", "obscenos" e "impotentes". O cidadão de Manhattan educado em Yale se posicionou "do lado das pessoas comuns contra as 'elites'". Na época da Convenção Nacional Republicana, Metaxas reiterou seu apoio a Trump. Ele podia não ser um "grande homem de virtudes", mas amava os Estados Unidos. Sua ética sexual, sua falta de humildade e seu narcisismo não eram, aparentemente, a questão: "Quando sua mente está focada na guerra, você pergunta: 'Quem vai se levantar e fazer o que precisa ser feito?'". No entanto, ignorando, por um instante, as queixas de Metaxas, o ponto realmente parecia ser a ética sexual de Trump, sua falta de humildade e seu narcisismo. O que Metaxas admirava em Trump parecia ser exatamente o fato de ele não ser um grande homem de virtudes, segundo se definia tradicionalmente. Mas ele era a personificação perfeita de um conjunto diferente de "virtudes" masculinas, virtudes que os homens evangélicos vinham divulgando havia quase meio século.[26]

A essa altura, Metaxas estava em boa companhia; na época da Convenção, 78% dos evangélicos brancos apoiavam Trump.[27]

COM A PROXIMIDADE das eleições, o voto evangélico a Trump parecia seguro. Na verdade, quanto mais inconvencional, bombástico e ofensivo ele se tornava, mais os evangélicos pareciam ficar ao seu lado.

Em setembro, Trump tirou uma folga momentânea da campanha para participar do funeral de Phyllis Schlafly. Embora os tempos tivessem mudado, a matriarca da direita religiosa, mesmo na velhice, ainda era a mesma. Durante a administração Obama, ela continuou a denunciar "a estupidez das feministas" por descartarem "todos os homens viris". A maioria das mulheres gostava de homens "grandes, fortes, ao estilo John Wayne", o tipo de homem que "apagava incêndios, lutava em combate, protegia suas esposas e seus filhos contra os intrusos e salvava as donzelas em perigo". Por tempo demais, as feministas tinham feito os homens "sentirem medo de se mostrar viris", mas era tempo de as mulheres dizerem: "Nós amamos os homens viris!". Schlafly saberia reconhecer um homem assim quando o visse. Ela havia sido uma das primeiras defensoras de Trump durante as primárias, manifestando seu apoio ao candidato em Cleveland, na Convenção Republicana, conectando Trump, nas palavras de seus biógrafos evangélicos, a "cinquenta anos de política anti-*establishment*, política de base, política cristã e política republicana". Trump elogiou Schlafly como "uma verdadeira patriota americana", uma heroína da direita cristã. No dia seguinte à morte de Schlafly, seu último livro foi lançado: *The Conservative Case for Trump*.[28]

De um modo impressionante, Trump se tornara o defensor da direita cristã. Entretanto, quatro semanas antes da eleição, a divulgação da fita do *Access Hollywood* pôs tudo em xeque. O vídeo, gravado no estacionamento da NBC Studios, em 2005, continha imagens de Trump se gabando de suas tentativas de seduzir uma mulher casada, de beijar mulheres sem seu consentimento e de agredi-las — porque, "quando você é uma estrela, elas deixam você fazer qualquer coisa [...] até mesmo agarrá-las pela vagina". Não se tratava do primeiro indício das improbidades sexuais de Trump, mas a fita do *Access Hollywood* tornou impossível ignorar as indiscrições sexuais desse candidato. É certo que essa admissão de agressão sexual representava um problema para seus apoiadores evangélicos — pelo menos segundo pressupunham os *outsiders*.[29]

Logo após o vazamento da fita, alguns evangélicos hesitaram em seu apoio. Grudem rescindiu seu apoio anterior, lamentando não haver condenado com mais veemência o caráter moral de Trump e lembrando aos cristãos que Deus pretendia que os homens "honrassem e respeitassem as mulheres, e não que abusassem delas como objetos sexuais". No entanto, Grudem sentiu-se claramente torturado por essa tomada de decisão. Sem saber o que fazer, decidiu orar a respeito. Dez dias depois, pediu que seu endosso original fosse republicado.[30]

Outros líderes evangélicos se mostraram mais firmes, encontrando meios de atenuar ou descartar qualquer problema desde o início. Ralph Reed, chefe do conselho religioso de Trump, admitiu que, como pai de duas filhas, ficou "decepcionado com aqueles comentários 'inapropriados'", mas que Clinton ainda seria pior. Supôs que "uma fita de dez anos atrás, em uma conversa privada e com um apresentador de televisão", ranqueava "baixo" na hierarquia de preocupações dos eleitores de fé. Franklin Graham reconheceu que os "comentários grosseiros" de Trump "de mais de 11 anos atrás" eram indefensáveis, mas que, da mesma forma, não se podia defender "a ímpia agenda progressista" de Clinton e Obama. Eric Metaxas postou sua resposta inicial no Twitter: "URGENTE: Trump foi flagrado usando linguagem obscena, penteando o cabelo de forma estranha". Mais tarde, ele apagou o *post*, concordando que os comentários feitos por Trump eram uma "coisa feia" — porém não retirou seu apoio. David Brody, da CBS, ofereceu outra linha de defesa: "Confirmado: Trump é um homem falho! TODOS nós pecamos diariamente. E se tivéssemos um 'microfone escondido' ao nosso redor, o tempo todo?". Robert Jeffress reconheceu que os comentários de Trump eram "lascivos, ofensivos e indefensáveis", mas não o suficiente para fazê-lo votar em Clinton. Naturalmente, talvez ele não escolhesse Trump como professor de escola dominical, mas essa não era a questão.[31]

Alguns evangélicos se desesperaram com o apoio a Trump em meio às suas próprias fileiras. O amor dos evangélicos por Trump era "uma desgraça", sustentou Russell Moore, "um escândalo para o evangelho de Jesus Cristo e para a integridade de nosso testemunho". John Piper também se separou de muitos de seus irmãos conservadores ao se recusar a apoiar Trump. Nos dias que antecederam a eleição, Piper denunciou a "flagrante impiedade dos candidatos de ambos os partidos" e se recusou a votar em qualquer um deles. Ed Stetzer fez uma última tentativa de dissuadir seus colegas evangélicos de "vender a alma" ao votarem em Trump. Escrevendo na *Christianity Today*, o diretor executivo do Billy Graham Center, da Wheaton College, advertiu os leitores evangélicos: "Se você acha que negligenciou ou descartou boa parte da moral e dos valores que prezava no passado, então pode ser que seu caráter tenha sido *Trumped* [derrotado]".[32]

Algumas mulheres evangélicas também se mostraram críticas em relação a Trump. No dia seguinte à divulgação da fita, Beth Moore, querida autora de estudos bíblicos populares para mulheres, expressou seu horror aos líderes cristãos cujo pensamento parecia ser que a objetificação e o abuso da mulher eram algo sem importância. Jen Hatmaker, autora de *best-sellers*, blogueira, pastora e "avatar da nova mulher cristã", repreendeu os homens evangélicos que defendiam Trump: "Não nos esqueceremos. Nem nos esqueceremos dos líderes cristãos que traíram suas irmãs em Cristo em troca de poder". Julie Roys, apresentadora de um *talk show* cristão, concordou: "Honestamente, não sei o que me deixa mais enojado: ouvir Trump se gabar de apalpar mulheres ou ouvir meus colegas evangélicos defendê-lo".[33]

Todavia, em 8 de novembro, ficou claro em quem a maioria dos evangélicos tinha votado. Pesquisas de boca de urna revelaram que 81% dos eleitores evangélicos brancos haviam confiado a presidência a Trump. Mais uma vez, relatos da morte da direita religiosa haviam sido exagerados. A Moral Majority se reafirmara, elegendo o candidato menos moral da história recente para o cargo mais alto do país.[34]

NOS DIAS e nas semanas que se seguiram, jornalistas, especialistas e evangélicos lutaram para aceitar o papel que os cristãos evangélicos haviam desempenhado na eleição de Donald Trump. Inúmeras teorias foram apresentadas.

Mais uma vez, as elites evangélicas levantaram a hipótese de "falsos evangélicos" — de "cristãos culturais" disfarçados de verdadeiros evangélicos. Segundo insistiam, nenhum evangélico verdadeiro, fiel à Bíblia e imbuído de valores familiares poderia votar em um homem como Trump. Os pesquisadores estavam usando categorias falhas. Pessoas que nada sabiam dos pontos mais intrincados da doutrina cristã estavam sendo lançadas nos grupos dos verdadeiros evangélicos, corrompendo a categoria. No início das primárias, evangélicos do #NeverTrump se haviam consolado com o fato de que frequentadores de igrejas seriam menos propensos a apoiar Trump, consolo que se mostrou efêmero. Uma pesquisa realizada em junho de 2016 revelou que eleitores republicanos frequentadores de igrejas eram tão propensos a apoiar Trump quanto aqueles que compareciam aos cultos cristãos com menor frequência; de fato, "quase nove em dez eleitores registrados no Partido Republicano que frequentavam cultos religiosos semanalmente" apoiavam Trump na época da eleição. Ainda assim, a narrativa de "verdadeiros evangélicos" resistindo a Trump perdurou nos lábios do *establishment*. Alguns críticos de fora reagiram, acusando os defensores do "evangelicalismo respeitável" de "manipulação evangélica" — de alterarem definições com o propósito de evitar perguntas difíceis sobre a natureza de seu próprio movimento, mesmo quando esse movimento, "que eles haviam ajudado a criar, incendeie o país". Pesquisas seguintes ofereceram pouco apoio às alegações de que os "verdadeiros evangélicos" não eram apoiadores autênticos; cem dias após a eleição de Trump, 80% dos evangélicos brancos frequentadores de igrejas ainda aprovavam Trump (um número ligeiramente superior aos evangélicos que iam à igreja de vez em quando).[35]

No rescaldo da eleição de Trump, muitos especialistas apontaram motivações econômicas por trás do apoio ao candidato republicano, e alguns aplicaram esse raciocínio também à sua base evangélica branca. Contudo, algumas pesquisas realizadas antes e depois das eleições refutaram essa teoria: os temores sobre o deslocamento cultural superavam, de forma significativa, os fatores econômicos quando o assunto era apoio a Trump. Na verdade, entre os estadunidenses brancos da classe trabalhadora, as dificuldades econômicas levariam ao apoio a Hillary Clinton, e não a Trump. Entre os evangélicos brancos, as ansiedades econômicas também não foram registradas como a principal razão para apoiar Trump. Embora os evangélicos celebrassem os valores rurais e da classe trabalhadora, muitos pertenciam à classe média e moravam nos subúrbios. Mais que a ansiedade econômica, a ameaça de perda de status — em especial, status racial — foi o que influenciou o voto evangélico branco e dos eleitores brancos em geral. O apoio a Trump foi mais intenso entre aqueles que perceberam seu status como mais ameaçado, pessoas que sentiram que os brancos estavam sendo mais discriminados que os negros; os cristãos mais discriminados que os mulçumanos; e os homens mais discriminados que as mulheres. Em suma, o apoio a Trump foi maior entre os homens cristãos brancos. A eleição não foi decidida pelos economicamente "deixados para trás", conforme descobririam os cientistas políticos: foi decidida por grupos dominantes impermeáveis a argumentos econômicos ou propostas políticas. Pesquisas que descartavam o papel da dificuldade econômica nas previsões de apoio a Trump reforçam sondagens anteriores sobre o comportamento político dos evangélicos brancos. Para os evangélicos, o alinhamento cultural ditava as respostas às circunstâncias econômicas, e não o contrário.[36]

Muitos evangélicos reivindicaram haver "torcido o nariz" ao votarem em Trump como o menor de dois males. É verdade que preocupações quanto ao caráter moral de Clinton, à corrupção em seu governo e às suas deficiências na área de segurança nacional atingiram um nível febril entre os evangélicos conservadores, embora valha a pena notar que questões semelhantes — ou significativamente mais sérias — sobre caráter, corrupção e falhas no plano de segurança de Trump eram muito mais significativas. Ainda assim, a questão da Suprema Corte tinha de ser levada em consideração. Algumas "falhas de caráter" podiam ser ignoradas no interesse da defesa, da liberdade religiosa e da proteção da vida dos nascituros. Trump realmente defenderia essas causas em prol dos evangélicos. Contudo, nas semanas e nos meses após a eleição, depois de o fantasma de Hillary haver sido derrotado e após garantidas as nomeações para a Suprema Corte, poucos evangélicos pareciam dispostos a criticar assuntos que, de outra forma, considerariam repulsivos ou, no mínimo, preocupantes. O apoio evangélico branco se manteve firme para o homem que havia redefinido o significado de "presidencial". No rescaldo da eleição, foram os evangélicos do #NeverTrump que acabaram na defensiva. Russell Moore percebeu que seu emprego estava em risco quando mais de cem igrejas da Convenção Batista do Sul ameaçaram reter suas doações, a não ser que Moore renunciasse. (Quando Trump convidou líderes evangélicos para uma cerimônia no Rose Garden, com o propósito de celebrar seu decreto sobre liberdade religiosa, Moore não estava presente — uma questão de grande preocupação para os membros de sua denominação em busca de acesso a poder e influência.) Moore se manteve no cargo, mas somente depois de realizar um extenso "tour de desculpas" para se redimir das coisas pouco lisonjeiras que dissera sobre Trump e seus apoiadores evangélicos.[37]

Para alguns, a questão do apoio evangélico a Trump tinha uma explicação mais simples: hipocrisia. De fato, nas semanas entre o lançamento da fita do *Access Hollywood* e da eleição, cientistas sociais do PRRI (Public Religious Research Institute) identificaram um curioso "efeito Trump". Cinco anos antes, apenas 30% dos evangélicos brancos acreditavam que "uma pessoa que comete um ato 'imoral' seria capaz de se comportar de forma ética em um cargo público". No mês anterior à eleição, 72% acreditavam que isso seria possível. De acordo com Robert P. Jones, do PRRI: "Esse abandono dramático de toda a ideia de 'eleitores que votam com base em valores' é uma das mais impressionantes reviravoltas na história recente da política estadunidense".[38]

Para muitos evangélicos, porém, Donald Trump não representava a traição de boa parte dos valores que eles amavam. Sua masculinidade alimentada por testosterona se alinhava, de forma notável, com aquela outra longamente defendida pelos evangélicos conservadores. O que faz um líder forte? Um homem viril (branco). E quanto à sua vulgaridade? Rispidez? Comportamento bombástico? Agressividade sexual? Bem... meninos agem como meninos. A testosterona dada por Deus vem com alguns efeitos colaterais, mas uma masculinidade agressiva e até mesmo imprudente era exatamente aquilo de que um líder precisava ao lidar com o inimigo. Se você quer um homem mais domesticado, castre-o. Entre aqueles que adotaram esse tipo de masculinidade militante, tais traços de caráter atestavam, paradoxalmente, a aptidão de Trump para o cargo. Alguns evangélicos brancos acabaram "torcendo o nariz" para votar em Trump, mas, para muitos, ele representava exatamente aquilo que estavam procurando — ou pelo menos chegava perto o suficiente. Para outros, as afinidades eram aparentes no linguajar que usavam para explicar ou desculpar seu apoio a Trump. Ele era forte e não se curvava diante do politicamente correto; Trump era seu "campeão do UFC".[39]

Pouco mais de um ano após a posse de Trump, dois de seus apoiadores evangélicos publicaram *The Faith of Donald J. Trump: A Spiritual Biography*. Dada a escassez de evidências disponíveis sobre o assunto, David Brody (jornalista da CBN) e Scott Lamb (vice-presidente da Liberty University) fizeram um esforço criativo para retratar um presidente que agradasse aos evangélicos e aplacasse quaisquer dúvidas que alguns ainda pudessem ter. Embora admitissem que informações sobre sua linhagem poderiam ser um pouco artificiais, de acordo com a "história da família", os ancestrais de Trump incluíam "um soldado incrível que lutou contra os ingleses na Batalha de Bannockburn (representada como a cena final de *Coração Valente*, de Mel Gibson). Também havia "boas chances" de Trump ter "sangue *viking* correndo nas veias". Sua ascendência escocesa também o ligava à "terra de John Knox", um homem de Deus que "havia confrontado os poderosos", um homem (como outros escoceses) conhecido por sua "forma direta de falar", um homem celebrado por pessoas como Doug Wilson e Doug Phillips.[40]

Após estabelecer a virilidade escocesa *e viking* de Trump, Brody e Lamb voltaram a atenção para sua infância. Nesse aspecto, o principal interesse era se o jovem Donald tinha sido ou não um "bebê Spock". Seus pais haviam sido influenciados pela rejeição de Benjamin Spock quanto a "regras, regulamentos, horários e palmadas?". Embora carentes de evidências diretas, Brody e Lamb não careciam de certezas: "Em uma palavra: não! É claro que uma cópia do livro pode, de alguma forma, ter se infiltrado na casa dos Trump, porém 'métodos modernos de criação' não constituem o estilo de criação descrito por Fred e Mary Anne. Eles eram pais da velha guarda", pais que ousavam disciplinar.[41]

Os autores deixaram de mencionar o fato de Trump se haver esquivado do recrutamento militar, mas ressaltaram, de modo efusivo, sua participação na Academia Militar de Nova York quando era estudante do ensino médio, onde permaneceu sob a autoridade de um veterano da Segunda Guerra Mundial, "um George Patton comum", cujo estilo lembrava a cena de abertura do filme *Nascido para Matar*. Trump adorava os generais Patton e MacArthur — os autores faziam questão de ressaltar esse fato.[42]

Brody e Lamb também enfatizavam o enraizamento de Trump nos valores tradicionais estadunidenses. Os autores citaram extensamente Michele Bachmann para falar das "sensibilidades da década de 1950", década em que Trump "acreditava em uma nação forte, por haver crescido orgulhoso dos Estados Unidos — 'os Estados Unidos de John Wayne'". Infelizmente, as crianças de hoje estavam aprendendo que os Estados Unidos eram "um país malvado que, de alguma forma, prejudicava o resto do mundo"; no entanto, essa era "uma das maiores mentiras" que os jovens andavam ouvindo. Os Estados Unidos eram "uma força voltada para o bem". Brody e Lamb concordavam:

Trump acredita na "força", em uma "nação forte", nos Estados Unidos que correspondem ao conceito de masculinidade tradicional. Nos "Estados Unidos de John Wayne", o homem ideal toma assento, de forma imponente, na sela; não choraminga nem reclama; luta e morre por aquilo que é importante; exige coragem diante do perigo; trabalha arduamente — talvez até mesmo de forma desequilibrada; sustenta sua família; constrói coisas (instituições, prédios, negócios) nas quais outros habitam; faz do mundo um lugar melhor; pode falar de forma machista — mas nunca de modo efeminado; comunica esperança, mesmo quando essa esperança desafia a lógica.

Trump acreditava "em mundo em preto e branco, de certo e errado, bem e mal". Para o presidente republicano, era como nos filmes, nos quais você distingue os mocinhos dos bandidos; e todos sabem que os Estados Unidos estão do lado dos justos. Em outras palavras, Trump era um homem de verdade, um homem cuja masculinidade robusta fora forjada nos Estados Unidos da década de 1950, uma época em que tudo ia bem com o mundo.[43]

Em 2016, quase três quartos dos evangélicos brancos acreditavam que os Estados Unidos haviam mudado para pior desde a década de 1950, uma perspectiva mais pessimista do que qualquer outro grupo poderia ter. Assim, eles estavam à procura de um homem capaz de consertar a situação, um homem que restaurasse os Estados Unidos ao seu passado cristão mítico. Como Bachmann, acreditavam que os Estados Unidos haviam sido abençoados por Deus, e que Trump sabia disso; ele não se envergonhava de uma nação cristã americana. Trump não era apenas um nacionalista; ele era um nacionalista cristão e não tinha medo de se mostrar assertivo.[44]

Os evangélicos não traíram seus valores. Donald Trump era o ápice de sua busca de meio século por uma masculinidade cristã militante. Trump era a reencarnação de John Wayne, sentado na sela de forma imponente, um homem que não tinha medo de recorrer à violência para trazer a ordem e proteger aqueles que eram considerados dignos de proteção, um homem que não permitiria que o politicamente correto atrapalhasse o que tinha de ser dito ou que as normas de uma sociedade democrática o impedissem de fazer o que tinha de ser feito. Despojado das virtudes cristãs tradicionais, Trump era um guerreiro na tradição (embora não na forma física real) de William Wallace, de Mel Gibson. Trump era um herói para os cristãos que valorizavam Deus e o país, um herói da linhagem de Barry Goldwater, Ronald Reagan e Oliver North, um herói típico do seriado americano *Duck Dynasty* e dos cristãos estadunidenses. Trump era o mais recente e o maior sumo sacerdote do culto evangélico da masculinidade.

CAPÍTULO · 16

EVANGÉLICOS CARTA BRANCA: UMA HISTÓRIA

TRÊS MESES após a eleição de Donald Trump, três quartos dos evangélicos brancos aprovavam seu desempenho no cargo, quase o dobro do índice de aprovação entre o público em geral. O apoio evangélico de Trump era mais forte entre os frequentadores regulares de igrejas. A maioria dos evangélicos parecia estar muito menos dividida a respeito de seu presidente grosseiro, egoísta e moralmente dúbio do que muitos imaginavam. Mas isso não deveria ser uma surpresa.[1]

Desde as décadas de 1960 e 1970, os evangélicos sempre defenderam a disciplina e a autoridade. Obedecer a Deus era obedecer às autoridades patriarcais dentro de uma rígida cadeia de comando, e Deus havia equipado os homens para exercer essa autoridade no lar e na sociedade em geral. A testosterona tornava os homens perigosos, mas também os transformava em heróis. Dentro de suas próprias igrejas e organizações, os evangélicos já haviam elevado e reverenciado homens que exibiam os mesmos traços de liderança robusta e até mesmo implacável que agora o presidente Trump desfilava no cenário nacional. Muitas vezes, também haviam fechado os olhos para os abusos de poder em prol de sustentar a autoridade patriarcal. Na década de 2010, vários casos envolvendo líderes de destaque haviam revelado o lado mais sombrio da "liderança" masculina agressiva e movida a testosterona, o tipo de liderança que os evangélicos haviam adotado em suas próprias casas, igrejas e comunidades.

TALVEZ MARK Driscoll tenha sido a personificação mais clara da masculinidade evangélica militante no início dos anos 2000. Governando seu império Mars Hill com uma disciplina militar, Driscoll inspirou uma geração de pastores conservadores e jovens cristãos. Em 2013, porém, seu império começou a desmoronar. O primeiro sinal de problema veio com acusações de plágio. Então, surgiu a revelação da revista *World* de que sua igreja gastara 210 mil dólares na compra de seu livro *Real Marriage*, garantindo-lhe lugar na lista de *best-sellers* do *New York Times*. Só então, quando Driscoll não parecia mais invencível, vinte e um ex-pastores de Mars Hill tiveram a coragem de acusá-lo de um estilo de liderança abusivo, de falta de autocontrole e disciplina, de ser arrogante, dominador, irascível e verbalmente violento. Com o aumento do número de acusações, a rede Acts 29 anunciou, em agosto de 2014, o afastamento de Driscoll e da igreja Mars Hill da organização. Mais tarde naquele mês, Driscoll renunciou ao seu pastorado.[2]

A resposta de outros homens evangélicos à queda da graça de Driscoll foi reveladora. No dia seguinte à renúncia do pastor da Mars Hill, Doug Wilson defendeu seu amigo e colega: "Eu gostava de Mark Driscoll antes e continuo gostando dele". Wilson achava que sabia o que estava por trás da "pilhagem de cães contra Driscoll": o pastor era culpado do pecado de ser um macho alfa. Driscoll era "um cara durão", e sua "masculinidade exterior provocava ressentimento em outras pessoas". Em essência, a queda de Driscoll podia ser vista como "a vingança dos machos beta". John Piper também saiu em defesa de Driscoll. Embora confessasse ter certas reservas em relação à "atitude de liderança", à "linguagem desagradável" e a alguns "erros exegéticos" de Driscoll, Piper não se arrependia de sua amizade com o pastor da Mars Hill, nem de falar em seus eventos ou de recebê-lo como preletor nas conferências de sua igreja. Em vez disso, Piper passou a repreender os detratores de Driscoll, lembrando aos seguidores que todos precisavam de renovação e restauração, não apenas Driscoll. O que acontecera em Seattle fora uma tragédia: "Foi uma derrota para o evangelho, uma derrota para Mark, uma derrota para o evangelicalismo, uma derrota para a teologia reformada, para o complementarismo. Foi uma colossal vitória satânica". No entanto, Piper lembrava aos seguidores que Deus ainda usava as pessoas para "falar a verdade do evangelho", apesar de suas falhas. O cofundador e vice-presidente da Gospel Coalition, Tim Keller, pareceu concordar com isso. Admitiu que "a impetuosidade, a arrogância e a grosseria nos relacionamentos pessoais" eram óbvias desde os primeiros dias de Driscoll, mas ainda encontrava espaço para lhe dar créditos por sua "enorme edificação do movimento evangélico".[3]

Driscoll não foi o único macho alfa nos círculos evangélicos a ter problemas na década de 2010. Em 2011, C. J. Mahaney, presidente da Sovereign Grace

Ministries (SGM), uma associação de oitenta igrejas evangélicas reformadas e predominantemente brancas, membro do conselho da Gospel Coalition, da CBMW e cofundador da Together for the Gospel, recebeu seis meses de licença depois que outros pastores da SGM o acusaram de "expressões de orgulho, falta de arrependimento, engano, juízo pecaminoso e hipocrisia". Seus supostos pecados incluíam intimidação e tentativa de chantagear o cofundador de seu ministério para impedi-lo de expressar divergências doutrinárias. Após esse breve hiato, Mahaney foi recebido de volta e reintegrado.[4]

Em 2016, o bom amigo de Driscoll, Darrin Patrick, autor de *The Dude's Guide to Manhood*, membro da Gospel Coalition e vice-presidente da rede Acts 29, foi demitido de sua megaigreja em St. Louis por seu estilo de liderança dominador e manipulador. Em 2018, John MacArthur, pastor evangélico de uma megaigreja e defensor do complementarismo, teve problemas quando as organizações responsáveis por credenciamento suspenderam a licença de sua universidade por operar sob um "clima generalizado de medo, intimidação, *bullying* e incertezas". Os credenciadores também apontaram o descumprimento de sua instituição em relação aos requisitos da lei de violência contra a mulher. Em 2019, o pastor da megaigreja da Convenção Batista do Sul, James MacDonald, autor de *Act Like Men*, tirou uma "licença sabática indefinida" após uma investigação da revista *World* haver descoberto padrões de *bullying*, explosões de raiva, discurso abusivo, intimidação e má gestão financeira. Em seguida, foram lançados clipes de áudio em que MacDonald atacava a *Christianity Today* por sua cobertura da evolução do escândalo. Sua escolha de palavras é reveladora: "A CT é anglicana, falsa, elitista, adoradora de aplausos, antiquada, amante de pautas sensacionalistas, moribunda, pseudoprogressista, bajuladora de mulheres, amante de igrejas emergentes, amistosa com todos os gays e com o cristianismo defensor da Palestina e não de Israel. Acaso surpreende que ela tenha me atacado?".[5]

DRISCOLL, MAHANEY, Patrick, MacArthur e MacDonald ganharam proeminência por meio de sua promoção agressiva do poder patriarcal. Para os que se importaram em observar, estava claro que Trump não fora o primeiro líder dominador a conquistar os evangélicos. No entanto, o que mais intrigava os observadores quanto à devoção evangélica ao presidente não era sua ânsia de aceitar um líder impetuoso, agressivo e até mesmo autoritário. Antes, era a aparente disposição dos eleitores defensores dos "valores familiares" de apoiar um homem que parecia zombar desses valores, a disposição da autoproclamada "maioria moral" de apoiar um candidato tão flagrantemente imoral. A divulgação da fita *Access Hollywood*, semanas antes da eleição, pouco fez para abalar a lealdade dos evangélicos; o mesmo ocorrera com as alegações de pelo menos dezesseis mulheres que haviam acusado Trump de má conduta sexual, incluindo assédio e agressão. Nos meses posteriores à posse de Trump, o enigma do apoio evangélico a homens moralmente dúbios se manteve.[6]

Um primeiro exemplo é Roy Moore. Em 2017, Moore concorreu a uma eleição especial para o Senado, com vistas a preencher a vaga de Jeff Sessions, então nomeado procurador-geral. No início dos anos 2000, Moore ganhara status de herói entre os cristãos conservadores por ignorar uma ordem judicial para remover o monumento dos Dez Mandamentos que ele instalara na Suprema Corte do Alabama. Em 2011, contribuiu em um dos livros de Doug Phillips e apareceu em um vídeo do *Vision Forum* — e, no período que antecedeu essa eleição especial, o velho amigo de Moore, James Dobson, o apoiou como "um homem de caráter e integridade comprovados", um "defensor da família", alguém que "governaria a nação com sabedoria bíblica". Mas, então, surgiram boatos detalhando a longa história de má conduta sexual de Moore; em um dos casos, Moore supostamente buscara ter um relacionamento com uma garota de 14 anos. No Alabama, no entanto, o apoio evangélico ao guerreiro da cultura permaneceu intacto. Alguns colocaram em dúvida as histórias das mulheres, enquanto outros não viam problema algum em um homem de 32 anos cortejar uma garota de 14 anos. Afinal, a mãe de Jesus, Maria, não era uma adolescente quando se casou com José? Isso foi demais para Russell Moore (que, a propósito, não é parente de Roy e não deve ser confundido com ele): "Cristão, se você não pode dizer de forma definitiva que adultos assediando adolescentes estão errados, não é preciso me dizer como você se posiciona em relação ao relativismo moral". No entanto, mais uma vez, Russell Moore se viu em minoria: uma pesquisa sugeriu que 37% dos evangélicos do Alabama estavam *ainda mais* propensos a votar em Moore após essas acusações. No final, Moore perdeu a candidatura, o primeiro republicano a perder uma corrida ao Senado do Alabama desde 1992, mas os evangélicos brancos votaram nele com uma taxa notavelmente resiliente de 80%.[7]

Tão logo Roy Moore saiu de cena, a atenção nacional se voltou para Stormy Daniels, uma estrela pornô que recebera 130 mil dólares em segredo nas semanas anteriores às eleições de 2016 para não tornar público seu caso com Trump, ocorrido em 2006. A essa altura, não havia nada chocante nas alegações de conduta sexual de Trump, e a resposta dos apoiadores evangélicos de Trump também foi previsível. Tony Perkins, presidente do Family Research Council, explicou que os evangélicos "lhe haviam dado carta branca" — "eles o deixam fazer tudo". Por quê? Os evangélicos estavam "cansados de ser chutados por Barack Obama e pelos esquerdistas", resmungou Perkins, de modo que finalmente "estavam felizes por encontrar alguém no *playground* disposto a socar o valentão".[8]

Meses depois, no verão de 2018, a nomeação de Brett Kavanaugh para a Suprema Corte voltou a chamar a atenção do país para acusações de abuso sexual. Quando Christine Blasey Ford acusou Kavanaugh de conduta sexual inapropriada ainda nos tempos de escola, os evangélicos brancos encontraram toda a sorte de pretextos para desacreditar o testemunho de Ford. (Por volta dessa época, pareceu existir um súbito aumento nos sermões sobre a esposa de Potifar, mulher bíblica que acusou falsamente o justo José depois de ele resistir a seus avanços sexuais.) Além disso, quase metade de todos os evangélicos brancos achava que Kavanaugh deveria ser confirmado, *mesmo* que as alegações se mostrassem verossímeis. Mais uma vez, os observadores se perguntavam: como os evangélicos — que, por meio século, fizeram campanha pelos "valores morais", pedindo aos homens para "proteger" mulheres e meninas — encontram tantas maneiras de contestar, negar e descartar casos de infidelidade, assédio sexual e abuso? Seria simplesmente o caso de conveniência política, ou de autêntico tribalismo, eclipsando os "valores familiares"?[9]

A história, no entanto, deixa claro que a tendência dos evangélicos de descartar ou negar casos de conduta inadequada e abuso sexual também não era novidade. Reminiscente da década de 1980, a década de 2000 assistiu a uma série de escândalos sexuais derrubarem líderes evangélicos. Em muitos casos, o abuso (ou a má conduta) se estendera por anos a fio, até mesmo décadas. Boa parte dos homens envolvidos no abuso, ou no encobrimento de casos de abuso, eram os mesmos que pregavam a masculinidade militante, a autoridade patriarcal e a pureza e a submissão femininas. A frequência desses casos e a tendência dos evangélicos de atenuar ou descartar situações de abuso em suas próprias comunidades nos sugerem que sua resposta às alegações de abuso na era Trump não pode ser explicada apenas por conveniência política. Em vez disso, essas tendências parecem ser endêmicas ao próprio movimento.

Aqueles que lamentam a aparente traição dos "valores familiares" dos evangélicos não reconhecem que tais valores sempre envolveram suposições sobre sexo e poder. O culto evangélico da masculinidade associa o poder patriarcal à agressão masculina e ao desejo sexual; seu contraponto é a feminilidade submissa. O desejo sexual de um homem, como sua testosterona, é dado por Deus. Ele é o iniciador, o "perfurador". Sua capacidade essencial de liderança fora de casa é reforçada por sua liderança em casa e no quarto. De acordo com esse arranjo, a responsabilidade das mulheres casadas é clara, mas as implicações para as mulheres vão além do relacionamento conjugal. Mulheres que se encontram fora dos laços matrimoniais devem evitar tentar os homens por falta de inibição ou por lhes demonstrarem disponibilidade, ainda que de forma sugestiva. Nesse quadro, os homens atribuem a si mesmos o papel de protetores, mas a proteção das mulheres e meninas depende de sua suposta pureza e da devida submissão à autoridade masculina. Isso coloca as vítimas do sexo feminino em situações insustentáveis. Presas em ambientes autoritários, nos quais a obediência ao homem é um trunfo, as mulheres e as meninas se encontram em situações propícias ao abuso de poder. Entretanto, as vítimas são, com frequência, consideradas responsáveis pelos atos perpetrados contra elas; em muitos casos, as vítimas do sexo feminino, até mesmo as meninas, são acusadas de "seduzir" seus agressores ou de incitá-los ao abuso por não exibirem a devida feminilidade. Enquanto homens (e mulheres) investidos na defesa da autoridade patriarcal saem em defesa dos perpetradores, as vítimas são pressionadas a perdoar seus agressores e evitar a aplicação da lei. Imersos em ensinamentos distorcidos sobre sexo e poder, muitas vezes os evangélicos são incapazes ou permanecem relutantes em apontar abuso, acreditar nas mulheres, responsabilizar os perpetradores e proteger e capacitar as vítimas.[10]

UM DOS PRIMEIROS escândalos sexuais a abalar o evangelicalismo do século 21 atingiu o coração do poder evangélico. Em 2006, o "garoto de programa" Mike Jones veio a público com a notícia de que o pastor da megaigreja de Colorado Springs, Ted Haggard, havia três anos lhe pagava para fazer sexo — período aproximado em que Haggard servira como líder da National Association of Evangelicals. Haggard, pastor da New Life Church, a igreja enfeitada com anjos musculosos, estava, na época, fazendo lobby pela Emenda 43 do Colorado, uma lei que proibia casamento entre pessoas do mesmo sexo. Foi a hipocrisia de Haggard que levou Jones a ir a público.[11]

Outros evangélicos saíram em defesa de Haggard. James Dobson acusou a mídia de espalhar rumores infundados para inviabilizar a emenda de proteção ao casamento. Quando ficou claro que as alegações de Jones poderiam realmente ter algum fundamento, Mark Driscoll ofereceu uma linha de defesa diferente. Embora nenhuma mulher estivesse envolvida nesse escândalo sexual, isso não o impediu de encontrar uma mulher a quem pudesse responsabilizar. Não é incomum, explicava ele, "encontrar esposas de pastores que não se cuidam". Mulheres que sabiam que seus maridos estavam "presos à fidelidade" podiam tornar-se preguiçosas. Além disso, uma esposa que não está "sexualmente disponível para o marido da maneira franca exposta no livro de Cantares" talvez não seja responsável pelo pecado do marido, mas certamente não o está ajudando.[12]

Nem todos os escândalos sexuais evangélicos chegaram ao noticiário nacional, mas um grupo dedicado de blogueiros e jornalistas locais trabalhou para trazer à luz abusos que, de outra forma, teriam permanecido nas sombras. Um deles envolveu Joe White, presidente do "Kanakuk Kamps", acampamentos evangélicos populares que combinavam temas de caubóis e esportes para o discipulado de jovens cristãos. O trabalho de White nos acampamentos — e o apoio entusiástico de Dobson a esse trabalho — o posicionou como um dos primeiros palestrantes de destaque dos Promise Keepers. Contudo, em 2011, começaram a surgir algumas alegações de abuso. Descobriu-se que o diretor do acampamento de White, Pete Newman, havia molestado dezenas de meninos por anos a fio. White, supostamente, sabia das ações de Newman (inclusive seu hábito de dirigir nu na companhia de outros meninos, também nus, participantes dos acampamentos), porém a organização continuou a apoiar Newman como um "marido dedicado, amoroso, um amigo querido e mentor da juventude". Enquanto isso, Newman se promovia em todo o país como um especialista em pureza sexual, e foi em conferências sobre pureza que ele supostamente se envolveu em conversas inapropriadas sobre sexo e masturbação mútua com meninos. (Ele ficou conhecido por dar "estudos bíblicos" individuais a meninos em sua banheira de hidromassagem.) Newman foi condenado por crimes de abuso sexual infantil e está cumprindo duas penas de prisão perpétua. Alguns críticos compararam o papel de White nesse caso ao de Joe Paterno no escândalo de abuso sexual de Jerry Sandusky. Como Paterno, White era uma figura "semelhante a um deus" em sua órbita cristã conservadora, e foi acusado de permitir que Newman usasse seu "manto de autoridade" para atacar crianças. Mas White permaneceu como um orador muito procurado nos círculos evangélicos, mesmo depois de as alegações terem vindo à tona.[13]

Em pouco tempo, C. J. Mahaney estava de volta ao noticiário. Mahaney fora readmitido após sua licença de seis meses por *bullying* e outros comportamentos agressivos, mas seus problemas estavam longe de terminar. Em 2012, uma ação coletiva foi movida contra Mahaney e a Sovereign Grace Ministries por cultivarem um "ambiente propício a abusos físicos e sexuais cometidos contra crianças", e os detalhes do caso evidenciaram a dinâmica do abuso dentro de organizações autoritárias e comunidades patriarcais. Os acusadores descreveram como mulheres e crianças eram "ameaçadas e condenadas ao ostracismo se resistissem aos esforços de 'restaurar' o marido e pai abusivos a uma posição de 'liderança' na família". De acordo com um ex-membro de uma das igrejas Sovereign Grace, as famílias das vítimas eram compelidas — ou enganadas — a não ajuizar um processo judicial. Quando as acusações eram feitas, os líderes da igreja escreviam cartas pedindo perdão ou instavam as famílias das vítimas a perdoar. As famílias eram pressionadas a perdoar os perpetradores e "até mesmo crianças de três anos eram forçadas a se encontrar com seus agressores para uma 'reconciliação'". Uma mulher foi informada pelos líderes da igreja que o desejo de seu marido de molestar sua filha de dez anos poderia ser atribuído ao seu próprio fracasso em satisfazer às suas necessidades sexuais; a mulher foi aconselhada a receber o marido de volta, trancar o quarto da filha e fazer sexo com ele regularmente. Algumas acusações também incluíam violência doméstica, pais espancando crianças (até mesmo na idade adulta), pastores de jovens abusando de crianças que eram membros da igreja e esforços veementes no sentido de impedir que as vítimas denunciassem os abusos às autoridades. Mahaney, mudando seu foco para a rede mais ampla de igrejas, colocou seu *protégé* e guru da pureza, Josh Harris, no comando da Covenant Life Church. Harris, porém, também acabou falhando, na condição de líder, em lidar com o abuso desenfreado que ocorria na comunidade SGM.[14]

Na avaliação do ex-membro T. F. Charlton, "a combinação de papéis de gênero patriarcais, cultura de pureza e ministros autoritários na Sovereign Grace, além de ensinamentos equivocados sobre paternidade, casamento e sexualidade", criaram um ambiente no qual mulheres e crianças, especialmente meninas, se viam "particularmente vulneráveis a abusos". Como muitos outros defensores do patriarcado militante, Mahaney adorava escrever sobre sexo. Mahaney abriu seu livro de 2004, *Sex, Romance and the Glory of God* [*Sexo, romance e glória de Deus*], com uma discussão sobre o dom do sexo baseado em Cantares de Salomão, insistindo que parte da liderança masculina consistia em ensinar às esposas o que a Bíblia diz sobre sexo. Citou Doug Wilson sobre o tópico de expectativas sexuais e, como Marabel Morgan e os LaHayes, incluiu conselhos que exortavam as mulheres a cuidar da aparência e a obedecer a Deus, entregando seus corpos aos maridos, ainda que de forma involuntária. Ele estava, em outras palavras, pisando em um terreno bem percorrido. O livro da década de 1980 sobre disciplina infantil cristã, *God, the Rod and Your Child's Bod*, também estava "em uso ostensivo" na SGM. O livro oferecia aos pais orientações para a aplicação de castigos corporais severos como garantia de submissão instantânea e "alegre" à autoridade. Como Charlton reconheceu, "a teologia da submissão protege os privilégios dos poderosos".[15]

C. J. Mahaney desfrutou de manifestações de apoio de seus amigos e colegas pastores em meio às acusações contra ele, embora Brent Detweiler, ex-companheiro de Mahaney, tenha enviado uma carta aos principais líderes evangélicos pedindo que deixassem de promover Mahaney até que as acusações pendentes fossem esclarecidas. Piper recebeu a carta, mas logo decidiu demonstrar apoio público a Mahaney, aceitando seu convite para pregar em sua mais recente igreja Sovereign Grace em Louisville, Kentucky. Lá, Piper ofereceu apoio sincero a seu amigo, louvando a Deus pelo que estava fazendo por meio dele e se recusando a mencionar a história das décadas de abuso pelas quais Mahaney fora chamado a prestar contas. Outros homens evangélicos também rejeitaram o apelo de Detwiler. Al Mohler e seus companheiros fundadores da Together for the Gospel atestaram a integridade de Mahaney e sua "vasta influência para o bem" entre as "pessoas de mentalidade evangélica". O presidente da CBMW e os líderes da Gospel Coalition também expressaram apoio, apontando que, "às vezes, cristãos de alto perfil são alvos não por serem culpados, mas por serem conhecidos". Pessoas que "odeiam o evangelho" só lucram quando líderes cristãos são "injustamente atacados e diminuídos".[16]

Em 2016, Mohler voltou a defender Mahaney e renovou seu convite para que ele palestrasse na Together for the Gospel. Ao apresentar Mahaney, Mohler fez pouco-caso das alegações — brincando sobre ter feito uma pesquisa no Google para ver o que encontraria sobre Mahaney na Internet —, para o deleite de milhares de participantes da conferência. Em vez disso, elogiou a "influência gigantesca" das igrejas Sovereign Grace e exaltou Mahaney como um modelo de resiliência, bondade e perseverança — "biblicamente definida como firmeza na fé e na verdade em Cristo". Mohler assegurou a Mahaney que ele tinha "dez mil amigos" naquele recinto. As alegações contra Mahaney e seu ministério nunca foram a julgamento, em decorrência de uma decisão relativa ao efeito de prescrição, mas esse tecnicismo convenceu os legisladores estaduais da necessidade de mudar a lei.[17]

Os amigos de Mahaney eram leais por causa de uma participação compartilhada em um "evangelho" patriarcal, e também, ao que parece, porque Mahaney lhes enchia os bolsos. De acordo com Detwiler, "Mahaney tinha o hábito de dobrar os honorários de seus amigos (honorários de palestras) enquanto também proporcionava hotéis luxuosos, viagens de avião, novos computadores e outros presentes". Mahaney deu à igreja de Mark Dever dez mil dólares, e a Sovereign Grace doou "duzentos mil dólares *ou mais*" ao Southern Baptist Theological Seminary [Seminário Teológico Batista do Sul], onde Al Mohler, um dos mais fortes apoiadores de Mahaney, servia como presidente.[18]

Os cantos mais conservadores da subcultura evangélica também não ficaram imunes a escândalos. Longe disso: quanto mais um líder evangélico enfatizava a autoridade masculina e a submissão feminina, mais distorcidas eram suas justificativas para qualquer escândalo pessoal.

Em 2014, Bill Gothard deixou o Institute in Basic Life Principles depois que mais de trinta mulheres — incluindo menores de idade — o acusaram de abuso sexual e assédio sexual. Por mais de cinquenta anos, Gothard defendia a modéstia, a autoridade dos pais, a disciplina estrita e outros "valores familiares". Em 2016, dez mulheres entraram com uma ação contra Gothard, acusando-o e os líderes do ministério de assédio sexual, abuso e encobrimento; uma mulher acusou Gothard de estupro. Gothard alegou inocência. De modo conveniente, em seus próprios escritos, Gothard insistia que Deus estabeleceu "diretrizes muito rígidas de responsabilidade" para as vítimas de abuso: se uma mulher não gritasse por ajuda, seria "tão culpada quanto o agressor". Em 2018, o processo contra Gothard foi arquivado "dadas as complexidades únicas deste caso, incluindo os estatutos de limitação", mas os demandantes queriam deixar "muito claro" que não estavam de forma alguma se retratando de suas alegações: eles apenas haviam calculado os custos emocionais e financeiros envolvidos, decidindo, então, que os custos superavam os benefícios do processo.[19]

Um ano antes de Gothard deixar o IBLP, seu *protégé*, Doug Phillips — um homem casado, líder do movimento de educação domiciliar e defensor do movimento *quiverfull* —, renunciou ao próprio Vision Forum Ministries após admitir um "longo relacionamento inapropriado". No ano seguinte, a jovem com quem ele estava envolvido — Lourdes Torres-Manteufel — ajuizou uma ação contra Phillips e seus ministérios, acusando o líder de tratá-la "como objeto sexual pessoal". De acordo com a denúncia, Phillips começou a seduzir Torres quando ela tinha 15 anos, estabelecendo-se, a partir de então, como "a figura de autoridade dominante na vida e na família da Sra. Torres", posicionando-se como "seu pai espiritual" e ditando onde ela deveria morar, trabalhar, cultuar e passar o tempo. O caso detalhou como o movimento patriarcal de Phillips ensinava que as mulheres deveriam estar sob o controle absoluto dos homens e como ele impedia que seus seguidores interagissem com autoridades externas, promovendo "a sensação generalizada" de que os participantes estavam "engajados em uma espécie de guerra cósmica". Philips estabeleceu o próprio "sistema igreja-tribunal", e quaisquer disputas eram levadas a um conselho de anciãos do sexo masculino, sem nenhuma das proteções oferecidas nos tribunais seculares. Seguindo os passos de Gothard, a comunidade de Phillips rotulou as acusações como "um pecado muito sério", protegendo, na prática, os perpetradores. Enredado na cultura da pureza patriarcal, Torres se encontrava em um beco sem saída. Se ela rejeitasse a autoridade de Phillips, estaria fora de sua comunidade e se opondo à vontade de Deus. Ao se submeter, porém, a essa autoridade, acabou se tornando uma "mercadoria danificada" aos olhos de sua família e comunidade.[20]

As acusações contra Phillips deixaram muitos de seus acólitos perplexos: "Ele era nosso herói — o homem que poderia levar-nos a uma vitória nesta guerra horrível". Doug Wilson, no entanto, saiu em defesa de seu colega e líder do movimento cristão de educação domiciliar. Para começar, argumentava Wilson, não era apropriado referir-se a Torres como uma "vítima". Ela era adulta e, portanto, "se as insinuações de Phillips não eram totalmente indesejadas, Torres participava do jogo, não consistindo em vítima dele". Se as ações de Phillips *eram* totalmente indesejadas — se Torres ficara "assustada com o monstro" —, Wilson se perguntava por que "ela não se afastara na primeira oportunidade [...] deixando clara a Doug Phillips sua opinião sobre o que acontecera com o som de sirenes policiais ao fundo". Portanto, como ela não demonstrou desinteresse, se havia uma vítima nesta história, era a esposa de Phillips, "uma mulher vitimizada por Phillips e Torres".[21]

Wilson tinha um longo histórico de culpabilização de vítimas. Em seu livro sobre "namoro bíblico" lançado em 1997, Wilson articulou o argumento já muito conhecido de que mulheres desprovidas de modéstia eram responsáveis pelas ações dos homens. Segundo ele, as meninas devem "cobrir-se" e não se vestir de modo a fazer com que "um homem piedoso tenha de se esconder em becos ou subir em árvores para fugir delas". Wilson não acreditava que os homens deveriam almoçar com colegas de trabalho; embora odiasse "destacar o óbvio", Wilson achava necessário apontar que, "debaixo da roupa, seus corpos são diferentes, e o corpo dela parece ser muito mais divertido do que o corpo de algum colega de trabalho homem". Além disso, Wilson sugeria que as mulheres que rejeitavam a feminilidade submissa estavam "desprotegidas"; mulheres que recusam a proteção masculina são, "na verdade, mulheres que concordam tacitamente com o estupro". Wilson também gostava de chamar a atenção para falsos acusadores, reais ou imaginários. Anteriormente, em sua defesa de Driscoll, o pastor ressaltara que figuras proeminentes como Driscoll eram "regularmente derrubadas", o que não acontecia com falsos acusadores. Seu premiado romance de 2012, *Evangellyfish*, um livro cheio de aventuras sexuais contadas com aparente prazer, mostrou não uma, mas duas mulheres que haviam fingido agressão sexual.[22]

Como muitos pastores conservadores, Wilson acreditava que "disputas civis" como a de Phillips tinham de ser resolvidas entre os cristãos, e não em tribunais "administrados por ímpios". Na falta disso, considerava prudente que a sociedade encontrasse "homens sábios e piedosos" para atuar como juízes, para que pudessem determinar, em casos de suposto estupro estatutário, se "a pessoa estuprada é quase maior de idade". Acontece que Wilson tinha certa experiência com o sistema judicial. Em 2011, o pastor realizara o casamento de Steven Sitler com uma jovem de sua congregação. Em 2005, Sitler tinha sido condenado por abuso sexual infantil e, na época, Wilson sustentou que houvesse clemência na sentença. (Sitler havia estudado na New Saint Andrews College, fundado por Wilson, e frequentava sua igreja.) Sitler recebeu sentença de prisão perpétua, mas acabou em liberdade condicional depois de apenas vinte meses; três anos depois, um dos presbíteros da igreja de Wilson marcou um encontro entre Sitler e a jovem que logo se tornaria sua esposa. O casal acabou tendo um filho, mas, em 2015, o tribunal ordenou que Sitler tivesse direito apenas a visitas acompanhadas, em virtude de contatos sexuais inadequados com o próprio filho. Quando a sabedoria de Wilson em casar Sitler com uma jovem de sua igreja foi questionada, Wilson revidou: o caso Sitler era apenas "uma maneira fácil para os inimigos de nosso ministério nos atacarem". Ele negou que sua igreja estivesse "protegendo, ocultando ou defendendo abuso sexual de crianças". A igreja existia para ministrar às pessoas perdidas. No entanto, Wilson se alegrou com a "calúnia": ele e sua esposa comemoraram com uma garrafa de uísque puro malte, e Wilson usou a publicidade do caso para promover seu último livro — que abordava a temática da justiça.[23]

Como Wilson prontamente admitiu, essa não era a primeira vez que ele se envolvia em um escândalo. O caso Sitler trouxe à tona um incidente anterior, o de Jamin Wight. Como Sitler, Wight era um ex-aluno de educação domiciliar. Enquanto esteve matriculado no programa de treinamento ministerial de Wilson, o jovem de vinte anos passou a morar com uma família da igreja de Wilson — uma família defensora da educação domiciliar —, mas, durante todo esse tempo, seduziu e passou a abusar sexualmente de uma jovem quando ela ainda tinha 14 anos. Wilson reconheceu o "pecado" de Wight, mas também culpou o pai da vítima por não proteger sua filha. Na sentença de Wight, Wilson se sentou ao seu lado no tribunal; as acusações de Wight foram reduzidas a crime de lesão corporal a uma criança, e o abusador foi sentenciado a uma pena de quatro a seis meses de prestação de serviços. Aparentemente, o juiz do caso ficou convencido de que o incidente se tratava de um "caso de amor adolescente", e não de um crime.[24]

Em 2015, a família Duggar, devota dos ensinamentos de Gothard e estrela de *19 Kids and Counting*, *reality show* do canal TCL, teve seu próprio escândalo quando surgiram relatos de que Josh, o filho mais velho, havia molestado quatro de suas irmãs, além da babá da família. Seu pai, que soubera do abuso anos antes e o enviara a um conselheiro cristão, insistiu que "Josh estava apenas curioso sobre o corpo das meninas; basicamente, ele só entrara no quarto delas e tocara em suas roupas enquanto elas dormiam". Suas irmãs também minimizaram as ações de Josh, e sua mãe, Michelle, foi ao canal Fox News para explicar que todos cometem erros — "Foi por isso que Jesus veio". Michelle sentiu que havia uma agenda maior por trás daquelas acusações, que as pessoas estavam ansiosas para caluniar a família. Na época, Josh Duggar era diretor executivo da FRC Action, braço lobista do Family Research Council, uma organização conhecida pelo ativismo contra o movimento LGBT e por vincular homossexualidade a abuso infantil. À luz de tais revelações, Duggar renunciou e, com a fuga dos patrocinadores, a rede TLC cancelou *19 Kids and Counting*.[25]

Por todo o evangelicalismo conservador, não era incomum que alegações de agressão fossem recebidas com ceticismo, encobertas ou descartadas. Em 2014, um relatório independente descobriu que a Bob Jones University pedia às vítimas que não denunciassem agressão sexual à polícia, pois assim não prejudicariam suas famílias, suas igrejas e a universidade. Por décadas a fio, também disseram às vítimas que elas eram culpadas por seus abusos. Nesse mesmo ano, *The New Republic* publicou uma matéria sobre agressão sexual na Patrick Henry College, instituição fundada por Michael Farris para servir de canal a guerreiros culturais cristãos e defensores da educação domiciliar. No ano anterior, a faculdade havia exigido que todos os alunos assistissem a uma palestra na qual um professor falara de "caça às bruxas" contra os homens, mesmo quando "mulheres sedutoras" os atraíam para "armadilhas de mel". "Sexo recreativo à noite se transforma em acusações de 'estupro' pela manhã, mesmo quando o ato foi totalmente consensual." Outro professor da Patrick Henry College explicou: "Quando você tem uma cultura de licenciosidade, uma cultura que não sabe distinguir o que é estupro verdadeiro de estupro falso, é difícil lidar com acusações dessa natureza". O raciocínio ecoava o pensamento de Todd Akin, republicano do Missouri que, em 2012, provocara indignação durante sua campanha para o Senado ao tentar distinguir "estupro legítimo" da maioria das alegações de estupro — distinção comum em lugares como a Patrick Henry College, onde o ônus da culpa repousava sobre vítimas do sexo feminino.[26]

Em outras partes do mundo do evangelicalismo conservador, outros casos de abuso surgiam. Entre os mais angustiantes, estavam aqueles ocorridos dentro do movimento Independent Fundamental Baptist, coalizão cuja igreja principal era a Primeira Igreja Batista de Hammond, Indiana. Já em 1972, o influente pastor Jack Hyles dizia aos pais cristãos para tornarem seus filhos mais inflexíveis, defendendo o castigo corporal e o treinamento com armas de fogo para a criação de uma geração de jovens que não capitularia diante de inimigos como os norte-vietnamitas. Seu evangelho era um evangelho de poder masculino e submissão feminina. Como pastor da Primeira Igreja Batista de Hammond, Hyles se tornou o líder *de facto* de uma rede de igrejas do movimento IFB, e o currículo autoritário desenvolvido em sua faculdade foi exportado para todo o país.

Já em 1989, alguns sinais de problemas surgiram quando uma revista evangélica alegou que ele mantinha um caso com sua secretária. Notícias desse escândalo se espalharam pelo mundo religioso e pela grande mídia: "O grande Jack Hyles, homem de Deus, cujas escolas têm regras de namoro tão rígidas que você poderia ganhar uma reprimenda ao tocar acidentalmente na ponta de um lápis segurado por alguém do sexo oposto, andou cometendo adultério". Hyles negou as acusações, e alguns membros de sua igreja se levantaram em sua defesa. Outros, no entanto, romperam com Hyles. Um ex-membro, Voyle Glover, escreveu um livro chamado *Fundamental Seduction*, detalhando as ofensas de Hyles e o "encobrimento do tipo Watergate" de abuso sexual na igreja. Glover foi ameaçado e chamado de Anticristo, e excrementos foram deixados na porta de sua casa.[27]

As alegações também envolveram o filho de Hyles, Dave Hyles. Remontando à década de 1970, algumas histórias sugeriam que ele mantinha relacionamento afetivo com diversas mulheres da igreja. Relatos posteriores deram conta de que ele também buscava seduzir as meninas. Uma mulher lembrou sua própria agressão aos 14 anos: "Ele era um homem de Deus", relatou; embora parecesse errado, talvez fosse realmente a vontade de Deus: "Dave se comparava a Davi, na Bíblia, dizendo que ele fora ungido e era isso que eu deveria fazer [...] cuidar dos interesses dele, porque ele era um homem de Deus". Depois de encaminhar seu filho para outra igreja, Jack Hyles chamou seu genro, Jack Schaap, para assumir o comando; a congregação também estava pronta para aceitar um pastor como Schaap. Em 2001, após a morte de Hyles, Schaap — "um clone virtual de Hyles" — teve "uma recepção de herói". Como Driscoll, Schaap cultivava uma masculinidade agressiva em todas as frentes. Repreendia membros por não dizimarem o suficiente, por não se voluntariarem o bastante ou não evangelizarem da forma devida. À medida que ia consolidando seu poder, Schaap se tornava cada vez mais descarado, infundindo em seus sermões material sexual tão gráfico a ponto de parecerem vulgares, até mesmo "pornográficos". Em 2010, diante de milhares de adolescentes reunidos para uma conferência de jovens, Schaap pregou um sermão sobre a "flecha polida". Segurando a haste de uma flecha com uma das mãos e um pano com a outra, Schaap colocou a haste perto da virilha e simulou uma masturbação: o jovem que se "entregasse a Deus" e o deixasse "polir a sua flecha" não se entregaria a prazeres. Quando o vídeo foi postado no YouTube, os espectadores acharam a exibição chocante; para os membros da Primeira Igreja Batista de Hammond, "não passava de mais uma pregação".[28]

Em 2012, Schaap se declarou culpado de cruzar as fronteiras estaduais para fazer sexo com uma garota de 16 anos que ele estava aconselhando. Investigações revelam "uma cultura profundamente enraizada de misoginia e abuso sexual e físico" na Primeira Igreja Batista. Mais de uma dúzia de homens com conexões com a igreja — incluindo muitos que pregavam em igrejas de todo o país — foram envolvidos em uma série de ações judiciais e prisões envolvendo estupro, abuso sexual e abuso infantil. Uma "cultura cúltica" levara a uma cultura de corrupção, incluindo "pedofilia, violência, difamação de inocentes para a proteção de culpados [...] repúdio de autoridades governamentais". Essa cultura institucional fez com que "pessoas boas", cristãos sinceros que tinham o "coração voltado ao Senhor", defendessem e capacitassem os abusadores. Mesmo após a condenação de Schaap, muitas dessas "boas pessoas" culparam a vítima, a quem rotulavam como "sedutora".[29]

APESAR DAS CRESCENTES evidências do contrário, no início dos anos 2000 muitos evangélicos insistiram na crença de que o abuso sexual era um problema que assolava a Igreja Católica Romana e que quaisquer casos dentro de suas próprias comunidades eram exceções que violavam a regra. Em 2018, porém, o movimento #MeToo [#EuTambém] chegou ao evangelicalismo estadunidense.

A crescente frequência e a escalada das revelações de abuso dentro de seus próprios círculos tornaram ainda mais difícil sustentar essa alegação.

Tudo começou depois que Jules Woodson, inspirada pelo movimento #MeToo, enviou a seu ex-pastor de jovens, Andy Savage, um e-mail no qual o responsabilizava por tê-la agredido sexualmente quase duas décadas antes, quando ela tinha apenas 17 anos. Na frente de sua megaigreja em Memphis — em um evento altamente orquestrado, que expressava a transgressão do pastor da perspectiva da redenção —, Savage confessou um "incidente sexual"; alguns membros responderam, de pé, com uma ovação. Capturada em vídeo, essa resposta chocante provocou reação entre alguns observadores externos, atraindo a atenção do *New York Times* e de outros meios de comunicação. À luz dessa indignação, Savage renunciou ao seu pastorado e decidiu afastar-se do ministério.[30]

Semanas depois, o pastor da megaigreja de Willow Creek, Bill Hybels, foi notícia quando sete mulheres o acusaram de conduta sexual indevida e abuso de poder. As alegações remontavam a décadas atrás, mas a igreja não as abordou. Quando a história foi divulgada, a liderança da igreja inicialmente colocou em dúvida as histórias das mulheres, e Hybels também foi aplaudido de pé por sua congregação. Mesmo assim, o acúmulo de evidências acabou forçando sua renúncia. Hybels representava a ala mais progressista do evangelicalismo, demonstrando que os igualitários não eram imunes a uma conduta sexual inapropriada. Contudo, embora se posicionasse como igualitário, Hybels era um homem conhecido por exercer poder. Após aperfeiçoar uma estrutura de liderança exigente, do tipo *top-down*, passou a exportar essa estrutura para uma rede de milhares de congregações amigas. Hybels era tanto arquiteto como produto de uma cultura evangélica mais ampla. De acordo com Hybels, foi Dobson quem o convencera da necessidade de ver vídeos pornográficos; foi então que Hybels exigiu que sua secretária também os visse com ele.[31]

Antes que a poeira baixasse no caso Hybels, um novo escândalo atingiu o bastião do evangelicalismo conservador: a Convenção Batista do Sul. Algumas alegações se amontavam em torno de Paige Patterson, reverenciado presidente do Southern Baptist Theological Seminary [Seminário Teológico Batista do Sul] e um dos líderes da tomada conservadora da CBS, quatro décadas antes. Patterson exercia enorme poder dentro do mundo evangélico. Forte defensor do patriarcado cristão, Patterson gostava de usar chapéu de caubói e exibir troféus de grandes jogos em seu escritório. O problema é que ele também tinha um histórico de comentar sobre a aparência de mulheres jovens e de aconselhar mulheres vítimas de abuso a continuarem com seus agressores; certa vez, Patterson aconselhou uma estudante a não denunciar seu estupro à polícia e a perdoar o estuprador. (Um relatório posterior revelaria que ele também tinha um histórico de minimizar as alegações de agressão sexual. Ao lado de Jerry Vines, Patterson facilitou a ascensão do pastor da CBS Darrell Gilyard, apesar das várias acusações de estupro, abuso sexual e outras formas de conduta sexual inapropriada direcionadas a Gilyard. Embora Patterson tenha supervisionado a renúncia de Gilyard da Victory Baptist Church em 1991, isso aconteceu quatro anos depois que as alegações surgiram e, mesmo assim, Patterson caracterizou muitas delas como falsas, chamou a atenção para os "pecados" das supostas vítimas e elogiou Gilyard como um "porta-voz de Deus". Encorajado pelo apoio de homens como Patterson e Vines, Gilyard ameaçou "mirar a jugular" de um de seus acusadores.) Enquanto isso, o coconspirador de Patterson na aquisição conservadora da CBS, Paul Pressler, enfrentava suas próprias acusações de encobrir má conduta sexual (com a ajuda de Patterson) e de molestar — ou solicitar a prática de sexo a — homens e meninos em casos que remontavam à década de 1970.[32]

Nos meses seguintes, ficou claro que o problema de abuso dentro do evangelicalismo não se restringia a uns poucos líderes de alto nível. Em dezembro de 2018, o jornal *Star-Telegram*, de Fort Worth, descobriu pelo menos 412 acusações de má conduta sexual em 187 igrejas do movimento Independent Fundamental Baptist e de instituições afiliadas, espalhadas por quarenta estados estadunidenses e também pelo Canadá. As vítimas sugerem que o número é bem maior, mas que é abafado por uma cultura de silêncio. Pelo menos 45 supostos abusadores permaneceram em cargos ministeriais, mesmo depois de as acusações terem vindo à tona, transferidos de uma igreja para outra, com o fim de fugir da responsabilidade. Nessa rede, "homens de Deus" governavam por meio do medo. Questionar o pastor significava questionar Deus. As vítimas eram acusadas de "promiscuidade", condenadas ao ostracismo e, algumas vezes, levadas a pedir desculpas diante de suas congregações.[33]

A cultura institucional do movimento Independent Fundamental Baptist representava as tendências mais autoritárias do evangelicalismo conservador, mas existia como parte de uma cultura evangélica mais ampla e que celebrava a autoridade patriarcal — uma cultura que ditava os valores e direcionava as ações de "pessoas boas", substituindo a compaixão e a justiça pela obediência cega à autoridade. Para uma comunidade que acreditava na existência do pecado, os evangélicos conservadores eram curiosamente indiferentes aos perigos do poder descontrolado quando colocado nas mãos de um patriarca.

Dois meses depois, o *Houston Chronicle* publicou uma investigação que revelava extensos padrões de abuso dentro da Convenção Batista do Sul. Durante décadas, as vítimas tentaram responsabilizar os perpetradores, mas sem sucesso. Os predadores permaneceram ocupando posições de poder, mesmo após suas ações terem sido expostas. As igrejas não notificaram a justiça nem advertiram outras congregações sobre as acusações. Desde 1998, cerca de 380 criminosos dentro da CBS deixaram um rastro de mais de setecentas vítimas. Na esteira dessas revelações, vários líderes da CBS negaram culpa coletiva, chamando a atenção para a autonomia concedida às igrejas locais dentro da CBS. No entanto, a CBS tinha um histórico de prontamente "excomungar" igrejas que contratavam pastoras, ào passo que parecia incapaz de disciplinar igrejas que contratavam agressores sexuais conhecidos. Muitas vítimas foram instadas a perdoar seus agressores, e eram as vítimas, e não os predadores, que frequentemente acabavam evitadas por suas igrejas. Como uma vítima da CBS testemunhou, a crise de abuso na igreja foi "uma epidemia alimentada por uma cultura criada por nós mesmos".[34]

Foi precisamente esse padrão que levou Rachael Denhollander a rotular a igreja como "um dos piores lugares para buscar ajuda" no caso das vítimas de abuso. Amplamente celebrada por levar à justiça Larry Nassar, médico da equipe de ginástica dos Estados Unidos e abusador em série, Denhollander surpreendeu o mundo evangélico em 2018, ao afirmar que, se seu agressor fosse um pastor evangélico, ela sabia que teria sido "ativamente vilipendiada e chamada de mentirosa por vários líderes evangélicos". Denhollander, que se identifica como "uma evangélica muito conservadora", fez essa alegação depois que ela e seu marido levantaram questões sobre o papel de sua própria igreja na reabilitação de C. J. Mahaney e de sua rede, a Sovereign Grace. Em resposta às suas preocupações, a igreja local lhes informou que aquele não era mais o lugar apropriado para eles.[35]

Em sua poderosa declaração como vítima no julgamento de Nassar, Denhollander repreendeu Nassar por pedir perdão sem arrependimento. Ela disse que o mesmo acontecia com as igrejas. Deus era um Deus de perdão, mas também um Deus de justiça, e a tendência das igrejas de encobrir abusos e rapidamente "perdoar" os perpetradores, muitas vezes em nome do testemunho cristão, era equivocada. "O evangelho de Jesus Cristo não precisa de sua proteção", insistiu. Jesus exige apenas obediência — obediência manifestada na busca por justiça, na defesa das vítimas e dos oprimidos e na afirmação "da verdade sobre o mal da agressão sexual e o mal de encobri-la".[36]

OS LÍDERES evangélicos estavam ficando cada vez mais alarmados com "uma avalanche de acusações de má conduta sexual" — uma avalanche que não mostrava sinais de cessar. Na primavera de 2018, Al Mohler sentiu como se bombas caíssem à sua esquerda e à sua direita — e só Deus sabia quantas ainda cairiam e onde causariam estrago. Os holofotes da mídia traziam "a terrível espada da humilhação pública", e Mohler admitiu que não estava preparado para essa enxurrada; ele não tinha previsto algo assim. Mas isso já era previsível.

Apenas dois anos antes, Mohler fizera pouco-caso das acusações contra seu bom amigo, C. J. Mahaney.[37]

Em sua perplexidade, Mohler se perguntava se a culpa estava na teologia. O complementarismo servira "apenas de camuflagem para homens abusivos ou de permissão para abuso e maus-tratos de mulheres?". Respondendo rapidamente à sua própria pergunta, Mohler declarou que "não": a mesma Bíblia que expressa a preocupação de Deus com as vítimas também revela "o padrão complementar de liderança masculina no lar e na igreja". Mohler não estava disposto a abandonar o patriarcado. Russell Moore, por sua vez, considerava prudente destacar que Deus estava revelando a inexistência de um "traje ideológico seguro", pois era evidente que abusos ocorriam em contextos de teologia igualitária e fora da igreja. Não se tratava apenas de um problema restrito ao complementarismo.[38]

John Piper também decidiu que o movimento #MeToo do evangelicalismo era um bom momento para defender o patriarcado. Em um *podcast* gravado em março de 2018, Piper culpou o igualitarismo por deixar as mulheres vulneráveis. O complementarismo encarregava os homens de "cuidar, proteger e honrar as mulheres", mas os igualitários cristãos e não cristãos despojavam as mulheres dessa proteção. Piper continuava convencido de que a "virilidade valorosa" restringiria o vício masculino. No entanto, ele próprio tinha um histórico menos que estelar quando se tratava de lidar com abusos. Em 2009, questionado se uma mulher deveria submeter-se a abusos, Piper hesitou. Dependia "do tipo de abuso". A vida de uma mulher estava em perigo ou o problema se resumia a uma "maldade verbal"? Se o marido pedisse à esposa que se envolvesse em "sexo grupal ou em algo realmente estranho, bizarro, nocivo", então ela poderia gentilmente recusar-se a se submeter; se, porém, a mulher apenas estivesse com seu sentimento ferido e se seu marido não estivesse exigindo que ela pecasse, então a mulher deveria suportar o "abuso verbal por algum tempo" — e "talvez até mesmo um tapa". Só então, ela deveria procurar ajuda... da igreja.[39]

Ao avaliar o papel do complementarismo em geral, alguns evangélicos exigiram a necessidade de separar formulações mais radicais de complementarismo — "hipercomplementarismo" — de um "complementarismo bíblico", mais moderado. Em 2010, por exemplo, Nathan Finn, professor do Southeastern Baptist Theological Seminary [Seminário Teológico Batista do Sudeste], reclamou nas páginas do jornal da CBMW que era injusto agrupar organizações como a CBMW, a Together for the Gospel e a Focus on the Family com figuras como Doug Phillips e a família Duggar, com "os patriarcas e teonomistas da extrema-direita do movimento". Embora aceitasse que "algumas das convicções e terminologias se sobrepõem", Finn sustentava que "a aplicação é bem diferente", de modo que confundir moderados com extremistas não produziria nada além de uma "caricatura do complementarismo". Finn, no entanto, exortou os leitores da CBMW a serem mais claros sobre suas crenças, para que o movimento "complementarista normativo" não fosse agrupado com o movimento patriarcal mais amplo.[40]

Finn estava correto ao posicionar Phillips e a família Duggar nas margens do evangelicalismo conservador. No entanto, hoje, uma década depois, é a relação entre os centros e as margens que clama por escrutínio. Ocupantes do centro falharam amplamente em se posicionar contrariamente às expressões mais extremas do "patriarcado bíblico", e há razões para isso. Com a escalada das guerras culturais na década de 2000, afinidades mais fortes, tanto teológicas como culturais, uniram mais "complementaristas normativos" e "patriarcas bíblicos" do que Finn estava disposto a admitir, e isso não aconteceu por acaso. Durante décadas, redes foram forjadas e alianças, asseguradas, ligando o centro e as extremidades. Ao mesmo tempo, um vasto mercado consumidor pouco se importava com essas distinções. Ninguém precisava mais assistir a um seminário de Bill Gothard para explorar sua ideologia extremista; o DVD mais recente de Phillips podia ser comprado on-line, ou bastava assistir a *reality shows*. Os Duggars, afinal, eram um fenômeno nacional.

Quando se tratava de masculinidade evangélica, o extremo ideológico guardava notável semelhança com a perspectiva dominante. No final, Doug Wilson, John Piper, Mark Driscoll, James Dobson, Doug Phillips e John Eldredge pregavam uma visão mutuamente reforçada de masculinidade cristã — de patriarcado e submissão, sexo e poder. Era uma visão que prometia proteção para as mulheres, porém as deixava indefesas; que adorava o poder e fechava os olhos para a justiça; que transformou o Jesus dos Evangelhos em uma imagem de sua própria criação. Embora enraizadas em diferentes tradições e expressas em diferentes estilos, suas mensagens se misturavam, transformando-se no acorde dominante em meio à cacofonia da cultura popular evangélica. E eles estavam certos o tempo todo: a masculinidade cristã militante que praticavam e pregavam moldou, indelevelmente, tanto a família como a nação.

CONCLUSÃO

EM 2008, a Gaither Vocal Band, lendário grupo vocal gospel do Sul com raízes no cenário musical cristão contemporâneo da década de 1980, lançou o single *Jesus and John Wayne*. A música estabeleceu um contraste entre a fé gentil de uma mãe e a dureza de um pai, entre um caubói e um santo, e o cantor enxergava a si mesmo em algum lugar entre os dois. Fiel à marca Gaither, a música era uma balada nostálgica; na época de seu lançamento, para muitos de seus fãs evangélicos, pouca coisa separava Jesus de John Wayne. Jesus se tornara um líder guerreiro, um lutador de UFC, um cavaleiro de armadura brilhante, um William Wallace, um general Patton, um tipo de homem que não foge ao confronto, um trabalhador rural com calos nas mãos e músculos no corpo, o tipo que você encontraria em uma convenção da National Rifle Association. Jesus era "o cara".[1]

Esse Jesus já estava sendo formado havia meio século. Inspirados por imagens de virilidade heroica, os evangélicos moldaram um salvador que os guiaria às batalhas que eles escolhessem. Um Cristo novo e ríspido havia transformado a masculinidade cristã, assim como o próprio cristianismo.

Ao interligar questões familiares íntimas, política doméstica e uma agenda de política externa, a masculinidade militante passou a residir na essência de uma identidade evangélica mais ampla. Ao longo dos anos, os cristãos se sentiram atraídos, de inúmeras maneiras, por essa identidade cultural e política. Os homens cristãos participavam do ministério de homens para se tornar melhores pais e cristãos mais fiéis. Os pais cristãos buscavam ajuda na criação dos filhos. As mulheres cristãs buscavam, em livros e seminários, aprender como se tornarem esposas melhores. Os recursos que encontraram os apresentaram a um mundo mais amplo de "valores familiares" evangélicos — a perspectivas tradicionais de masculinidade e feminilidade e à ordem social estruturada ao longo de nítidos contornos de autoridade patriarcal.

DESDE O INÍCIO, a masculinidade evangélica abarcou dimensões tanto pessoais como políticas. Ao aprenderem a ser homens cristãos, os evangélicos também aprenderam a refletir sobre sexo, armas, guerra, fronteiras, mulçumanos, imigrantes, forças armadas, política externa e a própria nação.

Considere, por exemplo, o direito ao porte de armas. Por muito tempo, escritores do tópico de masculinidade evangélica celebraram o papel que as armas

CONCLUSÃO

exerciam na formação da masculinidade cristã. De armas de brinquedo na infância a armas de fogo reais, presenteadas em cerimônias de iniciação, as armas são vistas como uma forma de cultivar uma masculinidade autêntica e divinamente sancionada. Uma pesquisa de 2017 revelou que 41% dos evangélicos brancos possuíam armas, um número mais elevado do que qualquer outro grupo religioso e significativamente maior que o de 30% dos estadunidenses em geral que tinham armas de fogo. Em 2018, a National Rifle Association elegeu ninguém menos que Oliver North como seu presidente. Apresentado como "guerreiro lendário da liberdade americana", North abriu a reunião anual com uma invocação cristã patriótica e desinibida. Durante a oração, North lembrou os membros que eles estavam "em uma luta... em uma batalha brutal pela preservação das liberdades com que o bom Senhor nos presenteou". Na mesma reunião, Adam LaRoche, ex-jogador de primeira base da Liga Principal de Beisebol, destacou que Jesus não era um pacifista. Jesus não veio trazer paz, mas espada. LaRoche estava usando uma camiseta preta estampada com a mensagem "Jesus me ama e ama as minhas armas".[2]

Não é só a retórica religiosa que impressiona nessa situação, nem o fato de que essa retórica pode ter sido extraída de dezenas, se não centenas, de livros sobre masculinidade evangélica. Um senso partilhado de conflito também atrela a retórica da NRA à do evangelicalismo branco conservador. Para ambos, uma mentalidade de *bunker* fortalece identidades e lealdades, estimulando também a militância. Embora os conservadores tenham dominado as políticas públicas sobre o controle de armas por décadas a fio, uma narrativa de perseguição, enraizada em um senso de declínio cultural, há muito mobilizou os defensores do direito ao porte de armas e impulsionou a venda de armamentos, especialmente nas gestões dos democratas. Para os evangélicos brancos conservadores, as armas carregam um peso simbólico que só pode ser compreendido no contexto dessa cultura de militância mais ampla.[3]

Alternativamente, considere as perspectivas evangélicas sobre imigração ou controle de fronteiras. Mais do que os membros de qualquer outra demografia religiosa, os evangélicos brancos veem a imigração com maus olhos. Após dois anos da presidência de Trump, mais de dois terços dos evangélicos brancos não pensavam que os Estados Unidos tinham a responsabilidade de aceitar refugiados. Em 2019, praticamente a mesma porcentagem apoiou a construção do muro proposto por Trump. Uma vez que a Bíblia é cheia de ordenanças relacionadas à recepção do estrangeiro e ao cuidado com o expatriado, essas atitudes podem parecer paradoxais. Todavia, os evangélicos que reivindicam aceitar a autoridade das Escrituras deixam bem claro o fato de não olharem necessariamente para a Bíblia como um meio de informar suas perspectivas sobre imigração: uma pesquisa de 2015 revelou que apenas 12% dos evangélicos citavam a Bíblia como sua principal influência quando o assunto envolvia imigração. Mas isso não quer dizer que a religião não seja importante. Talvez os evangélicos se identifiquem como "cristãos que creem na Bíblia", mas o evangelicalismo em si implica uma série de valores profundamente arraigados e comunicados por meio de símbolos, rituais e alianças políticas.[4]

Da Guerra Fria ao presente, os evangélicos enxergam os Estados Unidos como uma nação vulnerável. Homens durões, agressivos e militantes devem "defendê--la". A fronteira é uma linha de defesa, um local de perigo, e não de hospitalidade. Desde a década de 1960, os evangélicos também exigem comprometimento obstinado com "a lei e a ordem". O que começou como uma reação contra os *hippies*, os protestantes contra a guerra, os ativistas dos direitos civis e as minorias urbanas evoluiu para uma veneração da imposição da lei e das Forças Armadas. Não causa surpresa, então, que a maioria dos evangélicos tenha concordado que "construir muros não é um gesto anticristão", que não há "nada antievangélico a respeito de proteger a nação daqueles que desejam atacá-la" e que pessoas vistas como ameaças pertencem a populações não brancas.[5]

Apesar de reivindicações frequentes dos evangélicos de que a Bíblia é a fonte de seu comprometimento social e político, o evangelicalismo deve ser visto como um movimento cultural e político, e não como uma comunidade definida principalmente por sua teologia. As perspectivas evangélicas sobre qualquer assunto são facetas dessa identidade cultural mais ampla, e não fruto de exposições de inúmeros versículos bíblicos, incapazes de desarraigar as verdades mais profundas na essência dessa identidade.

Entretanto, em vez de posicionarmos a cultura em oposição à teologia, devemos tratar a interface entre ambas como aquilo que, em última análise, define o evangelicalismo. Nesse aspecto, os debates recentes sobre a natureza do Deus Triúno — Pai, Filho e Espírito Santo — são reveladores. Após declarar a autoridade patriarcal e a submissão feminina como "verdades evangélicas" inegociáveis, alguns teólogos complementaristas foram além. Em 2016, Wayne Grudem e Bruce Ware, ambos da CBMW, defenderam uma teologia da Trindade que fazia de Jesus "eternamente subordinado" a Deus Pai, a fim de — segundo os críticos — justificar a subordinação eterna e divinamente chancelada das mulheres aos homens. Talvez Grudem e Ware estivessem seguindo as pegadas de Elisabeth Elliot, que escrevera sobre o assunto na década de 1970, mas, ao fazê-lo, abandonaram dois mil anos de ortodoxia cristã. Mesmo alguns complementaristas rotularam essa inovação de "heresia" ou "idolatria". Muitos dos afiliados à CBMW, porém, ficaram ao lado de Grudem e Ware. Para os críticos, isso levantava uma questão importante: acaso os homens defendiam o patriarcado por ele ser bíblico ou estavam distorcendo as Escrituras em defesa do patriarcado?[6]

CONCLUSÃO

Muitas das novas ortodoxias são mais sutis. Autoridade masculina, militarismo e subordinação sexual e espiritual de mulheres simplesmente foram parte do ar que os evangélicos respiraram por muitas décadas. Nas escolas dominicais e nos acampamentos bíblicos de férias, os meninos aprendiam a ser super-heróis por Cristo, e as meninas, belas princesas. As crianças cantam "eu estou no exército do Senhor", enquanto marcham em formação. Nos grupos de jovens, os garotos treinam o uso de armas e arcos, enquanto as meninas são ensinadas a se maquiar, fazer compras, dar flores, doces e escrever poemas para as mulheres da congregação. No Dia dos Pais, os homens grelham carne ou promovem "atividades típicas de um pai", como jogar bola, assistir a filmes e competir em jogos de caça simulados, com o vencedor levando para casa uma caixa de bifes. Uma igreja do Kansas promove um evento anual de tiro no qual homens e meninos atiram em alvos com armas de fogo e comem carne defumada. Eventos de caça promovidos pelas igrejas são comuns, às vezes envolvendo manchas de sangue como rito de passagem masculino. As escolas cristãs, muitas vezes ostentando mascotes como Cavaleiros, Águias ou Cruzados, promovem cultos de capela com levantadores de peso ou grupos regionais de luta livre, que rasgam listas telefônicas e saltam muros de gelo, tudo em nome de Cristo. As conferências nacionais de homens unem indivíduos do sexo masculino em torno de seus autores cristãos favoritos para momentos de adoração e brincadeiras como lançamento de machado. As igrejas promovem ministérios do tipo Clube da Luta ou, então, inventam as próprias versões de grupos cuja ênfase é a virilidade. Certa igreja renomeou o retiro de homens como "o avanço de homens" — já que homens "não se retiram". Para estudar a Bíblia, os homens se unem como "cavaleiros em volta da távola redonda", enquanto as mulheres se reúnem como "servas do Senhor".[7]

O mundo varejista cristão reflete e reforça essas dinâmicas. Cartões cristãos da marca DaySpring se especializaram em cartões comemorativos com temas em tons pastel para as mulheres, mas também desenvolveram um produto chamado *Duck Dynasty*, destinado aos homens. A Nelson Bibles publica versões bíblicas para adolescentes contendo textos do Antigo e do Novo Testamentos, complementados por "conselhos de estilo de vida cristão" para meninos e meninas. Enfeitada com a imagem de um cavaleiro em combate, a versão dos meninos os insta a "combater o bom combate", destacando histórias sobre "batalhas épicas do Antigo Testamento" e "homens da espada: como guerreiros invencíveis se tornaram tão incríveis". O Novo Testamento para meninas (com garotas lindas e sorridentes na capa) fornece uma lista de "segredos de beleza", conselhos e perguntas em tópicos como "Você está namorando um cara piedoso?" e uma seção "Os garotos abrem o jogo", para que as meninas escutem o que os meninos têm a dizer "a respeito de diversos assuntos importantes".[8]

A natureza particionada do mercado evangélico com base no gênero se encontra em plena amostra em sua loja Hobby Lobby mais próxima. A Hobby Lobby, cujos donos são uma família evangélica poderosa, ajudou a liderar a oposição à lei dos contraceptivos do Affordable Care Act, e os lucros da empresa ajudaram a financiar um novo Museu da Bíblia na capital do país. Contudo, no mundo evangélico, a influência da loja se estende para além de Washington DC. Na última década, ao lado de outras lojas físicas, o prestígio de livrarias cristãs locais diminuiu com a migração do varejo cristão a revendedores on-line — empresas como a LifeWay, a Christianbook.com e, cada vez mais, a Amazon.com. Ao lado da Walmart, a Hobby Lobby também reivindicou uma fatia do mercado religioso por ser pioneira na era do varejo cristão de grande porte. Fazendo, sem nenhum esforço, a ponte entre o sagrado e o secular, a Hobby Lobby é querida tanto por artistas como por mulheres cristãs brancas (as categorias não são mutuamente excludentes). Algumas amostras bíblicas próximas ao caixa empilham uma lista impressionante de Bíblias ESV e NVI, organizadas de acordo com segmentos de mercado específicos (garotas adolescentes, artistas e homens), ao lado de devocionais, romances cristãos e as ofertas mais recentes de Franklin Graham e de Chip e Joanna Gaines.

Além das amostras de livros, podemos encontrar corredores e mais corredores de mercadorias específicas para os sexos masculino e feminino. Para as meninas, há uma seção inteira de produtos de princesas, com temas cor-de-rosa, placas personalizadas declarando que garotas são feitas de "lacinhos, brilhinhos e coisinhas cintilantes", além de outros itens cujo propósito é lembrá-las de que a verdadeira beleza é interior, proveniente de um "espírito manso e tranquilo". As mulheres adultas podem encontrar xícaras brilhantes, adornadas com mensagens que celebram batom, rímel, café e Jesus. Passeie até a seção masculina e você encontrará uma variedade impressionante de crânios falsos de búfalos, decorações de botas de caubói, puxadores de gaveta em forma de bala de revólver, uma espátula de grelha em forma de espingarda e placas comemorativas celebrando o exército e os fuzileiros, Ronald Reagan e a Segunda Emenda. Uma placa personalizada proclama de forma ousada: "Eu defendo o Hino Nacional", estampada com uma bandeira estadunidense desgastada como pano de fundo. Também encontrará dezenas de adesivos diversificados com a mensagem "caverna de homem" — e uma prateleira dedicada à memória de John Wayne.

Os não evangélicos e não cristãos também fazem compras na Hobby Lobby, e boa parte da mercadoria que preenche as prateleiras não é explícita e exageradamente "cristã". Contudo, para as mulheres evangélicas, fazer compras na Hobby Lobby pode significar o mesmo que um ato de devoção religiosa, e alguns objetos que acabam sendo encontrados nos lares evangélicos reforçam

CONCLUSÃO

os ideais de gênero no cerne do evangelicalismo conservador. A mensagem transmitida por esses produtos é clara: as mulheres devem ser belas e amar Jesus (embora elas provavelmente acabem sendo "bagunçadas e gostosas"). Um toque de batom e um pouco de cafeína são o suficiente para que um homem forte ajude a consertar as coisas. A masculinidade da Hobby Lobby, enquanto isso, é um misto de bravata, conquista imperial nostálgica e nacionalismo cristão (branco).[9]

Há muito, os evangélicos conservadores se posicionaram contra "o secular", mas, segundo evidenciado pelo evangelicalismo cultural da Hobby Lobby, pode ser difícil distinguir entre o que é "sagrado" e o que é "secular". Para muitos evangélicos, os valores masculinos que homens como John Wayne, William Wallace, Ronald Reagan, Rush Limbaugh, Jordan Peterson e Donald Trump incorporam passaram a definir o evangelicalismo em si.

EMBORA DOMINANTE, o culto evangélico da masculinidade não define o evangelicalismo estadunidense como um todo. Trata-se, em grande medida, de uma criação dos evangélicos brancos. A maioria dos livros sobre masculinidade evangélica foi escrita por homens brancos e destina-se, primariamente, a homens brancos; em um nível significativo, os mercados para a literatura acerca da masculinidade cristã negra e branca continuam distintos. Com algumas exceções, os homens negros, do Oriente Médio e hispânicos *não* são chamados a uma masculinidade selvagem e militante. Em contrapartida, sua agressão é vista como perigosa, uma ameaça à estabilidade do lar e da nação.[10]

A masculinidade evangélica serve de fundamento para um nacionalismo pautado em Deus e na nação, mas isso não impediu os evangélicos estadunidenses de exportar globalmente alguns aspectos dessa ideologia, incluindo lugares como Uganda, Índia, Jamaica e Belize. Os evangélicos no Brasil, extraindo elementos de sua própria cultura de machismo e tomando emprestada a cartilha dos evangélicos estadunidenses, ajudaram a instalar Jair Bolsonaro — um homem que busca projetar força, três vezes casado, conhecido por suas declarações misóginas, por sua agenda antigay e pela defesa de valores familiares "tradicionais" — como o presidente da nação. Na última década, grupos como Focus on the Family, Home School Legal Defense Association, Alliance Defending Freedom e a Billy Graham Evangelistic Association canalizaram mais de 50 milhões de dólares a organizações europeias de direita. Os evangélicos estadunidenses também forjaram laços com Vladimir Putin, conhecido por exibir sua masculinidade de peito aberto, e com elementos conservadores da Igreja Ortodoxa Russa; em 2014, a revista *Decision*, produzida pela associação de Billy Graham, mostrava Putin na capa, e Franklin Graham elogiou o presidente russo por sua oposição à "agenda gay e lésbica". No ano seguinte, Graham se encontrou com Putin em Moscou. Nessa ocasião, Graham elogiou Putin como defensor do "cristianismo tradicional", acusando o presidente Obama por promover ateísmo. Tanto na política externa como na política doméstica, o culto à masculinidade pode transformar lealdades e reformular alianças.[11]

Para os evangélicos brancos conservadores, mergulhados nessa ideologia, pode ser difícil separar sua fé e sua identidade desse movimento cultural mais amplo. Segundo expresso por um homem imerso na masculinidade evangélica e na cultura de pureza da década de 1990: "Eu vivia e respirava esses ensinamentos, e eles ainda moldam minha forma de pensar de um jeito que não consigo compreender, mesmo vinte anos depois de eu tê-los rejeitado intelectualmente".[12]

Em relação àqueles que passaram a rejeitar alguns aspectos desse sistema de crenças, suas motivações são variadas. Para alguns homens, a masculinidade selvagem e agressiva sempre foi inalcançável. Certo homem com deficiência física se lembra de como sentiu que não havia lugar para ele no evangelicalismo da década de 2000. Se você não fosse "fanático por esportes e caça na igreja evangélica", sua posição, segundo ele, era marginal. Também outro homem relata como aqueles que não eram particularmente atléticos, que não desejavam "atravessar ravinas ou escalar muralhas de pedra", podiam sentir-se como homens inautênticos e cristãos de segunda categoria.

Expressões de fé militantes e patriarcais prosperam em espaços de discussão dedicados apenas aos homens, de modo que, para alguns deles, foi depois de ouvirem o que as mulheres cristãs tinham a dizer que os aspectos mais obscuros da masculinidade evangélica se tornaram visíveis. Para certo indivíduo, foi a surpresa de conhecer casais cristãos e amáveis que o levou a repensar os ensinamentos de homens como John Piper e Mark Driscoll.[14]

Com o tempo, muitos daqueles influenciados por uma cultura de pureza também começaram a reavaliar sua formação espiritual e sexual. Aqueles que reservaram o sexo (e até mesmo o beijo) para o casamento descobriram que o casamento — e o sexo conjugal — nem sempre correspondia às suas expectativas. Muitos passaram a rejeitar a cultura de vergonha e culpa. Mulheres incluindo Sarah Bessey, Dianna Anderson, Samantha Field, Linda Kay Klein, Libby Anne e grupos como o Homeschoolers Anonymous começaram a expor os danos experimentados ou observados nos recônditos da cultura da pureza. Vinte anos após a publicação de *I Kissed Dating Goodbye* [*Eu disse adeus ao namoro*], Josh Harris reconhece que não sabia realmente do que estava falando. Harris pediu à editora que seu livro fosse retirado das estantes: "Quando tentamos controlar demais a própria vida e a vida de outras pessoas, creio que acabamos por machucá-las", admitiu.[15]

CONCLUSÃO

Para alguns, foi o fato de terem deparado com o abuso sexual nas igrejas evangélicas, organizações ou famílias que os impulsionou a abandonar o movimento como um todo; para outros, foi a percepção cada vez maior do militarismo que permeava o evangelicalismo. Para Don Jacobson, cuja editora, a Multnomah Press, publicou Dobson, Weber, Farrar, Piper, Holton e Evans, um desconforto cada vez maior com o nacionalismo cristão o levou a se distanciar do movimento que ajudou a alimentar. Após analisar mais de perto a história de nativos americanos e relatos da conquista imperial, Jacobson não podia mais sustentar a ideia dos Estados Unidos como uma nação ungida. Jacobson percebeu que, se você acredita que os Estados Unidos são a nação escolhida por Deus, então terá de lutar pelo país e contra as demais nações. Uma vez, porém, que você abandona essa noção, outros valores também começam a mudar. Sem o nacionalismo cristão, o militarismo evangélico faz pouco sentido: "Jesus deixa isso bem claro em João 13", refletiu Jacobson: "As pessoas perceberão que vocês são meus discípulos quando me amarem" — mas muitos evangélicos se esqueceram "de onde vem a nossa verdadeira cidadania".[16]

Para outros evangélicos, foi a eleição de Donald Trump que os impeliu a abandonar completamente o evangelicalismo. Alguns tentaram usar Trump para convocar os companheiros cristãos a uma maior fidelidade. Michel Gerson buscou afastar os evangélicos dessa "tentação", advertindo que o "tribalismo e o ódio do presidente Trump pelo 'outro' se opõem diretamente à ética do amor ao próximo ensinada por Jesus". Citando Mateus 6, o colunista Cal Thomas relembrou os evangélicos de que "ninguém pode servir a dois senhores", desafiando os cristãos a escolher seu verdadeiro senhor, Jesus ou Trump: "Vocês não podem servir a ambos". Contudo, para os evangélicos que desejam transformar o Jesus dos Evangelhos em um modelo de masculinidade militante, o conflito não é aparente.[17]

Embora o culto evangélico de masculinidade remonte a décadas, sua emergência nunca foi inevitável. Com o passar dos anos, ela foi aceita, ampliada, desafiada e resistida. Alguns entre os próprios homens evangélicos promoveram modelos alternativos, elevando a gentileza e o autocontrole, o comprometimento com a paz e o despojamento de poder, a expressões de uma masculinidade cristã autêntica. Entretanto, entender o papel catalisador que a masculinidade cristã exerceu no último século é algo crítico para a compreensão do evangelicalismo estadunidense de hoje e do cenário político dividido da nação. Apreciar como essa ideologia se desenvolveu com o tempo também é essencial para aqueles que desejam desmantelá-la. O que foi feito também pode ser desfeito.

NOTAS

PREFÁCIO
[1] Editorial, "The Failing Trump Presidency," *New York Times*, 19 de agosto de 2017.
[2] Daniel Victor, "Coronavirus Safety Runs into a Stubborn Barrier: Masculinity," *New York Times*, 10 de outubro de 2020; Chris Megerian, "Trump Calls Americans 'Warriors' in Fight to Open the Economy," *Los Angeles Times*, 6 de maio de 2020; Danielle Kurtzleben, "Trump Has Weaponized Masculinity As President. Here's Why It Matters," NPR *Weekend Edition*, 28 de outubro de 2020.
[3] Kristin Kobes Du Mez, "Some Evangelicals Deny the Coronavirus Threat. It's Because They Love Tough Guys," *Washington Post*, 2 de abril de 2020; Gregory A. Smith, "Most White Evangelicals Satisfied with Trump's Initial Response to the COVID-19 Outbreak," Pew Research Center, 19 de março de 2020; Tom McCarthy, "Disunited States of America: Responses to Coronavirus Shaped by Hyper-partisan Politics," *Guardian*, 29 de março de 2020.
[4] "Declaração do presidente", *Casa Branca*, em 1 de junho de 2020, acessada em 14 de novembro de 2020, trumpwhitehouse.archives.gov/briefings-statements/statement-by-the-president-39/; Bonnie Kristian, "White, Black, and Blue: Christians Disagree Over Policing," *Christianity Today*, 29 de junho de 2020; "Summer Unrest over Racial Injustice Moves the Country, But Not Republicans or White Evangelicals," PRRI, 21 de agosto de 2020.
[5] "Declarações do presidente durante a Celebração da Independência em Keystone, Dakota do Sul", *Casa Branca*, em 4 de julho de 2020, acessado em 11 de novembro de 2020, trumpwhitehouse.archives.gov/briefings-statements/remarks-president-trump-south-dakotas-2020-mount-rushmore-fireworks-celebration-keystone-south-dakota/.
[6] Jack Jenkins e Emily McFarlan Miller, "Eric Metaxas Confirms He Punched Protester, Says Protester Was to Blame," Religion News Service, 1 de setembro de 2020.
[7] Kristin Du Mez, "You Want Context? Jerry Falwell Jr.'s Crotch Shot and Family-Values Evangelicalism," *The Anxious Bench*, 6 de agosto de 2020, www.patheos.com/blogs/anxiousbench/2020/08/you-want-context-jerryfalwell-jr-s-crotch-shot-and-the-history-of-family-values-evangelicalism/; Ruth Graham, "Jerry Falwell Jr.'s Departure Brings Relief on Liberty University's Campus," *New York Times*, 25 de agosto de 2020.
[8] Tom Gjelten, "2020 Faith Vote Reflects 2016 Patters," NPR *Weekend Edition*, 8 de novembro de 2020.
[9] Jonathan Merritt, "Should Anti-Trump Evangelicals Leave the Movement?" *Atlantic*, 11 de dezembro de 2016; Nina Burleigh, "Evangelical Christians Helped Elect Donald Trump, but Their Time as a Major Political Force Is Coming to an End," *Newsweek*, 13 de dezembro 2018; Ruth Braunstein, "Theorizing Political Backlash: The Effects of the Religious Right on the Religious Field," artigo apresentado remotamente em "Does Religion Still Matter in the Age of Trump? A Mini-Conference on the Role of Religion in the Contemporary Social and Political Spheres," The LeRoy Keller Center for the Study of the First Amendment, Universidade do Colorado, Boulder, 31 de julho de 2020.
[10] Amber Phillips, "Joe Biden's Victory Speech, Annotated," *Washington Post*, 7 de novembro de 2020.

NOTAS

INTRODUÇÃO

[1] "Trump Hosted a Campaign Event at Dordt College", filmado em 23 de janeiro de 2016. Postado no YouTube em 5 de novembro de 2016. Disponível em: www.youtube.com/watch?v=JGjplUFNXyQ.

[2] Lauren Markoe, "Trump Gets Official and Unofficial Endorsements from Two Leading Evangelicals", *Washington Post*, 16 de janeiro de 2016; New York Times/CBS News Poll, *New York Times*, 7-10 de janeiro de 2016.

[3] "2016 Iowa Presidential Election Results", *Politico*, atualizado em 13 de dezembro de 2016; Jessica Martínez e Gregory A. Smith, "How the Faithful Voted: A Preliminary 2016 Analysis", Pew Research Center, 9 de novembro de 2016.

[4] Jim Lobe, "Politics — U.S.: Conservative Christians Biggest Backers of Iraq War", *Inter Press Service*, 9 de outubro de 2002; "The Religious Dimensions of the Torture Debate", Pew Research Center, 7 de maio de 2009; Dan Cox, "Young White Evangelicals: Less Republican, Still Conservative", Pew Research Center, 28 de setembro de 2007; Kate Shellnutt, "Packing in the Pews: The Connection Between God and Guns", *Christianity Today*, 8 de novembro de 2017; Betsy Cooper et al., "How Americans View Immigrants, and What They Want from Immigration Reform: Findings from the 2015 American Values Atlas", PRRI, 29 de março de 2016; "Data Shows How Passionate and Partisan Americans Are About the Border Wall", PRRI, 8 de janeiro de 2019; Hannah Harting, "Republicans Turn more Negative toward Refugees as Number Admitted to U. S. plummets", Pew Research Center, 24 de maio de 2018; Alexander Vandermaas-Peeter et al., "American Democracy in Crisis: The Challenges of Voter, Knowledge, Participation and Polarization", PRRI, 7 de julho de 2018; "How the U.S. General Public Views Mulims and Islam", Pew Research Center, 26 de julho de 2017; German Lopez, "Survey: White Evangelicals Think Christians face more Discrimination than Muslims", *Vox*, 10 de março de 2017; Brian Kennedy, "Most Americans Trust the Military and Scientists to Act in the Public's Interests", Pew Research Center, 18 de outubro de 2016.

[5] Para uma visão geral das formas como a religião pode modelar "estruturas comportamentais abrangentes", atrelando a política interna à externa, cf. James L. Guth: "Religion and American Public Opinion: Foreign Policy Issues", em *The Oxford Handbook of Religion and American Politics*, ed. Corwin E. Smidt, Lyman A. Kellstedt e James L. Guth (Oxford: Oxford University Press, 2009), p. 243-65. Guth também identifica o apoio evangélico ao internacionalismo militante. Cf. também Corey Rubin, *The Reactionary Mind: Conservatism from Edmund Burke to Sarah Palin* (Oxford: Oxford University Press, 2011). Sobre a política do nacionalismo cristão, cf. Andrew L. Whitehead, London Schnable e Samuel L. Perry, "Gun Control in the Crosshairs: Christian Nationalism and Opposition to Stricter Gun Laws", *American Sociological Association* 4, 2018, p. 1-13; Andrew L. White e Samuel L. Perry, "Is a 'Christian America' a more Patriarchal America? Religion, Politics and Traditionalist Gender Ideology", *Canadian Review of Sociology*, 30 de abril de 2019; Samuel L. Perry, Andrew L. Whitehead e Joshua T. Davis, "God's Country in Black and Blue: How Christian Nationalism Shapes Americans' Views about Police (Mis)treatment of Blacks", *Sociology of Race and Ethnicity*, 2 de agosto de 2018; Robin, *The Reactionary Mind*, p. 16.

[6] James L. Guth, "Are Evangelicals Populists? The View from the 2016 American National Election Study", estudo apresentado no Henry Symposium on Religion and Public Life, Calvin College, 27 de abril de 2019.

[7] "What is an Evangelical", National Association of Evangelicals, acessado em 14 de março de 2018, www.nae.net/what-is-an-evangelical/. Essa definição se baseia no clássico "quadrilátero" de

David Bebbington, introduzido em seu *Evangelicalism in Modern Britain: A History from the 1730 to the 1980s* (London: Routledge, 1989).

[8]Thomas S. Kidd, "Polls Show Evangelicals Support Trump. But the Term 'Evangelical' Has Become Meaningless", *Washington Post*, 22 de julho de 2016; Jeremy Weber, "Christian, What Do You Believe? Probably a Heresy About Jesus, Says Survey", *Christianity Today*, 16 de outubro de 2018; Bob Smietana, "What is an Evangelical? Four Questions Offer New Definition", *Christianity Today*, 19 de novembro de 2015.

[9]Ed Stetzer, "No, Evangelical Does not Mean 'White Republican Who Supports Trump'", *Christianity Today*, 10 de novembro de 2016; Anthea Butler, "The History of Black Evangelicals and American Evangelicalism", Anthea Butler, acessado em 23 de fevereiro de 2018, antheabutler.com/the-history-of-black-evangelicals-and-american-evangelicalism/; Jemar Tisbi, "How Ferguson Widened an Enormous Rift between Black Christians and White Evangelicals", *Washington Post*, 9 de agosto de 2019; Deidra Riggs, painelista, "Still Evangelical in the Age of MeToo?", Calvin College Festival of Faith and Writing, 13 de abril de 2018.

[10]Como o fundamentalismo, o evangelicalismo pode ser visto como uma "rede de relacionamentos mutuamente legitimadores". Cf. Molly Worthen, *Apostles of Reason: The Crisis of Authority in American Evangelicalism* (Oxford: Oxford University Press, 2014), p. 103.

[11]Garry Mills, *John Wayne's America* (New York: Simon & Schuster), p. 149.

[12]Sara Moslener, *Virgin Nation: Sexual Purity and American Adolescence* (New York: Oxford University Press, 2015), p. 78.

[13]Emma Green, "Why White Evangelicals Are Feeling Hopeful About Trump", *The Atlantic*, 1º de dezembro de 2016.

[14]Robert P. Jones, "The Evangelicals and the Great Trump Hope", *New York Times*, 11 de julho de 2016.

CAPÍTULO 1

[1]Sarah Watts, *Rough Rider in the White House: Theodore Roosevelt and the Politics of Desire* (Chicago: University of Chicago Press, 2006), p. 6-7.

[2]Gail Bederman, *Manliness and Civilization: A Cultural History of Gender and Rece in the United States, 1880-1917* (Chicago: University of Chicago Press, 1996), p. 170, 178, 186.

[3]Watts, *Rough Rider*, p. 2.

[4]Gail Bederman, "'The Women Have Had Charge of the Church Work Long Enough': The Men and Religion Forward Movement of 1911-1912 and the Masculinization of Middle-Class Protestantism", *American Quarterly* 41, n. 3 (set. 1989): 432-65; Fred B. Smith, *A Man's Religion* (New York: Association Press, 1913), p. 70; Joe Creech, "The Price of Eternal Honor: Independent White Christian Manhood in the Late Nineteenth-Century South", em Craig Thompson Friend, *Southern Masculinity: Perspectives on Manhood in the South since Reconstruction* (Athens: University of Georgia Press, 2009), p. 25, 34-5.

[5]Charles E. Hesselgrave, "Billy Sunday", *The Independent*, 1º de fevereiro de 1915, p. 161; "40000 Cheer for War and Religion Mixed by Sunday", *New York Times*, 9 de abril de 1917, p. 1.

[6]Timoty E. W. Gloege, *Guaranteed Pure: The Moody Bible Institute, Business and the Marketing of Modern Evangelicalism* (Chapel Hill: University of North Carolina Press, 2015), p. 2-11.

[7]Gloege, *Guaranteed Pure*, p. 203.

[8]"Has Christianity Failed, or Has Civilization Failed, or Has Man Failed?", *King's Business* (novembro de 1914), p. 595, citado em Matthew Sutton, *American Apocalypse: A History of*

NOTAS

Modern Evangelicalism (Cambridge: Belknap Press, 2014), p. 52, 58, 275; George M. Marsden, *Fundamentalism and American Culture* (New York: Oxford University Press, 1980), p. 146.

[9] Owen Wister, *Roosevelt: The Story of a Friendship, 1880-1919* (New York: Macmillan, 1930), p. 339; excerto de Sherwood Eddy, "The Case Against War", em *The Messenger of Peace*, vol. XLIX, n. 11, novembro de 1924, p. 173.

[10] Bruce Barton, *The Man Nobody Knows* (Chicago: Ivan R. Dee Publishing, 1925), p. 4.

[11] Marsden, *Fundamentalism and American Culture*, p. 149.

[12] Clifford Putney, *Muscular Christianity: Manhood and Sports in Protestant America, 1880-1920* (Cambridge: Harvard University Press, 2001), p. 205; National Association of Evangelicals for United Action Executive Committee, *Evangelical Action! A Report of the Organization of the National Association of Evangelicals for United Actions* (Boston: United Action Press, 1942), prefácio.

[13] Harold John Ockenga, "Unvoiced Multitudes", em *Evangelical Action!*, p. 20, 24-5, 36-7, 39.

[14] Robert Wuthnow, *Inventing American Religion: Polls, Surveys and the Tenuous Quest for A Nation's Faith* (New York: Oxford University Press, 2015), p. 95.

[15] Ockenga, "Unvoiced Multitudes", p. 36-7, 39.

[16] George M. Marsden, *Understanding Fundamentalism and Evangelicalism* (Grand Rapids: Eerdmans, 1991), p. 6; Grant Wacker, *America's Pastor: Billy Graham and the Shaping of a Nation* (Cambridge: Belknap Press, 2014), p. 81.

[17] Wacker, *America's Pastor*, p. 81; Graham, "Youth's Hero", em *Calling Youth to Christ* (Grand Rapids, MI: Zondervan, 1947), p. 91, citado em Moslener, *Virgin Nation*, p. 56; Billy Graham, "Don't Be Like Samson" (sermão, New York, 11 de agosto de 1957), Pasta 130, Caixa 10, Coleção 285, Documentos de Billy Graham, Billy Graham Center Archives, Wheaton College, Wheaton, citado em Hunter Hampton, "Man Up: Muscular Christianity and the Making of the 20th-Century American Religion", University of Missouri, 2017, p. 195-96; Billy Graham, *The Chance of a Lifetime: Helps for Serviceman* (Grand Rapids: Zondervan, 1952), p. 38, 44.

[18] Harold J. Ockenga, "Letters to the Times", *New York Times*, 9 de março de 1944, citado em Sutton, *American Apocalypse*, p. 277-78.

[19] Anne C. Loveland, *American Evangelicals and the U.S. Military 1942-1993* (Baton Rouge: Louisiana State University Press, 1997), p. 1; Michal L. Weinstein e Davin Seay, *With God on Our Side: One Man's War Against an Evangelical Coup in America's Military* (New York: Thomas Dunne Books, 2006), p. 41-2.

[20] Loveland, *American Evangelicals*, p. 2.

[21] Moslener, *Virgin Nation*, p. 52.

[22] Joel A. Carpenter, *Revive Us Again: The Reawakening of American Fundamentalism* (New York: Oxford University Press, 1999), p. 223.

[23] William Martin, *With God on Our Side: The Rise of the Religious Right in America* (New York: Broadway Books, 1996), p. 29; Carpenter, *Revive Us Again*, p. 223; Moslener, *Virgin Nation*, p. 60-1.

[24] Billy Graham, "The Home God Honors", em *Revival in Our Time* (Wheaton: Van Kampen Press, 1950), p. 65, 67-71.

[25] Cynthia Enloe, *The Morning After: Sexual Politics and the End of the Cold War* (Oakland: University of California Press, 1993), p. 15.

[26] Darren Dochuk, *From Bible Belt to Sunbelt: Plain-Folk Religion, Grassroots Politics and the Rise of Evangelical Conservatism* (New York: W. W. Norton, 2012), p. 142.

[27] Dochuk, *From Bible Belt to Sunbelt*, p. xvi-xvii.

[28] Mike Wyma, "After 80 Years, Stuart Hamblen's Luck is Still Holding", *Los Angeles Times*, 30 de dezembro de 1988.

[29] Dochuk, *From Bible Belt to Sunbelt*, p. 181-2.

[30] Dochuk, *From Bible Belt to Sunbelt*, p. 180; Michael S. Hamilton, "How a Humble Evangelist Changed Christianity as We Know It", *Christianity Today*, edição especial dedicada a Billy Graham, abril de 2018.

[31] Daniel Silliman, "Sex-and-marriage Manuals and the Making of an Evangelical Maker", tese apresentada na American Historical Association, Chicago, 7 de janeiro de 2019.

[32] Silliman, "Sex-and-marriage Manuals".

[33] Até hoje persistem os rumores de que Wayne deu sua vida a Cristo após receber uma carta da filha adolescente de Robert Schuller, mas não há evidências que apoiem essa conjectura. Ao que tudo indica, Wayne se converteu ao catolicismo pouco antes de sua morte.

[34] Stanley Corkin, *Cowboys as Cold Warriors: The Western and U.S. History* (Philadelphia: Temple University Press, 2004), p. 2.

[35] Mills, *John Wayne's America*, p. 149.

CAPÍTULO 2

[1] Billy Graham, *Just As I Am* (New York: HarperCollins, 1997), p. xvii-xxi.

[2] Graham, *Just As I Am*, p. 189; Kevin M. Kruse, *One Nation Under God: How Corporate American Invented Christian America* (New York: Basic Books, 2015), p. 57-64; Daniel K. Williams, *God's Own Party: The Making of the Christian Right* (New York: Oxford University Press, 2019), p. 25.

[3] Williams, *God's Own Party*, p. 27-28; *One Nation Under God*, p. 60, 81-3, 95-125; Jeff Sharlet, *The Family: The Secret Fundamentalism at the Heart of American Power* (New York: Harper Perenial, 2008), p. 195.

[4] Raymond J. Haberski, *God and War: American Civil Religion Since 1945* (New Brunswick: Rutgers University Press, 2012), p. 23; Jonathan P. Herzog, *The Spiritual-Industrial Complex: America's Religious Battle against Communism in the Early Cold War* (New York: Oxford University Press, 2011); Graham, *Just as I Am*, p. 381.

[5] Haberski, *God and War*, p. 52-3; Loveland, *American Evangelicals*, p. 2.

[6] Williams, *God's Own Party*, p. 31; Robert O. Self, *All in the Family: The Realignment of American Democracy Since the 1960s* (New York: Hill and Wang, 2012), p. 332.

[7] Charles Reagan Wilson, *Baptized in Blood: The Religion of the Lost Cause, 1865-1920* (Athens: University of Georgia Press, 2009); Jemar Tisby, "The Color of Compromise: The Truth about the American Church's Complicity in Racism" (Grand Rapids: Zondervan, 2019), p. 149.

[8] Williams, *God's Own Party*, p. 29-31.

[9] Williams, *God's Own Party*, p. 69.

[10] Matthew Avery Sutton, "Billy Graham Was on the Wrong Side of History", *The Guardian*, 21 de fevereiro de 2018.

[11] Randall Balmer, "The Real Origins of the Religious Right", *Politico*, 27 de maio de 2014.

[12] Williams, *God's Own Party*, p. 57.

[13] Corkin, *Cowboys as Cold Warriors*, p. 198; Dochuk, *From Bible Belt to Sunbelt*, p. 219-22.

[14] Dochuk, *From Bible Belt to Sunbelt*, p. 224.

[15] Dochuk, *From Bible Belt to Sunbelt*, p. 235-6.

[16] Dochuk, *From Bible Belt to Sunbelt*, p. 238.

[17] Dochuk, *From Bible Belt to Sunbelt*, p. 206-9.

NOTAS

[18] Dochuk, *From Bible Belt to Sunbelt*, p. 187, 247.

[19] Dochuk, *From Bible Belt to Sunbelt*, p. 253; "Ronald Reagan: A Time for Choosing", *American Rhetoric*, 27 de outubro de 1964: www.americanrhetoric.com/speeches/ronaldreaganatimeforchoosing.htm.

[20] Williams, *God's Own Party*, p. 76-8; Steven P. Miller, *Billy Graham and the Rise of the Republican South* (Philadelphia: University of Pennsylvania Press, 2009), p. 102-6.

[21] Miller, *Billy Graham*, p. 82.

[22] Williams, *God's Own Party*, p. 91-3.

[23] Miller, *Billy Graham*, p. 74; Loveland, *American Evangelicals*, p. 131; Dochuk, *From Bible Belt to Sunbelt*, p. 333. Sobre a forma de Nixon passar a utilizar uma linguagem de novo nascimento, cf. de Graham a Nixon, 14 de julho de 1956, Caderno de Nixon, Coleção 685, Billy Graham Archives, e a edição de novembro de 1962 da revista *Decision*. Devo a Daniel Silliman o direcionamento a essas fontes.

[24] Williams, *God's Own Party*, p. 95-6.

[25] Mark Lempke, *My Brother's Keeper: George McGovern and Progressive Christianity* (Amherst: University of Massachusetts Press, 2017); George McGovern, "Address Accepting the Presidential Nomination at the Democratic National Convention in Miami Beach, Florida", 14 de julho de 1972. The American Presidency Project: www.presidency.ucsb.edu/documents/address-accepting-the-presidential-nomination-the-democratic-national-convention-miami; "George McGovern and Wheaton College", Buswell Library Special Collections, Wheaton College, recollections.wheaton.edu/2012/10/george-mcgovern-and-wheaton-college/.

[26] Dochuk, *From Bible Belt to Sunbelt*, p. 334.

[27] John G. Turner, Bill Bright & Campus Crusade for Christ: The Renewal of Evangelicalism in Postwar America (Chapel Hill: University of North Carolina Press, 2008), p. 144; Dochuk, *From Bible Belt to Sunbelt*, p. 236.

[28] Williams, *God's Own Party*, p. 102.

[29] Loveland, *American Evangelicals*, p. 155, 161-2.

[30] Graham, *Just as I Am*, p. 197; Loveland, *American Evangelicals*, p. 121-2.

[31] Loveland, *American Evangelicals*, p. 161-2.

[32] Billy Graham, "Billy Graham: On Calley", *New York Times*, 9 de abril de 1971, p. 31.

[33] Wacker, *America's Pastor*, p. 236; "Are Churchman Failing Servicemen in Viet Nam?", *Christianity Today*, 18 de agosto de 1967, p. 31.

[34] Andrew J. Bacevich, *The New American Militarism: How Americans Are Seduced by War* (New York: Oxford University Press, 2005), p. 70, 123; Andrew Preston, *Sword of the Spirit, Shield of Faith: Religion in American War and Diplomacy* (New York, Anchor Books, 2012), p. 533.

[35] Loveland, *American Evangelicals*, p. 164; Bacevich, *New American Militarism*, p. 140.

[36] "Chicago Declaration of Evangelical Social Concern (1963)", Evangelicals for Social Action, 25 de novembro de 1973, christiansforsocialaction.org/about-us/history/.

[37] Self, *All in the Family*, p. 302.

[38] Bacevich, *New American Militarism*, p. 123.

[39] Bryan Smith, "Let Us Prey: Big Trouble at First Baptist Church", *Chicago Magazine*, 11 de dezembro de 2012.

[40] Jack Hyles, *How to Rear Children* (Hammond: Hyles-Anderson Publishers, 1972), p. 172.

[41] Smith, "Let Us Prey"; Hyles, *How to Rear Children*, p. 97, 158.

[42] Chris Enss e Howard Kazanjian, "The Young Duke: The Early Life of John Wayne" (Guilfond: Globe Pequot Press, 2007), p. 142, 144; Wills, *John Wayne's America*, p. 13, 202.

[43] Wills, *John Wayne's America*, p. 228, 233; George Fowler, "John Wayne at 70: The Meaning of an American Man", *Human Events*, 28 de maio de 1977. O deputado Jack Kemp apresentou o artigo de Folwer ao *Congressional Record* na semana do septuagésimo aniversário de Wayne (*Congressional Record: Extensions of Remarks*, 24 de maio de 1977, www.govinfo.gov/content/pkg/GPO-CRECB-1977=pt13/pdf/GPO-CRECB-1977-pt13-5-3.pdf).

[44] Bill McCloud, *What Should We Tell Our Children About Vietnam?* (Norman: University of Oklahoma Press, 1989), p. 87; Wills, *John Wayne's America*, p. 12, 110, 150.

[45] Wills, *John Wayne's America*, p. 13.

[46] Wills, *John Wayne's America*, p. 13, 156.

[47] Fowler, "Meaning of an American Man"; "*Playboy* Interview: John Wayne", *Playboy*, maio de 1971, p. 80-2.

[48] Entrevista *Playboy*, p. 80, 84.

[49] Entrevista *Playboy*, p. 82, 84; Fowler, "Meaning of an American Man".

[50] Entrevista *Playboy*, p. 76, 78.

[51] Fowler, "Meaning of an American Man".

[52] Alan Bean, "Jesus and John Wayne: Must we Choose?", *Baptist News Global*, 31 de outubro de 2016.

CAPÍTULO 3

[1] Jean Marbella, "Totally Marabel", *Sun Sentinel*, 11 de setembro de 1985; Marabel Morgan, *The Total Woman* (Old Tappan: Fleming Revell, 1973); Silliman, "Sex-and-marriage Manuals".

[2] Morgan, *Total Woman*, p. 39, 61, 65, 84.

[3] Morgan, *Total Woman*, p 69, 92-5; Marbella, "Totally Marabel".

[4] Morgan, *Total Woman*, p. 99, 109-10, 112, 127, 183.

[5] Morgan, *Total Woman*, p. 148, 184.

[6] Morgan, *Total Woman*, p. 188; Marbella, "Totally Marabel"; Silliman, "Sex-and-marriage Manuals".

[7] Elisabeth Elliot, *Let Me Be a Woman* (Wheaton: Tyndale House, 1976), p. 27, 62, 107, 141, 178, 180.

[8] Elliot, *Let Me Be a Woman*, p. 60, 121, 124.

[9] Elliot, *Let Me Be a Woman*, p. 81-3, 158.

[10] Carol Felsenthal, *The Sweetheart of the Silent Majority: The Biography of Phyllis Schlafly* (New York: Doubleday, 1981).

[11] Douglas Martin, "Phyllis Schlafly, 'First Lady' of a Political March to the Right, Dies at 92", *New York Times*, 5 de setembro de 2016.

[12] Mark DePue, entrevista com Phyllis Schlafly, Interview Session 03 (Audio), Abraham Lincoln Presidential Library and Museum, 14 de janeiro de 2011, multimedia.illinois.gov/hpa/Oral_History/Statecraft/ERA/ Schlafly_Phy_03.mp3; Carol Felsenthal, "The Phyllis Schlafly I Knew", *Chicago Magazine*, 7 de setembro de 2016.

[13] Phyllis Schlafly, "What's Wrong with 'Equal Rights' for Women?", *Phyllis Schlafly Report*, fevereiro de 1972.

[14] Schlafly, "What's Wrong with 'Equal Rights' for Women?".

NOTAS

[15] Williams, *God's Own Party*, p. 111-20; Neil J. Young, *We Gather Together: The Religious Right and the Problem of Interfaith Politics* (New York: Oxford University Press, 2016), p. 103.

[16] Schlafly, "What's Wrong with 'Equal Rights'?".

[17] Donald G. Mathews e Jane Sherron De Hart, *Sex, Gender and the Politics of ERA: A State and the Nation* (New York: Oxford University Press, 1990), p. 164-5.

[18] Phyllis Schlafly, *The Power of the Positive Woman* (New Rochelle, NY: Arlington House, 1977), p. 11.

[19] *The Power of the Positive Woman*, p. 166-72.

[20] Mathews e De Hart, *Sex, Gender and the politics of ERA*, p. 174.

[21] Mathews e De Hart, *Sex, Gender and the politics of ERA*, p. 165, 174.

[22] Danielle McGuire, *At the Dark End of the Street: Black Women, Rape and Resistance* (New York: Vintage, 2010); Mathews e De Hart, *Sex, Gender and the politics of ERA*, p. 165.

[23] Felsenthal, *Sweetheart of the Silent Majority*, p. 4-5.

[24] Felsenthal, *Sweetheart of the Silent Majority*, p. 52-3.

[25] Alan Wolfe, "Mrs. America", *New Republic*, 3 de outubro de 2005.

CAPÍTULO 4

[1] Julie J. Ingersoll, *Building God's Kingdom: Inside the World of Christian Reconstruction* (New York: Oxford University Press, 2015), p. 17-8, 42, 218-27; Michael J. McVicar, *Christian Reconstructionism: R. J. Rushdoony and American Religious Conservatism* (Chapel Hill: University of North Carolina Press, 2015), p. 137.

[2] Rousas John Rushdoony, *The Institutes of Biblical Law* (Philadelphia: Presbyterian and Reformed Publishing, 1973), p. 200-3, citado em Ingersoll, *Building God's Kingdom*, p. 43-4.

[3] Bryan Smith, "The Cult Next Door", *Chicago Magazine*, 20 de junho de 2016.

[4] Don Veinot, Joy Veinot e Ron Henzel, *A Matter of Basic Principles: Bill Gothard and the Christian Life* (Lombard: Midwest Christian Outreach, 2003), p. 53-4.

[5] Ingersoll, *Building God's Kingdom*, p. 110.

[6] McVicar, *Christian Reconstructionism*, p. 197-8; Ingersoll, *Building God's Kingdom*, p. 1.

[7] Dan Gilgoff, *The Jesus Machine: How James Dobson, Focus on Family and Evangelical America Are Winning The Culture War* (New York: St. Martin's Press, 2007), p. 21, 23; James Dobson, *Dare to Discipline* (Wheaton, IL: Tyndale House, 1970), p. 23.

[8] Seth Dowland, *Family Values and the Rise of the Christian Right* (Philadelphia: University of Pennsylvania Press, 2015), p. 87.

[9] Tim Stafford, "His Father's Son: The Drive Behind James Dobson, Jr.", *Christianity Today*, 22 de abril de 1988, p. 16.

[10] Dale Buss, *Family Man: The Biography of Dr. James Dobson* (Wheaton: Tyndale House, 2005), p. 18, 33: Gilgoff, *Jesus Machine*, p. 20.

[11] Dobson, *Dare to Discipline*, p. 6, 81-2; Buss, *Family Man*, p. 44.

[12] Gilgoff, *Jesus Machine*, p. 20-23.

[13] Susan B. Ridgely, *Practicing What the Doctor Preached: At Home with Focus on the Family* (New York: Oxford University Press, 2017), p. 29; Gilgoff, *Jesus Machine*, p. 24.

[14] Self, *All in the Family*, p. 314-5.

[15] Gail Collins, *When Everything Changed: The Amazing Journey of American Women from 1960 to the Present* (New York: Little, Brown, 2009), p. 288; Self, *All in the Family*, p. 310, 338. W. Bradford

Wilcox, *Soft Patriarchs, New Men: How Christianity Shapes Fathers and Husbands* (Chicago: University of Chicago Press, 2004), p. 202.

[16] James Dobson, *What Wives Wish their Husbands Knew About Women* (Wheaton: Tyndale House, 1975), p. 62, 64, 114; James Dobson, *Straight Talk to Men and Their Wives* (Waco: Word Books, 1980), p. 168.

[17] Dobson, *Straight Talk*, p. 22-3, 69, 155, 157, 159; *What Wives Wish*, p. 35, 140.

[18] Dobson, *Straight Talk*, p. 23, 157, 168.

[19] Gilgoff, *Jesus Machine*, p. 9. Dowland, Family Values, p. 88; Ridgely, Practicing What the Doctor Preached, p. 4-5,28,32-4; Corwin E. Smidt, American Evangelicals Today (New York: Rowan & Litlefield, 2013), p. 4.

[21] Ridgely, Practicing What the Doctor Preached, Gilgoff, *Jesus Machine*, p. 26-8; Dowland, *Family Values*, p. 86.

[22] Stafford, "His Father's Son"; Gilgoff, *Jesus Machine*, p. 7.

[23] Collen McDannell, "Women, Girls and Focus on the Family", em *Women and Twentieth-Century Protestantism*, ed. Margaret Lamberts Bendroth e Virginia Lieson Brereton (Urbana: University of Illinois Press, 2002), p. 115; George Lakoff, *Moral Politics: How Liberals and Conservatives Think* (Chicago: University of Chicago, 1996); John C. Green et al., *Religion and the Culture Wars: Dispatches from the Front* (New York: Rowman & Littlefield, 1996), p. 81.

CAPÍTULO 5

[1] Jason C. Bivins, *Religion of Fear: The Politics of Horror in Conservative Evangelicalism* (Oxford University Press, 2008), p. 194-5; Tim LaHaye e Jerry B. Jenkins, *Glorious Appearing: The End of Days* (Wheaton: Tyndale House, 2004), p. 204, 225-6, citado em Bivins, *Religion of Fear*, p. 207-8; Jennie Chapman, *Plotting Apocalypse: Reading, Agency and Identity in the Left Behind Series* (Jackson: University Press of Mississippi, 2013), p. 4.

[2] Tim LaHaye, *How to be Happy Though Married* (Wheaton: Tyndale House Publishers, 1968).

[3] "The Morals Revolution on the U.S. Campus", *Newsweek*, 6 de abril de 1964, citado em R. Marie Griffith, *Moral Combat: How Sex Divided American Christians and Fractured American Politics* (New York: Basic Books, 2017), p. 155-6.

[4] Griffith, *Moral Combat*, p. 172-3, 177, 198-9; "The Sins of Billy James", *Time*, 16 de fevereiro de 1976, p. 68.

[5] Tim e Beverly LaHaye, *The Act of Marriage: The Beauty of Sexual Love* (Grand Rapids: Zondervan, 1976), p. 97 [edição em português: *O ato conjugal* (Venda Nova: Betânia, 2019)].

[6] LaHaye e LaHaye, *The Act of Marriage*, p. 22-5, 36.

[7] LaHaye e LaHaye, *The Act of Marriage*, p. 234-91.

[8] LaHaye e LaHaye, *The Act of Marriage*, p. 38, 133.

[9] Green et al., *Religion and the Culture Wars*, p. 81.

[10] Tim LaHaye, The Battle for the Mind (Old Tappan: Fleming H. Revel, 1980), p. 142.

[11] LaHaye, *Battle for the Mind*, p. 154; Tim LaHaye, *The Battle for the Family* (Old Tappan: Fleming H. Revell, 1982), p. 108-9, 127-31.

[12] Ingersoll, *Building God's Kingdom*, p. 22-3, 26-38.

[13] David D. Kirkpatrick, "The 2004 Campaign: The Conservatives: Club of the Most Powerful Gatherers in Strictest Privacy", *New York Times*, 28 de agosto de 2014; Larry Eskridge, "And the Most Influential American Evangelical of the last 25 Years Is…", *Evangelical Studies Bulletin*, inverno de 2001, p. 3.

[14] Williams, *God's Own Party*, p. 43-5.

[15] Michelle Goldberg, *Kingdom Coming: The Rise of Christian Nationalism* (New York: W. W. Norton, 2006), p. 11; Peter Steinfels, "Moral Majority to Dissolve; Says Mission Accomplished", *New York Times*, 12 de junho de 1989; Frances FitzGerald, "A Disciplined, Charging Army", *The New Yorker*, 18 de maio de 1981.

[16] Jerry Falwell, *Listen, America!* (New York: Doubleday, 1980), nota do autor; p. 72, 130-1.

[17] Falwell, *Listen, America!*, p. 19, 123, 132.

[18] Falwell, *Listen, America!*, p. 16-7, 98.

[19] FitzGerald, "A Disciplined, Charging Army".

[20] Jerry Falwell, "Segregation or Integration — Which?", citado em Williams, *God's Own Party*, p. 46; FitzGerald, "A Disciplined, Charging Army".

[21] FitzGerald, "A Disciplined, Charging Army".

[22] FitzGerald, "A Disciplined, Charging Army".

[23] FitzGerald, "A Disciplined, Charging Army".

[24] Self, *All in the Family*, p. 336-7.

[25] Gilgoff, *Jesus Machine*, p. 31.

[26] Jackson Katz, *Man Enough? Donald Trump, Hillary Clinton and the Politics of Presidential Masculinity* (Northampton: Olive Branch Press, 2016), p. 75-6.

CAPÍTULO 6

[1] Dochuk, *From Bible Belt to Sunbelt*, p. 392.

[2] Dochuk, *From Bible Belt to Sunbelt*, p. 393; Ronald Reagan, "Address by the Honorable Ronald Reagan", Institute for Civic Leadership, 5 de agosto de 1980, uindy.historyit.com/item.php?id=7095341.

[3] Green et al., *Religion and the Culture Wars*, p. 20; Dowland, *Family Values*, p. 151; Williams, *God's Own Party*, p. 191; Reagan, "Address by the Honorable Ronald Reagan".

[4] Bacevich, *New American Militarism*, p. 135.

[5] Ronald Reagan, "Election Eve Address, 'A Vision for America'", The American Presidency Project, 3 de novembro de 1980, www.presidency.ucsb.edu/ws/?pid=85199.

[6] Katz, *Man Enough?*, p. 83-4; "Playboy Interview", p. 84.

[7] Katz, *Man Enough?*, p. 109-10; 83.

[8] Katz, *Man Enough?*, p. 77; Dowland, *Family Values*, p. 177.

[9] Self, *All in the Family*, p. 359; Williams, *God's Own Party*, p. 193.

[10] Frances FitzGerald, *The Evangelicals: The Struggle to Shape America* (New York: Simon & Schuster, 2018), p. 312.

[11] Miller, *Billy Graham*, p. 124-54; James L. Guth, "Southern Baptist Clergy, the Christian Right and Political Activism in the South", ed. Glenn Feldman (Lexington: University Press of Kentucky, 2005), p. 192; FitzGerald, *Evangelicals*, p. 332.

[12] Seth Dowland, "A New Kind of Patriarchy: Inerrancy and Masculinity in the Southern Baptist Convention, 1879-2000", em Friend, *Southern Masculinity*, p. 247.

[13] Dowland, "The New Kind of Patriarchy", p. 248-50; Paul. D. Simmons, "A Theological Response to Fundamentalism on the Abortion Issue", citado em Barry Hankins, *Uneasy in Babylon: Southern Baptist Conservatives and American Culture* (Tuscaloosa: University of Alabama Press, 2007), p. 177.

[14] Dowland, "The New Kind of Patriarchy", p. 252-3.

[15] Elizabeth H. Flowers, *Into the Pulpit: Southern Baptist Women and Power Since World War II* (Chapel Hill: University of Northern Caroline Press, 2012), p. 5, 73-81.

[16] Dowland, "The New Kind of Patriarchy", p. 255; Flowers, *Into the Pulpit*, p. 9-10.

[17] Williams, *God's Own Party*, p. 188, 192.

[18] Dochuk, *From Bible Belt to Sunbelt*, p. 396; Williams, *God's Own Party*, p. 194.

[19] Williams, *God's Own Party*, p. 360.

[20] Bacevich, *New American Militarism*, p. 136.

[21] Loveland, *American Evangelicals*, p. 214-15; Bacevich, *New American Militarism*, p. 135; John Price, *America at the Crossroads: Repentance or Repression?* (Indianapolis: Christian House Publishing, 1976), p. 202; Jerry Falwell, *Listen, America!*, p. 9-10; Hal Lindsay, *The 1980s: Countdown to Armageddon* (King of Prussia: Westgate Press, 1980), p. 165; Bacevich, *New American Militarism*, p. 135.

[22] Loveland, *American Evangelicals*, p. 222-3.

[23] Dowland, *Family Values*, p. 191-2; "SALT II: The Only Alternative to Annihilation?", *Christianity Today*, 27 de março de 1981, p. 15; Loveland, *American Evangelicals*, p. 223.

[24] Ronald Reagan, "Evil Empire Speech", *Voices of Democracy*, 8 de março de 1983, http://voicesofdemocracy.umd.edu/reagan-evil-empire-speech-text/.

[25] Bacevich, *New American Militarism*, p. 140; Dowland, *Family Values*, p. 195-7; Young, *We Gather Together*, p. 238.

[26] Lauren Frances Turek, "Ambassadors for the Kingdom of God or for America? Christian Nationalism, the Christian Right and the Contra War", *Religions* 7 (12), 2016, http://www.mdpi.com/2077-1444/7/12/151/htm.

[27] Turek, "Ambassadors for the Kingdom".

[28] Turek, "Ambassadors for the Kingdom"; Bacevich, *New American Militarism*, p. 137.

[29] Turek, "Ambassadors for the Kingdom".

[30] David E. Rosenbaum, "Iran-Contra Hearings: Tension and High Drama; North Insists His Superiors Backed Iran-Contra Deals; Assumes Reagan Approved", *New York Times*, 8 de julho de 1987; "North on the 'Neat Idea' of the Diversion", "North on His Family's Safety and Meeting Abu Nidal", "North Getting Fired and Covering Up the Diversion", *Understanding the Iran-Contra Affairs*, p. 8-9 de julho de 1987, www.brown.edu/Research/Understanding_the_Iran_Contra_Affair/v-on13.php.

CAPÍTULO 7

[1] David Bauder, "Olliemania Fades Away", *AP News*, 4 de setembro de 1987.

[2] Donald P. Baker, "Falwell Defends North, Compares Him to 'Savior'", *Washington Post*, 3 de maio de 1988.

[3] Baker, "Falwell Defends North".

[4] "Religious Right Drums Up Support for North", *Los Angeles Times*, 3 de setembro de 1988.

[5] "Highlights of North's Testimony", *Washington Post*, 14 de julho de 1987; Ben Bradlee Jr., *Guts and Glory: The Rise and Fall of Oliver North* (New York: Donald I. Fine, 1988), p. 21-3, 27, 33.

[6] Bradlee, *Guts and Glory*, p. 64-5.

[7] Bradlee, *Guts and Glory*, p. 62, 65, 86, 96-7.

[8] Bradlee, *Guts and Glory*, p. 101-2, 65, 87, 99.

NOTAS

[9] Bradlee, *Guts and Glory*, p. 115, 418-9; "Religious Right Drums Up Support for North"; "North Spreads Religious Word", GoUpstate.com, 3 de maio de 1993.

[10] Bradlee, *Guts and Glory*, p. 413-5, 420-1.

[11] Walter Pincus e Dan Morgan, "Reagan 'Never' Briefed on Funds", *Washington Post*, 14 de julho de 1987; "North Talks to Hall After Resigning", *Understanding the Iran-Contra Affairs*, 9 de junho de 1987; "Iran-Contra Hearings; The Committee's Turn: Speeches to North", *New York Times*, 14 de julho de 1987.

[12] "Southern Baptists Salute 'Patriot' – Ollie North", *Deseret News*, 4 de junho de 1991.

[13] Oliver North e William Novak, *Under Fire: An American Story* (New York: HarperCollins, 1991); "North Spreads Religious Word"; John F. Persinos, "Ollie, Inc.: How Oliver North Raised over $20 Million in a Losing U.S. Senate Race", *Campaigns & Elections*, 1º de junho de 1995.

[14] Kent Jenkins Jr., "The Good, the Bad and the Ollie", *Washington Post*, 20 de março de 1994.

[15] Edwin Louis Cole, *Maximized Manhood: A Guide to Family Survival* (Springdale: Whitaker House, 1982), p. 129; Ari L. Goldman, obituário de Edwin Louis Cole, *New York Times*, 31 de agosto de 2002.

[16] Cole, *Maximized Manhood*, p. 63, 176.

[17] Cole, *Maximized Manhood*, p. 35, 61, 69, 72, 77, 134, 166.

[18] Cole, *Maximized Manhood*, p. 127, 129.

[19] Cole, *Maximized Manhood*, p. 132.

[20] Travis M. Andrews, "The Rev. Marvin Gorman, who Prompted Jimmy Swaggart's Downfall in the '80s, dies at 83", *Washington Post*, 9 de janeiro de 2017; Frances Frank Marcus, "Swaggart Found Liable for Defaming Minister", *New York Times*, 13 de setembro de 1991.

[21] FitzGerald, *Evangelicals*, p. 374, 399; John Wigger, *PTL: The Rise and Fall of Jim and Tammy Faye Bakker's Evangelical Empire* (New York: Oxford University Press, 2017), p. 127.

[22] "Jessica Hahn Tells All", *Washington Post*, 3 de setembro de 1987; Tim Funk, "Jessica Hahn, Woman at Center of Televangelist's Fall 30 Years Ago, Confronts her Past", *Charlotte Observer*, 16 de dezembro de 2017; Andrews, "The Rev. Marvin Gorman".

[23] Joanne Kaufman, "The Fall of Jimmy Swaggart", *People*, 7 de março de 1988; "Scandals: No Apologies This Time", *Time*, 28 de outubro de 1991.

[24] "Religious Right Drums Up Support".

[25] Loveland, *American Evangelicals*, p. 238-87; "Entrevista com o chefe do Estado-Maior do Exército, general Wickham, com a *Decision Magazine*, Washington, D.C., 27 de setembro de 1984", citado em Loveland, *American Evangelicals*, p. 275; "All Active-Duty U.S. Soldiers Are Expected to See Dobson Film", *Christianity Today*, 5 de outubro de 1984, p. 100.

[26] *Where's Dad?* (videoteipe do exército) (Waco, 1981), citado em Loveland, *American Evangelicals*, p. 288.

[27] Loveland, *American Evangelicals*, p. 289, 291.

[28] John Grinalds, "Evangelism in Command", *Command*, primavera de 1985, p. 37-40, citado em Loveland, *American Evangelicals*, p. 319-20.

[29] Rus Walton, *One Nation Under God* (Nashville: Thomas Nelson, ed. rev., 1987), p. 7, 170, 181; Bacevich, *New American Militarism*, p. 131n29.

[30] Michael Lienesch, *Redeeming America: Piety and Politics in the New Christian Right* (Chapel Hill: University of North Carolina Press, 1993); Bacevich, *New American Militarism*, p. 146.

CAPÍTULO 8

[1] Loveland, *American Evangelicals*, p. 224, 283-5; Kirkpatrick, "The 2004 Campaign". O diretório de membresia de 2014 do Council for National Policy foi divulgado no website do Southern Poverty Law Center: www.splcenter.org/sites/default/files/cnp_redacted_final.pdf. (Acessado em 26 de abril de 2018.)

[2] Katz, *Man Enough?*, p. 83; Fitzgerald, *Evangelicals*, p. 326-7; Andrew Hartman, *A War for the Soul of America: A History of the Culture Wars*, 2 ed. (Chicago: University of Chicago, 2019), p. 156.

[3] Fitzgerald, *Evangelicals*, p. 327-8.

[4] Fitzgerald, *Evangelicals*, p. 382.

[5] Fitzgerald, *Evangelicals*, p. 384-90.

[6] Green et al., *Religion and the Culture Wars*, p. 46.

[7] Katz, *Man Enough?*, p. 115; Green et al., *Religion and the Culture Wars*, p. 271.

[8] Bacevich, *New American Militarism*, p. 143.

[9] Fitzgerald, *Evangelicals*, p. 412-8; Neil J. Young, "How George H. W. Bush Enabled the Rise of the Religious Right", *Washington Post*, 5 de dezembro de 2018.

[10] Fitzgerald, *Evangelicals*, p. 419.

[11] Daniel White, "A Brief History of the Clinton Family's Chocolate-Chip Cookies", *Time*, 19 de agosto de 2016.

[12] Christian Smith, *American Evangelicalism: Embattled and Thriving* (Chicago: University of Chicago Press, 1998); Fitzgerald, *Evangelicals*, p. 420-2.

[13] Phyllis Schlafly, "The New World Order Wants Your Children", *Phyllis Schlafly Report*, março de 1993; Phyllis Schlafly, "Are all Our children 'At Risk?'", *Phyllis Schlafly Report*, outubro de 1995.

[14] Bacevich, *New American Militarism*, p. 144; Loveland, *American Evangelicals*, p. 325-6, 340.

[15] Phyllis Schlafly, "The Kelly Flinn Flim-Flam", Eagle Forum, 4 de junho de 1997; Bacevich, *New American Militarism*, p. 144. Phyllis Schlafly, "The United Nations — An Enemy in Our Midst", *Phyllis Schlafly Report*, novembro de 1995; Phyllis Schlafly, "U.S. Armed Services under Global Control", *Phyllis Schlafly Report*, outubro de 1997.

[16] Enloe, *Morning After*, p. 30, 33, 199.

[17] Schlafly, "Will We Allow Clinton to Redefine the Presidency?", *Eagle Forum*, 11 de fevereiro de 1998.

[18] James Dobson, "An Evangelical Response to Bill Clinton", 1998, em *The Columbia Documentary History of Religion in America Since 1945*, ed. Paul Harvey e Philip Goff (New York: Columbia University Press, 2007), p. 303-7.

[19] Thomas B. Edsall, "Resignation 'Too Easy', Robertson Tells Christian Coalition", *Washington Post*, 19 de setembro de 1998; Laurie Goodstein, "The Testing of a President: Christian Coalition Moans Lack of Anger at Clinton", *New York Times*, 20 de setembro de 1998; Tom Strode, "Religious Leaders Differ on Impeachment Stands", *Baptist Press*, 29 de dezembro de 1998; Jonathan Merritt, "Trump-Loving Christians Owe Bill Clinton an Apology", *The Atlantic*, 10 de agosto de 2016.

[20] Stephen J. Ducat, *The Wimp Factor: Gender Gaps, Holy Wars and the Politics of Anxious Masculinity* (Boston: Beacon Press, 2004), p. 10-1.

[21] James Dobson, *Love Must Be Tough* (Waco: Word Books, 1983), p. 149-50; Kathryn Joyce, *Quiverfull: Inside the Christian Patriarchy Movement* (Boston: Beacon Press, 2009), p. 84.

[22] Griffith, *Moral Combat*, p. 245-50.

[23] Charles Colson, "The Thomas Hearings and the New Gender Wars", *Christianity Today*, 25 de novembro de 1991, p. 72.

NOTAS

[24] Phyllis Schlafly, "Anita Hill Plays Phony Role — 'Damsel in Distress' — But Isn't Convincing", *Sun Sentinel*, 17 de outubro de 1991.

[25] Phyllis Schlafly, "Supreme Court Upholds Constitution in VAWA Decision", *Phyllis Schlafly Eagles*, 31 de maio de 2000; Phyllis Schlafly, "Feminist Assault on Reasonableness", *Phyllis Schlafly Report*, dezembro de 1996; Griffith, *Moral Combat*, p. 250-6.

[26] Katz, *Man Enough?*, p. 124-6.

[27] Katz, *Man Enough?*, p. 136.

[28] Amy Sullivan, "America's New Religion: Fox Evangelicalism", *New York Times*, 15 de dezembro de 2017.

[29] Elisabeth Bumiller, "Evangelicals Sway White House on Human Rights Issues Abroad", *New York Times*, 26 de outubro de 2003; Bacevich, *New American Militarism*, p. 143.

[30] Fitzgerald, *Evangelicals*, p. 421, 424.

CAPÍTULO 9

[1] Michael Kimmel, "Patriarchy's Second Coming as Masculine Renewal", em Dane S. Claussen, ed. *Standing on the Promises: The Promise Keepers and the Revival of Manhood* (Cleveland: Pilgrim Press, 1999), p. 111-2.

[2] Patricia Ireland, "A Look at... Promise Keepers", *Washington Post*, 7 de setembro de 1997; Laurie Goodstein, "Women and the Promisse Keepers; Good for the Gander, but the Goose Isn't So Sure", *New York Times*, 5 de outubro de 1997.

[3] Kimmel, "Patriarchy's Second Coming", p. 113, 117; Bill Bright, *The Coming Revival* (Orlando: New Life Publications, 1995), p. 49-58; David S. Gutterman, "Exodus and the Chosen Men of God", em Claussen, *Standing on the Promises*, p. 143; John Stoltenberg, "Christianity, Feminism and the Manhood Crisis", em Claussen, *Standing on the Promises*, p. 102.

[4] Stoltenberg, "Christianity, Feminism and the Manhood Crisis"; John D. Keeler, Ben Fraser e William J. Brown, "How Promise Keepers See Themselves as Men Behaving Godly", em Claussen, *Standing on the Promises*, p. 79; Dane S. Claussen, "What the Media Missed about the Promise Keepers", em Claussen, *Standing on the Promises*, p. 29.

[5] Gary Oliver, *Real Men Have Feelings Too* (Chicago: Moody, 1993); John P. Bartkowski, *The Promise Keepers: Servants, Soldiers and Godly Men* (New Brunswick: Rutgers University Press, 2004), p. 50-2.

[6] Bartkowski, *The Promise Keepers*, p. 53-6.

[7] Wilcox, *Soft Patriarchs*, p. 4; Bethany Moreton, *To Serve God and Wal-Mart: The Making of Christian Free Enterprise* (Cambridge: Harvard University Press, 2009), p. 101-2, 143; Self, *All in the Family*, p. 34.

[8] Wilcox, *Soft Patriarchs*, p. 143-50; Elizabeth Brusco, *The Reformation of Machismo: Evangelical Conversion and Gender in Colombia* (Austin: University of Texas Press, 1995).

[9] Kimmel, "Patriarchy's Second Coming", p. 115-6; Gutterman, "Exodus and the Chosen Men of God", p. 143; Jeff Sharlet, *C Street: The Fundamentalist Threat to American Democracy* (New York: Back Bay Books, 2010), p. 66; Moreton, *To Serve 1God and Wal-Mart*, p. 102.

[10] Kimmel, "Patriarchy's Second Coming", p. 117-8; Don McClanen, "Fellowship of Christian Athletes Founder", Fellowship of Christian Athletes, www.fca.org/aboutus/who-we-are/don-mc-clanen, acessado em 7 de junho de 2018; Paul Putz; "The Role of Sports Ministries in the NFL Protests", *Religion & Politics*, 17 de outubro de 2017.

[11] FitzGerald, "A Disciplined, Charging Army".

[12] Randall Balmer, *Evangelicalism in America* (Waco: Baylor University Press, 2016), p. 134-5; Randall Balmer, "Keep the Faith and Go the Distance", em Claussen, *Standing on the Promises*, p. 201.

[13] Kimmel, "Patriarchy's Second Coming", p. 116, 118; Judith L. Newton, "A Reaction to Declining Market and Religious Influence", em Claussen, *Standing on the Promises*, p. 40; Marcia Slacum Greene e Hamil R. Harris, "Preaching a Promise of Inclusiveness", *Washington Post*, 25 de setembro de 1997.

[14] John Trent, ed., *Go the Distance: The Making of a Promise Keeper* (Colorado Springs: Focus on the Family Publishing, 1996); Keeler et al., "How Promise Keepers", p. 82; Claussen, "What the Media Missed", p. 18.

[15] Claussen, "What the Media Missed", p. 18-9.

[16] Claussen, "What the Media Missed", p. 28-9.

[17] Steve Rabey, "Where is the Christian Men's Movement Headed?", *Christianity Today*, 29 de abril de 1996, p. 60; Kimmel, "Patriarchy's Second Coming", p. 113.

[18] Leanne Payne, *Crisis in Masculinity* (Westchester: Crossway Books, 1985); Gordon Dalbey, *Healing the Masculine Soul: God's Restauration of Men to Real Manhood*, ed. rev. (Nashville: Thomas Nelson, 2003), p. x.

[19] Dalbey, *Healing the Masculine Soul* (2003), p. x.

[20] Gordon Dalbey, *Healing the Masculine Soul: An Affirming Message for Men and the Women Who Love Them* (Nashville: Thomas Nelson, 1988), p. 118-9.

[21] Dalbey, *Healing the Masculine Soul* (1988), p. 9, 21, 120.

[22] Dalbey, *Healing the Masculine Soul* (1988), p. 9-10, 43-6, 61, 75, 120-1, 123.

[23] Dalbey, *Healing the Masculine Soul* (1988), p. 76, 128-9.

[24] Dalbey, *Healing the Masculine Soul* (1988), p. 132-3.

[25] Steve Farrar, *Point Man: How a Man Can Lead His Family*, p. 16-7, 24, 183.

[26] Farrar, *Point Man*, p. 13, 24, 201-3, 205, 207-8; Dobson, *Straight Talk*, p. 21, citado em Farrar, *Point Man*, p. 13.

[27] Stu Weber, *Tender Warrior: Every Man's Purpose, Every Woman's Dream, Every Child's Hope* (Sisters, OR: Multnomah, 2006), p. 18.

[28] Weber, *Tender Warrior*, p. 18, 45, 92, 100-1, 104, 114, 120.

[29] Weber, *Tender Warrior*, p. 34-43, 74-5, 207-9.

[30] Weber, *Tender Warrior*, p. 69-71.

[31] Weber, *Tender Warrior*, p. 172-6.

[32] Farrar, *Point Man*, p. 56-7.

[33] "Our History", CBMW.org, cbmw.org/about/history/, acessado em 17 de fevereiro de 2019.

[34] Council on Biblcal Manhood and Womanhood, "Danvers Statement", CBMW.org, cbmw.org/about/danvers-statement, acessado em 17 de fevereiro de 2019.

[35] John Piper, "A Vision of Biblical Complementarity: Manhood and Womanhood Defined According to the Bible", em John Piper e Wayne Grundem, ed., *Recovering Biblical Manhood and Womanhood: A Response to Evangelical Feminism* (Wheaton: Crossway Books, 1991), p. 48, 53.

[36] Bob Miller, "Resolution on Women in Combat", *CBMW News*, 6, cbmw.org/wp-content/uploads/2013/05/2-2.pdf page=5, acessado em 8 de junho de 2018.

[37] Dowland, "The New Kind of Patriarchy", p. 254, 260; Flowers, *Into the Pulpit*, p. 129.

[38] Dowland, *Family Values*, p. 140; Flowers, *Into the Pulpit*, p. 145.

[39] Herb Hollinger, "Biblical Manhood, Womanhood Conference Makes Note of Southern Baptists' Stance", *Baptist Press*, 23 de março de 2000; Kevin Giles, *The Rise and Fall of the Complementarian Doctrine of the Trinity* (Eugene: Cascade Books, 2017), p. 60.

[40] Jared Burkholder, "Before 'True Love Waits' There was Josh McDowell and Petra", *Patheos*, 8 de janeiro de 2019, www.patheos.com/blogs/anxiousbench/2019/01/before-true-love-waits-there-was-josh-mcdowell-and-petra/.

[41] Burkholder, "Before 'True Love Waits'".

[42] Moslener, *Virgin Nation*, p. 109, 113-6.

CAPÍTULO 10

[1] Douglas Leblanc, "Wildheart", *Christianity Today*, 1º de agosto de 2004, p. 33; John Eldredge, *Wild at Heart: Discovering the Secret of a Man's Soul* (Nashville: Thomas Nelson, 2001); Jonathan Merritt, "The Book that Revolutionized 'Christian Manhood': 15 Years After 'Wild at Heart'", *Religion News Service*, 22 de abril de 2016.

[2] Eldredge, *Wild at Heart*, p. 9, 83.

[3] Eldredge, *Wild at Heart*, p. 6-9, 68, 79-80, 84, 175.

[4] Eldredge, *Wild at Heart*, Introdução, p. 11-2.

[5] Eldredge, *Wild at Heart*, p. 15-6, 36, 51, 180-2; Sharlet, *The Family*, p. 332-3.

[6] Randy L. Stinson, "Is God Wild at Heart? A Review of John Eldredge's Wild at Heart", *Journal for Biblical Manhood and Womanhood* 08:2 (outono de 2003), p. 55.

[7] Mark Mulder e James K. A. Smith, "Are Men Really Wild at Heart?", *Perspectives: A Journal of Reformed Thought*, 16 de outubro de 2004.

[8] James C. Dobson, *Bringing Up Boys* (Wheaton: Tyndale House, 2001), p. 19, 26, 39.

[9] Dobson, *Bringing Up Boys*, p. 23, 27, 68, 148.

[10] Dobson, *Bringing Up Boys*, p. 13-5, 76, 120, 151, 161-2, 165, 179, 194-5, 228.

[11] Dobson, *Bringing Up Boys*, contracapa.

[12] Molly Worthen, "The Controversialist", *Christianity Today*, 17 de abril de 2009, p. 42-9.

[13] Douglas Wilson, *Future Men: Raising Boys to Fight Giants* (Moscow: Canon Press, 2012), p. 10-6, 125, 130-1.

[14] Douglas Wilson, *Federal Husband* (Moscow: Canon Press, 1999), p. 63, 80-2; Douglas Wilson, *Reforming Marriage* (Moscow: Canon Press, 1995), p. 16, 19; Douglas Wilson, *Fidelity* (Moscow: Canon Press, 1999), p. 45-6, 64, 75-76; Douglas Wilson, *Her Hand in Marriage: Biblical Courtship in the Modern World* (Moscow: Canon Press, 1999), p. 74-5.

[15] Wilson, *Reforming Marriage*, p. 22-3, 28, 139; Wilson, *Federal Husband*, p. 36; Wilson, *Fidelity*, p. 76.

[16] Katz, *Man Enough?*, p. 170.

[17] Phyllis Schlafly, "Feminism Meets Terrorism", *Phyllis Schlafly Report*, julho de 2002; Phyllis Schlafly, "The Premier American Hero: George Washington", *Phyllis Schlafly Report*, maio de 2002.

[18] Steve Farrar, *King Me: What Every Son Wants and Needs from His Father* (Chicago: Moody Publishers, 2005), p. 116, 120, 124-8.

[19] Dalbey, *Healing the Masculine Soul* (1988), p. 176; Dalbey, *Healing the Masculine Soul* (1988), p. 120.

[20] Paul Coughlin, *No More Christian Nice Guy: When Being Nice — Instead of Good — Hurts Men, Women and Children* (Bloomington, MN: Bethany House Publishers, 2007), p. 26-7, 49, 51, 149-51.

[21] David Murrow, *Why Men Hate Going to Church* (Nashville: Thomas Nelson, 2011), p. 21, 27, 97, 135, 143-4, 149; Biografia do autor na Amazon.com: www.amazon.com/David-Murrow/e/B001IR1FHG/ref=dp_byline_cont_pop_ebooks_1, acessado em 24 de março de 2022.

[22] Robert Lewis, *Raising a Modern-Day Knight: A Father's Role in Guiding His Son to Authentic Manhood* (Colorado Springs: Focus on the Family, 1997), p. 121, 123, 135; Jenny Jarvie e Stephanie Simon, "Manliness is Next to Godliness", *Los Angeles Times*, 7 de dezembro de 2006. Sobre os "Braveheart Games", cf. *Lyndon Christian School Home Bulletin*, dezembro de 2006/ janeiro de 2007, p. 14; Jeff Sharlet, "Teenage Holy War", *Rolling Stone*, 19 de abril de 2007.

[23] Bartkowski, *The Promise Keepers*, p. 6; David Murrow, *Why Men*, p. 229; Jarvie e Simon, "Manliness is Next to Godliness"; Charles Honey, "United Against Evil: Promise Keepers Says its Ministry is Needed now More Than Ever", *Grand Rapids Press*, 2005, repostado em: menscenter.org/promise-keepers/, acessado em 24 de julho de 2019.

[24] David W. Moore, "Eight to 10 Americans Support Ground War in Afghanistan", Gallup.com, 1º de novembro de 2001; NPR, "Profile: Silent Evangelical Support of Bush's Proposed War Against Iraq", *Morning Edition*, 26 de fevereiro de 2003.

[25] Richard Land, "The So-called 'Land Letter'", Dr. Richard Land, 3 de outubro de 2002, http://www.drrichardland.com/press/entry/the-so-called-land-letter; NPR, "Profile: Silent Evangelical".

[26] Jim Lobe, "Politics — U.S.: Conservative Christians Biggest Backers of Iraq War", Inter Press Service, 9 de outubro de 2002; "War Concerns Grow, But Support Remains Steadfast", *Pew Research Center*, 3 de abril de 2003; NPR, "Profile: Silent Evangelical".

[27] Jerry Falwell, "God is Pro-War", WND, 31 de janeiro de 2004, www.wnd.com/2004/01/23022/.

[28] "Michael W. Smith — There She Stands — 2004 RNC", YouTube, www.youtube.com/watch?v=Nj9Fa6IFM8Q.

CAPÍTULO 11

[1] Jarvie e Simon, "Manliness is Next to Godliness"; John Donovan, "Christian Men... Too Wimpy?", *ABC News*, 15 de março de 2007; Lillian Daniel, "Missing Men", *Christian Century*, 2 de abril de 2007, p. 20.

[2] R. M. Schneiderman, "Flock is Now a Fight Team in Some Ministries", *New York Times*, 1º de fevereiro de 2010.

[3] Gilgoff, *Jesus Machine*, p. 34-5; "U.S. Department of Education, 1.5 Million Homeschooled Students in the United States in 2007" (NCES 2009-030), 2008; nces.ed.gov/pubs2009/2009030.pdf; Jaweed Kaleem, "Homeschooling Without God", *The Atlantic*, 30 de março de 2016.

[4] Smith, "The Cult Next Door".

[5] Ingersoll, *Building God's Kingdom*, p. 140-1; Doug Phillips, *The Little Boy Down the Road: Short Stories & Essays on the Beauty of Family Life* (San Antonio, TX: Vision Forum, 2008), p. 183-5; Doug Phillips, *Poems for Patriarchs* (San Antonio, TX: Vision Forum 2002), painel frontal, p. 3-4, 14, 59-60, 103-4.

[6] Joyce, *Quiverfull*, p. 5; Ingersoll, *Building God's Kingdom*, p. 143; "The All-American Boys Adventure Catalog", *Vision Forum*, 20 de março de 2009, web.archive.org/web/2009-32-183141/http://www.visionforum.com/boysadventure; "Beautiful Girlhood Collection", *Vision Forum*, 1º de abril de 2009, web.archive.org/web/20090401013608/http://www.visionforum.com/beautifulgirlhood; Julie Ingersoll, "Doug Phillips: The Big Scandal You Didn't Hear About and Why It Matters", *HuffPost*, 6 de novembro de 2013; Libby Anne, "Kirk Cameron's Insidious

NOTAS

Christian Patriarchy Connections", Patheos, 8 de março de 2012, www.patheos.com/blogs/lovejoyfeminism/2012/03;kirk-cameron-seriously-why-are-we-surprised.html.

[7] Joyce, *Quiverfull*, p. 134, 172.

[8] Goldberg, *Kingdom Coming*, p. 4.

[9] Sharlet, *The Family*, p. 233-6, 322-35, 345-56.

[10] Jessica Johnson, *Biblical Porn: Affect, Labor and Pastor Mark Driscoll's Evangelical Empire* (Durham: Duke University Press, 2018), p. 23-5, 28.

[11] Brandon O'Brien, "A Jesus for Real Men", *Christianity Today*, 18 de abril de 2008, p. 49; Mark Driscoll e G. Breshears, *Vintage Jesus: Timeless Answers to Timely Questions* (Wheaton: Crossway Books, 2008), p. 11, 31, 34, 150.

[12] Johnson, *Biblical Porn*, p. 30-3; Driscoll, *Vintage Jesus*, p. 127-9; Mark Driscoll, "Men and Masculinity: Proverbs", YouTube, filmado em 2009: www.youtube.com/watch?v=-_HrojWW5xA.

[13] Mark Driscoll, "Sex: A Study of the Good Bits of Song of Solomon", YouTube, publicado em 13 de março de 2014, www.youtube.com/watch?v=J8sNVDyW-ws.

[14] Matthew Paul Turner, "Mark Driscoll's Pussified Nation", Matthew Paul Turner, 29 de julho de 2014, http://matthewpaulturner.com/2014/-7/29/mark-driscolls-pussified-nation/.

[15] Turner, "Mark Driscoll's Pussified Nation"; Johnson, "Biblical Porn", p. 52; Jason Molinet, "Seattle-based Mars Hill Church Reeling after Founding Pastor Calls Women 'Homes' for God's Penis", *New York Daily News*, 10 de setembro de 2014.

[16] Mark Driscoll, *Confessions of a Reformission Reverend: Hard Lessons from an Emerging Missional Church* (Grand Rapids: Zondervan, 2006), p. 129-32, citado em Johnson, *Biblical Porn*, p. 58-9.

[17] Johnson, *Biblical Porn*, p. 58-9.

[18] Johnson, *Biblical Porn*, p. 65-9.

[19] Turner, "Mark Driscoll's Pussified Nation"; Al Mohler Q&A em David Murray, "Al Mohler on Mark Driscoll", HeadHeartHand, 7 de outubro de 2011, http://headhearthand.org/blog/2011/10/07/al-mohler-on-mark-driscoll/.

[20] Nome preservado, correspondência de e-mail com a autora, 25 de fevereiro de 2019.

[21] Zach Hoag, "Smoakin' Hot Wives and Water to the Soul", *Huffington Post*, 25 de abril de 2013, atualizado em 25 de junho de 2013; 2019; Mary DeMeuth, "The Sexy Wife I Can't Be", *A Deeper Story*, 26 de fevereiro de 2013, deeperstory.com/the-sexy-wife-i-cant-be/, acessado em 20 de junho de 2019.

[22] Collin Hansen, "Young, Restless, Reformed", *Christianity Today*, 22 de setembro de 2006, p. 32-8.

[23] Steve Chalke e Alan Mann, *The Lost Message of Jesus* (Grand Rapids: Zondervan, 2004), p. 182-3; Colin Hansen, *Young, Restless, Reformed: A Journalist's Journey with the New Calvinists* (Wheaton: Crossway Books, 2008), p. 44; John Piper, "The Frank and Manly Mr. Ryle — The Value of a Masculine Ministry", Desiring God 2013, Conference for Pastors, 31 de janeiro de 2012, www.desiringgod.org/messages/the-frank-and-manly-mr-ryle-the-vale-of-a-masculine-ministry.

[24] Roger E. Olson, "What Attracts People Into the Young, Restless, Reformed Movement?", Patheos, 14 de março de 2014, www.patheos.com/blogs/rogereolson/2014/03/what-attracts-people-into-the-young-restless-reformed-movement/.

[25] Yoshito Noguchi, "Celebrate our 600th Church", Acts 29, 2 de agosto de 2016, bacessado em 21 de junho www.acts29.com/celebrate-600th-church/; "About", Acts 29, acessado em 21 de junho de 2018, http://www.acts29.com/about/; Jonathan Merritt, "The Gospel Coalition and How (not) to Engage Culture", *Religion News Service*, 6 de junho de 2016.

[26] Hansen, *Yong, Restless, Reformed*, p. 19, 32, 133, 136; Matt Smethurst, "Where Did All These Calvinists Came From?", *The Gospel Coalition*, 23 de outubro de 2013, www.thegospelcoalition.org/article/where-did-all-these-calvinists-come-from/.

[27] Hansen, *Young, Restless, Reformed*, p. 107; David Van Bierma, "The New Calvinism", *Time*, 12 de março de 2009.

[28] Hansen, *Young, Restless, Reformed*, p. 103.

[29] Wilson, *Federal Husband*, p. 22-3, 27-8, 44-5, 98; Wilson, *Fidelity*, p. 107; Douglas Wilson, *For Kirk & Covenant* (Nashville: Cumberland House Publishing, 2000), p. 183.

[30] Douglas Wilson, *Southern Slavery: as It Was* (Moscow: Canon Press, 1996), p. 13, 22-5, 38; Wilson, *Black & Tan: A Collection of Essays and Excursions on Slavery, Culture War and Scripture in America* (Moscow: Canon Press, 2005), p. 19, 52.

[31] Keith Throop, "Disappointed in John Piper's Judgement About Doug Wilson", *Reformed Baptist Blog*, 26 de junho de 2009, reformedbaptistblog.com/2009/06/26/disappointed-in-john-pipers-judgement-about-doug-wilson/: Tony Reinke, "The Church and the World: Homosexuality, Abortion and Race with John Piper and Douglas Wilson", *Desiring God*, 4 de outubro de 2013, www.desiringgod,org/articles/the-church-and-the-world-homosexuality-abortion-and-race-with-john-piper-and-douglas-wilson.

[32] Davey Henreckson, entrevista com a autora, 15 de setembro de 2017; Douglas Wilson, *Evangellyfish* (Moscow: Canon Press, 2011).

[33] Hansen, *Young, Restless, Reformed*, p. 139; Rachel Marie Stone, "John Piper and the Rise of Biblical Masculinity", *Christianity Today*, 9 de fevereiro de 2012.

CAPÍTULO 12

[1] Jeff Sharlet, "Soldiers for Christ", *Harper's*, maio de 2005, p. 42.

[2] Suzanne Goldenberg, "Evangelicals Start Soul-Searching as Prospect of Obama Win Risks Christian Gains in Politics", *Guardian*, 20 de outubro de 2008; Weinstein e Seay, *With God on Our Side*, p. 8-9.

[3] Weinstein e Seay, *With God on Our Side*, p. 9; Gilgoff, *Jesus Machine*, p. 32-5.

[4] Gilgoff, *Jesus Machine*, p. 2, 5; Ridgely, "Practicing What the Doctor Preached", p. 41.

[5] Gilgoff, *Jesus Machine*, p. 6-7.

[6] Sharlet, "Soldiers", p. 43-5; Elizabeth Bernstein, "All the Candidates' Clergy", *Wall Street Journal*, atualizado em 13 de agosto de 2004.

[7] Sharlet, "Soldiers", p. 42; Weinstein e Seay, *With God on Our Side*, p. 9.

[8] Sharlet, "Soldiers", p. 43-5; Elizabeth Bernstein, "All the Candidates' Clergy", *Wall Street Journal*, atualizado em 13 de agosto de 2004.

[9] Sharlet, "Soldiers", p. 46-7.

[10] Sharlet, "Soldiers", p. 42, 37; Burkholder, "Before 'True Love Waits'".

[11] Laurie Goodstein, "Air Force Academy Staff Found Promoting Religion", *New York Times*, 23 de junho de 2005.

[12] Peter Biskind, "The Rude Warrior", *Vanity Fair*, março de 2011.

[13] Weinstein e Seay, *With God on Our Side*, p. 136-9.

[14] Bobby Welch, *You, the Warrior Leader: Applying Military Strategy for Victorious Spiritual Warfare* (Nashville: B&H Publishing, 2004), p. 1, 19, 22, 24, 139-40, 150.

[15] Weinstein e Seay, *With God on Our Side*, p. 137-8.

[16] Weinstein e Seay, *With God on Our Side*, p. 81-2; Goodstein, "Air Force Academy".

[17] Jeff Brady, "Evangelical Chaplains Test Bounds of Faith in Military", NPR, *All Things Considered*, 27 de julho de 2005; Laurie Goodstein, "Evangelicals Are a Growing Force in the Military Chaplain Corps", *New York Times*, 12 de julho de 2005.

[18] Weinstein e Seay, *With God on Our Side*, p. 19.

[19] Philip Shenon, "Oliver North Tells a Tal Tale of White House Intrigue", *New York Times*, 27 de agosto de 2002; Todd Starnes, "Oliver North Tour Promotes Novel 'Mission Compromised'", *Baptist Press*, 11 de setembro de 2002.

[20] Oliver North e Chuck Holton, *American Heroes: In the Fight Against Radical Islam* (Nashville: B&H Publishing, 2009), p. 10, 20, 139, 229.

[21] North e Holton, *American Heroes*, p. 27, 68.

[22] North e Holton, *American Heroes*, p. 150-1, 163, 221, 271.

[23] Chuck Holton, "Boots on the Ground", *Making Men*, http://makingmenbook.com/bio/, acessado em 8 de agosto de 2018; Chuck Holton, *A More Elite Soldier: Pursuing a Life of Purpose* (Sisters: Multnomah, 2003), p. 12, 47, 55-6, 61, 119, 152, 183.

[24] Alice Gray e Chuck Holton, *Stories from a Soldier's Heart: For the Patriotic Soul* (Sisters: Multnomah, 2003), p. 25-6, 218, 236.

[25] Chuck Holton e Grayle Roper, *Allah's Fire* (Sisters: Multnomah, 2006), p. 17; Chuck Holton e Grayle Roper, *Island Inferno* (Colorado Springs: Multnomah, 2007), p. 186-8; Chuck Holton e Grayle Roper, *Meltdown* (Colorado Springs: Multnomah, 2009), p. 33-4, 229.

CAPÍTULO 13

[1] Laurie Goodstein, "Seeing Islam as 'Evil' Faith, Evangelicals Seek Converts", *New York Times*, 27 de maio de 2003; Melani McAlister, *The Kingdom of God Has No Borders: A Global History of American Evangelicals* (Oxford: Oxford University Press, 2018), p. 159-65; Peter Waldman e Hugh Pope, "Crusade' Reference Reinforces Fears War on Terrorism Is Against Muslims", *Wall Street Journal*, 21 de setembro de 2001.

[2] Goodstein, "Seeing Islam"; NPR, "Profile: Silent Evangelical"; James Dobson, "Family in Crisis", Focus on the Family, *Newsletter*, www.focusonthefamily.com/docstudy/newsletters/A000000639.cfm, acessado em 12 de julho de 2007; Sharlet, "Soldiers of Christ", p. 48; "Evangelical Views of Islam", *Ethics & Public Policy and Belief*, www.beliefnet.com/news/politics/2003/04/evangelical-views-of-islam.aspx. Os resultados da pesquisa foram disponibilizados em 7 de abril de 2003.

[3] *New Man*, maio/junho de 2007; Joyce, *Quiverfull*, p. 134, 183.

[4] Christopher Cameron Smith, "'Ex-Muslims', Bible Prophecy and Islamophobia: Rhetoric and Reality in the Narratives of Walid Shoebat, Kamal Saleem, Ergun and Emir Caner", *Islamophobia Studies Journal*, v. 2, n. 2 (outono de 2014), p. 84.

[5] Bob Lowry, "Former Muslim Now Heads Falwell's University", *Desert Morning News*, 30 de abril de 2005; "Former Muslims Attack Islam in New Book", *IslamOnline.net*, 29 de setembro de 2002, web.archive.org/web/20070317005052; www.islamonline.net/servl t/Satellite?c=Article_C&c id=1558658281186&pagename=Zone-English-ArtCulture%2FACELayout, acessado em 26 de janeiro de 2019.

[6] Alan Cooperman, "Anti-Muslim Remarks Stir Tempest", *Washington Post*, 20 de junho de 2002; "Falwell 'Sorry' for Mohammed Remark", *BBC News*, 13 de outubro de 2002.

[7] Lowry, "Former Muslim"; Nathan Lean, *The Islamophobia Industry: How the Right Manufactures Fear of Muslims* (New York: Pluto Press, 2012), p. 85-7; William Wan e Michelle Boorstein, "Liberty

U. Removing Ergun Caner as Seminary Dean over Contradictory Statements", *Washington Post*, 30 de junho de 2010; John W. Kennedy, "Bloggers Target Seminary President", *Christianity Today*, 3 de maio de 2010.

[8] Wan e Bororstein, "Liberty U"; Lean, *Islamophobia Industry*, p. 89; Kennedy, "Bloggers Target Seminary President"; Jennifer Riley, "Liberty University Demotes Ergun Caner After Investigation", *Christian Post*, 29 de junho de 2010.

[9] Chris Rodda, "CNN to Air Report on Taxpayer Funded Fake Former Terrorist", *Huffpost*, 13 de julho de 2011, atualizado em 12 de setembro de 2011; Katie Ward, "Cedar Hill Baptist to host Zachariah Anani Aug. 7", *Times Free Press*, 3 de agosto de 2011; Mary Sanchez, "Tales of Terror Don't Jibe", *Kansas City Star*, 16 de novembro de 2011; Aaron M. Little, "Kamal Saleem: A Muslim Cries Out to Jesus", CBN, www.youtube.com/watch?v=lEPI0-btmMk; Doug Howard, "Mixed Message", *Books and Culture*, maio/junho de 2010.

[10] Tim Murphy, "I Was a Terrorist... Seriously", *Mother Jones*, março/abril 2012; Gary Schneeberger, "Craze be to Allah", Focus on the Family, *Citizen*, novembro de 2006.

[11] Reza Aslan, "Apparently, Terrorism Pays. It Pays Very Well", CNN, 27 de fevereiro de 2008; Jorg Luyken, "The Palestinian 'Terrorist' Turned Zionist", *Jerusalem Post*, 30 de março de 2008; Howard, "Mixed Message".

[12] Aslan, "Apparently, Terrorism Pays. It Pays Very Well"; Luyken, "The Palestinian 'Terrorist' Turned Zionist"; MacFarquhar, "Speaks at Academy".

[13] Ward, "Cedar Hill Baptist"; Murphy, "I Was a Terrorist".

[14] Howard, "Mixed Message".

[15] "'A Common Word' Christian Response", Yale Center for Faith & Culture, acessado em 4 de abril de 2022, faith.yale.edu/legacy-projects/a-common-word.

[16] "Mohler: Evangelical-Muslim Letter Troubling", *A Common Word*, 11 de janeiro de 2008, www.baptistpress.com/resource-library/news/mohler-evangelical-muslim-letter-troubling/; Stephen Adams, "Common Ground?", *Focus on the Family Citizen*, março de 2008, p. 18-23; "NPR Comments Force out NAE's Cizik", *Baptist News Global*, 17 de dezembro de 2008.

[17] "Public Expressed Mixed Views of Islam, Mormonism", Pew Research Center, 25 de setembro de 2007; "The Religious Dimensions of the Torture Debate", Pew Research Center, 29 de abril de 2009, atualizado em 7 de maio de 2009.

[18] Seymour M. Hersh, "The Coming Wars", *The New Yorker*, 24 de janeiro de 2005.

[19] Hersh, "The Coming Wars".

[20] Sidney Blumenthal, "The Religious Warrior of Abu Ghraib", *Guardian*, 19 de maio de 2004; Seymour M. Hersh, "Moving Targets", *The New Yorker*, 15 de dezembro de 2003; Seymour M. Hersh, "Who's In Charge Here?", *New York Times*, 22 de novembro de 1987.

[21] R. Jeffrey Smith e Josh White, "General's Speeches Broke Rules", *Washington Post*, 19 de agosto de 2004; Blumenthal, "Religious Warrior".

[22] Smith e.hite, "General's Speeches"; Holton, *Meltdown*, p. 229.

[23] Blumenthal, "Religious Warrior"; Seymour M. Hersh, "The Gray Zone", *The New Yorker*, 24 de maio de 2004.

[24] Dan Lamothe, "Exclusive: Lt. Gen. William Boykin, Past Delta Force Commander, Hit with Army Reprimand", *Washington Post*, 22 de maio de 2014; "*The Watchman*: Lt. Gen. Jerry Boykin e Kamal Saleem Discuss 'The Coalition'", www1.cbn.com/video/the-watchman/2014/12/2/the--watchman-lt-gen-jerry-boykin-and-kamal-saleem-discuss-quot-the-coalition-quot, acessado em

NOTAS

4 de maio de 2022; "The Coalition: What Happens When Islam Rules?", 11 de novembro de 2014, www.frc.org/familypolicylecture/copy-of-the-coalition-what-happens-when-islam-rules, acessado em 9 de agosto de 2019.

[25] Haberski, *God and War*, p. 190-2.

[26] Bacevich, *New American Militarism*, p. 31.

[27] Bacevich, *New American Militarism*, p. 14-5, 23-4, 63; Thomas E. Ricks, "The Widening Gap Between the Military and Society", *Atlantic Monthly*, julho de 1997, citado em Bacevich, *New American Militarism*, p. 24.

[28] Ed Stoddard, "U. S. Evangelical Support for Iraq War Slipping", Reuters, 19 de janeiro de 2007; "Thompson Demonstrates Broad Potential Appeal", *Pew Research Center*, 4 de junho de 2007.

[29] Dan Cox, "Young White Evangelicals: Less Republican, Still Conservative", *Pew Research Center*, 28 de setembro de 2007.

CAPÍTULO 14

[1] "Religion and Politics (2008): John McCain", Pew Research Center, 4 de novembro de 2008; Doug Gross, "Focus on the Family's James Dobson Steps Down", CNN, 28 de fevereiro de 2009.

[2] "Michelle Obama Takes Heat", Fox News, 19 de fevereiro de 2008.

[3] The Daily Dish, "The Wright Post 9/11 Sermon", *The Atlantic*, 22 de março de 2008; "(2003) Rev. Jeremiah Wright, 'Confusing God and Government'", *Blackpast*, 6 de maio de 2008.

[4] "Barack Obama's Speech on Race", *New York Times*, 18 de março de 2008.

[5] Peter Wehner, "Dobson vs. Obama", *Washington Post*, 28 de junho de 2008.

[6] Amy Sullivan, "Is Dobson's Obama Hit Backfiring?", *Time*, 26 de junho de 2008; Gross, "Focus on the Family's James Dobson Steps Down"; "McCain picks Alaska Gov. Sarah Palin for VP", *Christianity Today*, 29 de agosto de 2008.

[7] John Piper, "Why a Woman Shouldn't Run for Vice President, but Wise People May Still Vote for Her", *Desiring God*, 2 de novembro de 2008, www.desiringgod.org/articles/why-a-woman-shouldnt-run-for-vice-president-but-wise-people-may-still-vote-for-her.

[8] "Is Palin an Evangelical?", *Christianity Today*, 30 de agosto de 2008; Slavoj Zizek, *Living in the End Times* (London: Verso, 2011), p. 270, citado em Katz, *Man Enough*, p. 218; Barbara Bradly Hagerty, "How McCain Shed Pariah Status Among Evangelicals", NPR, *All Things Considered*, 23 de outubro de 2008.

[9] Martínez e Smith, "How the Faithful Voted"; Laurie Goodstein, "Obama Made Gains Among Younger Evangelical Voters, Data Show", *New York Times*, 6 de novembro de 2008.

[10] Goldenberg, "Evangelicals Start Soul-searching".

[11] Bradley Blackburn, "The Rev. Franklin Graham Says President Obama was 'Born a Muslim'", *ABC News*, 20 de agosto de 2010; Frank Schaeffer, "Franklin Graham Is Big Time Religion's 'Donald Trump'", *Huffington Post*, 28 de abril de 2011.

[12] Jane C. Timm, "Amid Call for Religious Freedom, Values Voter Speakers Slam Islam", *MSNBC*, 26 de setembro de 2014; David Brody e Scott Lamb, *The Faith of Donald J. Trump: A Spiritual Biography* (Northampton, MA: Broadside Books, 2018), p. 293; "Growing Number of Americans Say Obama is a Mulsim", Pew Research Center, 18 de agosto de 2010.

[13] Brian Montopoli, "Conservatives Fight 'Homosexual Extremist Movement'", *CBS News*, 28 de setembro de 2009, atualizado em 29 de setembro de 2009; Dana Priest e William M. Arkin, "Monitoring America", *Washington Post*, www.washingtonpost.com/investigations/top-secret-america/2010/12/20/monitoring-america/.

[14] Wayne A. Grudem, *Politics — According to the Bible: A Comprehensive Resource for Understanding Modern Political Issues in Light of Scripture* (Grand Rapids: Zondervan, 2010), p. 150-1, 388-9, 392, 396, 409-10, 472-3, 527.

[15] Martínez e Smith, "How the Faithful Voted"; Mark Driscoll, postagem no Twitter, 21 de janeiro de 2013, 8:17: twitter.com/PastorMark/status/293391878949335043.

[16] John Fea, *Believe Me: The Evangelical Road to Donald Trump* (Grand Rapids: Eerdmans, 2018), p. 25.

[17] John Piper, "The Folly of Men Arming Women for Combat", *Desiring God*, 6 de janeiro de 2014, www.desiringgod.org/articles/the-folly-of-men-arming-women-for-combat, acessado em 28 de janeiro de 2019; James Dobson, "Protect Your Kids from Tyrant Obama", *WND*, 30 de maio de 2016, www.wnd.com/2016/05/protect-your-kids-from-tyrant-obama/; Anugrah Kumar, "College Reverses Decision to Fire Lt. Gen Boykin Over Transgender Bathroom Comments", *Christian Post*, 21 de maio de 2016.

[18] Mark Joseph, "The President & The Prophet: Obama's Unusual Encounter with Eric Metaxas", *National Review*, 7 de fevereiro de 2012.

[19] Eric Metaxas, *Seven Men: And the Secret of Their Greatness* (Nashville: Thomas Nelson, 2016); Jon Ward, "Author Eric Metaxas, Evangelical Intellectual, Chose Trump, and He's Sticking with Him", *Yahoo! News*, 23 de fevereiro de 2018.

[20] Metaxas, *Seven Men*, p. xiii.

[21] Metaxas, *Seven Men*, p. xv-xvi.

[22] Metaxas, *Seven Men*, p. xvii-xviii.

[23] Sarah Pulliam Bailey, "'Duck Dynasty' Success Thrives on Christian Stereotypes", *Religion News Service*, 21 de agosto de 2013.

[24] Pulliam Bailey, "'Duck Dynasty'"; Drew Magary, "What the Duck", *GQ*, 17 de dezembro de 2013.

[25] Moreton, *To Serve God and Wal-Mart*, p. 90-1.

[26] Thomas Kidd, "Duck Dynasty's Cultural Christianity", *Patheos*, 27 de agosto de 2013, www.patheos.com/blogs/anxiousbench/2013/08/duck-dynastys-cultural-christianity/.

[27] John McDougall, *Jesus Was an Airborne Ranger: Find Your Purpose Following the Warrior Christ* (Colorado Springs: Multnomah, 2015), p. 11, 101, 114, 119.

[28] Jerry Boykin e Stu Weber, *The Warrior Soul: 5 Powerful Principles to Make You a Stronger Man of God* (Lake Mary: Charisma House, 2015), p. 18, 31-2.

[29] Boykin e Weber, *The Warrior Soul*, p. 45, 86.

[30] Boykin e Weber, *The Warrior Soul*, p. 107-8, 183, 198.

[31] Betsy Cooper e Harmeet Kamboj, "Ahead of Farewell Address, Obama's Favorability Across the Country", PRRI, 9 de janeiro de 2017; Robert P. Jones, *The End of White Christian America* (New York: Simon & Schuster, 2016).

CAPÍTULO 15

[1] C. Eugene Emery Jr., "Hillary Clinton's Approval Ratings as Secretary of State Were High, but They're not How", *Politifact*, 22 de maio de 2016.

[2] Aaron Blake, "The Final Trump-Clinton Debate Transcript Annotated", *Washington Post*, 19 de agosto de 2006; Kevin den Dulk, "What Do We Know about Hillary Clinton and Religious Freedom?", Religious Freedom Institute, 20 de outubro de 2016.

[3] Fea, *Believe Me*, p. 25, 27.

NOTAS

⁴Fea, *Believe Me*, p. 30.

⁵Eric Garcia, "Can Marco Rubio Appeal to Evangelicals?", *Roll Call*, 8 de janeiro de 2016; Samuel Smith, "Rubio Not Only Candidate With 'Billy Graham' Evangelicals, Cruz Campaign Says", *Christian Post*, 25 de janeiro de 2016; Brody e Lamb, *Faith of Donald J. Trump*, p. 179.

⁶Brody e Lamb, *Faith of Donald J. Trump*, p. 260.

⁷"Full Text: Donald Trump Announces a Presidential Bid", *Washington Post*, 16 de junho de 2015.

⁸Jonathan Merritt, "Why Do Evangelicals Support Donald Trump?", *The Atlantic*, 3 de setembro de 2015; Sarah Pulliam Bailey, "Which Presidential Candidate Leads among Evangelicals? Right Now, it's Donald Trump", *Washington Post*, 6 de agosto de 2015; Pesquisa Nacional *Washington Post-ABC News*, 16-19 de julho de 2015.

⁹Michelle Boorstein, "Why Donald Trump is Tearing Evangelicals Apart", *Washington Post*, 15 de março de 2016.

¹⁰Robert Costa e Jenna Johnson, "Evangelical Leader Jerry Falwell Jr. Endorses Trump", *Washington Post*, 26 de janeiro de 2016.

¹¹"Donald Trump Speech at Liberty University", *CNN Transcripts*, 18 de janeiro de 2016.

¹²"Donald Trump Speech at Liberty University".

¹³Mitzi Bible, "Donald Trump Addresses Largest Convocation Crowd, Praises Liberty's Growtn", *Liberty News*, 24 de setembro de 2012; Karen Swallow Prior, "The Fake 'Holy War' Over Donald Trump's 'Get Even' Advice", *Christianity Today*, 3 de outubro de 2012.

¹⁴Robin, *Reactionary Mind*, p. 29-30.

¹⁵Kelley Smith, "Trump Holds Campaign Rally at Dordt College", *KSFY News*, 23 de janeiro de 2016; Boorstein, "Why Donald Trump is Tearing Evangelicals Apart"; Eliza Collins, "Christian Leaders Balk at Falwell's Trump Endorsement", *Politico*, 26 de janeiro de 2016.

¹⁶Frances Robles e Jim Rutenberg, "The Evangelical, the 'Pool Boy', the Comedian and Michael Cohen", *New York Times*, 18 de junho de 2019; Nick Gass, "Poll: Evangelicals Flocking to Trump", *Politico*, 26 de janeiro de 2016.

¹⁷Ruth Graham, "The Pundit Pastor", *Slate*, 14 de maio de 2018; Ian Schwartz, "Pastor Jeffress: Without Trump We Will Have Most Pro-Abortion President in History", *Real Clear Politics*, 26 de fevereiro de 2016; Bob Allen, "'Evangelical Elite' Just Doesn't Get it, Claims Pastor and Trump Supporter", *Baptist News Global*, 16 de março de 2016.

¹⁸Bean, "Jesus and John Wayne: Must We Choose?".

¹⁹Tessa Berenson, "John Wayne's Daughter Endorses Donald Trump", *Time*, atualizado em 19 de janeiro de 2016.

²⁰Russell Moore, "Have Evangelicals Who Support Trump Lost their Values?", *New York Times*, 17 de setembro de 2015; Trip Gabriel, "Donald Trump, Despite Impieties, Wins Hearts of Evangelical Voters", *New York Times*, 27 de fevereiro de 2016; Russell Moore, "Why this Election Makes me Hate the Word 'Evangelical'", *Washington Post*, 29 de fevereiro de 2016; Russell Moore, "A White Church No More", *New York Times*, 6 de maio de 2016; Elizabeth Dias, "Donald Trump's Feud With Evangelical Leader Reveals Fault Lines", *Time*, 9 de maio de 2016.

²¹Denny Burk, "NeverTrump Has Only Just Started", *Denny Burk* (blog), 4 de maio de 2016, www.dennyburk.com/nevertrump-has-only-just-started/; Michael Gerson, "Evangelicals Must not Bear the Mark of Trump", *Washington Post*, 2 de junho de 2016.

²²Gabriel, "Donald Trump, Despite Impieties, Wins Hearts of Evangelical Voters".

[23] Boorstein, "Why Donald Trump is Tearing Evangelicals Apart"; Trip Gabriel e Michael Luo, "A Born-Again Donald Trump? Believe it, Evangelical Leader Says", *New York Times*, 25 de junho de 2016.

[24] Wayne Grudem, "Why Voting for Donald Trump Is a Morally Good Choice", *Townhall*, 28 de julho de 2016.

[25] Jonathan Chait, "Mike Pence Strongly Believes Donald Trump's Shoulder Width Guarantees His Foreign-Policy Acumem", *Intelligencer*, 22 de agosto de 2017; Chris Cillizza, "Mike Pence Compared Donald Trump to Teddy Roosevelt. About that...", *CNN*, 18 de agosto de 2017.

[26] Ward, "Auhtor Eric Metaxas"; Eric Metaxas, *post* do Twitter, 22 de maio de 2016, 4:57 da manhã, twitter.com/ericmetaxas/status/734352577710657536; Casey Harper, "Leading Evangelical Makes the Case for Christian Support of Trump", *Daily Caller*, 18 de julho de 2016.

[27] "Evangelicals Rally to Trump, Religious 'Nones' Back Clinton", Pew Research Center, 13 de julho de 2016.

[28] Phyllis Schlafly, "The Stupidity of Feminists", Self-Educated American, 21 de maio de 2012, acessado em 19 de outubro de 2018, selfeducatedamerican.com/2012/05/21/the-stupidity-of-feminists/; Brody e Lamb, *Faith of Donald J. Trump*, 241; Rebecca Morin, "Trump Honors 'True Patriot' Phyllis Schlafly at her Funeral", *Politico*, 10 de setembro de 2016.

[29] "Transcript: Donald Trump's Taped Comments About Women", *New York Times*, 8 de outubro de 2016.

[30] Wayne Grudem, "Trump's Moral Character and the Election", *Townhall*, 9 de outubro de 2016.

[31] Sarah Pulliam Bailey, "'Still the Best Candidate': Some Evangelicals Still Back Trump Despite Lewd Video", *Washington Post*, 8 de outubro de 2016.

[32] Russell Moore, postagem no Twitter, 7 de outubro de 2016, 18:54, twitter.com/drmoore/status/784572768922791936; John Piper, "Christian, You are Free Not to Vote", *D esiring G od*, 3 de novembro de 2016; www.desiringgod.org/messages/sons-of-freedom-and-joy/excerpts/christian-you-are-free-not-to-vote; Ed Stetzer, "Evangelicals: This is What it Looks Like When You Sell Your Soul For a Bowl of Trump", *Christianity Today*, 2 de novembro de 2016.

[33] Caitlin Moscatello, "Our Bodies, Their God", *The Cult*, 17 de novembro de 2016; Anne Helen Petersen, "The New Evangelical Woman Vs. Trump", BuzzFeed News, 7 de novembro de 2016; Tiffany Stanley, "This Evangelical Leader Denounced Trump. Then the Death Threats Started", *Politico*, 17 de dezembro de 2017.

[34] Martínez e Smith, "How the Faithful Voted".

[35] "For GOP Voters, a Winding Path to a Trump Nomination", Pew Research Center, 18 de julho de 2016; Gregory A. Smith, "Churchgoing Republicans, once Skeptical of Trump, Now Support Him", Pew Research Center, 21 de julho de 2018; Timothy Gloege, "Itsnotus: Being Evangelical Means Never Having To Say You're Sorry", *Religion Dispatches*, 3 de janeiro de 2018; Gregory A. Smith, "Among White Evangelicals, Regular Churchgoers are the Most Supportive of Trump", Pew Research Center, 26 de abril de 2017.

[36] Daniel Cox, Rachel Lienesch e Robert P. Jones, "Beyond Economics: Fears of Cultural Displacement Pushed the White Working Class to Trump", PRRI, 9 de maio de 2017; Janelle S. Wong, *Immigrants, Evangelicals and Politics in an Era of Demographic Change* (New York, Russell Sage Foundation, 2018); Diana C. Mutz, "Status Threat, not Economic Hardship, Explains the 2016 Presidential Vote", PNAS, 8 de maio de 2018, primeira publicação em 23 de abril de 2018; Green et al., *Religion and the Culture Wars*, p. 268.

[37] Chris Moody, "The Survival of a Southern Baptist Who Dared to Oppose Trump", CNN Politics, julho de 2017.

[38] Sarah Pulliam Bailey, "The Trump Effect? A Stunning Number of Evangelicals Will Now Accept Politicians' 'Immoral' Acts", *Washington Post*, 19 de outubro de 2016; Tom Gjelten, "White Evangelicals Conflicted by Accusations Against Roy Moore", *NPR*, 14 de novembro de 2017.

[39] Brody e Lamb, *Faith of Donald J. Trump*, p. 260.

[40] Brody e Lamb, *Faith of Donald J. Trump*, p. 19-21.

[41] Brody e Lamb, *Faith of Donald J. Trump*, p. 72.

[42] Brody e Lamb, *Faith of Donald J. Trump*, p. 76-7.

[43] Brody e Lamb, *Faith of Donald J. Trump*, p. 75-6.

[44] Betsy Cooper et al., "The Divide Over America's Future: 1950 or 2050?", *PRRI*, 25 de outubro de 2016.

CAPÍTULO 16

[1] Smith, "Among White Evangelicals".

[2] Michael Paulsen, "A Brash Style That Filled Pews, Until Followers Had Their Fill", *New York Times*, 22 de agosto de 2014; Warren Cole Smith, "Unreal sales for Driscoll's *Real Marriage*", *World*, 5 de março de 2014.

[3] Douglas Wilson, "Ten Notes on the Driscoll Dogpile", *Blog & Mablog*, 25 de agosto de 2014, dougwils.com/the-church/ten-notes-on-the-driscoll-dogpile.html; Douglas Wilson, "Ask Doug: What Are Your Thoughts on the Mark Driscoll Situation", *Canon Wired*, 20 de outubro de 2014; www.canonwired.com/featured/thoughts-on-the-mark-driscoll-situation/; John Piper, "Do You Regret Partnering with Mark Driscoll?", *Desiring God*, 13 de novembro de 2014, www.desiringgod.org/interviews/do-you-regret-partnering-with-mark-driscoll; "Reflections on Mark Driscoll and the Church", John Piper entrevistado por Norm Funk, 31 de julho de 2015, YouTube, www.youtube.com/watch?v=4Yhn_4mmowU, acessado em 8 de agosto de 2018; Sarah Pulliam Bailay, "Mark Driscoll Charged with Abusive Behavior by 21 Former Mars Hill Pastors", *Washington Post*, 22 de agosto de 2014.

[4] T. F. Charlton, "A Church Group, a Lawsuit and a Culture of Abuse", *Religion Dispatches*, 6 de março de 2013.

[5] Kate Shellnutt, "Darrin Patrick Removed from Acts 29 Megachurch for 'Historical Patterns of Sin'", *Christianity Today*, 13 de abril de 2016; Eric Kelderman, "Accreditor Cites Leadership Problems in Keeping Master's U. on Probation", *Chronicle of Higher Education*, 8 de março de 2019; Samuel Smith, "John MacArthur's Master's University Put on Probation by Accrediting Agency", *Christian Post*, 22 de agosto de 2018; Julie Roys, "Hard Times at Harvest", *World Magazine*, 13 de dezembro de 2018; Emily McFarlan Miller, "James MacDonald Fires as Harvest Bible Chapel Pastor", *Religion News Service*, 13 de fevereiro de 2019.

[6] Meghan Keneally, "List of Trump's Accusers and their Allegations of Sexual Misconduct", *ABC News*, 25 de junho de 2019.

[7] Katie Frost, "Dr. James Dobson Endorses Judge Roy Moore", www.roymoore.org/Press-Release/38/DR.-JAMES-DOBSON-ENDORSES-JUDGE-ROY-MOORE; Michelle Boorstein, "Alabama State Official Defends Roy Moore, Citing Joseph and Mary; 'They Became Parents of Jesus'", *Washington Post*, 10 de novembro de 2017; Russell Moore, *post* do Twitter, 13 de novembro de 2017, 14:16, twitter.com/drmoore/status/930197784959115264; Carlos Ballesteros, "Alabama Evangelicals More Likely to Support Roy Moore After Sexual Assault Allegations, Poll

Shows", *Newsweek*, 12 de novembro de 2017; "Exit Poll Results: How Different Groups Voted in Alabama", *Washington Post*, 13 de dezembro de 2018; Amy Yurkanin, "Roy Moore Had Ties to Groups that Didn't Believe in Gender Equality", AL.com, 9 de dezembro de 2017, atualizado em 6 de março de 2018.

[8] Edward-Isaac Dovere, "Tony Perkins: Trump Gets 'a Mulligan' on Life, Stormy Daniels", *Politico*, 23 de janeiro de 2018.

[9] "NPR/PBS News Hour/ Marist Poll National Tables September 22nd through September 24th, 2018", *NPR*, 22-24 de setembro de 2018, http://maristpoll.marist.edu/wp-content/uploads/2018/09/NPR_PBS-NewsHour_Marist-Poll_USA-NOS-and-Tables_1809251359.pdf page=3.

[10] Kathryn Joyce, "By Grace Alone: The Next Christian Sex-Abuse Scandal", *Kathryn Joyce* (blog), 5 de maio de 2014, kathrynjoyce.com/by-grace-alone-the-next-christian-sex-abuse-scandal/, acessado em 12 de agosto de 2019.

[11] "Evangelical Leader Quits, Denies Male Escort's Allegations", CNN, 2 de novembro de 2006.

[12] "Evangelical Leader Quits"; David Goldstein, "Who's to Blame for Pastor Haggard's Fall from Grace? His Fat, Lazy Wife", *Huffington Post*, 4 de novembro de 2006, atualizado em 25 de maio de 2011.

[13] Randy Turner, "Judge to Kanakuk's Joe White: Stay Away from Sex Abuse Victim", *Turner Report*, 4 de outubro de 2011, rturner229.blogspot.com/2011/10/judge-to-kanakuks-joe-white-stay-away.html; Andrew W. Griffin, "Sandusky-like Camp Director Arrested in Missouri — What did Kanakuk's 'Godlike' Joe White Know?", *Red Dirt Report*, 27 de agosto de 2012, flux.community/kristin-kobes-du-mez/2021/06/evangelical-sexual-abuse-russell-moore-trump. ChristianPost.com, "Christian Men's Conference Decried for Featuring Speakers Accused of Rape, Sex Abuse Cover-up", *Fox News*, 18 de fevereiro de 2017, atualizado em 5 de julho de 2017, www.foxnews.com/us/christian-mens-conference-decried-for-featuring-speakers-accused-of-rape-sex-abuse-cover-up.

[14] Tiffany Stanley, "The Sex-Abuse Scandal That Devastated a Suburban Megachurch", *Washingtonian*, 14 de fevereiro de 2016.

[15] C. J. Mahaney, *Sex, Romance and the Glory of God: What Every Christian Husband Needs to Know* (Wheaton: Crossway Books, 2004), p. 16, 87, 98, 123; Charlton, "A Church Group".

[16] Bob Allen, "Mahaney Gets Support from John Piper", *Baptist News Global*, 18 de fevereiro de 2013; Sarah Pulliam Bailey, "Evangelical Leaders Stand by Pastor Accused of Abuse Cover-up", *Washington Post*, 24 de maio de 2013; Julie Anne Smith, "Mohler, Dever and Duncan Break Silence and Release Statement in Support of C. J. Mahaney", *Spiritual Sounding Board*, 23 de maio de 2013, spiritualsoundingboard.com/2013/05/23/mohler-dever-and-duncan-issue-statement-in-support-of-c-j-mahaney/, acessado em 1º de julho de 2019; Benjamin Sledge, "Together for the Go$pel", *Medium*, 28 de janeiro de 2019, gen.medium.com/together-for-the-go-pel-26a-23116d46b; Don Carson e Justin Taylor, "Why We Have Been Silent about the SGM Lawsuit", *The Gospel Coalition*, 24 de maio de 2013, sharperiron.org/comment/58206.

[17] Watchkeep (Amy Smith), "Albert Mohler e CJ Mahaney" (gravação de áudio) 2016, watchkeep.org/2016/04/mohler-and-mahaney-laughing-at-child-sex-abuse-victims-together-for-the--gospel-2016/, acessado em 13 de agosto de 2018; Bob Allen, "Al Mohler Says He Was Wrong about C. J. Mahaney", *Baptist News Global*, 18 de fevereiro de 2019.

[18] Sledge, "Together for the Go$pel".

[19] Sarah Pulliam Bailey, "New Charges Allege Religious Leader, Who Has Ties to the Duggars, Sexually Abused Women", *Washington Post*, 6 de janeiro de 2016; Bill Gothard,

NOTAS

"Wisdom Booklet 36", 1839, citado em Sara Jones, "An ATI Education, final chapter: Guilty Silence", *Recovering Grace*, 4 de janeiro de 2016, www.recoveringgrace.org/2016/01/an-ati-education-final-chapter-guilty-silence/, acessado em 7 de agosto de 2018. Cf. também Libby Anne, "Bill Gothard Explains Road Safety (aka How Not to Get Raped)", Patheos, 17 de agosto de 2015, acessado em 6 de setembro de 2019, www.patheos.com/blogs/lovejoyfeminism/page/203?____&repeat=w3tcpage%2F318.

[20] Lourdes Torres-Manteufel v. Douglas Phillips et al., 15 de abril de 2014, www.wnd.com/files/2014/04/TorresComplaintFinalwithCoverSheet.pdf, p. 1-15.

[21] Jamie Dean, "What Went Wrong? An In-depth Report on the Vision Forum Scandal", *World News Service*, 25 de março de 2014; Douglas Wilson, "Vice, Victims and Vision Forum", *Blog & Mablog*, sexta-feira, 18 de abril de 2014, gwils.com/books-and-culture/s7-engaging-the-culture/vice-victims-and-vision-forum.html, acessado em 12 de agosto de 2019.

[22] Wilson, *Her Hand in Marriage*, 48, 54, 85; Wilson, *Fidelity*, 62; Doug Wilson, "Mark Driscoll and the Problems of Citation", *Blog & Mablog*, 9 de dezembro de 2013, acessado em 22 de junho de 2017, dougwils.com/books-and-culture/s7-engaging-the-culture/mark-driscoll-and-problems-of-citation.html.

[23] Wilson, "Vice, Victims and Vision Forum"; Wilson, *Fidelity*, 85; "Douglas Wilson to Judge Stegner: 'I Have Been Asked to Provide a Letter on Behalf of Steven Sitler, which I am Happy to Do'", Steven Sitler, 19 de agosto de 2005, http://sitler.moscowid.net/2005/08/19/douglas-wilson-to--judge-stegner-i-have-been-asked-to-provide-a-letter-on-behalf-of-steven-sitler-which-i-am-happy--to-do/; Rod Dreher, "Scandal in Moscow", *American Conservative*, 29 de setembro de 2015, www.theamericanconservative.com/dreher/scandal-in-moscow/; Doug Wilson, "An Open Letter from Christ Church on Steven Sitler", *Blog & Mablog*, 5 de setembro de 2015, acessado em 1º de junho de 2017, dougwils.com/books-and-culture/s7-engaging-the-culture/an-open-letter-from-christ-church-on-steven-sitler.html; Doug Wilson, "The High Mountain Air Public Calumny", *Blog & Mablog*, 7 de setembro de 2015, acessado em 1º de junho de 2017, dougwils.com/books-and-culture/s7-engaging-the-culture/the-high-mountain-air-of-public-calumny.html.

[24] F. L. Stollar, "The Jamin C. Wight Story: The Other Child Molester in Doug Wilson's Closet", *Homeschoolers Anonymous*, 8 de setembro de 2015, homeschoolersanonymous.wordpress.com/2015/09/08/the-jamin-c-wight-story-the-other-child-molester-in-doug-wilsons-closet/. Wilson Offers his Own Version of Events with Regard to Sitler and Wight in Rod Dreher, "Doug Wilson's 'Reluctant Response'", *American Conservative*, 1º de outubro de 2015.

[25] Abby Ohlheiser, "Josh Duggar Molested Four of his Sisters and a Babysitter, Parents Tell Fox News", *Washington Post*, 4 de junho de 2015.

[26] Richard Pérez-Peña, "Bob Jones University Blamed Victims of Sexual Assaults, Not Abusers, Report Says", *New York Times*, 11 de dezembro de 2014; Kiera Feldman, "Sexual Assault at God's Harvard", *New Republic*, 17 de fevereiro de 2014.

[27] Smith, "Let Us Prey"; Sarah Smith, "Hundreds of Sex Abuse Allegations Found in Fundamental Baptist Churches across U.S.", *Forth Worth Star-Telegram*, 9 de dezembro de 2018.

[28] Smith, "Hundreds of Sex Abuse Allegations"; Smith, "Let Us Prey".

[29] Smith, "Let Us Prey".

[30] "I Was Assaulted. He Was Applauded", *New York Times*, 9 de março de 2018.

[31] Laurie Goodstein, "He's a Superstar Pastor", *New York Times*, 5 de agosto de 2018.

[32] Michelle Boorstein e Sarah Pulliam Bailey, "How Women Led to the Dramatic Rise and Fall of Southern Baptist Leader Paige Patterson", *Washington Post*, 10 de junho de 2014; Bobby Ross

Jr., Sarah Pulliam Bailey e Michelle Boorstein, "Prominent Southern Baptist Leader Removed as Seminary President Following Controversial Remarks about Abused Women", *Washington Post*, 23 de maio de 2018; Robert Downen, "More Men Accuse Former Texas Judge, Baptist Leader of Sexual Misconduct", *Huston Chronicle*, 13 de abril de 2018. Robert Downen, "The Women are Hurting", *Huston Chronicle*, 22 de agosto de 2019.

[33] Smith, "Hundreds of Sex Abuse Allegations".

[34] Robert Downen, Lise Olsen e John Tedesco, "Abuse of Faith", *Huston Chronicle*, 18 de fevereiro de 2019; Kate Shellnutt, "Report: How Southern Baptists Failed to Care About Abuse", *Christianity Today*, 10 de junho de 2019; Michael Gryboski, "Southern Baptist Convention Sever Ties With Kentucky Churches Over Female Pastors", *Christian Post*, 17 de dezembro de 2015.

[35] Rachel Denhollander e Morgan Lee, "My Larry Nassar Testimony Went Viral. But There's More to the Gospel Than Forgiveness", *Christianity Today*, 31 de janeiro de 2018.

[36] Denhollander e Lee, "'My Larry Nassar Testimony Went Viral".

[37] Al Mohler, "The Humiliation of the Southern Baptist Convention", *Christianity Today*, 23 de maio de 2018.

[38] Al Mohler, "The Humiliation of the Southern Baptist Convention"; Russel Moore, "Will Complementarianism Survive after the MeToo Movement?", Russel Moore, 3 de agosto de 2018, www.russellmoore.com/2018/08/03/will-complementarianism-survive-after-metoo/.

[39] John Piper, "Sex-Abuse Allegations and the Egalitarian Myth", *Desiring God*, 16 de março de 2018, www.desiringgod.org/interviews/sex-abuse-allegations-and-the-egalitarian-myth; John Piper, "Does a Woman Submit to Abuse?" *Ask Pastor John*, 1º de setembro de 2009, YouTube, www.youtube.com/watch?v=3OkUPc2NLrM.

[40] Nathan A. Finn, "Complementarian Caricature", *Journal of Biblical Manhood and Womanhood*, outono de 2010, p. 48-9.

CONCLUSÃO

[1] Gaither Vocal Band, "Jesus and John Wayne", faixa 3 on *Lovin'Life*, Spring Gouse, 2008, disco compacto.

[2] Niraj Chokshi, "Oliver North Is Named N.R.A President", *New York Times*, 7 de maio de 2018; Bobby Ross Jr., "'Jesus Loves me and My Guns': Faith and Firearms Touted at the NRA's Prayer Breakfast", *Washington Post*, 7 de maio de 2018; Shellnut, "Packing in the Pews".

[3] Nancy LeTourneau, "How Identity Politics Fuels the NRA and White Evangelicals", *Washinton Monthly*, 5 de março de 2018; Peter Beinart, "Conservatives Are Losing the Culture War Over Guns", *The Atlantic*, 1º de março de 2018.

[4] Cooper et al., "How Americans View Immigrants"; Hannah Harting, "Republicans Turn More Negative toward Refugees as Number Admitted to U.S. plummets", Pew Research Center, 24 de maio de 2018; "Data Shows How Passionate and Partisan Americans are About the Border Wall", PRRI, 8 de janeiro de 2019; "Evangelical Views on Immigration", LifeWay Research, fevereiro de 2015.

[5] Bob Allen, "'Evangelical elite' just doesn't get it, claims pastor and Trump supporter", Baptist News, 16 de março de 2016; Kristin Kobes Du Mez, "Understanding White Evangelical Views on Immigration", *Harvard Divinity Bulletin* 46, n. 1 & 2 (primavera/verão de 2018).

[6] Caleb Lindgren, "Gender and the Trinity: From Proxy War to Civil War", *Christianity Today*, 16 de junho de 2016; *Rise and Fall of the Complementarian Doctrine*.

NOTAS

[7] Estou em dívida com Corrin Van Bemden, Corrie Bakker, Steve McMullen, Laura McMullen, Jenna Hunt, Brooklyn Walker, Rhonda Mejeur, Jonathan Harwell, Bryan Brghoef, Tami Persk, Joe Stubenrauch, Katherine Swart e Tim Krueger, por compartilharem esses exemplos comigo.

[8] Sou grata a Rachel Maxon e Mandy McMichael, por trazerem o assunto à minha atenção.

[9] Kristin Kobez Du Mez, "Hobby Lobby Evangelicalism", Patheos, 6 de setembro de 2018, www.patheos.com/blogs/anxiousbench/2018/09/hobby-lobby-evangelicalism/.

[10] Don Jacobson, entrevista por telefone com o autor, 13 de fevereiro de 2019.

[11] Carlos Maza, "This Right-Wing Legal Powerhouse Wants to Make Gay Sex Illegal", *Media Matters*, 19 de novembro de 2014; Claire Provost e Marty Fitzgerald, "Revealed: Trump-linked US Christian 'Fundamentalists' pour Millions of 'Dark Money' into Europe, Boosting the Far Right", openDemocracy, 27 de março de 2019; Jack Jenkins, "When Franklin Graham Met Putin", *Religion News Service*, 7 de agosto de 2018; Eliza Grisworld, "Franklin Graham's Uneasy Alliance with Donald Trump", *The New Yorker*, 11 de setembro de 2018; Jack Jenkins, "The Emerging Alliance between Putin and Trump's God Squad", *ThinkProgress*, 12 de julho de 2017.

[12] Daniel Rück, mensagem via Facebook, 6 de fevereiro de 2018.

[14] Nome omitido, mensagem via Facebook, 10 de janeiro de 2019; nome omitido, correspondência por e-mail, 25 de fevereiro de 2019.

[15] Sara Moslener, "Sexual Purity, ChurchToo, and the Crisis of Male Evangelical Leadership", *Religion & Politics*, 12 de junho de 2018; "Former Evangelical Pastor Rethinks His Approach to Courtship", *Weekend Edition Sunday*, NPR, 10 de julho de 2016.

[16] Don Jacobson, entrevista por telefone com o autor, 13 de fevereiro de 2019. Em uma correspondência por e-mail posterior (20 de junho de 2019), Jacobsen acrescentou que ainda concorda com boa parte dos ensinamentos desses escritores, mas que muitas vertentes novas foram longe demais: "Jesus nos ensinou a fazer discípulos de todas as nações, não tornar americanas todas as nações".

[17] Michael Gerson, "The Last Temptation", *The Atlantic*, abril de 2018; Cal Thomas, "Are Today's Evangelicals following Jesus or Following Trump?", Fox News, "Opinion", 24 de abril de 2018, www.foxnews.com/opinioncal-thomas-are-todays-evangelicals-following-jesus-or-following-trump.

ÍNDICE REMISSIVO

A
aborto
  ativismo antiaborto 58
  Roe contra Wade 83
Academia de Força Aérea dos Estados Unidos 176, 200
Academia Naval dos Estados Unidos 127
administração Clinton 145, 150
administração de Eisenhower 109
administração Reagan 122, 123, 129, 204
afro-americanos 29, 89, 104, 110, 116, 159
Ailes, Roger 151
Anani, Zachariah 215, 216
Anderson, Dianna 280
Anderson, Leith 217
Ankerberg, John 214
Anticristo 143, 243, 267
Antoon, David 205, 206
A Paixão de Cristo (filme) 30, 180, 181, 203, 204, 205
apóstolo Paulo 39, 158, 166
Arafat, Yasser 215
artes marciais mistas 185
Associação Nacional de Evangélicos
  Declaração de Consciência 151
  quatro distintivos evangélicos 28
ataques do 11 de Setembro 180, 182, 184, 185, 205
  após os ataques 180
  consequências dos 185
  guerra contra o terrorismo 211
autoridade
  bíblica 89, 90, 91, 105, 117, 118, 167, 195, 219
  cadeia de comando 90, 91, 155, 196, 204, 206, 255
  parental 85, 93, 97, 99
  patriarcal 27, 30, 33, 56, 71, 91, 99, 100, 102, 103, 105, 108, 118, 157, 169, 172, 186, 197, 232, 255, 259, 260, 270, 274, 276
  submissão à 70, 110
avivamento GodMen 185

B
Bachmann, Michele 253, 254
Bakker, Jim 133, 134, 140
Bakker, Tammy Faye 133
Baldwin, Charles 206
Barton, Bruce (*The Man Nobody Knows*) 41
Bauer, Gary 140, 149, 152, 201, 227, 239
Bean, Alan 10, 75, 244
Beck, Glenn 239
Bessey, Sarah 32, 280
Bíblia
  autoridade suprema 28
  Cantares de Salomão 191, 262
  guerra. *Veja* líder guerreiro
  inerrância 117, 118, 195
  interpretação 36, 118, 143
  Livro de Apocalipse 143, 183, 191
  papéis de gênero 47, 90
  porte de armas 27, 131, 226
  primavera de Gênesis 166
Bly, Robert 161, 166, 181
  Iron John 166
Bob Jones University 104, 116, 119, 266
Bonhoeffer, Dietrich 231, 232, 247
Boone, Pat 49, 59, 64, 119
Boone, Wellington 159
Boykin, William G. (Jerry) 218, 219, 220, 228, 230, 235, 239
Bremer, Paul 221
Bright, Bill 65, 139, 140, 154, 183, 202
  The Coming Revival 154
Brody, David 249, 253
Brooks, Garth 131
Broomfield, William 130
Brown, Helen Gurley (*Sex and the Single Girl*) 101
Brown *vs.* Conselho de Educação 57
Bryant, Anita 78, 88, 107
Buchanan, Pat 33, 95, 143, 154
Buckley, William F. Jr. 128
Bunker, Archie 132
Burk, Denny 196, 245
Bush, administração 218
Bush, George H. W. 142
Bush, George W.
  eleição 222, 223
  fim da presidência 222
  Guerra ao Terror 179, 218
  guerra do Iraque 143, 203
Bush, Jeb 241

ÍNDICE REMISSIVO

C
Califórnia
　migração 104
　motim de Watts 63
　música local 48
Calley, William 67, 128
Calvino, João 195
Cambone, Stephen 218, 221
Cameron, Kirk 30, 188
Campus Crusade for Christ 49, 154
Caner, Ergun e Emir 212
　Unveiling Islam 212
Carson, Ben 238
Carson, D. A. 196
Carter, Jimmy 117, 144, 241
casamento homossexual 35, 118, 203
Cash, Johnny 65
caubói
　celebridade 47
　individualismo robusto 48
cessacionismo 197
Charlton, T. F. 262
Christian Booksellers Association (CBA) 49
Christian Broadcasting Network (CBN) 123, 133
Christian Coalition 65, 142, 144, 147, 152, 154, 158, 202, 226
Christianity Today 49, 57, 67, 83, 121, 149, 168, 197, 199, 217, 239, 249, 257
Christian Men's Network 131
Civil Rights Act de 1964 57, 62, 63, 116
Cizik, Richard 152, 211, 217, 225
Clinton, Bill 117, 143, 144, 147, 148, 169
Clinton, Hillary Rodham 144
　campanha presidencial 154, 241
　It takes a Village 145
Clube 700 (programa de TV) 233
Coats, Dan 136
Cohen, Michael 243
Cole, Edwin Louis 131
　Maximized Manhood 131, 154
Colombo, Cristóvão 232
Colorado Springs 200, 201, 204, 210, 216, 227, 260
Combs, Roberta 226
Comitê de Atividades Antiamericanas 71
complementarismo 168, 170, 172, 195, 197, 199, 228, 256, 257, 272
Comprehensive Child Development Bill [Projeto de Lei do Desenvolvimento Infantil] 95
Comunhão Militar Cristã 45
comunismo
　crise moral 55
　cultura do medo 35

Concerned Women for America (CWA) 104
conferência *Desiring God* 197, 198
Conferência Mundial da Mulher (1995) 150
Conselho de Política Nacional 106
conservadores
　forças de base 111
　neoconservadores 221
　rede 79, 169, 199
conservadorismo caubói 59, 62, 119
Convenção Batista do Sul 32, 64, 83, 98, 117, 125, 130, 143, 160, 167, 169, 170, 171, 195, 197, 205, 207, 213, 239, 243, 252, 257, 269, 270
　e abusos sexuais 270
　e a CBMW 169
　mercado cristão e a 32, 207
　sobre o aborto 83
Coughlin, Paul (*No More Christian Nice Guy*) 181, 185
Council on Biblical Manhood and Womanhood (CBMW) 167
crianças
　abuso 115, 266, 268
　castigo 70, 267
　creches 82, 95, 107, 145
　direitos 145
　identidade de gênero 230
　punição de 108
　pureza sexual 102
cristãos
　novo nascimento 63
　perseguição 151
　senso de combate 35
cristianismo vitoriano 37, 38
Criswell, W. A. 57, 117, 243
Crockett, Davy 71
Cruz, Ted 239, 240, 241, 245

D
Dabney, Robert Lewis 187
Dalbey, Gordon (*Healing the Masculine Soul*) 161, 180
Daly, Jim 215
Daniels, Stormy 258
Daschle, Tom 201
Davis, Kim 229
Declaração de Danvers 168, 169
DeMoss, Mark 154, 243
Department of Health, Education and Welfare 108
Detweiler, Brent 262
Dever, Mark 263
DeVos, Richard 101, 113, 139

direita religiosa.
   arquitetos da 100, 110
   islamofobia 28, 214, 228
   números em declínio na 225
direito ao porte de armas 274, 275
direitos dos homossexuais 28, 78, 111, 145
Dobson, James 87, 147, 202, 260
   anti-islâmico 210
   ativismo político 99, 139, 201
   Bringing Up Boys 176
   Dare to Discipline [*Ouse disciplinar*] 92, 93, 94, 98, 129
   escândalos sexuais 260
   Focus on the Family 94, 98, 111
   Love Must Be Tough 148
   Straight Talk to Men and Their Wives 96
   Where's Dad? 94, 136
Dobson, Ryan 185
Domestic Violence Act 107
Driscoll, Mark 195, 217, 260
   masculinidade militante 190
   misoginia 192, 194
Dru, Joanne 50
Ducat, Stephen 148
Dukakis, Michael 142

E
Eagle Forum 104
Eddy, Sherwood 41
Education Amendments Act 95
Edwards, Jonathan 32
Eisenhower, Dwight D. 54
Eldredge, John 173, 189, 273
   Wild at Heart [*Coração selvagem*] 173
Elliot, Elisabeth 32, 80, 86, 118, 165, 276
Elliot, Jim 80
"Em Deus confiamos" 55
ensino doméstico 91, 187
Equal Rights Amendment (ERA) 82
Estados Unidos
   destinados à destruição 105
   guerra pela alma 143, 167
   imperialismo nos 38
   nação cristã 34, 40, 55, 57, 58, 83, 105, 138, 141, 211, 222, 229, 254
   nação escolhida por Deus 28, 281
"Eu Amo os Estados Unidos" 107
evangélicos
   analfabetismo teológico 29
   anti-islâmica. *Veja* Islã
   brancos. *Veja* evangélicos brancos
   cristianismo cultural 234
   cultura de consumo 39
   e o establishment 31, 32, 93, 141, 152, 233, 239, 248, 250
   e raça. *Veja* racismo
   evangelho da prosperidade 92
   força policial 146
   fundamentalistas 33, 40
   identidade cultural compartilhada 31, 167
   liberdade religiosa 26, 229
   mais jovem 46, 93, 164, 171, 182, 216, 228
   masculinidade militante 27, 33, 34, 70
   movimento dos homens 155, 159
   pró-Israel 211
   radicalização 199
   sulistas 39, 116
evangélicos brancos
   identidade dos 29, 30
   protestantes negros 29, 223, 237
Evans, Dale 59
Evans, Mike 212
Evans, Rachel Held 32
Evans, Tony (*Seven Promises of a Promise Keeper*) 157
Explo' 72 65, 66, 202

F
Fairness Doctrine da FCC 150
Falwell, Jerry 35, 67, 87, 92, 100, 106, 119, 126, 134, 139, 147, 154, 158, 182, 183, 197, 217, 223, 239, 241
   Deus é pró-guerra 183
   direitos religiosos 140
   Listen, America! 107, 120
Falwell, Jerry Jr. 241
família Duggar (*19 Kids and Counting*) 266, 272, 273
família Robertson
   Duck Dynasty 233
Family Research Council 139, 145, 147, 201, 220, 226, 230, 235, 258, 266
Farrar, Steve 164, 180, 210
Farris, Michael 139, 186, 266
Fellowship of Christian Athletes 49, 158, 200
Fellowship", "The [A Fraternidade] 54
feministas
   direitos das mulheres 153, 237
   e o aborto. *Veja* aborto
   valores familiares 34
Ferrell, Will 195
Field, Samantha 280
fim da Lei Seca (1933) 33
Finn, Nathan 272
FitzGerald, Frances 109, 158
Focus on the Family 30, 94, 98, 99, 136, 139, 145, 154, 159, 162, 176, 181, 201, 202, 206,

ÍNDICE REMISSIVO

210, 214, 215, 217, 272, 279, 289, 295, 297, 300, 301, 302
e os Promise Keepers 159
e perspectivas anti-islâmicas 215
fundo de defesa 206
Ford, Christine Blasey 258
Forrest, Nathan Bedford 206
Fórum da Liberdade 58, 59, 60
Fox News 29, 151, 207, 266
Friedan, Betty 79, 86
Fuller, Charles 106
Fuller Seminary 49
fundamentalistas
  guerra 44, 66
  modernistas 40
  segregação 57, 58

G

Gaines, Chip e Joanna 278
Gaither Vocal Band 274
gays no exército 146
Gerson, Michael 245
Gibson, Mel 32, 174, 176, 180, 181, 192, 203, 204, 206, 253, 254
Gilder, George 96, 181
Gilyard, Darrell 270
Gingrich, Newt 33
Glass, James 206
Glover, Voyle (*Fundamental Seduction*) 267
God of Our Fathers (peça) 61
Goldwater, Barry 59, 60, 254
Gorbachev, Mikhail 138
Gorman, Marvin 133, 134
Gospel Coalition 30, 195, 196, 256, 257, 262
Gothard, Bill 88, 100, 187, 209, 263, 273
Graham, Billy 10, 33, 43, 44, 53, 62, 67, 68, 71, 83, 88, 98, 116, 117, 120, 202, 211, 239, 243, 249, 279
  e a Juventude para Cristo 44, 45
  Eisenhower 54, 55
  e Johnson 62
  e Nixon 62, 64
  e o novo evangelicalismo 43
  e o Vietnã 53, 62
  Goldwater 62
Graham, Franklin 35, 227, 249, 278, 279
Grant, Robert 135
Grinalds, John S. 129
Grudem, Wayne 147, 168, 228, 239, 246, 276
guerra
  alma da nação 151
  espiritual 137, 193, 212
  exigem sacrifício 235

moralidade da 235
perpétua 221
preventiva 27, 137, 138, 183, 212, 221, 228
teoria cruzada 138
zona global de fogo aberto 219
Guerra ao Terror 179, 207, 217, 218, 219
Guerra Civil Americana
  anos pós-guerra 48, 95
  guerra religiosa 86, 89, 143
Guerra do Golfo 143, 145, 146, 163
Guerra dos Contras, na Nicarágua 122
Guerra do Vietnã 67, 71, 162, 219
  divisor de águas 68
  escalada da 64
  Golfo de Tonkin 127
  My Lai massacre 67, 74, 128
  Ofensiva do Tet 68, 127, 209
Guerra Fria 35, 48, 52, 55
  comunismo 55, 69, 83
  pós-Guerra Fria 146, 151, 152, 172, 179, 220
Guerra Hispano-Americana 38
Guerra no Natal 151

H

Hagee, John 216
Haggard, Ted 202, 207, 210, 212, 260
Hahn, Jessica 134
Hamblen, Stuart 47
Hargis, Billy James 60, 63, 102
Harris, Josh 171, 194, 196, 210, 262, 280
  I Kissed Dating Goodbye [*Eu disse adeus ao namoro*] 171, 194, 280
Hatfield, Mark 68, 121
Hatmaker, Jen 32, 250
Hayford, Jack 202
Henley, Wallace 65
Henry, Carl 67
Herbster, Carl 183
Hill, Anita 148
Hill, E. V. 159
hippies 65, 115, 233, 276
Hitler 183, 247
Hobby Lobby 278, 279
Holton, Chuck 209, 210, 212, 220
homossexuais 35, 70, 75, 78, 104, 111, 115, 131, 140, 146, 152, 154, 165, 201
Howard, Doug 9, 215
Huckabee, Mike 187
humanismo secular 107, 239
Hussein, Saddam 142, 183, 222
Hybels, Bill 197, 217, 269
Hyles, Dave 267
Hyles, Jack 69, 217, 267, 268
  How to Rear Children 69

I

ideologia de gênero
  banheiros do tipo transgênero. *Veja tb.* sexo
  CBMW 167, 169
  homem e mulher como opostos 80
  papéis tradicionais 33, 47
Igreja Cristã Reformada 30
Igreja da Unificação 140
Igreja Mars Hill, Seattle 190, 256
imigrantes
  atitude de Trump para com os 25
  da Europa 37
  intolerância em relação 28
imperialismo 38, 52
Independent Fundamental Baptist 267, 270
Institute in Basic Life Principles [IBPL] 89, 263
Irã
  derrubada do xá 112
  Irã-Contras 126, 127, 130, 138, 219
  sequestro de reféns 112, 116, 124, 125, 218, 219
Iraque
  guerra no 183, 209, 218
  Kuwait invadido pelo 142
Ireland. Patricia 153
It is No Secret (música) 48
Iwo Jima
  O Portal da Glória (filme) 51

J

Jackson, Stonewall 187
Jacobson, Don 9, 281
Jeffress, Robert 25, 35, 57, 241, 249
Jesus
  como guerreiro 27, 29, 163
  e o Deus Triúno 276
  expiação de 28, 47, 195, 199
  fé pessoal 54
  Oliver North comparado a 135
  salvação por meio de 109
Jesus and John Wayne (música) 274
John Birch Society 59, 81, 102, 104
Johnson, Lyndon 62
Jones, Bob III 119
Jones, Mike 260
Jones, Robert P. 252
Julgamento de Scopes (1925) 33
Jung, Carl 161

K

Kanakuk Kamps 260
Kavanaugh, Brett 258
Keller, Tim 196, 256
Kennedy, D. James 113, 139, 183
Kennedy, John F. 58
Kennedy, Robert 128
King, Martin Luther Jr. 57, 128
Klein, Linda Kay 280
Knott, Walker (Knott's Berry Farm) 61
Knox, John 198, 253
Kovic, Ron (*Born on the Fourth of July*) 72
Kristofferson, Kris 65
Ku Klux Klan 102, 206

L

LaHaye, Beverly 100, 104, 114, 118, 127, 139, 154, 175
  e Concerned Women for America 118
  O ato conjugal 102
  The Spirit-Controlled Woman 104
LaHaye, Tim 35, 92, 100, 101, 104, 139, 151, 216
  How to Be Happy Though Married 101
  livros *Left Behind* 101
Lakoff, George 99
Lamb, Scott 253
Land, Richard 98, 148, 170, 183, 226
Landry, Tom 113
Lane, David 239
lar. *Veja* valores familiares
LaRoche, Adam 275
Lee, Richard 130
Lee, Robert E. 57, 61, 198, 206
Lei de Violência contra a Mulher (1994) 149, 257
lei e ordem 58, 71, 116
  racialmente codificada 116
Lewinsky, Monica 147
Lewis, C. S. 121
Lewis, Sinclair 42
liberação da mulher 117, 162
Liberty University 92, 104, 126, 214, 223, 253
liderança
  de Hitler 183
  espiritual 47, 168
  estilo forte de 28, 112, 115
  masculina 70, 96, 104, 118, 132, 156, 168, 169, 172, 226, 262, 272
  no lar 28, 70, 259
liderança serviçal 156, 157, 163, 168, 169, 172
líder guerreiro 274
  dócil 161, 164, 166, 172, 178, 180
  guerreiro da cultura 258
  masculino 39, 50, 75
Liga das Nações 143
Limbaugh, Rush 150, 279
Lincoln, Abraham 61, 221
Lindsay, Hal 143
Luce, Ron 182

ÍNDICE REMISSIVO

M

MacArthur, Douglas 32, 61
MacArthur, John 195, 257
MacDonald, James (*Act Like Men*) 257
Mahaney, C. J. 196, 256, 261, 262, 271, 272
maioria silenciosa 62, 63
Malcolm X 224
Marcos, Ferdinand e Imelda 140
Marsden, George 9, 43
masculinidade
  branca 34, 39, 244
  crise de 34, 174
  desequilíbrio na 162
  fronteiras sociais 34
  livros sobre 167, 182
  macho alfa 256
  metáforas esportivas 158
  militante. *Veja* masculinidade militante
  modelos de 166
  testosterona 35, 165, 176, 185, 246, 252, 255, 259
  vínculo de 93
  violenta 38
  Wayne como ícone. *Veja* Wayne, John
masculinidade cristã. *Veja* masculinidade; masculinidade militante
masculinidade militante
  aceitação evangélica da 274
  e a Primeira Guerra Mundial 42
  e conservadorismo 71
  e Falwell 107
  e o patriarcado 56
  e Trump 27
McCain, John 209, 223
McCartney, Bill 153, 159
McDougall, John (*Jesus Was an Airborne Ranger*) 234
McDowell, Josh (*Why Wait? What You Need to Know About the Teen Sexuality Crisis*) 171
McGovern, George 64, 144
McIntire, Carl 42, 66
McLaren, Brian 217
medo
  cultura do 35
  fomentação evangélica do 217
Mencken, H. L. 42
mercado evangélico 32, 278
Metaxas, Eric 230, 247, 249
Meyer, Joyce 30
mídia
  e a influência corrupta 148
  e angariação de fundos 127
  escândalos sexuais envolvendo televangelistas 133, 134, 142
  Fairness Doctrine na 150
  mercados cristãos 279
  mídia cristã 34, 133
militares
  brutalidade dos 66, 67
  controle civil dos 222, 235
  e a Guerra do Vietnã. *Veja tb.* Guerra do Vietnã
  escândalos sexuais no 146
  forças do bem 203
  infiltração evangélica 207
  missionário 67
  mulheres no exército 193, 220
  Segunda Guerra Mundial 64, 162
Miller, Marion 59
Mitchell, George 130
modelo de megaigrejas 202
modernistas 40
Mohler, Al 118, 148, 170, 193, 217, 262, 263, 271
Moore, Beth 249
Moore, Roy 201, 258
Moore, Russell 239, 241, 245, 249, 252, 258, 272
Moral Majority 107, 109, 140, 154, 187, 202, 250
Morgan, Marabel 76, 86, 88, 96, 102, 178, 262
  The Total Woman 76, 79, 102
Mouw, Rich 217
movimento de pureza sexual 167, 172
movimento dos direitos civis 57
  desobediência civil 57, 109, 201
movimento *quiverfull* 189, 212, 264
muheres
  direitos das 47
Mulder, Mark 9, 175
mulheres
  assédio sexual, abuso 263
  da Maioria Silenciosa 69, 81, 87
  educação de 89
  esposa gostosona 195
  feminista. *Veja* feministas
  implorando aos homens que tivessem pulso firme 163
  na liderança 168
  submissa 34, 78, 197, 259, 265
  trabalho 77, 82, 83, 95
  violência doméstica 107
Murrow, David (*Why Men Hate Going to Church*) 181

N

nacionalismo cristão
  excepcionalismo moral 52
  identidade evangélica 29, 33, 67, 98, 167, 274
  identidade racial branca 30
  militarismo 33, 69, 84

Nações Unidas 35, 59, 143, 145, 146
Nance, Penny 243
Nassar, Larry 271
National Organization for Women 153
National Prayer Breakfast 54, 189, 231
National Rifle Association 274, 275
Navigators 45, 200
Nazarene Bible College 200
Neff, David 217
neocalvinismo 161, 196, 197, 198
New Life Church 202, 204, 206, 210, 260
Newman, Pete 261
New Yorker 109
Nicarágua 112
Nixon, Richard 62, 63
Norman, Larry 65
North, Oliver 33, 123, 124, 125, 126, 130, 135, 137, 140, 207, 210, 212, 220, 224, 254, 275
    American Heroes 208
    e a Olliemania 126, 127, 207
    Mission Compromised 207
    NRA 275
    Under Fire 130

O

Obama, Barack 35, 223, 224, 226, 227, 232, 258
    e a eleição de 2008 35, 225, 226
    e o Affordable Care Act 229
Obama, Michelle 224, 238
Ockenga, Harold John 42
Officers' Christian Fellowship 45, 129, 137, 200
Old Fashioned Revival Hour (rádio) 106
Oliver, Gary (*Real Men Have Feelings Too*) 155
Olsen, Ted 197
Olson, Roger 196
Operação Tempestade no Deserto 142
O'Reilly, Bill 151
Os Boinas Verdes 71, 74

P

Palin, Sarah 181, 187, 225, 238
Parks, Rosa 201
Partido Democrata
    sulistas brancos estavam abandonando 116
Partido Republicano
    apoio evangélico ao 53, 66
    direitos dos Estados 63
    movimento para a direita 106, 143
Paterno, Joe 261
patriarcado
    bíblico 187, 198, 273
    branco 34, 53, 159
    poder patriarcal 34, 88, 99, 112, 196, 199, 257, 259
    suave 155
Patrick, Darrin 257
patriotismo 40, 41, 45, 59, 61, 64, 65, 67, 69, 71, 108, 129, 130, 140, 142, 188, 221
Patterson, Paige 117, 147, 169, 170, 212, 243, 269
Patton, George S. 32
Payne, Leanne (*Crisis in Masculinity*) 161
Pedro 163
Pence, Mike 246
Pepperdine College 58, 60
Perdidos na Noite 75
Perkins, John 159
Perkins, Tony 203, 226, 239, 258
Perot, Ross 144
Perry, Rick 187
Phillips, Doug 91, 187, 189, 253, 258, 264, 272, 273
Phillips, Holly 157
Phillips, Howard 91, 107, 139, 187
Phillips, Randy 157
Piper, John 30, 168, 194, 195, 196, 197, 198, 210, 226, 229, 238, 249, 256, 272, 273, 280
    e a teologia reformada 196
    e escândalos 249
Pledge of Allegiance 55
populistas 40
pós-milenaristas 105
pré-milenaristas 101, 105
Pressler, Paul 117, 270
Price, John (*America at the Crossroads*) 120
Primeira Guerra Mundial 39, 40, 45
    era pós-guerra 42
Primeira Igreja Batista de Dallas 25, 57, 243
Primeira Igreja Batista de Hammond 267, 268
Programa Phoenix 219
Promise Keepers 30, 153, 154, 155, 157, 158, 159, 160, 167, 171, 178, 181, 182, 192, 212, 260
Protestantismo
    centralizado na igreja 39
    liberal 40, 42
PTL Club, The (TV) 133
Putin, Vladimir 279

Q

quacres 62, 63

R

raça
    e as academias de segregação 58
    e relacionamentos inter-raciais 89, 102, 104
    "reconciliação racial" 159

ÍNDICE REMISSIVO

racismo 28, 29, 36, 57, 63, 68, 85, 109, 159, 162, 199, 224, 227, 247
   linguagem codificada 85
Rader, Paul 63
Ramsey, Dave 32
Ray, Ronald D. 145
Reagan, Ronald 59, 61, 113, 208, 221, 241, 254, 278, 279
   eleito presidente 114
   e o Portão de Brandemburgo, Berlin 138
   e os evangélicos conservadores 140
   Partido Republicano 114, 116
   política externa 120, 121
   reeleição de 140
reavivamento 108, 119, 195
reconciliação racial 159
reconstrucionismo cristão 105
Reed, Ralph 131, 143, 147, 149, 152, 158, 249
Regra de Ouro do cristianismo 54
religião
   dos velhos tempos 40, 42
   nos subúrbios 251
Religious Roundtable 113
revista *World* 256, 257
Rice, John R. 63
Richardson, Cecil 206
Rio Vermelho (filme) 50, 52
Robertson, Pat 30, 91, 92, 113, 132, 133, 139, 141, 142, 147, 149, 211, 215, 216, 223
   The New World Order 142
Robison, James 49, 113
Roe v. Wade 95, 111, 238
Rogers, Roy 59
Roosevelt, Theodore 38, 52, 59, 177, 187
Rough Riders 38
Roys, Julie 250
Rubio, Marco 239, 241, 245
Rumsfeld, Donald 218, 221
Rushdoony, Rousas John 89
Ryun, Jim 189
Ryun, Ned 189

S

Saleeb, Abdul 32
Saleem, Kamal 215, 220
sandinistas 112, 122, 123, 219
Sandusky, Jerry 261
Savage, Andy 269
Scalia, Antonin 239
Schaap, Jack 268
Schaeffer, Francis 92
Schlafly, Phyllis 81, 100, 176
   A Choice Not an Echo 81
   "Como retomar os Estados Unidos" 228
   morte de 248
   The Phyllis Schlafly Report 82
   The Power of the Christian Woman 84
   visão para os Estados Unidos 84
Schuller, Robert 49, 197
Schwarz, Fred 59
Schwarzkopf, Norman 166
Segunda Guerra Mundial 44, 45, 52, 61, 69, 75, 104, 127, 131, 162, 200, 253
   pós-guerra 49
seminário da CBS 170
Sessions, Jeff 258
sexo. *Veja tb.* ideologia de gênero
   abstinência 172
   e a nova moralidade 102
   educação sobre 102, 145, 172
   e o estupro 83, 108, 134, 150, 169, 263, 265, 267, 268, 269, 270
   escândalos sexuais com evangelistas 259
   escândalos sexuais nas Forças Armadas 146
   guia conjugal 101
   mudando as normas 34
Sharlet, Jeff 189, 203
Shoebat, Walid 215
síndrome do Vietnã 163
sionismo 211
Sitler, Steven 265
Skinner, Tom 65
Smith, James K. A. 175
Smith, Michael W. 184
Sojourners 122, 217
Southern Baptist Theological Seminary 118, 206, 217, 263, 269
Sproul, R. C. 32, 195
Spurgeon, Charles 188
Stetzer, Ed 249
Stevenson, Adlai 54
Stine, Brad 185
Stinson, Randy 170, 175
St. James, Rebecca (*Wait for Me*) 175
Studies in Faith and Freedom (documentário) 130
Sul dos EUA
   Causa Perdida 56
   e a Guerra Civil 48, 52
   estratégia sulista de Nixon 63
Sunday, Billy 39, 70, 158
Sun Myung Moon 140
Suprema Corte, EUA
   e o aborto 26
   e o casamento entre pessoas do mesmo sexo 229
   nomeação de 148
Swaggart, Jimmy 133, 140, 239

T

teologia reformada 196, 256
terrorismo. *Veja* ataques do 11 de Setembro
The Cowboy Church of the Air 48
There She Stands (música) 184
Thomas, Clarence 148
Thomas Road Baptist Church 106, 110, 158
Thune, John 201
Thurmond, Strom 60
tiroteio na Universidade de Kent 115
Tocqueville 121, 167
Together for the Gospel 197, 257, 262, 263, 272
Torres-Manteufel, Lourdes 264
Truman, Harry S. 45, 46, 53, 54
Trump, Donald 27, 35, 238, 240
   atirar em alguém na Quinta Avenida 25, 243
   efeito Trump 252
   eleição de 250, 255, 281
   racismo de 28
   Spiritual Biography 253

U

União Soviética
   queda da 143
   um império do mal 121

V

valores
   família. *Veja* valores familiares
valores familiares
   autoridade paterna 145
   baby boomers 55
   década de 1970 34
   divórcio 95, 107, 148
   famílias com renda dupla 156
   identidade cultural 35, 53
   núcleo familiar 56
   política evangélica 57, 58, 86, 100, 216
Vander Plaats, Bob 239
Viguerie, Richard 107, 131, 139, 202
Vines, Jerry 205, 213, 270
Vision Forum 187, 188, 189, 258, 264

W

Walker, Edwin 60
Walker, Scott 241
Wallace, George 63
Wallace, William 32, 174, 192, 209, 254, 274, 279
Wallis, Jim 32, 65, 122, 217
Walton, Rus (*One Nation Under God*) 137
Ware, Bruce 276
Washington, George 232
Watchman, The (TV) 220
Watergate 66, 112, 232, 267
Wayne, Aissa 244
Wayne, John 33, 50, 59
   ativismo conservador 71
   filmes de faroeste 47, 52, 191
   modelo de masculinidade 167
   síndrome de 73
   Trump como reencarnação de 254
Weber, Stu 159, 165, 209, 210, 220, 235
   Tender Warrior 164, 165
Weida, Johnny A. 204
Weinstein, Mikey 204
Welch, Bobby (*You The Warrior Leader*) 205
Welch, Robert 81
Wells, Bob 60
Weyrich, Paul 107, 140, 149
What Would Jesus Do? (WWJD) [O que Jesus faria?] 26
Whitefield, George 32
Whitehead, John W. (Wayne) 92
White House Conference on Families 110
White, Joe 260
White, Reggie 159
Wickham Jr., John A. 135
Wight, Jamin 266
Wilson, Douglas 177
   Evangellyfish 199, 265
   Future Men
   Southern Slavery 198
Wilson, Nate 199
Wolf, Frank 136
Wolfowitz, Paul 221
Woodson, Jules 269
World Prayer Center 203
Wright, Jeremiah 224

X

Xtreme Ministries 185, 186

Y

Yale Letter 217
Youth for Christ (YFC) 200

Z

Zondervan 130